Forschungs- und Entwicklungskosten

Betriebswirtschaftliche Forschung im Rechnungswesen

Herausgegeben von Nils Crasselt, Rolf Uwe Fülbier, Joachim Gassen, Bernhard Pellens und Thorsten Sellhorn

Band 12

Zur Qualitätssicherung und Peer Review der vorliegenden Publikation

Die Qualität der in dieser Reihe erscheinenden Arbeiten wird vor der Publikation durch Herausgeber der Reihe geprüft.

Notes on the quality assurance and peer review of this publication

Prior to publication, the quality of the work published in this series is reviewed by editors of the series.

Nico Kavvadias

Forschungs- und Entwicklungskosten

Abschlusspolitische Gestaltungsspielräume und Determinanten für deren Ausübung

PL ACADEMIC RESEARCH

Bibliografische Information der Deutschen Nationalbibliothek
Die Deutsche Nationalbibliothek verzeichnet diese Publikation in der Deutschen Nationalbibliografie; detaillierte bibliografische Daten sind im Internet über http://dnb.d-nb.de abrufbar.

Zugl.: Berlin, Humboldt-Univ., Diss., 2013

11
ISSN 2191-6098
ISBN 978-3-631-65297-8 (Print)
E-ISBN 978-3-653-04439-3 (E-Book)
DOI 10.3726/978-3-653-04439-3

PL Academic Research ist ein Imprint der Peter Lang GmbH.

Peter Lang – Frankfurt am Main · Bern · Bruxelles · New York · Oxford · Warszawa · Wien

Diese Publikation wurde begutachtet.

www.peterlang.com

Geleitwort

Die Bilanzierung von immateriellen Werten ist wahrlich kein neues Forschungsgebiet. Nichtsdestotrotz sind sich Bilanzierungspraxis und –forschung immer noch uneins: Sollen selbsterstellte immaterielle Güter nun aktiviert werden? Wenn den betroffenen Unternehmen ein Wahlrecht gewährt wird, wie wird es ausgeübt? Was bestimmt das Bilanzierungsverhalten? All diese Fragen sind schon in unterschiedlicher Art und Weise adressiert worden. Was bringt nun die Arbeit von Nico Kavvadias Neues?

Zunächst einmal eine multiparadigmatische Vorgehensweise. Dem Autor gelingt ein eindrucksvoller Spagat zwischen klassischer deduktiver Normenanalyse und empirischer Forschung. So klopft er die International Financial Reporting Standards und das Handelsgesetzbuch gründlich auf implizite und explizite Ermessenspielräume ab. Hierbei fördert er interessante neue Aspekte zu Tage und belegt eindrucksvoll seine Expertise. Diese Normenkompetenz kommt wiederum auch der empirischen Analyse zu Gute. Es wird an vielen Stellen der Arbeit deutlich, dass sich hier ein Bilanzierungsexperte mit praktischer Erfahrung einer empirischen Fragestellung sehr gewissenhaft angenommen hat. Deswegen wirkt die Analyse nicht blutleer wie so manche empirische Studie, die weit entfernt vom eigentlichen Bilanzierungsverhalten Datenbankdaten durch die statistische Methodenmaschine quält.

Für neue Erkenntnisse sorgt auch das den empirischen Studien zu Grunde liegende Datenmaterial. Herr Kavvadias analysiert sehr detailliert das Bilanzierungsverhalten deutscher börsennotierter Unternehmen hinsichtlich von Forschungs- und Entwicklungsaktivitäten über den Zeitraum 2003–2009. Hierfür greift er nicht auf kommerzielle Datenbanken zurück, sondern erhebt die zentralen Daten aus den veröffentlichten Geschäftsberichten der Unternehmen. Der hieraus resultierende Datenschatz dürfte einmalig sein und erlaubt genauere Analysen als die bisherige Literatur. Auch deswegen liegt ein wesentlicher Beitrag der Arbeit in der Deskription des Bilanzierungs- und Ausweisverhaltens. Es erstaunt zum Beispiel zu sehen, wie viele börsennotierte Unternehmen augenscheinlich ihren Offenlegungspflichten nur teilweise nachkommen.

Im Rahmen der positiven Analyse untersucht Herr Kavvadias die komplexe Entscheidung des F&E-spezifischen Aktivierungs- und Offenlegungsverhaltens erstmals umfassend in einzelnen Schritten. Auch wenn die innovative Aufspaltung einer verbundenen Entscheidung in einzelne Schritte kritisch diskutiert werden kann und eine kausal ausgerichtete Analyse vor dem Hintergrund des wahlrechtbehafteten

Settings nicht möglich ist, so gelingt es ihm eindrucksvoll, Licht in das Dunkel der Bilanzierungsentscheidung zu bringen. So wird z.B. deutlich, dass Bilanzierungsentscheidungen im Wesentlichen stetig getroffen werden. Was aus praktischer Sicht beruhigend ist, kann die empirische Analyse von Paneldaten erschweren, da Bilanzierungsentscheidung und Bilanzierungsmotive zeitlich somit durchaus divergieren können. Ebenso erscheint es interessant, dass die Ergebnisse vermuten lassen, dass das Enforcement der Deutschen Prüfstelle für Rechnungslegung sich positiv auf das Offenlegungsverhalten ausgewirkt hat.

Zusammenfassend wird deutlich, dass die Arbeit von Nico Kavvadias die Determinanten der Bilanzierung von Forschungs- und Entwicklungsaufwendungen umfassend eruiert und hierdurch einen bedeutenden Beitrag zu Theorie und Praxis liefert. Ich wünsche ihr deswegen im Namen aller Herausgeber eine interessierte und offene Leserschaft.

Berlin, im Januar 2014 Joachim Gassen

Danksagung

Die vorliegende Arbeit wurde von der Wirtschaftswissenschaftlichen Fakultät der Humboldt-Universität zu Berlin im Sommersemester 2013 als Dissertation angenommen. Sie entstand neben meiner beruflichen Tätigkeit bei der PricewaterhouseCoopers AG WPG. Für den Zuspruch und für die Gewährung der zeitlichen Freiräume, die für das Entstehen dieser Arbeit erforderlich waren, möchte ich mich vor allem bei meinen mitarbeiterverantwortlichen Partnern, Herrn WP/StB Thomas Kieper und Herrn WP/StB Harald Herrmann, sowie bei meinem Mentor, Herrn WP/StB Steffen Heilmann, herzlich bedanken.

Während meiner Promotionszeit (2008 bis 2013) war ich in den Lehrstuhlbetrieb am Institut für Rechnungslegung und Wirtschaftsprüfung der Humboldt Universität zu Berlin eingebunden. Dadurch hatte ich zum einen die Möglichkeit, meine Erfahrungen in der Lehrtätigkeit auszuweiten, die mir schon immer großen Spaß bereitet hat. Vor allem aber profitierte die vorliegende Arbeit von dem regen Gedankenaustausch mit einzelnen Lehrstuhlmitgliedern sowie von längeren Diskussionen und hilfreichen Anregungen im Anschluss an die Präsentationen der Zwischenergebnisse in diversen Kolloquien und Seminaren. Einigen Mitgliedern des Instituts möchte ich im Folgenden meinen besonderen Dank aussprechen.

Für den Vorschlag und die Möglichkeit der Einbindung in den Lehrstuhlbetrieb möchte ich ganz herzlich meinem Doktorvater, Herrn Prof. Dr. Joachim Gassen, danken. Ferner danke ich ihm für zahlreiche kritische Fragen und wertvolle Hilfestellungen im Rahmen der Betreuung dieser Arbeit. Dr. Ulrich Küting danke ich für die kritische Durchsicht der normendeskriptiven Analyse, für kontroverse Diskussionen zu praktischen Bilanzierungsfragen und für seine stets vorhandene Hilfsbereitschaft. Bei Dr. Tolga Davarcioglu bedanke ich mich für seine zielorientierte Einführung in die SAS-Programmierung und für seine wertvollen Anmerkungen zu den empirischen Studien. In besonders positiver Erinnerung werden mir aber auch die vielen netten Abende mit Uli und Tolga fernab der Welt der Bilanzierung – meist in der Tiergartenquelle – bleiben. Dr. Timo Eisenschink danke ich nicht nur für seine wertvollen statistisch-ökonometrischen Anmerkungen und Hilfestellungen, sondern auch für seine humorvolle und direkte Art, die zu einer lockeren und angenehmen Arbeitsatmosphäre beitrugen. Bei Jens Günther bedanke ich mich für seine hilfreichen Anregungen und die kritische Durchsicht des theoretischen Fundaments der positiv-empirischen Analyse. Unsere Diskussionen über „Gott und die Welt" und seine Aufgeschlossenheit, sich mit dem griechischen

Fußball auseinanderzusetzen und einige Spiele von Olympiakos Piräus in überfüllten und verrauchten griechischen Kneipen anzuschauen, haben über so manch „trockene Phase“ der Dissertation hinweggeholfen. Bei Dr. Ulf Brüggemann möchte ich mich ganz herzlich für die kritische Gesamtdurchsicht der Arbeit bedanken. Seine Anmerkungen waren stets konstruktiv und pragmatisch. Besonders beeindruckend empfand ich die Kombination aus fachlicher Expertise und humorvoller Distanz zur Thematik. Für hilfreiche Anmerkungen zur positiv-empirischen Studie bedanke ich mich auch ganz herzlich bei Prof. Urška Kosi, Ph.D. Ein großer Dank gilt den studentischen Hilfskräften für deren großartige Hilfe bei der Literaturbeschaffung und Datenerhebung – insbesondere Caroline Kleist, die den Datenerhebungsprozess mit großem Engagement und Sorgfalt entschieden vorangetrieben hat. Für eine tolle Zusammenarbeit und interessante Diskussionen bedanke ich mich auch ganz herzlich bei den Kollegen Matthias Weil, Marcus Witzky und Jochen Pierk. Heidline Völker, der Sekretärin des Instituts, danke ich für ihre Hilfsbereitschaft und für ihre stets aufmunternde Art.

Bei Herrn Prof. Dr. Ralf Maiterth bedanke ich mich für die Übernahme des Zweitgutachtens, bei Frau Prof. Dr. Bärbel Gertich für die Übernahme des Promotionsvorsitzes.

Insbesondere während der Endphase der Promotion habe ich meine Familie und Freunde vernachlässigt. Ihr Verständnis weiß ich sehr zu schätzen.

Besonderen Dank schulde ich meinen Eltern für deren Unterstützung bei meiner akademischen Ausbildung und dafür, dass sie hinter all meinen Entscheidungen standen und mich in meinen Vorhaben bestärkt haben.

Bei meiner Frau Anna bedanke ich mich für ihr Verständnis und für ihre liebevolle Unterstützung. Sie hat mir vor allem in der „heißen Phase“ der Dissertation, die zudem mit der Geburt unserer ersten Tochter Elena zusammenfiel, den Rücken frei gehalten. Gleichzeitig hat sie durch ihre unermüdlichen „Ablenkungsmanöver“ maßgeblich dazu beigetragen, dass ich die Promotionszeit als sehr schöne Zeit in Erinnerung behalten werde.

Berlin, im Januar 2014 Nico Kavvadias

Inhaltsverzeichnis

Abbildungsverzeichnis

Tabellenverzeichnis

Teil 1: Tabellen im Text

Teil 2: Tabellen im Anhang

Abkürzungsverzeichnis

25%-P.	25%-Perzentil
75%-P.	75%-Perzentil
A	
a.A.	Andere(r) Auffassung
Abb.	Abbildung
Abs.	Absatz
Abschn.	Abschnitt
ADS	Adler/Düring/Schmalz
a.F.	Alte Fassung
AG	Aktiengesellschaft
AICPA	American Institute of Certified Public Accountants
Akt. Entw.K.	Aktivierte Entwicklungskosten
AktG	Aktiengesetz
Alt.	Alternative
a.M.	Am Main
Anh.	Anhang
Anm.	Anmerkung
APAK	AbschlussPrüferAufsichtsKommission
Art.	Artikel
ASC	Accounting Standards Codification
AV	Anlagevermögen
B	
BaFin	Bundesanstalt für Finanzdienstleistungsaufsicht
BC	Basis for Conclusions
BDO	Binder, Dijker und Otte (Wirtschaftsprüfungsgesellschaft)
BFH	Bundesfinanzhof
BGBl.	Bundesgesetzblatt
BGH	Bundesgerichtshof
Big4	Big4-Prüfungsgesellschaft (PwC, KPMG, Ernst&Young oder Deloitte)
BilMoG	Gesetz zur Modernisierung des Bilanzrechts (Bilanzrechtsmodernisierungsgesetz)

BilMoG-RefE	Referentenentwurf des Bilanzrechtsmodernisierungsgesetzes
BilMoG-RegE	Regierungs-/Gesetzentwurf des Bilanzrechtsmodernisierungsgesetzes
BilReG	Bilanzrechtsreformgesetz
BiRiLiG	Bilanzrichtliniengesetz
BMJ	Bundesministerium der Justiz
BO FWB	Börsenordnung der Frankfurter Wertpapierbörse
Bsp.	Beispiel
bspw.	beispielsweise
BStBl.	Bundessteuerblatt
BT-Drucks.	Bundestagsdrucksache
bzw.	beziehungsweise
C	
ca.	circa
c.p.	ceteris paribus
D	
DAX	Deutscher Aktienindex
DC	Disclosure Compliance
DCF	Discounted Cash-Flow
d.h.	das heißt
Diss.	Dissertation
DIW	Deutsches Institut für Wirtschaftsforschung
DPR	Deutsche Prüfstelle für Rechnungslegung e.V.
d.V.	der Verfasser
E	
ebd.	ebenda; ebendort
EBIT	Earnings before Interest and Taxes
ED	Exposure Draft
EFRAG	European Financial Reporting Advisory Group
EG	Europäische Gemeinschaft
EGHGB	Einführungsgesetz zum Handelsgesetzbuch
Ernst & Young	Ernst & Young GmbH Wirtschaftsprüfungsgesellschaft
EStG	Einkommensteuergesetz
et al.	et alii
Etc.	et cetera

EU	Europäische Union
e.V.	eingetragener Verein
F	
F.	Forschungsfrage
f.	folgende
FASB	Financial Accounting Standards Board
ff.	fortfolgende
FG	Finanzgericht
F&E	Forschung und Entwicklung
Fn.	Fußnote
G	
GAAP	Generally Accepted Accounting Principles
gem.	gemäß
ggf.	gegebenenfalls
GoB	Grundsätze ordnungsmäßiger Buchführung
GoF	Geschäfts- oder Firmenwert
GmbH	Gesellschaft mit beschränkter Haftung
GrS	Großer Senat
GuV	Gewinn- und Verlustrechnung
H	
H	Hypothese
HFA	Hauptfachausschuss des Instituts der Wirtschaftsprüfer
HGB	Handelsgesetzbuch
h.M.	herrschende(r) Meinung
Hrsg.	Herausgeber
http	Hypertext Transfer Protocoll
https	Hypertext Transfer Protocoll Secure
I	
IAS	International Accounting Standard(s)
IASB	International Accounting Standards Board
IASC	International Accounting Standards Committee
IASCF	International Accounting Standards Committee Foundation
i.d.R.	in der Regel
IDW	Institut der Wirtschaftsprüfer

i.e.S.	im engeren Sinne
IFRIC	International Financial Reporting Interpretations Committee
IFRS	International Financial Reporting Standard(s)
i.H.v.	in Höhe von
inkl.	inklusive
IOSCO	International Organization of Securities Commissions
i.S.d.	im Sinne des
i.S.v.	im Sinne von
i.V.m.	in Verbindung mit
IVW	Immaterielle Vermögenswerte
i.w.S.	im weiteren Sinne
J	
K	
Kap.	Kapitel
KG	Kommanditgesellschaft
KgaA	Kommanditgesellschaft auf Aktien
KPMG	Klynveld, Peat, Marwick und Goerdeler (Wirtschaftsprüfungsgesellschaft)
L	
M	
Max.	Maximum
MDAX	Midcap Deutscher Aktienindex
m.E.	meines Erachtens
Min.	Minimum
Mio.	Million(en)
Mrd.	Milliarde(n)
m.w.N.	mit weiteren Nachweisen
N	
N	Anzahl
n.F.	neue Fassung
No.	Numero
Nr.	Nummer
NYSE	New York Stock Exchange

O

o.g.	oben genannte(n/r)
OLS	Ordinary Least Squares Estimation (Methode der Kleinsten Quadrate)

P

Par.	Paragraph

Q

R

RH	Rechnungslegungshinweis
Rn.	Randnummer(n)
RS	Stellungnahme zur Rechnungslegung
Rz.	Randziffer(n)

S

S.	Seite(n)
SDAX	Smallcap Deutscher Aktienindex
SE	Societas Europaea
SEC	U.S. Securities and Exchange Commission
SFAS	Statement of Financial Accounting Standards
SIC	Standard Industrial Classification oder Standing Interpretations Committee
sog.	so genannte(n/s)
SOP	Statements of Position
Std. Abw.	Standardabweichung

T

Tab.	Tabelle
Tz.	Textziffer(n)

U

u.a.	unter anderem
UK	United Kingdom
US	United States
USA	United States of America
US-GAAP	United States-Generally Accepted Accounting Principles

V

vgl.	vergleiche
Vol.	Volume
vs.	versus

W

WP	Wirtschaftsprüfer oder Working Paper
WpHG	Wertpapierhandelsgesetz
WPK	Wirtschaftsprüferkammer Körperschaft des öffentlichen Rechts
WPO	Wirtschaftsprüferordnung
WS	Worldscope
www	World Wide Web

X

Y

Z

z.B.	zum Beispiel
z.T.	zum Teil
Zugl.	zugleich

Symbolverzeichnis

α	Alpha, Regressionskoeffizient
β	Beta, Regressionskoeffizient
ε	Epsilon, Störterm
χ2	Chi-Quadrat
€	Euro
>	größer als
<	kleiner als
§	Paragraph
%	Prozent
R^2	Bestimmtheitsmaß
&	und

1. Problemstellung und Gang der Untersuchung

Auf Grund des „Wandel[s] von der produktions- zur wissensbasierten Gesellschaft"[1] nimmt die Bedeutung von Forschung und Entwicklung (im Folgenden F&E) stetig zu. So stieg die F&E-Intensität (gemessen als Quotient der gesamtwirtschaftlichen F&E-Ausgaben und des Bruttoinlandsprodukts) in Deutschland im Zeitraum von 2001 bis 2011 kontinuierlich von 2,5% auf 2,9% an.[2] Auch auf gesamteuropäischer Ebene ist in den kommenden Jahren von einer deutlichen Zunahme der F&E-Aktivitäten auszugehen, da sich die EU-Mitgliedstaaten in der Lissabon-Strategie und der Strategie Europa 2020 auf eine Erhöhung der EU-weiten F&E-Intensität auf 3,0% im Jahr 2020 (F&E-Intensität 2011: 2,0%) verständigt haben.[3] Treibende Innovationskraft ist in Deutschland der Wirtschaftssektor. Die einzelnen Unternehmen sind für über zwei Drittel der gesamtwirtschaftlichen F&E-Ausgaben verantwortlich.[4] Da die F&E-Ausgaben der einzelnen Unternehmen stetig zunehmen, kommt auch deren bilanzieller Abbildung ein immer größerer Stellenwert zu.

Vor diesem Hintergrund verfolgt die vorliegende Arbeit die Zielsetzung, zu einem besseren Verständnis der F&E-spezifischen Informationen, die im handelsrechtlichen oder nach internationalen Rechnungslegungsvorschriften erstellten Jahresabschluss bereitgestellt werden, beizutragen. Ferner sollen die empirischen Ergebnisse dieser Arbeit eine Hilfestellung für den Standardsetzer für die Weiterentwicklung sowohl des IAS 38 als auch anderer Standards mit vergleichbaren (faktischen) Wahlrechten darstellen.

Im Einzelnen werden folgende übergeordnete Forschungsfragen (mit folgender Methodik) untersucht:

F.1.: Welche abschlusspolitischen Gestaltungsspielräume bestehen bei der bilanziellen Abbildung von F&E-Aktivitäten nach internationalen und handelsrechtlichen Rechnungslegungsvorschriften? (**Normendeskriptive Analyse**)

---

1 BilMoG-RefE, S. 97; BilMoG-RegE, S. 49.

2 Vgl. Statistisches Bundesamt (2013). Zur zunehmenden Bedeutung der Immateriellen Vermögenswerte in Folge des Wandels von der Industrie- zur Informationsgesellschaft vgl. bereits ausführlich Lev (2001) S. 7 ff.

3 Vgl. hierzu ausführlich Gemeinsame Wissenschaftskonferenz (2013), S. 3 ff.

4 Im Jahr 2011 kamen der Wirtschaftssektor für 67,7%, der Hochschulsektor für 17,9% und der Staatssektor für 14,4% der gesamtwirtschaftlichen F&E-Ausgaben auf. Vgl. Statistisches Bundesamt (2013).

F.2.: Wie wird in der deutschen Rechnungslegungspraxis mit dem faktischen Aktivierungswahlrecht von Entwicklungskosten nach IAS 38 und den damit einhergehenden Angabepflichten umgegangen? (**deskriptiv-empirische Studie**)

F.3.: Was sind die Determinanten des F&E-spezifischen Aktivierungs- und Offenlegungsverhaltens in der deutschen Rechnungslegungspraxis? (**positivtheoretisch fundierte multivariate Regressionsanalyse**)

In Abschnitt 2 werden die internationalen und handelsrechtlichen Rechnungslegungsvorschriften zur bilanziellen Abbildung von F&E-Aktivitäten analysiert. Dabei wird gezeigt, dass trotz beachtlicher Regelungsdichte nach beiden Rechnungslegungswerken **erhebliche abschlusspolitische Gestaltungsspielräume** bestehen. Diese resultieren nach **IAS 38** hauptsächlich aus der Verwendung unbestimmter Rechtsbegriffe (**faktische Wahlrechte**), die durch den singulären Charakter von F&E-Aktivitäten verschärft werden. Nach **handelsrechtlichen Vorschriften** sind die abschlusspolitischen Gestaltungsspielräume in erster Linie auf **explizite Ansatz- und Bewertungswahlrechte** zurückzuführen. Letztlich können Unternehmen, die eigenständige F&E betreiben, deren bilanzielle Abbildung nach beiden Rechnungslegungswerken trotz vermeintlicher Regelungsdichte stark beeinflussen.

Im Rahmen der handelsrechtlichen Normenanalyse wird zudem gezeigt, dass die Kodifizierung des Aktivierungswahlrechts für selbst erstellte immaterielle Vermögensgegenstände de facto zu einer **Neuinterpretation der GoB** geführt hat. Auf Grund der impliziten Unterstellung eines Schuldendeckungspotentials von ausschließlich für den internen Gebrauch generierten Gütern, ist der **Vermögensgegenstandsbegriff** nach BilMoG-Einführung nicht mehr an die individuelle Schuldendeckungsfähigkeit im Zerschlagungsfall geknüpft. Nunmehr ist auch für die Beurteilung der abstrakten Aktivierungsfähigkeit die **Unternehmensfortführungsprämisse** relevant.

Die handelsrechtliche Normenanalyse stellt einen eigenen Beitrag zur deutschen kommentierenden Literatur dar. Sie legt die abschlusspolitischen Gestaltungsspielräume bei der bilanziellen Abbildung von F&E-Aktivitäten dezidiert dar und begründet sachlogisch die Neuinterpretation des Vermögensgegenstandsbegriffs im Zuge der Einführung des Aktivierungswahlrechts für selbst erstellte immaterielle Vermögensgegenstände. Daher ist die handelsrechtliche Normenanalyse wesentlicher Bestandteil dieser Arbeit, obwohl sich die dem Normenteil anschließenden empirischen Studien auf IFRS-Abschlüsse beschränken. Diese Beschränkung wird aus zwei Gründen vorgenommen. Erstens sind nach handelsrechtlichen Rechnungslegungsvorschriften bei einer aufwandswirksamen Erfassung der F&E-Ausgaben keinerlei Angabepflichten erforderlich. Daher kann aus HGB-Abschlüssen, denen keinerlei Angaben zu F&E-Aktivitäten entnehmbar sind, nicht geschlussfolgert werden, ob das betroffene Unternehmen gar keine eigenständige F&E betreibt oder ob es einfach keine Informationen dazu offenlegen will. Zweitens konzentriert sich das zweistufige Enforcement-Verfahren, dessen Einfluss auf das F&E-Bilanzierungsverhalten einen wesentlichen Untersuchungsgegenstand der empirischen Studien darstellt, auf IFRS-Abschlüsse.

In Abschnitt 3 wird mittels deskriptiver Statistik untersucht, welche Bedeutung F&E in der deutschen Rechnungslegungspraxis hat und wie mit den abschlusspolitischen Gestaltungsspielräumen des IAS 38 umgegangen wird. Die Stichprobe beinhaltet sämtliche Unternehmen, deren Aktien im Zeitraum von 2003 bis 2009 an der Frankfurter Wertpapierbörse gehandelt werden, deren Daten in der von Thomson-Financial betriebenen Datenbank „Worldscope" erhältlich sind und die eigenständige F&E-Aktivitäten betreiben (1.722 Beobachtungen). Als erstes wird die Bedeutung von F&E und deren Entwicklung während des Betrachtungszeitraums untersucht. Dabei wird gesondert auf Unterschiede in der F&E-Intensität einzelner Branchen und auf die Verteilung der F&E-Ausgaben unter den einzelnen Unternehmen eingegangen. In einem zweiten Schritt wird das Aktivierungsverhalten analysiert. Im Gegensatz zu den bisherigen empirischen Studien[5] werden erstmals die Aktivierungsentscheidung und die Aktivierungsquote getrennt voneinander analysiert und auf Unterschiede im Aktivierungsverhalten zwischen freiwilligen und verpflichtenden IFRS-Anwendern eingegangen. Hinsichtlich der Aktivierungsentscheidung wird untersucht, inwiefern es sich um eine einmalig getroffene strategische Entscheidung handelt, die während des Betrachtungszeitraums konstant beibehalten wird. Bei Unternehmen, die ihre Aktivierungsentscheidung öfter revidieren, werden die Aktivierungsmuster analysiert und nach Gemeinsamkeiten mit anderen Unternehmen gesucht. Schließlich wird auf Zeittrends und branchenspezifische Unterschiede im Aktivierungsverhalten eingegangen und untersucht, inwiefern ein Zusammenhang zwischen der F&E-Intensität einer Branche und deren Aktivierungsverhalten besteht. In einem dritten Schritt werden ein Einblick in die Folgebewertung aktivierter Entwicklungskosten – insbesondere die zu Grunde gelegte Abschreibungsmethode und Nutzungsdauer – gewährt und branchenspezifische Unterschiede im durchschnittlichen Produktlebenszyklus hervorgehoben. In einem vierten Schritt wird untersucht, inwiefern den gesetzlich geforderten, F&E-spezifischen Angabepflichten in der deutschen Rechnungslegungspraxis

5 Vgl. Fülbier et al. (2000), Von Keitz (2005), Leibfried/Pfanzelt (2004), Hager/Hitz (2007), Wulf (2008), Küting (2008), Möller/Piwinger (2009). Zu einem ausführlichen Literaturüberblick vgl. Abschnitt 3.2.

nachgekommen wird. Da der Umfang der Angabepflichten je nach getroffener Aktivierungsentscheidung erheblich variiert, wird die Diclosure Compliance der Aktivierer und der Nicht-Aktivierer separat untersucht. Dabei wird gesondert auf branchenspezifische Unterschiede und auf Unterschiede in der Disclosure Compliance zwischen Freiwilligen und Verpflichtenden IFRS-Anwendern eingegangen. Ferner werden Zeittrends im Angabeverhalten und der Einfluss der Tätigkeiten der Deutschen Prüfstelle für Rechnungslegung (im Folgenden DPR) auf die Disclosure Compliance untersucht. Neben einer quantitativen Auswertung der häufigsten Fehlerquellen wird qualitativ untersucht, an welcher Stelle im Jahresabschluss und in welcher Form die geforderten Angaben getätigt werden und wie die Abgrenzung zwischen Forschungs- und Entwicklungsphase in der Praxis erfolgt. Anhand von Geschäftsberichtsauszügen wird geprüft, inwiefern sich Unternehmen mit einer wortgetreuen Wiedergabe von Teilen des IAS 38 begnügen und wo die Grenze zwischen Ermessensausübung und Regelverstoß verläuft.

Die empirischen Ergebnisse legen nahe, dass die **Bedeutung von F&E je nach Betrachtungsebene sehr unterschiedlich** ist. Während auf gesamtwirtschaftlicher Ebene die größten fünf Automobilkonzerne für knapp zwei Drittel der gesamten F&E-Ausgaben verantwortlich sind, ist auf Einzelunternehmensebene die F&E-Intensität vor allem bei jungen Wachstumsunternehmen der Pharmabranche, die nominell zu den Gesamtforschungsausgaben naturgemäß nicht nennenswert beitragen, um ein Vielfaches höher. Die empirischen Ergebnisse liefern Anhaltspunkte dafür, dass die **Aktivierungsentscheidung** eine einmalig getroffene, **strategische Entscheidung** des Managements darstellt. Sowohl bei der Aktivierungsentscheidung als auch bei der **Aktivierungsquote** werden deutliche **branchenspezifische Unterschiede** festgestellt, die allerdings nicht mit der branchenspezifischen Bedeutung von F&E im Zusammenhang stehen. Zeit-trends im Aktivierungsverhalten sind nicht erkennbar. Den geforderten **Angabepflichten kam nahezu ein Viertel aller Unternehmen nicht vollumfänglich nach**. Eine signifikante **Verbesserung der Disclosure Compliance** wurde nach erstmaliger ausführlicher **DPR-Berichterstattung** über häufig identifizierte, F&E-spezifische Problemfelder beobachtet. Die Anhangsauswertung zeigte, dass die derzeitige Ausgestaltung des IAS 38 in einigen Fällen zu unkonkreten Aussagen über die F&E-Tätigkeiten eines Unternehmens führt. Die meisten Unternehmen begnügen sich bei ihrer F&E-Berichterstattung auf ein (fast) wortgetreues Zitieren des IAS 38. Informationen zu individuellen F&E-Tätigkeiten sind meist nicht vorhanden.

In Abschnitt 4 werden die Determinanten des F&E-spezifischen Aktivierungs- und Offenlegungsverhalten in der deutschen Rechnungslegungspraxis untersucht. Dabei wird eine **positive Aktivierungsentscheidung** als **Signal** über das **Erfolgsversprechen** der F&E-Aktivitäten interpretiert. Dieses Signal verursacht **Kosten**, da eine Entwicklungskostenaktivierung viel umfangreichere Angabepflichten mit sich zieht als eine aufwandswirksame Erfassung aller F&E-Ausgaben. Die höheren Kosten resultieren zum einen aus dem Informationsaufbereitungsaufwand und zum anderen aus etwaigen negativen Konkurrenzeffekten. Ausgehend von den bestehenden Informationsasymmetrien zwischen Eignern und Managern werden als erstes anhand der Prinzipal-Agenten-Theorie die Anreize zu einem opportunistischen F&E-Bilanzierungsverhalten der Manager systematisch dargestellt. Anschließend werden die Hypothesen für jeden einzelnen Entscheidungsschritt bei der bilanziellen Abbildung von F&E-Aktivitäten (1. Aktivierungsentscheidung, 2. Festlegung der Aktivierungsquote, 3. Wahl des Offenlegungsverhaltens) getrennt hergeleitet und empirisch mittels multivariater Regressionsanalysen getestet. Auf Grund der Interdependenz der einzelnen Entscheidungsschritte erfolgt auch eine aggregierte Betrachtung der Ergebnisse.

Die Studie liefert empirische Anhaltspunkte dafür, dass das **Aktivierungsverhalten** (aggregierte Betrachtung von Aktivierungsentscheidung und Aktivierungsquote) mit verschiedenen **Anreizen** verbunden ist. Erstens ist ein deutlicher Einfluss des vertragsinduzierten Anreizes, eine **Verletzung von Kreditvertragsklauseln** zu vermeiden, beobachtbar. Ferner wird das Aktivierungsverhalten durch den Anreiz, negative Konsequenzen aus dem als **Sanktionsmechanismus** wirkenden Enforcement-Verfahren zu vermeiden, beeinflusst. Vor allem deuten die empirischen Ergebnisse darauf hin, dass das Aktivierungsverhalten mit dem Anreiz, eine **negative Reputation** bzw. negative Auswirkungen auf den Humankapitalwert zu vermeiden, verbunden ist. Im Fall einer positiven Aktivierungsentscheidung wird bei späterer Erfolglosigkeit eines F&E-Projektes durch die dann zu erfassende Wertminderung ein negatives Signal an den Kapitalmarkt gesendet. Dieses Signal ist umso stärker, je größer die Bedeutung von F&E für ein Unternehmen ist. Die **Risikoaversion des Managers** führt dazu, dass die Entwicklungskostenaktivierung mit zunehmender F&E-Intensität abnimmt. Allerdings ist die Risikoaversion bei den meisten Managern nicht so stark ausgeprägt, dass – um dem Risiko eines Reputationsverlustes vollständig zu entgehen – gänzlich auf eine Entwicklungskostenaktivierung verzichtet wird. Der Großteil der Manager entscheidet sich vielmehr für eine Entwicklungskostenaktivierung bei gleichzeitiger Wahl einer sehr geringen Aktivierungsquote. Somit sendet er durch die positive Aktivierungsentscheidung ein Signal über das Erfolgsversprechen der F&E-Aktivitäten an den Kapitalmarkt und stellt durch die Wahl einer geringen Aktivierungsquote gleichzeitig sicher, dass im Fall einer späteren Erfolgslosigkeit des F&E-Projektes der zu erfassende Wertminderungsaufwand und gleichsam das Risiko eines Reputationsverlustes von untergeordneter Bedeutung sind. Der Anreiz zur Vermeidung einer negativen Reputation und die Risikoaversion des Managers könnten auch die erfolgswirksame Erfassung der F&E-Ausgaben in regulierten Branchen erklären. Ein Manager, der sich vor behördlicher Zulassung zur Entwicklungskostenaktivierung entscheidet, geht nämlich ein hohes Risiko ein, im Fall des späteren Versagens der Zulassung ein negatives Signal über den Erfolg seines Handelns zu senden. Dieser Umstand führt bei derzeitiger Ausgestaltung des IAS 38 letztlich dazu, dass gerade Unternehmen, bei denen F&E einen zentralen Stellenwert einnimmt, auf Grund ihrer negativen Aktivierungsentscheidung so gut wie keine F&E-spezifischen Informationen offenlegen (müssen).

Die empirischen Ergebnisse legen nahe, dass auch das **Offenlegungsverhalten** mit dem Anreiz, eine **negative Reputation** bzw. negative Auswirkungen auf den Humankapitalwert zu vermeiden, verbunden ist. Daneben wirken noch folgende weitere Anreize: der Anreiz, negative Konsequenzen aus dem als **Sanktionsmechanismus** wirkenden Enforcement-Verfahren zu vermeiden, der Anreiz zur **Erzielung** möglichst **geringer Kapitalkosten**, der Anreiz zur **Vermeidung von Kosten**, die **aus Informationsasymmetrien** entstehen und der Anreiz zur **Vermeidung negativer Konkurrenzeffekte**.

Die vorliegende Arbeit ergänzt die bestehende Forschungsliteratur in folgender Hinsicht:

1. Es handelt sich um die erste Hypothesen testende empirische Studie, die das F&E-Bilanzierungsverhalten von Unternehmen, die in Deutschland börsennotiert sind, analysiert. Durch die Fokussierung auf die in Deutschland vorherrschenden institutionellen Rahmenbedingungen kann erstmals der Einfluss des Enforcement-Verfahrens sowie des regulatorischen Umfeldes auf das F&E-Bilanzierungsverhalten untersucht werden.
2. Erstmals wird die bilanzielle Abbildung der F&E-Ausgaben als dreistufiger Entscheidungsprozess (1. Aktivierungsentscheidung, 2. Festlegung der Aktivierungsquote, 3. Wahl des Offenlegungsverhaltens) dargestellt und die in den einzelnen Entscheidungsschritten wirkenden Anreize empirisch sowohl einzeln als auch aggregiert getestet.
3. Im Gegensatz zu den Vorgängerstudien[6] wird gezeigt, dass der bilanzielle Abbildungsprozess von F&E-Aktivitäten vor allem durch die Angst des Managers vor einem Reputationsverlust und dem als Sanktionsmechanismus wirkenden Enforcement-Verfahren (negative Anreize) determiniert ist.

---

6 Vgl. Daley/Vigeland (1983), Abbody/Lev (1998), Inoue/Thomas (1996), Landra/Callimaci (2003), Wyatt (2005), Oswald (2008), Markarian et al. (2008). Zu einer kritischen Würdigung der bisherigen F&E-spezifischen Determinantenstudien vgl. Abschnitt 4.3.4.

4. Eine empirische Untersuchung der Determinanten der Disclosure Compliance im Zusammenhang mit der bilanziellen Abbildung von F&E-Aktivitäten nach IAS 38 existiert nach Kenntnis des Autors noch nicht.[7] Daher blieb in der bisherigen Rechnungslegungsforschung ein wesentlicher Teil des bilanziellen Abbildungsprozesses von F&E-Aktivitäten unberücksichtigt. Dies ist umso erstaunlicher, als die Informationsvermittlung mittels Anhangsangaben für die Funktionsweise eines effizienten Kapitalmarkts von zentraler Bedeutung ist, da die bereitgestellten Informationen entscheidend zum Abbau von Informationsasymmetrien und Agentenkonflikten beitragen.[8] Die Studie leistet einen Beitrag zur Schließung dieser Forschungslücke. Ein weiterer Beitrag der Studie besteht – unabhängig von den F&E-Spezifika – darin, dass die Determinanten der Compliance mit den verpflichtend vorzunehmenden Angabepflichten untersucht werden. Die bisherigen Determinantenstudien zur Anhangsberichterstattung befassen sich im Gegensatz dazu mit den freiwilligen Zusatzangaben.[9]

---

7 Die einzige dem Autor bekannte empirische Studie, die sich mit den Determinanten der F&E-spezifischen Anhangsberichterstattung auseinandersetzt, stammt von Percy (2000). Allerdings umfasst ihre Stichprobe nicht nach IFRS, sondern nach Australian GAAP bilanzierenden Unternehmen und die Autorin untersucht nicht die gesetzlich geforderten, sondern die freiwilligen Zusatzangaben. Die Autorin kommt zu dem Ergebnis, dass die F&E-Intensität und die Finanzierungsform der F&E-Aktivitäten einen signifikanten Einfluss auf das Angabeverhalten haben. Bei den übrigen Studien ist bemerkenswert, dass selbst bei Verwendung des Begriffs „disclosure" nur auf die Wahl zwischen einer aufwandswirksamen Erfassung oder einer Aktivierung der F&E-Ausgaben eingegangen wird. Vgl. bspw. Lev (1999), S. 23. I.A. existieren nur wenige empirische Studien, in denen die Determinanten der *verpflichtenden* Disclosure Compliance untersucht werden, wie z.B. Glaum et al. (2012) im Zusammenhang mit den nach IFRS 3 und IAS 36 geforderten Angabepflichten und Bischof et al. (2012) im Zusammenhang mit den nach IFRS 7 geforderten Angabepflichten.

8 Vgl. Healy/Palepu (2001), S. 406. Zur Frage, ob Informationen, die in der Bilanz oder in der GuV veröffentlicht werden, eine höhere Relevanz zukommt als Informationen, die im Anhang oder im Lagebericht offengelegt werden, existieren gemischte empirische Ergebnisse. Zu einem Überblick der bisherigen einschlägigen Studien siehe Al Jifri/Citron (2009), S. 123 ff. Zu aktuellen Erkenntnissen aus dem US-amerikanischen bzw. dem europäischen Umfeld siehe die empirischen Studien von Michels (2012) bzw. Müller et al. (2012).

9 Dabei werden als vertragsinduzierte Determinanten der Offenlegungsentscheidung vor allem die Managemententlohnung, Kreditvertragsklauseln und politische Kosten untersucht und deren Einfluss auf das Offenlegungsverhalten mehrheitlich empirisch bestätigt. Vgl. Healy/Palepu (2001), S. 419 ff. Zu einem Überblick der Disclosure Literatur vgl. Core (2001) und Healy/Palepu (2001).

2. Abschlusspolitische Gestaltungsspielräume bei der bilanziellen Abbildung von Forschungs- und Entwicklungskosten

2.1 Fragestellungen und Vorgehensweise

Abschnitt 2 dieser Arbeit bildet den normativen Rahmen für die nachfolgenden empirischen Studien. In ihm werden die Regelungen zur bilanziellen Abbildung von F&E-Kosten sowohl nach den internationalen als auch nach den handelsrechtlichen Normen dargestellt. Im Fokus stehen dabei die Herausarbeitung bestehender Ermessensspielräume und daraus resultierende abschlusspolitische Gestaltungsmöglichkeiten. Gleichzeitig werden diejenigen institutionellen Rahmenbedingungen näher beleuchtet, die nach Ansicht des Verfassers geeignet sind, um eine normenkonforme Ausübung dieser Ermessensspielräume und somit die Zuverlässigkeit und Qualität der Jahresabschlüsse sicherzustellen. Im Einzelnen werden folgende Fragestellungen untersucht:

F.1: Wie hat die bilanzielle Abbildung von F&E-Kosten gem. internationalen und handelsrechtlichen Rechnungslegungsnormen zu erfolgen?
F.2: Welche Ermessensspielräume und daraus resultierende abschlusspolitische Gestaltungsmöglichkeiten eröffnen die beiden Regelwerke hinsichtlich der bilanziellen Abbildung von F&E-Kosten?
F.3: Welche institutionellen Rahmenbedingungen sollen eine normenkonforme Ausübung der vorhandenen Ermessensspielräume sicherstellen?

2.2 Abschlusspolitik: Definition und Kategorisierung

Unter dem Begriff „Abschlusspolitik“[10] wird in der vorliegenden Arbeit die gezielte Beeinflussung der Vermögens-, Finanz- und Ertragslage eines Unternehmens verstanden.[11] Als abschlusspolitische Motivation kommen sowohl die Beeinflussung

10 Der wohl gängigere Begriff „Bilanzpolitik“ könnte nach Ansicht des Verfassers irreführend sein, da eine Beeinflussung der Abschlussadressaten und der Rechtsfolgen über alle Berichtsinstrumente eines Jahresabschlusses, nicht nur der Bilanz, erfolgen kann.
11 Zu einer ähnlichen Definition des Terminus „accounting choice“ siehe Fields et al. (2001), S. 256.

der Abschlussadressaten (etwa bei Investitionsentscheidungen potentieller Eigenkapitalgeber, Gehaltsforderungen der Arbeitnehmer oder staatlichen Regulierungsbestrebungen) als auch direkter Rechtsfolgen (z.B. beim Bestehen von Debt Covenants oder einer ergebnisabhängigen Managemententlohnung) in Betracht.[12]

Die im Abschluss dargestellten Größen können auf zwei Arten beeinflusst werden. Zum einen durch Eingriff in die tatsächlichen Geschäftsvorfälle (**reale Abschlusspolitik** bzw. Sachverhaltsgestaltung). So kann das Periodenergebnis beispielsweise gezielt durch eine kurzfristige Erhöhung oder Reduzierung ergebniswirksam zu erfassender F&E-Ausgaben beeinflusst werden. Reale Abschlusspolitik kann nur vor dem Abschlussstichtag (ex ante) vorgenommen werden.[13] Im Gegensatz dazu können bei der **buchmäßigen Abschlusspolitik** die gewünschten Zielgrößen sowohl vor als auch nach dem Abschlussstichtag (ex post) beeinflusst werden. Unter buchmäßiger Abschlusspolitik wird die veränderte Abbildung der unveränderten ökonomischen Realität im Jahresabschluss verstanden. Dies ist durch entsprechende Ausübung von expliziten Wahlrechten sowie von Ermessensspielräumen und Schätzerfordernissen (impliziten Wahlrechten) möglich. Bei buchmäßiger Abschlusspolitik ist sowohl eine materielle Einflussnahme auf im Jahresabschluss ausgewiesene Größen (**materielle Abschlusspolitik**) als auch eine Einflussnahme auf die Art der Darstellung von Geschäftsvorfällen sowie den Umfang der bereitgestellten Informationen (**formale Abschlusspolitik**) denkbar (siehe Abb. 2-1).

Abschlusspolitik ist **nicht auf den gesetzlichen Rahmen beschränkbar**. Dies hat zwei Gründe. Zum einen verläuft der Übergang zwischen einer noch regelkonformen Normenauslegung und einem Regelverstoß oft fließend.[14] Zum anderen stellen offensichtliche Normenverstöße in der Rechnungslegungspraxis keinen außergewöhnlichen Einzelfall dar.[15] Dabei müssen sie keineswegs vom Management intendiert sein. Zahlreiche andere Gründe wie z.B. Normenunkenntnis bzw. eine Überforderung des Rechnungswesens durch die Normenkomplexität (etwa

---

12 Ähnlich auch Wagenhofer/Ewert (2007), S. 237. Zu möglichen abschlusspolitischen Anreizen siehe ausführlich Abschn. 4.2.7.

13 Siehe hierzu ausführlich Wagenhofer/Ewert (2007), S. 240 f.

14 Zur schwierigen Differenzierung zwischen einem Normenverstoß und einer Ermessensausübung bei der bilanziellen Abbildung von F&E-Ausgaben siehe ausführlich Abschn. 3.8.4.2.

15 So stellt beispielsweise die DPR im Rahmen ihrer jährlichen Prüfungen stets eine beachtliche Fehlerquote fest. Im Tätigkeitsbericht 2011 betrug sie beispielsweise 25%. Vgl. DPR (2012), S. 3. Zu empirischen Studien, in denen sowohl auf nationaler als auch auf internationaler Ebene offensichtliche Mängel bei der IFRS-Anwendung festgestellt werden, siehe Abschn. 2.7.1.

Abb. 2-1: Kategorisierung der Abschlusspolitik

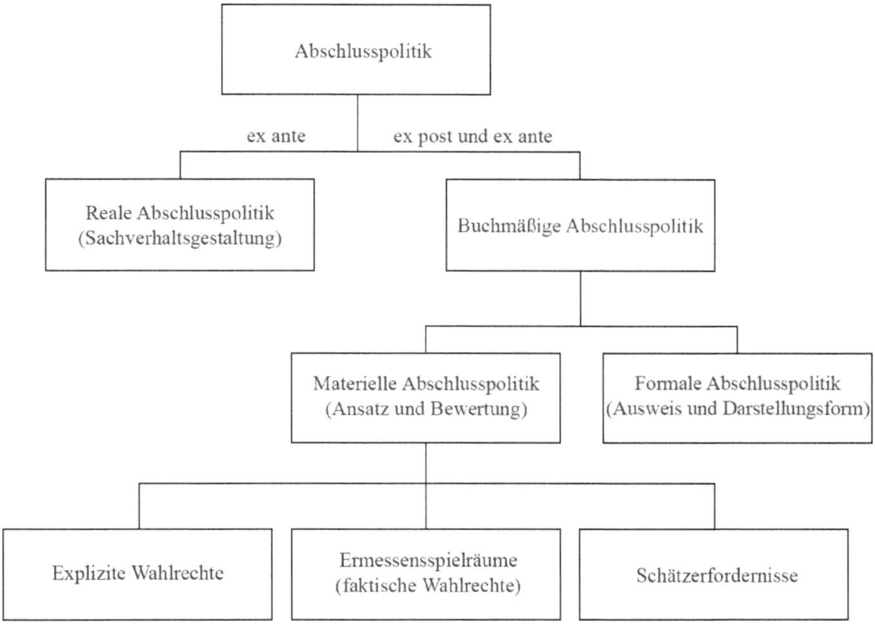

Die Abb. ist stark angelehnt an Wagenhofer/Ewert (2007), S. 239.

mangels entsprechend qualifizierter Fachkräfte in der Rechnungslegungsabteilung) oder Unachtsamkeit bei der Abschlusserstellung (etwa auf Grund von Arbeitsüberlastung der Rechnungslegungsabteilung oder vorgezogener Abschlussdeadlines) können ebenso gut eine Begründung für einen Normenverstoß darstellen.

Abschlusspolitik kann **sichtbar oder versteckt** ausgeübt werden. Sichtbare Abschlusspolitik liegt vor, wenn die Abschlussadressaten die Auswirkungen einer abschlusspolitischen Maßnahme dem Jahresabschluss entnehmen und in ihren (Investitions)entscheidungen berücksichtigen können. Dies ist grundsätzlich bei expliziten Ansatz- oder Bewertungswahlrechten, die mit entsprechenden Angabepflichten verknüpft sind, der Fall.[16] Bei der versteckten Abschlusspolitik werden bestehende Ermessensspielräume und Schätzerfordernisse so ausgelegt, dass eine bestimmte Zielsetzung erreicht wird. Die Auswirkungen auf die Vermögens-, Finanz- und Ertragslage sind dem Jahresabschluss nicht entnehmbar und werden

16 Vgl. auch Wagenhofer/Ewert (2007), S. 245, die in diesem Zusammenhang von Erkennbarkeit sprechen.

daher regelmäßig unbewusst in das Entscheidungskalkül eines Investors einfließen. An dieser Stelle sei jedoch darauf hingewiesen, dass selbst bei expliziten Wahlrechten versteckte Abschlusspolitik betrieben werden kann. Dies ist immer dann der Fall, wenn die für die Wahlrechtsausübung ausschlaggebenden Kriterien ermessensbehaftet sind. So ist zwar beispielsweise im HGB-Abschluss ersichtlich, ob vom Ansatzwahlrecht für selbst erstellte immaterielle Vermögenswerte Gebrauch gemacht wurde. Die Abschlussadressaten erhalten jedoch keinen Einblick darüber, ob die für eine Aktivierung erforderliche künftige Vermögensgegenstandseigenschaft mit hoher Wahrscheinlichkeit vorliegt, ob die unternehmens- oder produktindividuell festgelegten Abgrenzungskriterien erfüllt sind oder inwiefern bei ähnlichen Sachverhalten im Zeitablauf die gleichen Entscheidungskriterien zu Grunde gelegt werden. Somit können die Abschlussadressaten nicht beurteilen, ob eine vollständige aufwandswirksame Erfassung der F&E-Ausgaben auf die Nicht-Erfüllung der Ansatzkriterien oder auf eine ergebnismindernde Abschlusspolitik zurückzuführen ist. Ebenso wenig ist ersichtlich, inwiefern im Fall einer Aktivierung die produktspezifischen Ansatzkriterien gerade so ausgelegt wurden, dass bspw. eine spezifische Zielgröße erreicht wird.

2.3 Kategorisierung der F&E-Aufwendungen

F&E-Ausgaben werden mit dem Ziel der Steigerung künftiger Zahlungsmittelzuflüsse (etwa durch den Absatz innovativer Produkte oder Dienstleistungen) und/ oder der Reduzierung künftiger Zahlungsmittelabflüsse (etwa in Form effizienterer Prozessabläufe im Unternehmen) getätigt. Sie können eine interne oder eine externe Zweckbestimmung verfolgen. Klassische Beispiele für die interne Zweckbestimmung sind die Entwicklung von ausschließlich unternehmensintern genutzter Software sowie die Optimierung unternehmensinterner Logistik- und Prozessabläufe. Bei externer Zweckbestimmung sollen sich die durch die F&E-Aktivitäten erzeugten Güter idealer Weise von den Konkurrenzprodukten abgrenzen und auf Grund ihres innovativen Charakters verstärkt vom Markt nachgefragt werden. Hierbei kann es sich sowohl um Produktinnovationen (z.B. neue Medikamente, Automodelle etc.) als auch um Prozessinnovationen (z.B. effizientere Software) handeln.

F&E-Aktivitäten mit externer Zweckbestimmung können in zwei Kategorien unterteilt werden. Die erste Kategorie ist die sog. Serienfertigung. Hier sollen durch die Veräußerung der hergestellten Güter i.d.R. über einen längeren Zeitraum Zahlungsmittelrückflüsse generiert werden. Ein Anfangs- und Enddatum des Güterabsatzes ist ebenso wenig vorhanden wie eine stück- oder mengenmäßige Begrenzung. Als Beispiel aus der Automobilbranche sei die Serienfertigung eines neuen Modells oder die Entwicklung eines neuen Bremssystems, das in mehreren Modellen eingesetzt werden kann, angeführt. Die zweite Kategorie von F&E-Aktivitäten mit externer Zweckbestimmung sind sog. auftragsbezogene F&E-Aktivitäten. Sie umfassen einen explizit festgelegten Output (z.B. eine unternehmensindividuell zugeschnittene Software, eine Spezialmaschine o.ä.), einen Verkaufspreis und einen Zeitplan bis zur Fertigstellung der Güter.

Unabhängig davon, ob die F&E-Aktivitäten eine interne oder externe Zweckbestimmung verfolgen, können sie entweder vollständig durch unternehmensinterne Kapazitäten abgedeckt oder (teilweise) von Dritten eingekauft bzw. im Rahmen von Forschungsgemeinschaften durchgeführt werden. Abb. 2-2 veranschaulicht die soeben vorgenommene Differenzierung der F&E-Ausgaben.

Abb. 2-2: Kategorisierung der F&E-Ausgaben

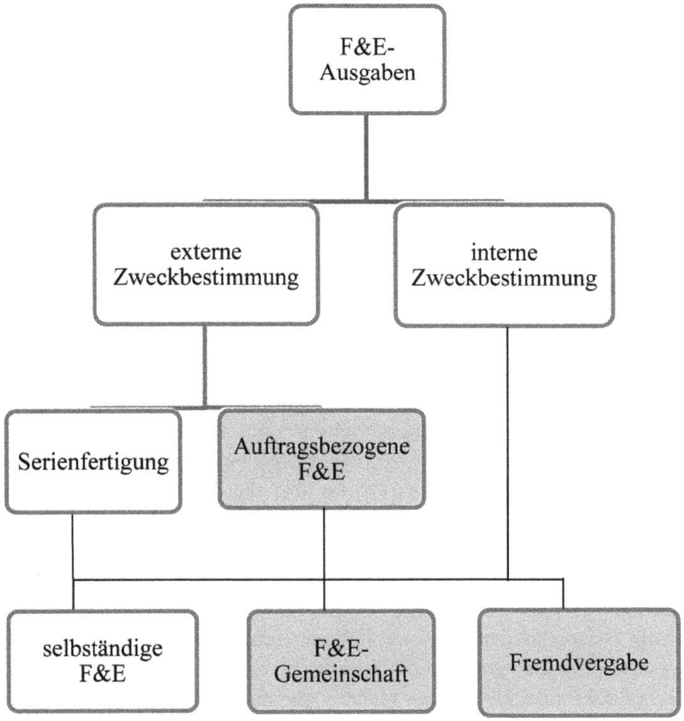

Im Fokus der vorliegenden Arbeit steht die bilanzielle Abbildung von F&E-Aktivitäten, die vom betroffenen Unternehmen selbständig durchgeführt werden. Dabei wird sowohl der Fall der internen als auch der externen Zweckbestimmung untersucht, letzterer jedoch ohne auftragsbezogene F&E. Dies liegt darin begründet, dass für die bilanzielle Abbildung auftragsbezogener F&E-Aktivitäten Rechnungslegungsnormen einschlägig sind, in denen F&E keine gesonderte Rolle spielt.[17] Im Rahmen der normendeskriptiven Analyse könnten daher keine F&E-spezifischen abschlusspolitischen Gestaltungsspielräume untersucht werden. Ebenso wenig wäre in den nachfolgenden empirischen Studien eine Untersuchung des Umgangs mit den F&E-spezifischen abschlusspolitischen Gestaltungsspielräumen in der deutschen Rechnungslegungspraxis möglich.

Ebenfalls nicht näher eigegangen wird auf die Sonderfälle der (teilweisen) Fremdvergabe von F&E-Projekten sowie auf F&E-Gemeinschaften, da sie nicht mit der eigentlichen Abbildungsproblematik von F&E-Ausgaben im Zusammenhang stehen. Ausschlaggebend ist, wer das Entwicklungsrisiko trägt. Liegt dies (etwa auf Grundlage eines Werkvertrags) beim Dritten, handelt es sich aus Sicht des bilanzierenden Unternehmens sowohl nach handelsrechtlichen als auch nach internationalen Rechnungslegungsnormen um Anschaffungskosten eines entgeltlich erworbenen Vermögensgegenstandes bzw. Vermögenswertes. Verbleibt das Entwicklungsrisiko hingegen beim bilanzierenden Unternehmen (indem bspw. nur eine Teilforschungsleistung in Auftrag gegeben wurde), so liegt ein Herstellungsvorgang eines selbst geschaffenen immateriellen Vermögensgegenstandes bzw. Vermögenswertes vor.[18] In diesem Fall stellen die fremdvergebenen Komponenten Teil der Herstellungskosten dar.[19]

---

17 Nach den handelsrechtlichen Rechnungslegungsnormen finden bei auftragsbezogener F&E die Grundsätze zur bilanziellen Abbildung des Umlaufvermögens Anwendung, nach den internationalen Rechnungslegungsnormen die Vorschriften des IAS 2. Die Abgrenzung zwischen einer „Serienfertigung“ und „auftragsbezogener F&E“ gestaltet in der Praxis oft sehr schwierig. Schließt beispielsweise ein Automobilhersteller mit einem Großkunden einen Rahmenvertrag über die Serienfertigung von einer genau festgelegten Stückzahl an Autos mit einer bestimmten Technologie, die nur für diese Autos angewendet werden darf, so sind die in diesem Zusammenhang anfallenden F&E-Ausgaben nach den für die „auftragsbezogene F&E“ einschlägigen Normen zu bilanzieren. Vgl. Bertram (2009), § 248, Tz. 14. Wenn sich jedoch schon ein Parameter an diesem Beispiel ändert, etwa ein Rahmenvertrag über eine unbestimmte Zeit und Stückzahl geschlossen wird, ist die Zuordnung nicht mehr eindeutig. Ähnlich verhält es sich mit der Entwicklung einer Technologie, durch deren Vermarktung voraussichtlich nur kurzfristig (< 1 Jahr) Umsatzerlöse erzielt werden können. Maßgeblich für die Unterteilung erscheint die Zweckbestimmung.

18 Siehe hierzu auch Ellrott/Brendt (2010), § 255, Tz. 490.

19 Zur Trennung zwischen entgeltlich erworbenen und selbst erstellten immateriellen Vermögensgegenständen siehe das Prinzip des entgeltlichen Erwerbs i.s.d. § 248

2.4 Bilanzielle Abbildung von Forschungs- und Entwicklungskosten nach IAS 38

2.4.1 Anwendungsbereich des IAS 38

Nicht alle F&E-Ausgaben fallen in den Anwendungsbereich des IAS 38 (Immaterielle Vermögenswerte). Zwecks Zuordnung zum einschlägigen Standard ist als erstes zu unterscheiden, ob die F&E-Ausgaben eine interne Zweckbestimmung (z.B. für die Entwicklung von ausschließlich unternehmensintern benutzter Software oder für die Optimierung unternehmensinterner Logistik- und Prozessabläufe) oder eine externe Zweckbestimmung (z.B. Produkt- oder Prozessinnovationen mit dem Ziel der Veräußerung an Dritte) verfolgen. Sämtliche F&E-Ausgaben mit interner Zweckbestimmung fallen in den Anwendungsbereich des IAS 38.

Bei externer Zweckbestimmung ist in einem ersten Schritt zu prüfen, ob ein kundenspezifischer F&E-Auftrag (wie z.B. bei der Programmierung von individuell zugeschnittenen Softwarelösungen) vorliegt. In diesem Fall ist IAS 11 (Fertigungsaufträge) einschlägig. In einem zweiten Schritt ist zu prüfen, ob ein Anwendungsfall des IAS 2 (Vorräte) vorliegt. Dies ist insbesondere bei einem Fremderwerb von F&E-Leistungen (wie z.B. Softwarelösungen) mit Weiterveräußerungsabsicht der Fall. Des Weiteren ist IAS 2 auf Ausgaben für die Herstellung von Kopien für immaterielle Vermögenswerte (z.B. von Standardsoftware) anzuwenden.[20] Werden Nutzungsrechte an selbst erstellten immateriellen Vermögenswerten vereinbart, ist in einem dritten Schritt zu prüfen, ob IAS 17 (Leasingverhältnisse) einschlägig ist. Erst wenn keiner der o.g. Anwendungsbereiche vorliegt, ist IAS 38 für die bilanzielle Abbildung der F&E-Aktivitäten heranzuziehen (siehe Abb. 2-2).[21]

In der vorliegenden Arbeit erfolgt eine Fokussierung auf die bilanzielle Abbildung von F&E-Ausgaben, die in den Anwendungsbereich des IAS 38 fallen. Dies hat zwei Gründe. Erstens stellt IAS 38 die zentrale Rechtsgrundlage für die bilanzielle Abbildung von F&E-Ausgaben dar. In ihm werden die Begriffe Forschung und

---

Abs. 2 HGB a.F. bzw. § 5 Abs. 2 EStG. Vgl. hierzu Förschle/Usinger (2010), § 248, Tz. 35 ff. Ein gewisser Ermessensspielraum bei der Beurteilung, ab wie viel Prozent Fremdleistung ein selbst erstellter oder ein entgeltlich erworbener Vermögensgegenstand vorliegt, ist unumgänglich.

20 Vgl. ADS International (2006), Abschn. 8, Tz. 286.

21 Bei der Prüfung des Anwendungsbereichs empfiehlt es sich in jedem Fall, in der skizzierten Reihenfolge vorzugehen. Mit Ausnahme von IAS 17 stehen nämlich die übrigen Standards in einem Subsidiaritätsverhältnis zueinander. Siehe hierzu ausführlich ADS International (2006), Abschn. 8, Tz. 11.

Entwicklung definiert und F&E-spezifische Ansatzkriterien festgelegt, während in den anderen dargestellten Standards F&E-Aktivitäten nicht im Vordergrund stehen. Zweitens ist davon auszugehen, dass IAS 38 das Groß aller in der Rechnungslegungspraxis anfallenden F&E-Ausgaben abdeckt, während die anderen Standards nur in sehr geringem Umfang, nämlich bei den obig erläuterten Spezialfällen, Anwendung finden. Durch die Fokussierung auf IAS 38 kann daher in den nachfolgenden empirischen Studien die F&E-Bilanzierungspraxis in Deutschland anhand einer umfangreichen Stichprobe untersucht werden.[22]

Von der weiteren Betrachtung werden ebenfalls in Entwicklung befindliche F&E-Projekte, die gesondert angeschafft oder im Rahmen eines Unternehmenszusammenschlusses erworben wurden, ausgeschlossen, da für sie nicht die Vorschriften für selbst erstellte immaterielle Vermögenswerte i.S.v. IAS 38.51 ff. einschlägig sind. Die folgenden Ausführungen sind daher nur auf die nach dem Erwerbszeitpunkt anfallenden F&E-Ausgaben anzuwenden.[23]

Sollten die F&E-Aktivitäten an eine Zweckgesellschaft (special purpose entities) i.S.v. SIC 12 ausgelagert oder an ein konzernexternes Unternehmen vergeben werden, ist fraglich, bei welchem Unternehmen ggf. ein immaterieller Vermögenswert zu bilanzieren ist; bei dem auslagernden bzw. vergebenden Unternehmen (Auftraggeber) oder bei der Zweckgesellschaft bzw. dem konzernexternen Unternehmen (Auftragnehmer). Zur Beantwortung dieser Frage gilt es zu klären, wer die aus den F&E-Aktivitäten resultierenden wirtschaftlichen Chancen und Risiken trägt.[24] Eine Bilanzierung beim Auftraggeber ist dann vorzunehmen, wenn ihm das Ergebnis der F&E-Aktivitäten zusteht (d.h. wenn er bei positivem Ausgang die Chance auf einen Gewinn und bei negativem Ausgang das Risiko eines Verlustes trägt) und der Auftragnehmer unabhängig vom Erfolg des F&E-Projektes eine garantierte Vergütung (ggf. zzgl. einer umsatzabhängigen Zusatzkomponente) erhält, die er im Fall der Erfolglosigkeit des F&E-Projektes nicht an den Auftraggeber zurückzahlen muss.[25] Trägt hingegen der Auftragnehmer das Risiko und ist dieser im Fall einer Erfolglosigkeit des F&E-Projektes zur Rückzahlung der finanziellen Mittel verpflichtet, so liegt ein Finanzierungsgeschäft

22 Aus dem gleichen Grund wird auch auf die F&E-Bilanzierungsvorschriften für „small and medium sized entities" i.S. der IFRS, denen zu Folge ein grundsätzliches Aktivierungsverbot F&E-Kosten existiert (vgl. SME 18.14), nicht näher eingegangen.

23 Vgl. IAS 38.34, 38.42 f. und 38.BC78 ff. sowie IFRS 3.45 f., 3.BC90, und 3.BC104 ff.

24 Vgl. ADS International (2006), Abschn. 8, Tz. 111.

25 Vgl. ADS International (2006), Abschn. 8, Tz. 111.

vor[26] und der Vermögenswert ist bei ihm zu bilanzieren. Erst bei Veräußerung des F&E-Ergebnisses an den Auftraggeber erfasst dieser einen entgeltlich erworbenen Vermögenswert. Schwierig gestaltet sich die Zuordnung des Vermögenswertes in Fällen, in denen sich mehrere Parteien die Chancen und Risiken eines F&E-Projektes teilen (z.B. bei F&E-Gemeinschaften). Derartige mögliche Konstrukte werden im weiteren Verlauf dieser Arbeit nicht näher untersucht. Die Ausführungen dieses Abschnitts beziehen sich nur auf Fälle, in denen die Chancen und Risiken eines F&E-Projektes beim jeweils betrachteten Unternehmen liegen, da nur diese Fälle im Rahmen der anschließenden empirischen Studien valide untersucht werden können.

Abb. 2-3: Anwendungsbereich des IAS 38

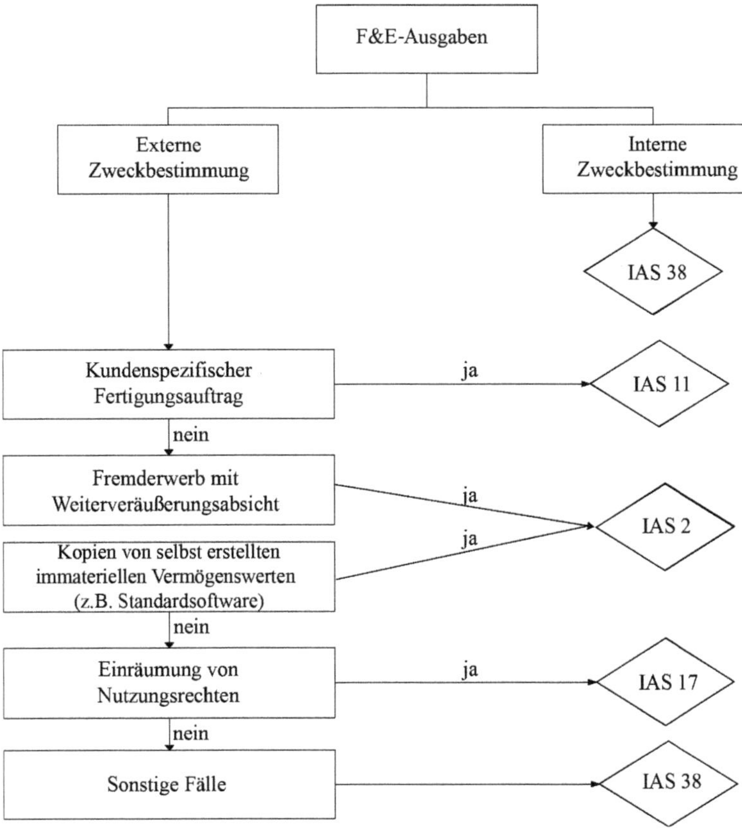

26 Vgl. noch zu IAS 38 (rev. 1998) PwC (2002), Tz. 38.06.

2.4.2 Ansatz

2.4.2.1 Vorgehensweise

Der Ansatz selbst geschaffener immaterieller Vermögenswerte folgt einem **Vierstufenkonzept** (siehe Abb. 2-3). Grundvoraussetzung für die Aktivierungsfähigkeit ist die Erfüllung der allgemeinen Ansatzvorschriften für Vermögenswerte analog der Definition im IASB Framework, die in IAS 38 nochmals aufgegriffen wird (1. Stufe). In einem zweiten Schritt müssen die spezifischen Ansatzkriterien für immaterielle Vermögenswerte erfüllt sein (2. Stufe). Darüber hinaus ist eine klare Abgrenzung zwischen der Forschungs- und Entwicklungsphase und eine eindeutige Zuordnung der getätigten Ausgaben in die Entwicklungsphase erforderlich (3. Stufe). Schließlich werden weitere spezifische Ansatzkriterien für immaterielle Vermögenswerte, die innerhalb der Entwicklungsphase selbst erstellt werden, gefordert (4. Stufe).

2.4.2.2 1. Stufe – Allgemeine Ansatzkriterien

Auf der 1. Stufe wird die Erfüllung der allgemeinen, im IASB F. 4.8 ff. und in IAS 38.8 kodifizierten Vermögenswerteigenschaft gefordert. Diese gilt als erfüllt, wenn die betreffende Ressource zum einen in der Verfügungsmacht des Unternehmens steht und zum anderen von ihr ein künftiger wirtschaftlicher Nutzenzufluss erwartet wird.

Verfügungsmacht ist die Fähigkeit eines Unternehmens, den künftigen Nutzenzufluss einer Ressource zu kontrollieren. Bei rechtlicher Durchsetzbarkeit – im Fall von F&E etwa bei Urheberrechten, die das geistige Eigentum schützen (IAS 38.13) – ist das Vorliegen der Verfügungsmacht unstrittig. Die rechtliche Durchsetzbarkeit stellt jedoch keine notwendige Voraussetzung dar. Verfügungsmacht kann auch anhand von Transaktionen für dieselben oder ähnliche vertraglich nicht geschützte Geschäftsvorfälle abgeleitet werden.[27] Das Vorliegen eines aktiven Marktes ist nicht erforderlich.[28]

Eine Ressource führt gem. IAS 38.17 zu einem **künftigen wirtschaftlichen Nutzen**, wenn sie durch den Verkauf von Produkten oder die Erbringung von Dienstleistungen an Dritte zur Generierung künftiger Erlöse beiträgt (**externe Zweckbestimmung**). Des Weiteren kann ein künftiger wirtschaftlicher Nutzen aus Kosteneinsparungen im eigenen Unternehmen - etwa durch effizientere Prozesse oder neue Technologien - resultieren (**interne Zweckbestimmung**).

---

27 Zu Beispielen, bei denen trotz nicht-vertraglicher Kundenbeziehungen eine Verfügungsmacht des Unternehmens über den künftigen Nutzenzufluss gegeben sein kann, vgl. IAS 38.16.

28 Vgl. auch ADS International (2006), Abschn. 8, Tz. 44.

2.4.2.3 2. Stufe – Spezifische Ansatzkriterien für immaterielle Vermögenswerte

2.4.2.3.1 Grundlagen

Gem. IAS 38.8 ist ein Immaterieller Vermögenswert ein identifizierbarer, nicht-monetärer Vermögenswert ohne physische Substanz, dessen künftiger Nutzenzufluss wahrscheinlich und dessen Anschaffungs- oder Herstellungskosten verlässlich bestimmbar sind. Die Aktivierbarkeit eines immateriellen Vermögenswertes setzt also die kumulative Erfüllung folgender, über die allgemeine Vermögenswerteigenschaft hinausgehender Ansatzkriterien voraus:

1. Identifizierbarkeit
2. Nicht-monetärer Charakter
3. Ohne physische Substanz
4. Wahrscheinlicher künftiger Nutzenzufluss
5. Verlässliche Bestimmbarkeit der Anschaffungs- oder Herstellungskosten

2.4.2.3.2 Identifizierbarkeit

Ein immaterieller Vermögenswert ist gem. IAS 38.12 dann identifizierbar, wenn er separierbar ist oder auf vertraglichen oder anderen gesetzlichen Rechten beruht. **Separierbarkeit** liegt gem. IAS 38.12 (a) vor, wenn ein Vermögenswert entweder einzeln veräußert oder in anderer Form (z.B. durch Übertragung, Lizensierung, Vermietung oder Tausch) verwertet werden könnte – unabhängig von den tatsächlichen Absichten des Unternehmens. Die Separierbarkeit ist auch dann gegeben, wenn eine Veräußerung oder Verwertung nur im Zusammenhang mit einem Vertrag, einem anderen Vermögenswert oder einer Schuld möglich ist. Obwohl im Standard hinsichtlich der Separierbarkeit von einem einzelnen Vermögenswert ausgegangen wird, sehen Teile des Schrifttums das Kriterium der Separierbarkeit auch dann als erfüllt an, wenn eine Veräußerung oder Verwertung nur zusammen mit mehreren Vermögenswerten oder Schulden möglich ist, so lange nicht die Veräußerung des Unternehmens als Ganzes oder einer wirtschaftlichen Einheit dessen erforderlich ist.[29] Transaktionen von gleichen oder ähnlichen immateriellen Vermögenswerten in der Vergangenheit können ein Indiz für die Separierbarkeit sein.[30]

---

29 Vgl. ADS International (2006), Abschn. 8, Tz. 50; Baetge/Von Keitz et al. (2010), IAS 38, Tz. 18.

30 Vgl. IAS 38.16.

Das Kriterium der **Identifizierbarkeit** gilt gem. IAS 38.12 (b) dann als erfüllt, wenn der immaterielle Vermögenswert auf vertraglichen oder anderen gesetzlichen Rechten beruht, selbst wenn diese Rechte nicht von anderen Rechten und Verpflichtungen oder gar dem gesamten Unternehmen separierbar sind. Da es gem. IAS 38.12 ausreichend ist, wenn immaterielle Vermögenswerte entweder separierbar sind oder ein Recht verkörpern, sind drei Fälle denkbar, in denen das Kriterium der Identifizierbarkeit als erfüllt gilt: das Vorliegen beider „Identifizierbarkeitskriterien“ (Fall 1, z.B. bei Patentrechten), das Vorliegen eines nicht separierbaren Rechts (Fall 2, z.B. nicht übertragbare Lizenzen), oder das Vorliegen eines separierbaren immateriellen Vermögenswertes, der kein Recht verkörpert (Fall 3, z.B. ungeschützte Erfindungen).[31]

2.4.2.3.3 Nicht-monetärer Charakter

Ein immaterieller Vermögenswert muss gem. IAS 38.8 „nicht-monetären Charakter“ aufweisen. Der Standard enthält keine Positivdefinition für „nicht-monetäre Vermögenswerte“, sondern nur eine Negativdefinition für „monetäre Vermögenswerte“.[32] Dazu gehören alle im Bestand des Unternehmens befindlichen Geldmittel sowie Vermögenswerte, deren künftige Auszahlungsbeträge bereits feststehen. Im Hinblick auf die Aktivierung von Entwicklungskosten dürfte diese Problematik nicht weiter von Interesse sein, da die künftigen, dem Unternehmen zufließenden Geldmittel nicht von Beginn an feststehen.[33]

2.4.2.3.4 Ohne physische Substanz

Charakteristisches Merkmal immaterieller Vermögenswerte ist – wie deren Bezeichnung schon zum Ausdruck bringt – gerade deren Immaterialität, also deren Mangel an physischer Substanz. Allerdings kann es in der Praxis des Öfteren zu einer **Vermengung zwischen materiellen und immateriellen Komponenten** kommen. In diesem Fall ist ausschlaggebend, welcher Bestandteil überwiegt bzw. wesentlich ist. In IAS 38.4 wird diese Problematik u.a. am Beispiel selbst erstellter

---

31 Für diese und weitere Beispiele siehe Küting/Dawo (2003), S. 397 ff.; Von Keitz (1997), S. 6 f.;

32 Vgl. auch Baetge/Von Keitz (2010), IAS 38, Tz. 19.

33 Der exakte Betrag der künftigen Zahlungsmittelrückflüsse dürfte nur bei auftragsbezogenen F&E-Tätigkeiten feststehen. Diese fallen jedoch – wie zu Beginn des Abschnittes erläutert – nicht in den Anwendungsbereich des IAS 38. Problematisch dürfte der Nicht-monetäre Charakter hauptsächlich bei Aktien oder Investmentanteilen sein. Siehe hierzu ausführlich Baetge/Von Keitz (2010), IAS 38, Tz. 19 m.w.N.

Computersoftware veranschaulicht, die auf einer Compact Disc gespeichert wird. Ist die Computersoftware integraler Bestandteil der Hardware eines Vermögenswertes und für dessen Funktionsfähigkeit erforderlich – wie z.B. bei einer computergesteuerten Werkzeugmaschine oder beim Betriebssystem eines Computers – so stellt sie einen Teil der betreffenden Sachanlage dar und ist gem. IAS 16 abzubilden. Andernfalls ist sie als immaterieller Vermögenswert zu behandeln, da die Compact Disk nur als „Transport- bzw. Dokumentationsmedium"[34] dient. Im Gegensatz dazu stellt ein aus F&E-Aktivitäten hervorgehender Prototyp einen immateriellen Vermögenswert i.S.v. IAS 38 dar, da dessen physische Komponente im Vergleich zu dem durch ihn verkörperten technischen Know-how unwesentlich ist.[35] Ist nicht eindeutig beurteilbar, ob die materielle oder immaterielle Komponente eines Vermögenswertes überwiegt, besteht für das bilanzierende Unternehmen ein gewisser abschlusspolitischer Spielraum, da es sich gewissermaßen aussuchen kann, ob der Vermögenswert nach den Grundsätzen des IAS 16 oder des IAS 38 bilanziert werden soll. Die Entscheidung für IAS 38 führt zu strengeren Ansatzvoraussetzungen und der Verpflichtung, bis zur Fertigstellung des selbst erstellten immateriellen Vermögenswertes unabhängig von dem Vorliegen eines auslösenden Ereignisses (triggering event) jährlich einen Wertminderungstest durchzuführen. Des Weiteren ist die Anwendung des Neubewertungsmodells für die Folgebewertung im Gegensatz zum Sachanlagevermögen nur bei Vorliegen eines aktiven Marktes möglich.[36]

2.4.2.3.5 Wahrscheinlicher künftiger Nutzenzufluss

Insbesondere bei selbst erstellten immateriellen Vermögenswerten muss der künftige Nutzenzufluss wahrscheinlich sein.[37] Zur Beurteilung der Wahrscheinlichkeit sollen gem. IAS 38.60 die Grundsätze des IAS 36 (Wertminderung von Vermögenswerten) herangezogen werden. Erzeugt ein Vermögenswert nur in Verbindung mit anderen Vermögenswerten einen künftigen wirtschaftlichen Nutzen, ist demnach das **Konzept der zahlungsmittelgenerierenden Einheit** anzuwenden.

Die **Einschätzung der Wahrscheinlichkeit eines künftigen wirtschaftlichen Nutzens** erfordert eine **ermessensbehaftete** Einschätzung des Managements über

---

34 Baetge/Von Keitz, IAS 38, Tz. 20.

35 Vgl. IAS 38.5; Vgl. auch Esser/Hackenberger (2004), S. 404. Zu weiteren Beispielen siehe ADS International (2006), Abschn. 8, Tz. 56 f.

36 Zur Folgebewertung siehe ausführlich Abschn. 2.3.3.2.

37 Vgl. IAS 38.21 (a). Zur Wahrscheinlichkeit des künftigen Nutzenzuflusses sei an dieser Stelle auch auf die Ausführungen in Abschn. 2.3.3.2.2. verwiesen.

den Grad an Sicherheit der mit der Nutzung des Vermögenswertes einhergehenden künftigen Einzahlungsüberschüsse.[38] Die der Einschätzung zu Grunde liegenden Annahmen müssen angemessen und begründet sein und die wirtschaftlichen Rahmenbedingungen während des Nutzungszeitraums des Vermögenswertes bestmöglich widerspiegeln. Die Managementeinschätzung ist anhand der zum Zeitpunkt des erstmaligen Ansatzes zur Verfügung stehenden Informationen zu beurteilen, wobei „externen substanziellen Hinweisen" – wohl auf Grund deren intersubjektiver Nachprüfbarkeit – ein größeres Gewicht beizumessen ist.[39] Als mögliche Beispiele für externe Nachweise werden in der Literatur Veräußerungsgeschäfte gleicher oder ähnlicher Vermögenswerte, Branchenstudien, unabhängige Expertenanalysen über das unternehmensspezifische Markt- und Wettbewerbsumfeld sowie Informationen über die gesamtwirtschaftliche Entwicklung angeführt.[40]

Eine widerlegbare Annahme der Art, dass ein wirtschaftlich handelndes Unternehmen Ausgaben in immaterielle Vermögenswerte nur dann tätigt, wenn zumindest in eben dieser Höhe künftige Rückflüsse erwartet werden, kann IAS 38 nicht entnommen werden. Schließlich sind künftige Zahlungsmittelrückflüsse zum einen regelmäßig mit einem Risiko behaftet und zum anderen nicht eindeutig einem Vermögenswert zuordenbar.[41] Insbesondere in der frühen Forschungsphase ist der erfolgreiche Ausgang der F&E-Aktivitäten und damit der künftigen Zahlungsmittelrückflüsse ungewiss. Erst bei hinreichender Konkretisierung der F&E-Ergebnisse, die meist erst mit Beginn der ersten erfolgreichen Testphase eintritt, ist von einer Wahrscheinlichkeit des künftigen Nutzenzuflusses auszugehen.[42]

2.4.2.3.6 Verlässliche Bestimmbarkeit der Anschaffungs- oder Herstellungskosten

Weitere Voraussetzung für die Aktivierbarkeit eines selbst geschaffenen immateriellen Vermögenswertes ist die verlässliche Bestimmbarkeit von dessen Herstellungskosten.[43] Dieses Kriterium setzt keine exakte Ermittelbarkeit voraus. Der Einsatz von Schätzmethoden ist bei selbst geschaffenen immateriellen Vermögenswerten in einigen Fällen sogar notwendig.[44] Die den Schätzungen zu Grunde

38 Vgl. ADS International (2006), Abschn. 8, Tz. 81.
39 Siehe hierzu IAS 38.22 f.
40 Vgl. ADS International (2006), Abschn. 8, Tz. 81 m.w.N.
41 Vgl. auch ADS International (2006), Abschn. 8, Tz. 82.
42 Zu den damit einhergehenden abschlusspolitischen Gestaltungsspielräumen vgl. Hoffmann (2011), § 11, Tz. 34 ff.
43 Vgl. IAS 38.21 (b).
44 Vgl. IAS 38.35 f.; IASB F. 86 ff.

liegenden Annahmen müssen jedoch stets intersubjektiv nachprüfbar sein. Dies könnte problematisch sein, wenn weder ein aktiver Markt noch vergleichbare Transaktionen aus der Vergangenheit vorhanden sind.[45] Bis zu welchem Grad an Unsicherheit ein Schätzverfahren als verlässlich angesehen wird, liegt letztlich im Ermessen des Unternehmens (und des Abschlussprüfers).[46]

Im Zusammenhang mit den F&E-Tätigkeiten eines Unternehmens hebt der Standardsetzer die schwierige Trennbarkeit der F&E-Ausgaben von denjenigen Ausgaben, die mit der Erhaltung oder Erhöhung des selbst geschaffenen Geschäfts- oder Firmenwerts oder mit dem Tagesgeschäft in Verbindung stehen, hervor.[47] In der Rechnungslegungspraxis sollte jedoch nach Ansicht des Verfassers das Kriterium der verlässlichen Bestimmbarkeit der Herstellungskosten von F&E-Tätigkeiten von untergeordneter Bedeutung sein. Die Bestimmbarkeit der Herstellungskosten eines spezifischen F&E-Projektes hängt ausschließlich von der **Qualität des internen Rechnungswesens** ab. Ist letzteres nicht in der Lage, eine projektscharfe Kostenträgerrechnung zu gewährleisten, so darf dieser Umstand nicht als Rechtfertigung für eine vollständige aufwandswirksame Erfassung sämtlicher F&E-Ausgaben herangezogen werden. Ansonsten würde die im nachfolgenden Abschnitt dargestellte Regelung zur bilanziellen Abbildung von F&E-Aktivitäten torpediert und den Abschlussadressaten entscheidungsrelevante Informationen vorenthalten.

2.4.2.4 3. Stufe – Abgrenzung von Forschungs- und Entwicklungsphase

Bei selbst erstellten immateriellen Vermögenswerten ist als erstes der Herstellungsprozess in eine Forschungs- und in eine Entwicklungsphase zu unterteilen.[48] In der Forschungsphase anfallende Ausgaben sind gem. IAS 38.54 aufwandswirksam zu erfassen, während für die der Entwicklungsphase zuzuordnenden Ausgaben bei kumulativer Erfüllung der in IAS 38.57 angeführten Kriterien eine Aktivierungspflicht besteht. Sind die Forschungs- und Entwicklungsphase nicht

---

45 Vgl. auch ADS International (2006), Abschn. 8, Tz. 85.

46 Eine weitestgehende Sicherheit des Messverfahrens dürfte jedoch nur bei einem gesonderten Erwerb eines immateriellen Vermögenswertes, bei dem die Gegenleistung in der Hingabe monetärer Vermögenswerte besteht, also die Anschaffungskosten als Bewertungsmaßstab herangezogen werden, vorliegen.

47 IAS 38.51 (b).

48 Vgl. IAS 38.52.

klar voneinander abgrenzbar, so sind sämtliche anfallenden Ausgaben aufwandswirksam zu erfassen.[49] Hintergrund dieser Regelung ist die nach Ansicht des Standardsetzers unwiderlegbare Vermutung, dass während der Forschungsphase die Ansatzkriterien für immaterielle Vermögenswerte – insbesondere der künftige wirtschaftliche Nutzennachweis – nicht erfüllt sind.[50]

Einzige Ausnahme hiervon stellen Ausgaben für noch in der Forschungsphase befindliche F&E-Projekte dar, die im Rahmen eines Unternehmenszusammenschlusses erworben werden. In diesen Fällen gilt das Kriterium des wahrscheinlichen künftigen Nutzenzuflusses nämlich stets als erfüllt.[51] Fraglich ist im Rahmen eines Unternehmenszusammenschlusses jedoch, inwiefern das erwerbende Unternehmen die Kontrolle über ungeschützte F&E-Teilergebnisse erlangt, so dass Dritte von deren Nutzung ausgeschlossen werden können. Schließlich ist das beim erwerbenden Unternehmen ggf. bilanzierte Wissen zumindest beim Veräußerer schon vorhanden.[52] Diese Thematik ist umso brisanter, je forschungsintensiver die erworbenen Unternehmen sind, da der Anpassungsbedarf in der Neubewertungsbilanz mit zunehmender F&E-Intensität c.p. steigt. So belief sich beispielsweise beim Erwerb der Schering AG durch die Bayer AG zum Erwerbszeitpunkt die Differenz zwischen den Restbuchwerten und den beizulegenden Zeitwerten der F&E-Projekte auf 1.218 Mio. €.[53] Vor allem bei Start-Up-Unternehmen dürfte der relative Anpassungsbedarf noch gravierender sein.[54]

Die Begriffe „Forschung“ und „Entwicklung“ werden in IAS 38.8 wie folgt definiert:

> *„**Forschung** ist die eigenständige und planmäßige Suche mit der Aussicht, zu neuen wissenschaftlichen oder technischen Erkenntnissen zu gelangen.“*

> *„**Entwicklung** ist die Anwendung von Forschungsergebnissen oder von anderem Wissen auf einen Plan oder Entwurf für die Produktion von neuen oder beträchtlich verbesserten Materialien, Vorrichtungen, Produkten, Verfahren, Systemen oder Dienstleistungen. Die Entwicklung findet dabei vor Beginn der kommerziellen Produktion oder Nutzung statt.“*

---

49 Vgl. IAS 38.53.

50 Vgl. IAS 38.54 f.

51 Vgl. IAS 38.25, 38.33, 38.BC17 f. und 38.BC26 ff. Vgl. auch PwC (2013), Tz. 15.91.

52 Vgl. Duenbostel (1998), S. 187. Wird bspw. ein zu einem Konzern gehörendes und auf F&E-Aktivitäten spezialisiertes Unternehmen veräußert, so ist das formal „mitveräußerte“ Know-how zumindest noch bei dem veräußernden Konzernmutterunternehmen vorhanden und kann innerhalb des Konzerns weiter genutzt werden.

53 Vgl. Bayer AG (2007), S. 138 und S. 153.

54 Vgl. auch Wulf (2009), S. 112.

Neben den Begriffen „Forschung“ und „Entwicklung“ werden in IAS 38 auch die Begriffe „Forschungsphase“ und „Entwicklungsphase“ eingeführt, denen eine umfassendere Bedeutung zukommt.[55] Auch sie sind projektbezogen auszulegen. Allerdings werden die Forschungs- und Entwicklungsphase nicht definiert, sondern anhand von Aktivitäten, die typischer Weise in den beiden Phasen anfallen, umschrieben (siehe Abb. 2-3).

Aus der Definition der Begriffe „Forschung“ und „Entwicklung“ sowie der Auflistung typischer Aktivitäten in der Forschungs- und Entwicklungsphase wird ersichtlich, dass die Begriffe „Forschung“ und „Entwicklung“, vor allem aber die Begriffe „Forschungsphase“ und „Entwicklungsphase“ vom IASB so weit gefasst werden, dass sie nicht nur technologische Innovationsprozesse, sondern sämtliche Erstellungsprozesse aller immateriellen Vermögenswerte umfassen.[56] Die Forschungsphase i.S.v. IAS 38.56 umfasst sowohl die Grundlagenforschung als auch die weitergehende Forschung (auch Anwendungs- oder Industrieforschung genannt).[57] In der Forschungsphase wird eine allgemeine Idee (etwa über eine neue Technologie) entwickelt, ggf. kann schon eine konkrete Produktidee entstehen. Die Festlegung auf ein genau umrissenes, realisierbares Produkt oder Verfahren sowie die Planung von dessen Produktion und Vermarktung fällt hingegen in die Entwicklungsphase.[58] Als Übergang von der Forschungs- zur Entwicklungsphase könnte der – im Idealfall experimentell verifizierbare – Nachweis der Durchführbarkeit des zu Grunde liegenden Verfahrens betrachtet werden, da grundsätzlich erst ab diesem Zeitpunkt die Umsetzbarkeit eines Projektes möglich ist.[59] Die in der Entwicklungsphase anfallenden F&E-Ausgaben müssen zu einer neuen oder wesentlich verbesserten Entwicklung führen. Dabei ist die individuelle Sicht des Unternehmens ausschlaggebend. So könnte beispielsweise auch die Entwicklung eines „neuen“ IT-Systems in die Entwicklungsphase i.S.v. IAS 38.59 fallen, selbst wenn die unmittelbaren Wettbewerber des Unternehmens bereits über ein ähnliches System verfügen.[60]

55 Vgl. IAS 38.52.
56 Vgl. Fülbier et al. (2000), S. 837; Leibfries/Pfanzelt (2004), S. 492.
57 Vgl. ADS International (2006), Abschn. 8, Tz. 96.
58 Vgl. Fülbier et al. (2000), S. 837.
59 Vgl. Fülbier et al. (2000), S. 837.
60 Vgl. auch KPMG (2010/11), S. 306.

Abb. 2-4: Beispiele für Forschungs- und Entwicklungsaktivitäten

Forschungsphase i.S.v. IAS 38.56	**Entwicklungsphase i.S.v. IAS 38.59**
Aktivitäten, die auf die Erlangung neuer Erkenntnisse ausgerichtet sind.	Der Entwurf, die Konstruktion und das Testen von Prototypen und Modellen vor Beginn der eigentlichen Produktion oder Nutzung.
Die Suche nach sowie die Beurteilung und endgültige Auswahl von Anwendungen für Forschungsergebnisse und für anderes Wissen.	Der Entwurf von Werkzeugen, Spannvorrichtungen, Prägestempeln und Gussformen unter Verwendung neuer Technologien.
Die Suche nach Alternativen für Materialien, Vorrichtungen, Produkte, Verfahren, Systeme oder Dienstleistungen.	Der Entwurf, die Konstruktion und der Betrieb einer Pilotanlage, die von ihrer Größe her für eine kommerzielle Produktion wirtschaftlich ungeeignet ist.
Die Formulierung, der Entwurf sowie die Beurteilung und endgültige Auswahl von möglichen Alternativen für neue oder verbesserte Materialien, Vorrichtungen, Produkte, Verfahren, Systeme oder Dienstleistungen.	Der Entwurf, die Konstruktion und das Testen einer ausgewählten Alternative für neue oder verbesserte Materialien, Vorrichtungen, Produkte, Verfahren, Systeme oder Dienstleistungen.

Weitergehende Hinweise für die Abgrenzung von der Forschungs- und Entwicklungsphase werden in IAS 38 nicht gegeben. Als Orientierungshilfe könnte allenfalls SIC 32 (Immaterielle Vermögenswerte – Kosten von Internetseiten), der – quasi als F&E-Spezialfall – die bilanzielle Abbildung der für die Erstellung einer Internetseite anfallenden Kosten regelt, herangezogen werden. In SIC 32 wird klargestellt, dass sämtliche in der Planungsphase anfallenden Kosten der Forschungsphase zuzuordnen sind, wobei die Planungsphase bis zum Abschluss der konzeptionellen Arbeiten reicht. Sie umfasst gem. SIC 32.2 (a) Markt- und Machbarkeitsstudien, die Festlegung des Zwecks und des Leistungsumfangs, die Bewertung von Alternativen und die Festlegung von Prioritäten.

Aus den bisherigen Ausführungen wird ersichtlich, dass die Abgrenzung zwischen der Forschungs- und Entwicklungsphase selbst bei einem **sequenziellen Ablauf des F&E-Prozesses** nicht trennscharf möglich ist. Die Abgrenzungsproblematik wird in der Praxis noch dadurch verschärft, dass die F&E-Prozesse in der Regel nicht sequenziell, sondern **iterativ oder alternierend** verlaufen, also eine interdependente Beziehung zwischen den Forschungs- und Entwicklungsaktivitäten besteht.[61] So kommt es nicht selten zu weiteren Forschungsaktivitäten und dadurch zu Modifikationen an bereits entwickelten Verfahren oder Prototypen.[62] In diesem Fall ist eine Kostentrennung nicht möglich und eine aufwandswirksame Erfassung sämtlicher F&E-Ausgaben geboten.[63] Stark ausgeprägt ist die Abgrenzungsproblematik auch bei sog. „Spin-Offs". Darunter werden in der Entwicklungsphase quasi als Nebenprodukte anfallende Innovationen, die ihrerseits Anlass zu weiterführenden Entwicklungsaktivitäten darstellen, verstanden.[64] In diesen Fällen erscheint eine Kostentrennung sehr schwierig und ist an ein sehr gut aufgestelltes internes Kostenrechnungssystem geknüpft.

Zusammenfassend bleibt festzuhalten, dass hinsichtlich der Abgrenzung von Forschungs- und Entwicklungsphase ein erheblicher Ermessensspielraum besteht.[65] Soll aus abschlusspolitischen Gründen eine aufwandswirksame Erfassung sämtlicher F&E-Ausgaben erfolgen, so dürfte dem Abschlussersteller der „Nachweis" einer nicht zuverlässigen Trennbarkeit von Forschungs- und Entwicklungsphase nicht schwer fallen. Aus diesem Grund wird im Schrifttum schon auf dieser Stufe von einem faktischen Ansatzwahlrecht für Entwicklungskosten gesprochen.[66]

2.4.2.5 4. Stufe – Erfüllung der Ansatzkriterien des IAS 38.57

2.4.2.5.1 Grundlegendes

Besonders problematisch ist bei selbst erstellten immateriellen Vermögenswerten die Bestimmung des Zeitpunkts, in dem – wie in IAS 38.51 (a) gefordert –ein identifizierbarer immaterieller Vermögenswert mit künftigem Nutzenzufluss entsteht. Des Weiteren ist eine klare Trennbarkeit der F&E-Ausgaben von denjenigen Ausgaben, die mit der Erhaltung oder Erhöhung des selbst geschaffenen Geschäfts- oder Firmenwerts oder mit dem Tagesgeschäft in Verbindung stehen, nicht in jedem Fall

61 Vgl. Leibfried/Pfanzelt (2004), S. 492; Burger et al. (2006), S. 732.
62 Vgl. Fülbier et al. (2000), S. 837.
63 Vgl. Hoffmann (2011), § 13, Tz. 27.
64 Vgl. Fülbier et al. (2000), S. 837.
65 Vgl. auch Burger et al. (2006), S. 732; Ernst & Young (2010), S. 1080 mit einem ausführlichen Praxisbeispiel zum Ermessensspielraum bei der Abgrenzung zwischen der Forschungs- und Entwicklungsphase.
66 Vgl. Burger et al. (2006), S. 730 ff.; Dawo (2003), S. 206.

möglich.[67] Vor diesem Hintergrund und in Kenntnis der ermessensbehafteten Trennung zwischen der Forschungs- und Entwicklungsphase wurden in IAS 38.57 für in der Entwicklungsphase anfallende Ausgaben folgende „weitere" sechs Ansatzkriterien kodifiziert, bei deren kumulativer Erfüllung eine Aktivierungspflicht besteht:

1. Die **technische Realisierbarkeit** der Fertigstellung des immateriellen Vermögenswertes, so dass dieser intern genutzt oder an Dritte veräußert werden kann.
2. Die **Absicht zur Fertigstellung** des immateriellen Vermögenswertes sowie zur anschließenden Nutzung oder zum Verkauf.
3. Die **Fähigkeit zur Nutzung oder zum Verkauf**.
4. Der **Nachweis**, auf welche Art und Weise der immaterielle Vermögenswert einen **künftigen wirtschaftlichen Nutzen** generieren wird. Bei externer Zweckbestimmung sollte beispielsweise ein Markt für den immateriellen Vermögenswert oder für die durch ihn erzeugten Produkte nachgewiesen werden, bei interner Zweckbestimmung der spezifische Nutzen für das Unternehmen.
5. Die **Verfügbarkeit adäquater technischer, finanzieller und sonstiger Ressourcen**, um die Entwicklung des immateriellen Vermögenswertes abzuschließen und ihn anschließend nutzen oder verkaufen zu können.
6. Die Fähigkeit zur **verlässlichen Bewertung** der während der Entwicklungsphase anfallenden Ausgaben.

Nach dem Willen des Standardsetzers sollen die Ansatzkriterien des IAS 38.57 die spezifischen Ansatzkriterien für immaterielle Vermögenswerte konkretisieren und Abgrenzungs- bzw. Auslegungsspielräume in der Praxis minimieren. Nicht bezweckt ist die Festlegung restriktiverer Ansatzkriterien für den Fall der Selbsterstellung als für den Fall des entgeltlichen Erwerbs. Die für den Fall der Selbsterstellung „zusätzlich" kodifizierten Ansatzkriterien sind bei einem entgeltlichen Erwerb vielmehr schon implizit erfüllt.[68] Die Kriterien 1–5 konkretisieren den wahrscheinlichen künftigen Nutzenzufluss i.S.v. IAS 38.21(a), während das Kriterium 6 nochmal die Notwendigkeit zur verlässlichen Bewertbar keit i.S.v. IAS 38.21(b) hervorhebt.[69] Im Folgenden soll untersucht werden, inwiefern durch die Festlegung der Kriterien des IAS 38.57 der Ermessensbehaftung und damit den abschlusspolitischen Gestaltungsspielräumen bei der Trennung zwischen der Forschungs- und Entwicklungsphase entgegengewirkt wird.

---

67 Vgl. IAS 38.51 (b) und Ausführungen in Abschn. 2.2.2.3.

68 Vgl. IAS 38.BCZ42.

69 Vgl. auch ADS International (2006), Abschn. 8, Tz. 103; Baetge/Von Keitz (2010), IAS 38, Tz. 61.

Abb. 2-5: 4-Stufen-Konzeption des IAS 38

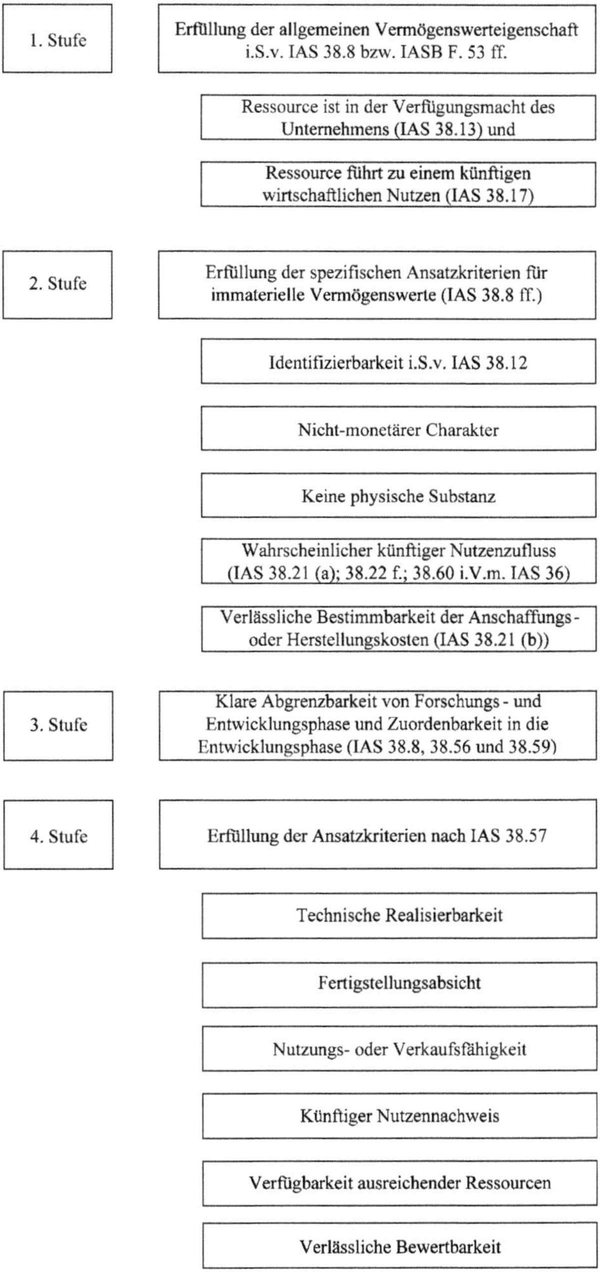

2.4.2.5.2 Technische Realisierbarkeit

Die technische Realisierbarkeit ist für jedes F&E-Projekt gesondert darzulegen. Der Begriff der technischen Realisierbarkeit wird in IAS 38 nicht näher konkretisiert. Nach h.M. ist er nicht so eng auszulegen, dass er sich nur auf die rein „ingenieurmäßige", also von den rechtlichen Rahmenbedingungen losgelöste Betrachtung erstreckt. Vielmehr sind insbesondere die erforderlichen **behördlichen Genehmigungen oder Auflagen** (z.B. in der Pharma- und Chemiebranche) in die Beurteilung mit einzubeziehen und der Begriff der technischen Realisierbarkeit entsprechend weiter auszulegen.[70]

Da das **Wettbewerbsumfeld** sowie die **rechtlichen und regulatorischen Rahmenbedingungen**, denen ein Unternehmen unterworfen ist, je nach Branchenzugehörigkeit erheblich variieren, ist anzunehmen, dass auch die Auslegung des Kriteriums der technischen Realisierbarkeit stark branchengetriebenist. Insbesondere in der Chemie- und Pharmabranche sowie in anderen regulierten Branchen dürfte der Nachweis der Vermarktungsfähigkeit der Erzeugnisse auf Grund der hohen Hürden einer Markteinführung (etwa durch die erforderliche Durchführung zahlreicher Tests und den Durchlauf umfangreicher behördlicher Genehmigungsverfahren, deren Dauer i.d.R. schwer einschätzbar ist) regelmäßig erst gegen Ende der Entwicklungsphase vorliegen.[71] So wird im Schrifttum davon ausgegangen, dass das Kriterium der technischen Realisierbarkeit im Pharmabereich frühestens mit Gesuchseinreichung bei einer entsprechenden Behörde wie der FDA (Food and Drug Administration – Arzneimittelzulassungsbehörde) als erfüllt erachtet wird.[72] Im chemischen Bereich sind Fälle denkbar, in denen trotz erfolgreichen Testens eines innovativen Wirkstoffes in einer kleinen Versuchsanlage die Realisierbarkeit in einer großtechnischen Anlage nicht gewährleistet ist.[73]

Sind vor Vermarktungsfähigkeit eines F&E-Projektes behördliche Genehmigungen einzuholen oder Auflagen zu erfüllen, so heißt das nicht, dass die theoretische Möglichkeit einer behördlichen Ablehnung per se zu einer pauschalen Verneinung des Kriteriums der technischen Realisierbarkeit und somit zu einer Nicht-Aktivierbarkeit der Entwicklungskosten führt.[74] Dies würde einem faktischen

70 Vgl. auch ADS International (2006), Abschn. 8, Tz. 107.

71 Vgl. Fülbier et al. (2000), S. 837 m.w.N.

72 Vgl. Baetge/Von Keitz (2010), IAS 38,Tz. 58; Wulf (2008), S. 37. Zum Ablauf eines typischen F&E-Prozesses in der Pharmabranche vgl. ausführlich Brandt (2010), S. 31 ff.

73 Vgl. hierzu ADS International (2006), Abschn. 8, Tz. 106.

74 Vgl. auch KPMG (2010/11), S. 307.

Aktivierungsverbot von Entwicklungskosten in sämtlichen regulierten Branchen gleichkommen, was nicht vom IASB intendiert sein kann.[75] Vielmehr ist in den regulierten Branchen zu berücksichtigen, dass schon vor behördlicher Genehmigung (rechtlich) gesicherte (z.B. patentierte) Teilerkenntnisse vorliegen können, für die – unabhängig von der Genehmigung des angestrebten Endprodukts – Märkte oder zumindest einzelne Interessenten (z.B. Konkurrenzunternehmen) existieren.[76] In diesen Fällen ist das Kriterium der technischen Realisierbarkeit erfüllt.

Umgekehrt darf das Kriterium der technischen Realisierbarkeit nicht zu weit und nicht nur anhand rechtlicher Erwägungen ausgelegt werden. Hierzu besteht insbesondere bei angemeldeten Patenten eine Gefahr. Nicht alle Patente sind nämlich aktivierungsfähig. In einigen Branchen (etwa bei Biotechnologieunternehmen) ist es beispielsweise üblich, sich möglichst früh vor dem Zugriff Dritter zu schützen, so dass eine Vielzahl von Patenten angemeldet wird, die prozessual noch der Forschungsphase zuzuordnen sind.[77] In diesen Fällen ist das Kriterium der technischen Realisierbarkeit nicht erfüllt.

Bei noch einzuholender behördlicher Genehmigung ist zwecks Beurteilung der technischen Realisierbarkeit auf die Erkenntnisse und Erfahrungen der Vergangenheit abzustellen. Wurde für vergleichbare Produkte in Vorperioden eine Genehmigung erteilt oder hat dasselbe Produkt bereits in anderen Ländern mit vergleichbaren rechtlichen Rahmenbedingungen den Genehmigungsprozess erfolgreich durchlaufen, so spricht einiges für die Erfüllung des Kriteriums der technischen Realisierbarkeit. Handelt es sich hingegen um eine grundlegende Neuentwicklung bzgl. derer noch keine Erfahrungen aus anderen Ländern vorliegen, wird der Nachweis der technischen Realisierbarkeit regelmäßig schwieriger sein.

Das Kriterium der technischen Realisierbarkeit ist nach Ansicht des Verfassers so wenig konkretisiert, dass ein unbestimmter Normenbegriff vorliegt und IAS 38.57 (a) folglich eine auslegungsbedürftige Norm darstellt. Da dem Kriterium der technischen Realisierbarkeit ein zentraler Stellenwert bei der bilanziellen Abbildung von F&E-Aktivitäten zukommt, wird an dieser Stelle die Herleitung einer Problemlösung anhand der für solche Fälle vorgesehenen Vorgehensweise nach IAS 8.10 ff. versucht.[78] Hierbei hat das Management eines Unternehmens nach eigenem

75 Vgl. Fülbier et al. (2000), S. 837.

76 Vgl. Fülbier et al. (2000), S. 838.

77 Vgl. Fülbier et al. (2000), S. 839.

78 Zur Eignung von IAS 8.10 ff. für die Herleitung einer Problemlösung in Bezug auf eine auslegungsbedürftige Norm oder einen unbestimmten Normenbegriff vgl. ausführlich Ruhnke/Nerlich (2004), S. 390.

Urteilsvermögen (managerial judgement) Bilanzierungs- und Bewertungsmethoden zu entwickeln, die relevante und verlässliche Informationen liefern. Dabei werden Quellen angeführt, die das Management bei seiner Urteilsbildung in absteigender Rangfolge berücksichtigen muss (berücksichtigungspflichtige Quellen) und solche, die es berücksichtigen kann (berücksichtigungsmögliche Quellen), sofern sie nicht in einem konfligierenden Verhältnis zu den berücksichtigungspflichtigen Quellen stehen.[79]

Berücksichtigungspflichtig sind – quasi als ranghöchste Quellen – Standards oder Interpretationen des IFRS-Regelwerks, in denen ähnliche Fragestellungen behandelt werden.[80] Das Kriterium der technischen Realisierbarkeit wird in anderen Standards oder Interpretationen jedoch nicht behandelt. In diesem Fall verlangt die in IAS 8.10 ff. kodifizierte Problemlösungsmethodik, als nächste berücksichtigungspflichtige Quelle das IASB Framework heranzuziehen.[81] Auch dort finden sich jedoch keinerlei Hinweise oder Konkretisierungen für das Kriterium der technischen Realisierbarkeit.

Daher ist gem. IAS 8.12 als nächstes zu prüfen, ob sich eine Problemlösung anhand von „Verlautbarungen anderer Standardsetzer, denen ein ähnliches konzeptionelles Rahmenkonzept"[82] zu Grunde liegt, herleiten lässt. Ein ähnliches Rahmenkonzept weisen die US-GAAP auf, deren übergeordnete Zielsetzung weitestgehend deckungsgleich mit der nach IFRS ist.[83] Nahezu identisch ist auch die für den vorliegenden Fall relevante Vermögenswertdefinition.[84] Daher wird in der

---

79 Vgl. IAS 8.12. Dabei ist es nach der hier vertretenen Auffassung dem Wortlaut zufolge sowohl zulässig, die in IAS 8.11 f. angeführten Quellen (zeitlich) nacheinander entsprechend ihrer Rangfolge abzuarbeiten bis eine geeignete Problemlösung gefunden wird, als auch die in den unterschiedlichen Quellen vorzufindenden Lösungsansätze einander gegenüberzustellen und nur in Konfliktfällen die Rangfolge zu beachten, eine Vorgehensweise, die an die hermeneutische Methode erinnert. Vgl. Ruhnke (2008), S. 376. Die zuletzt genannte Vorgehensweise ist insofern vorziehenswürdig, als sie den Vorteil bietet, nicht von vornherein gewisse Quellen auszuschließen, die zu einer geeigneteren Problemlösung beitragen könnten und steht daher eher im Sinne einer ganzheitlichen Problemlösung. Vgl. ebd.

80 Vgl. IAS 8.11 (a).

81 Vgl. IAS 8.11 (b).

82 IAS 8.12.

83 Auch nach US-GAAP steht die Vermittlung entscheidungsnützlicher Informationen für die Abschlussadressaten im Vordergrund. Vgl. Eberle (2000), S. 91.

84 Vgl. Fülbier et al. (2000), S. 836.

Literatur angeraten, die US-amerikanischen Normen als mögliche Quelle für die Herleitung einer Problemlösung heranzuziehen.[85]

Nach US-GAAP besteht grundsätzlich ein Aktivierungsverbot für selbst erstellte immaterielle Vermögenswerte.[86] Ausnahmen hiervon stellen die Ausgaben für selbst erstellte Software (unabhängig davon, ob sie für die interne Nutzung oder den Verkauf an Dritte bestimmt ist) und Websites sowie für Auftragsforschung dar. Auf das Kriterium der technischen Realisierbarkeit wird nur im Zusammenhang mit selbst erstellter Software, die eine externe Zweckbestimmung verfolgt, eingegangen.[87] Daher stellt FASB ASC 985-20 (Costs of Software to Be Sold, Leased, or Marketed) die einschlägige Norm für die Herleitung einer Problemlösung nach IAS 8.10 ff. dar.[88] Analog IFRS kommt eine Aktivierung von Entwicklungskosten erst dann in Betracht, wenn die technische Realisierbarkeit eines F&E-Projektes nachgewiesen werden kann.[89]

Wird für ein F&E-Projekt ein detaillierter Programmentwurf ausgearbeitet, so gilt das Projekt frühestens dann als technisch realisierbar i.S.v. FASB ASC 985-20, wenn der Programmentwurf und das Produktdesign in allen Einzelheiten fertiggestellt sind. Ferner muss sichergestellt sein, dass das für die Fertigstellung des F&E-Projektes erforderliche Know-how sowie die entsprechenden Hardware- und Softwaretechnologien im Unternehmen vorhanden sind.[90] Der Programmentwurf muss auf dessen Vollständigkeit und Konsistenz mit dem Produktdesign geprüft und sämtliche spezifischen Produkteigenschaften festgelegt worden sein.[91] Des Weiteren muss der Programmentwurf kritisch hinsichtlich möglicher Risiken, die während des weiteren Entwicklungsprozesses auftreten können (z.B. aus noch nicht erprobten technologischen Neuerungen),

---

85 Vgl. Ruhnke/Nerlich (2004), S. 393; Ruhnke (2008), S. 380.

86 Vgl. FASB ASC 730-10-25-1. Begründet wird das Aktivierungsverbot mit der Unsicherheit und der schwierigen Nachweisbarkeit des künftigen wirtschaftlichen Nutzens, der aus den F&E-Aktivitäten resultiert (vgl. FASB ASC 730-10-10-2). Als äußerst problematisch wird der Nachweis eines Kausalzusammenhangs und somit eines Matchings der F&E-Ausgaben einer Periode und künftiger Erlöse betrachtet (vgl. FASB ASC 730-10-10-3).

87 So wird in FASB ASC 985-20-25-2 der Begriff „technological feasibility" näher definiert.

88 Noch zur Eignung von SFAS 86 für die Auslegung des Kriteriums der technischen Realisierbarkeit vgl. Baetge/Von Keitz (2010), IAS 38, Tz. 66.

89 Vgl. FASB ASC 985-20-25-4 (a).

90 Vgl. FASB ASC 985-20-25-2 (a) 1.

91 Vgl. FASB ASC 985-20-25-2 (a) 2.

durchgesehen worden und etwaige Unsicherheiten, die mit den identifizierten Risiken im Zusammenhang stehen, durch eine erfolgreich getestete Kodierung beseitigt worden sein.[92] Liegt kein detaillierter Programmentwurf vor, so ist für eine Aktivierung die Fertigstellung des Produktentwurfs sowie einer vorläufigen Produktvariante, die alle wesentlichen Funktionalitäten des für den Verkauf bestimmten Endprodukts beinhaltet, erforderlich. Die Funktionsfähigkeit aller wesentlichen Eigenschaften muss erfolgreich getestet worden sein und der Übergang in die sog. „Beta-Testphase" stattgefunden haben.[93]

Die Heranziehung von FASB ASC 985-20 als berücksichtigungsmögliche Quelle ermöglicht eine etwas nähere Eingrenzung des Kriteriums der technischen Realisierbarkeit und liefert dem Abschlussersteller konkrete Anhaltspunkte für dessen Auslegung. Der höhere Konkretisierungsgrad im US-GAAP-Regelwerk könnte den abschlusspolitischen Gestaltungsspielraum in gewissem Maße einschränken, ist aber in der bisherigen Rechnungslegungspraxis bei weitem davon entfernt, ihn vollständig zu eliminieren. Bestes Beispiel hierfür ist, dass Microsoft sämtliche Entwicklungskosten aufwandwirksam erfasst, während bei Oracle eine Aktivierung von Entwicklungskosten erfolgt.[94] Unter der Prämisse, dass diese kontroverse Aktivierungspraxis innerhalb derselben Branche desselben Landes hauptsächlich auf eine unterschiedliche Auslegung des Kriteriums der technischen Realisierbarkeit zurückzuführen ist, lässt sich durch die Heranziehung von FASB ASC 985-20 keine zufriedenstellende Problemlösung i.S.v. IAS 8.10 ff herleiten.

Die GoB weisen kein mit den IFRS vergleichbares Framework auf und verfolgen zudem eine andere Zielsetzung.[95] Daher sind sie nicht für die Herleitung einer Problemlösung heranzuziehen. Ebenso wenig soll im Rahmen dieser Arbeit auf andere nationale Rechnungslegungssysteme eingegangen werden.

Lässt sich anhand der Normen anderer Standardsetzer, denen ein vergleichbares Rahmenkonzept zu Grunde liegt, keine Problemlösung i.S.v. IAS 8.10 ff herleiten, so kann als weitere Quelle andere Rechnungslegungsliteratur herangezogen werden, worunter einschlägige Bilanzkommentare, Beiträge in der

---

92 Vgl. FASB ASC 985-20-25-2 (a) 3.

93 Vgl. FASB ASC 985-20-25-2 (b).

94 Vgl. hierzu ausführlich Lüdenbach (2010), S. 91. Der Autor bezieht sich noch auf SFAS 86. Da die Inhalte von SFAS 86 jedoch nahezu wortgetreu in FASB ASC 985-20 übernommen wurden, ist die Argumentation des Autors auch nach Neukodierung der US-GAAP nach wie vor zutreffend.

95 Primäre Zielsetzung nach den GoB stellt der Gläubigerschutz in Form der Ausschüttungsbemessung dar. Vgl. Ruhnke (2008), S. 190.

Forschungsliteratur sowie die Stellungnahmen des IDW und des DRSC zu subsumieren sind.[96]

Im bisherigen Schrifttum werden die mit dem Kriterium der technischen Realisierbarkeit im Zusammenhang stehenden Ermessensspielräume hervorgehoben.[97] Ein Konkretisierungsvorschlag, der zur weitestgehenden Eliminierung der damit einhergehenden abschlusspolitischen Gestaltungsspielräume beitragen würde, ist dem Verfasser jedoch nicht bekannt. Ebenso wenig existiert bisher eine derartige Konkretisierung durch das IDW oder das DRSC. Eine zufriedenstellende Konkretisierung des Kriteriums der technischen Realisierbarkeit lässt sich durch den Versuch der Herleitung einer Problemlösung i.S.v. IAS 8.10 ff. folglich nicht herleiten. Das Kriterium bleibt ermessensbehaftet und daher eine abschlusspolitische Stellschraube.

2.4.2.5.3 Absicht zur Fertigstellung und anschließenden Nutzung oder Verkauf

Auch dieses Kriterium ist für jedes F&E-Projekt separat zu untersuchen.[98] Die Fortführung von Investitionen in ein F&E-Projekt zum Aufstellungszeitpunkt des Jahresabschlusses könnte ein Indiz für die Fertigstellungsabsicht zum Abschlussstichtag darstellen. Schließlich würde ein ökonomisch rational handelndes Unternehmen nur bei Fertigstellungsabsicht Investitionen in ein F&E-Projekt tätigen.[99] Daher dürfte im geschilderten Fall – vor allem bei gleichzeitiger Erfüllung der anderen fünf Ansatzkriterien – das Festhalten an einer Nicht-Fertigstellungsabsicht durch das Management wenig überzeugend sein und nicht als Begründung für eine aufwandswirksame Erfassung der Entwicklungsausgaben herangezogen werden.[100] Allerdings liegt bei Tätigung von F&E-Ausgaben keine automatische Erfüllung des Kriteriums der Fertigstellungsabsicht vor. So sind auch Fälle denkbar, in denen ein Projekt mit zum Abschlussstichtag ungewisser Erfolgsaussicht noch für einen gewissen Zeitraum fortgeführt wird, und erst am Ende dieses Zeitraums die endgültige Entscheidung zur Fortführung oder Einstellung des Projektes anhand der bisherigen Ergebnisse

---

96 Vgl. Ruhnke (2008), S. 380. Da dem DRSC gem. § 342 Abs. 1 Nr. 3 HGB die Aufgabe zukommt, deutsche Interessen in internationalen Standardisierungsgremien zu vertreten, ist davon auszugehen, dass insbesondere den Interpretationen des RIC eine hohe Relevanz zukommt. Vgl. ebd.

97 Vgl. stellvertretend Baetge/Von Keitz (2010), IAS 8, Tz. 66; ADS International (2006), Abschn. 8, Tz. 106 f.

98 Vgl. ADS International (2006), Abschn. 8, Tz. 106.

99 Vgl. Baetge/Von Keitz, IAS 38, Tz. 67.

100 Ähnlich auch Baetge/Von Keitz, IAS 38, Tz. 67.

getroffen wird.[101] Des Weiteren könnte ein Unternehmen die finale Entscheidung über die Projektfortführung an die Ergebnisse eines in Auftrag gegebenen und zum Aufstellungszeitpunkt noch nicht abgeschlossenen Gutachtens knüpfen, um rechtlichen Risiken oder einem möglichen Reputationsverlust des Unternehmens vorzubeugen. In beiden Fällen könnte die Fertigstellungsabsicht zum Aufstellungszeitpunkt tatsächlich noch ungewiss sein.[102] Ausschlaggebend für die bilanzielle Abbildung der F&E-Ausgaben ist dann letztlich die Einschätzung des Unsicherheitsgrades durch das Management. Diese Einschätzung ist umso ermessensbehafteter, je weniger auf Erfahrungswerte aus ähnlichen Sachverhalten in der Vergangenheit zurückgegriffen werden kann. Da hierbei letztlich auf die subjektiven Absichten des Management abgestellt wird,[103] ist eine Objektivierbarkeit sehr schwierig. Somit trägt auch das Kriterium der Fertigstellungsabsicht entschieden zur Transformation der grundsätzlichen Aktivierungspflicht von Entwicklungskosten in ein faktisches Aktivierungswahlrecht bei und öffnet der Abschlusspolitik Tür und Tor.

Aus diesem Grund darf nach Ansicht des Verfassers die Fortführung eines F&E-Projektes zum Zeitpunkt der Aufstellung des Jahresabschlusses nicht als hinreichender Nachweis für die Fertigstellungsabsicht betrachtet werden, ebenso wenig eine bloße Feststellung bzw. Absichtserklärung des Managements.[104] Zur Vorbeugung einer willkürlichen Auslegung des Kriteriums und damit eines Verstoßes gegen den im IASB F. 36 kodifizierten Grundsatz der Willkürfreiheit ist vielmehr ein intersubjektiv nachprüfbarer Nachweis erforderlich. Daher sollte für jeden in Entwicklung befindlichen immateriellen Vermögenswert ein konkreter Plan, der sowohl die noch ausstehenden Maßnahmen bzw. Meilensteine bis zu dessen Fertigstellung als auch dessen Möglichkeiten zur internen Nutzung oder Vermarktung beinhaltet, vorliegen.[105]

2.4.2.5.4 Fähigkeit zur Nutzung oder zum Verkauf

Ein selbst erstellter immaterieller Vermögenswert kann sowohl intern (z.B. durch die Anwendung einer selbsterstellten Buchhaltungs- oder Logistiksoftware sowie

---

101 Vgl. ADS International (2006), Abschn. 8, Tz. 108.

102 Zu Beispielen, in denen die Fertigstellungsabsicht auf Grund eines möglichen Reputationsverlustes des Unternehmens fraglich erscheint bzw. zu verneinen ist, vgl. Thiele/Kühle (2008), IAS 38, Tz. 284.

103 Vgl. ADS International (2006), Abschn. 8, Tz. 106.

104 Vgl. auch Baetge/Von Keitz, IAS 38, Tz. 67.

105 Vgl. auch ADS International (2006), Abschn. 8, Tz. 108. Unklar ist im Schrifttum der erforderliche Verbindlichkeits- und Konkretisierungsrad eines solchen Plans. Vgl. Fülbier et al. (2000), S. 838.

effizienterer Produktionsverfahren oder Prozessabläufe) als auch extern (z.B. durch Lizensierung) genutzt werden. Die Fähigkeit zur internen Nutzung erfordert, dass der selbst erstellte immaterielle Vermögenswert sinnvoll im Unternehmen eingesetzt werden kann.[106] Er muss folglich auf die unternehmensspezifischen Gegebenheiten zugeschnitten und in diese problemlos integrierbar sein. Die Entwicklung eines effizienteren Logistiksystems ist beispielsweise nur dann sinnvoll, wenn es mit anderen Softwareprodukten bzw. IT-Schnittstellen des Unternehmens kompatibel ist und die Mitarbeiter über ein adäquates Know How verfügen bzw. durch entsprechende Schulungen in die Lage versetzt werden, den Vermögenswert zu nutzen.

Die externe Nutzung erfolgt regelmäßig in Form einer Nutzungsüberlassung bzw. Lizensierung.[107] Dabei ist es ausreichend, wenn der künftige wirtschaftliche Nutzen – entsprechend dem Konzept der zahlungsmittelgenerierenden Einheit nach IAS 36 – nur im Zusammenhang mit anderen materiellen oder immateriellen Vermögenswerten generiert werden kann.[108]

Die Fähigkeit zum Verkauf erfordert im Idealfall die Existenz eines entsprechenden Marktes oder anderer konkreter Vermarktungsmöglichkeiten.[109] Der Nachweis über die Existenz eines Marktes kann z.B. anhand von Marktstudien oder konkreten Verhandlungsprotokollen mit potentiellen Interessenten erbracht werden.[110] Hängt die Zulassung – wie im Pharma- oder Chemiebereich üblich – von einer behördlichen Genehmigung o.ä. ab, ist eine Wahrscheinlichkeitseinschätzung hinsichtlich des „Genehmigungserfolgs" vorzunehmen und begründet darzulegen. Im Idealfall kann hierzu auf Erfahrungen mit Zulassungsverfahren für ähnliche Produkte in der Vergangenheit zurückgegriffen werden.

2.4.2.5.5 Nachweis des künftigen wirtschaftlichen Nutzens

Dieses Kriterium ist mit dem Kriterium der „Fähigkeit zur Nutzung oder zum Verkauf" eng verbunden.[111] Grundsätzlich erfolgt der Nachweis des künftigen wirtschaftlichen Nutzens auf Basis der künftigen Zahlungsmittelrückflüsse des

---

106 Vgl. ADS International (2006), Abschn. 8, Tz. 109.

107 Vgl. ADS International (2006), Abschn. 8, Tz. 109.

108 Hierzu sein im Einzelnen auf die Ausführungen zum Kriterium „Nachweis des künftigen wirtschaftlichen Nutzens" (Abschn. 2.3.2.5.5.) verwiesen.

109 Vgl. ADS International (2006), Abschn. 8, Tz. 109.

110 Der diesbezügliche Aufwand ist nicht aktivierbar. Vgl. Fülbier et al. (2000), S. 838.

111 Vgl. auch Baetge/Von Keitz, § 38, Tz. 68.

selbst erstellten immateriellen Vermögenswertes bzw. – falls die Zahlungsmittelrückflüsse nicht unabhängig von denen anderer Vermögenswerte ermittelt werden können – von der kleinsten Gruppe von Vermögenswerten, die weitestgehend unabhängige Zahlungsströme generiert (zahlungsmittelgenerierende Einheit).[112] Ausschlaggebend ist dabei, dass ein positiver Barwert der künftigen Investitionen nachgewiesen werden kann. Dieser kann sowohl aus höheren Zahlungsmittelrückflüssen als auch aus Kosteneinsparungen resultieren.[113]

Der künftige wirtschaftliche Nutzen ist zum Zeitpunkt des Anfalls der F&E-Ausgaben stets erneut zu prüfen.[114] Dabei sind zwei gegenläufige Entwicklungen denkbar. Zum einen könnte in der Anfangsphase eines F&E-Projekts ein positiver Barwert ermittelt werden, der sich während des weiteren Projektverlaufs in einen negativen Barwert umkehrt. Ein möglicher Grund für solch eine Entwicklung ist das plötzliche Erscheinen von Konkurrenzprodukten, die den im eigenen Unternehmen gerade entwickelten Produkten technisch überlegen sind. Ein weiterer Grund ist das unerwartete Auftreten von technischen Umsetzungsschwierigkeiten, die zu höheren F&E-Ausgaben führen als den ursprünglich geplanten. In beiden Fällen dürfen neu anfallende F&E-Ausgaben nicht mehr aktiviert werden und bereits aktivierte Ausgaben sind einem Wertminderungstest zu unterziehen.[115]

Denkbar ist jedoch auch der umgekehrte Fall. Ein F&E-Projekt wird mit einem negativen Barwert geplant, während zu einem späteren Zeitpunkt ein positiver Barwert nachgewiesen wird. Die Durchführung eines F&E-Projekts kann trotz negativen Barwertes ökonomisch sinnvoll sein – insbesondere, wenn ein Unternehmen ein neues Marktsegment erschließt oder eine neue Technologie einführt. Zum einen ist nämlich im Rahmen eines Pilotprojekts naturgemäß ein Großteil der F&E-Ausgaben der Grundlagenforschung zuzuordnen. Diese Ausgaben stiften im Regelfall einen über das aktuelle Projekt hinausgehenden Nutzen. So kann bspw. bei der Entwicklung von Nachfolgeprodukten auf die Erkenntnisse der Grundlagenforschung zurückgegriffen werden. Dieser künftige Nutzenzufluss findet bei der Barwertermittlung des Pilotprojekts jedoch keine Berücksichtigung, da er mit zu großen Unsicherheiten behaftet ist. Ein weiterer möglicher Grund für die Durchführung eines F&E-Projektes mit negativem Barwert ist das Bestreben eines Unternehmens, ein neues Produkt möglichst schnell am Markt zu positionieren

---

112 Vgl. IAS 38.60 i.V.m. IAS 36. Zur Definition des Begriffs „zahlungsmittelgenerierende Einheit“ vgl. IAS 36.6.

113 Vgl. IAS 38.60 i.V.m. IAS 36.88; IAS 38.17 und SIC–32.14.

114 Vgl. ADS International (2006), Abschn. 8, Tz. 110.

115 Zum Wertminderungstest vgl. ausführlich Abschn. 2.3.3.2.

und das Fehlschlagrisiko zu minimieren. Hierzu wird es zu einem Preis angeboten, der unter den Herstellkosten liegt. Ein positiver Barwert wird erst für die Nachfolgeprodukte erwartet. Wird ein F&E-Projekt mit einem negativen Barwert geplant, so sind zu Projektbeginn (in t_0) sämtliche Ausgaben aufwandswirksam zu erfassen. Zu einem gewissen Zeitpunkt (in t_1) werden die bis zur Fertigstellung des Produktes noch anfallenden Ausgaben die erwarteten künftigen Einnahmen übersteigen, also ein positiver Barwert resultieren. Ist zu diesem Zeitpunkt bereits der Übergang von der Forschungs- in die Entwicklungsphase erfolgt, so ist nach Ansicht des Verfassers eine Aktivierung der anfallenden Ausgaben erforderlich. Ausschlaggebend für die Aktivierung ist nicht, ob ein F&E-Projekt insgesamt einen positiven Barwert aufweist, sondern ob der Barwert der noch erforderlichen Investitionen zum Zeitpunkt des Anfalls der F&E-Ausgaben positiv ist. Schließlich ist die Aktivierungspflicht eines Vermögenswertes an die Wahrscheinlichkeit des künftigen Nutzenzuflusses geknüpft.[116] Die anfallenden Ausgaben generieren genau dann einen Nutzenzufluss, wenn ihnen höhere künftige Einnahmen gegenüberstehen. Erfolgt ab diesem Zeitpunkt keine Aktivierung der anfallenden Ausgaben, läge ein Verstoß gegen das matching principle vor.

Der in IAS 38.57 (d) geforderte *Nachweis* des künftigen wirtschaftlichen Nutzens erfordert dessen Quantifizierbarkeit. Ein abstrakter Nutzen stellt keinen Nachweis des künftigen wirtschaftlichen Nutzens i.S.d. Standards dar.[117] Bei interner Nutzung muss nachgewiesen werden, in welcher Form und in welcher Höhe der selbst erstellte immaterielle Vermögenswert einen künftigen Nutzen stiftet. So sind beispielsweise die Kosten für die Erstellung einer Website, die vornehmlich Werbezwecke erfüllt, nicht aktivierbar, da deren konkreter Nutzen nicht messbar ist. Beinhaltet die Website hingegen ein Bestellsystem für Kunden, so können die künftigen Zahlungsmittelrückflüsse schon eher nachgewiesen werden.[118] Ein konkreter Nutzen kann auch bei einer für den internen Gebrauch bestimmten Entwicklung (z.B. eines effizienteren Logistiksystems) vorliegen, sofern eine hinreichend genaue Ermittlung des Barwerts des künftigen Einsparungspotentials möglich ist.

Bei externer Zweckbestimmung bzw. bei Veräußerungsabsicht des selbst erstellten immateriellen Vermögenswertes fordert IAS 38.57 (d) u.a. die Existenz eines Marktes. Diese könnte durch entsprechende Marktstudien nachgewiesen

116 Vgl. IAS 38.21 (a) sowie die Ausführungen in Abschn. 2.3.2.3.5.
117 Vgl. ADS International (2006), Abschn. 8, Tz. 110.
118 Vgl. SIC 32.8.

werden.[119] Alternativ sind auch protokollierte Gespräche mit den entsprechenden Interessenten denkbar. Von Teilen der Literatur wird die Auffassung vertreten, dass durch den geforderten Nachweis eines Marktes die Ansatzkriterien für selbst erstellte immaterielle Vermögenswerte restriktiver sind als für entgeltlich erworbene immaterielle oder materielle Vermögenswerte.[120] Diese Auffassung wird vom Verfasser nicht geteilt. Vielmehr ist die Existenz eines Marktes im Fall eines entgeltlichen Erwerbs implizit schon gegeben, da zumindest ein weiteres Unternehmen – nämlich der Veräußerer – existiert, das mit demselben Vermögenswert handelt.[121]

Selbst wenn aus den Marktforschungsergebnissen die Existenz eines Marktes abgeleitet werden kann, bietet dies jedoch keine hinreichende Sicherheit für den künftigen Absatz des selbst erstellten immateriellen Vermögenswertes oder der durch diesen erzeugten Produkte. Dies liegt darin begründet, dass die Ergebnisse von Marktforschungen regelmäßig an diverse Annahmen geknüpft sind, beispielsweise an bestimmte mehr oder weniger objektivierbare Wahrscheinlichkeitseinschätzungen.[122] Besonders deutlich wird dieser Umstand immer dann, wenn die künftige Veräußerungsmöglichkeit (wie beispielsweise bei der Einführung eines neuen Medikamentes) von einer behördlichen Zulassung abhängt. In diesem Fall ist die künftige Absatzmöglichkeit selbst bei Vorhandensein eines Marktes nicht hinreichend sicher. Dadurch wird dem Management ein nicht unerheblicher Ermessensspielraum bei der Auslegung des Kriteriums des künftigen wirtschaftlichen Nutzennachweises eingeräumt.[123] So kann ein Unternehmen – vor allem bei Erfüllung der anderen fünf Ansatzkriterien – argumentieren, dass der Nachweis des künftigen wirtschaftlichen Nutzens als erfüllt gilt, wenn aus den Erfahrungen der Vergangenheit und aus den bisherigen Testergebnissen die behördliche Zulassung als hinreichend sicher angesehen werden kann.[124] Genauso gut vertretbar wäre jedoch die Auffassung, dass der Nachweis des künftigen wirtschaftlichen Nutzens auf Grund der immanenten Unsicherheit erst bei behördlicher Zulassung erfolgen kann.[125] Eine generelle Verneinung der Erfüllung des Kriteriums und somit der Aktivierungsfähigkeit bis zur behördlichen Zulassung ist jedoch aus

---

119 Vgl. Baetge/Von Keitz, § 38, Tz. 68.

120 Vgl. stellvertretend Baetge/Von Keitz, § 38, Tz. 68.

121 Vgl. auch Hoffmann (2011), § 13, Tz. 36, dem zu Folge bei einem Anschaffungsvorgang der Kaufpreis die Wahrscheinlichkeit des Nutzenzuflusses verkörpert.

122 Ähnlich auch Baetge/Von Keitz, § 38, Tz. 68.

123 Vgl. Hoffmann (2011), § 11, Tz. 34 ff.

124 Vgl. Scheinpflug (2009), § 4, Tz. 26; Thiele/Kühle (2008), IAS 38, Tz. 286.

125 Vgl. Baetge/Von Keitz, § 38, Tz. 68.

drei Gründen sicherlich nicht vom Standardsetzer intendiert. Zum einen hätte er ansonsten in IAS 38 ein generelles Ansatzverbot für F&E-Ausgaben selbst erstellter immaterieller Vermögenswerte, die einer behördlichen Zulassung bedürfen, kodifiziert.[126] Zum anderen würde solch eine Vorgehensweise zu einer vom IASB nicht beabsichtigten Ungleichbehandlung von immateriellen und materiellen Vermögenswerten führen, da die Absatzfähigkeit letzterer im Einzelnen auch von einer behördlichen Zulassung abhängen kann.[127] Drittens spricht die Klarstellung in IAS 38.60, dass der künftige Nutzenzufluss entsprechend dem Konzept der zahlungsmittelgenerierenden Einheit i.S.v. IAS 36 nicht einem einzelnen immateriellen Vermögenswert zugeordnet werden können muss, eher für eine weitere Auslegung des Kriteriums des künftigen wirtschaftlichen Nutznennachweises.

An dieser Stelle kommt die Problematik des im IASB-Regelwerk nicht näher konkretisierten Wahrscheinlichkeitsbegriffes zum Tragen. Die Aktivierung eines Vermögenswertes kommt nur in Betracht, wenn der künftige Nutzenzufluss wahrscheinlich (probable) ist.[128] In IAS 38 selbst sind nur vage Konkretisierungshinweise für den Begriff „probable" enthalten.[129] Daher wird an dieser Stelle analog zum Kriterium der technischen Realisierbarkeit versucht, eine Problemlösung i.S.v. IAS 8.10 ff. herbeizuführen.[130] Zunächst werden als berücksichtigungspflichtige Quellen andere IAS/IFRS-Standards und das IASB-Framework untersucht.

Der einzige Standard, in dem eine Konkretisierung des Wahrscheinlichkeitsbegriffes erfolgt, ist IAS 37 (Rückstellungen). Von einem wahrscheinlichen (probable) Nutzenabfluss, der eine Rückstellungsbildung mit sich zieht, wird ausgegangen, wenn mehr Gründe dafür als dagegen sprechen, die Eintrittswahrscheinlichkeit also über 50% beträgt.[131] In IAS 37.28 wird zwar betont, dass die Wahrscheinlichkeitsauslegung für die Zwecke des IAS 37 „nicht zwingend auf andere Standards

126 Vgl. auch Fülbier et al. (2000), S. 838.

127 Als Beispiel wird in der Literatur die TÜV-Abnahme von Betriebsanlagen angeführt. Vgl. Baetge/Von Keitz, § 38, Tz. 68.

128 Ist der der künftige Nutzenzufluss möglich (possible), aber nicht wahrscheinlich (probable), da er etwa vom Eintritt eines in der Zukunft liegenden Ereignisses abhängt, das sich der Kontrolle des Unternehmens entzieht, ist der Ansatz eines Eventualvermögenswertes ausgeschlossen. Vgl. ADS International (2006), Abschn. 1, Tz. 151.

129 Vgl. hierzu auch die Ausführungen zum wahrscheinlichen künftigen Nutzenzufluss in Abschn. 2.2.2.3.

130 Zur ausführlichen Darstellung der Problemlösungsmethodik nach IAS 8.10 ff. sei an dieser Stelle auf die Ausführungen zum Kriterium der technischen Realisierbarkeit (Abschn. 2.3.2.5.3.) verwiesen.

131 Vgl. IAS 37.28.

anwendbar" ist. Ein Analogieschluss wird indes nicht untersagt. Daher haben sich im Schrifttum verschiedene Konkretisierungen des Wahrscheinlichkeitskriteriums herausgebildet. Die Spannbreite reicht von einer „über 50%-Grenze"[132] bis zu einer 70%-80%-Grenze.[133]

Ein weiterer Wahrscheinlichkeitsbergriff, der in IAS 37 verwendet wird, ist „unwahrscheinlich" (remote). Ist ein künftiger Ressourcenabfluss unwahrscheinlich, aber nicht ausgeschlossen, so ist eine Eventualschuld anzugeben.[134] Wann ein unwahrscheinlicher Ressourcenabfluss vorliegt, ist im Standard allerdings nicht näher konkretisiert. Die im Schrifttum diskutierte Spannbreite ist entsprechend groß. Sie reicht von 5% bis 50%.[135] Auf Grund dieser sehr unterschiedlichen Auslegung ist der Begriff „remote" für die Herleitung einer Problemlösung i.S.v. IAS 8.10 ff. nicht weiterführend.

Neben „probable" und „remote" wird in IAS 37 „virtually certain" als weiterer Wahrscheinlichkeitsbegriff eingeführt. Auch für diesen ist keine numerische Grenze festgelegt. Hat ein Unternehmen eine Versicherung oder eine andere Art der Absicherung zur Begrenzung eines möglichen Schadenfalls abgeschlossen, so darf es bei Geltendmachung eines Rechtsanspruches durch einen Dritten nur dann in maximal der dem Rückstellungsbetrag entsprechenden Höhe einen korrespondierenden Vermögenswert aktivieren, wenn so gut wie sicher (virtually certain) von einer Rückerstattung ausgegangen werden kann.[136] Da der Erstattungsanspruch im Gegensatz zur korrespondierenden Schuld so gut wie sicher sein muss, um bilanzierungsfähig zu sein, wird im konkreten Fall für die Aktivierung des Vermögenswertes eine höhere Wahrscheinlichkeit gefordert als für die Passivierung der Schuld. Während bei letzterer mehr als 50% als ausreichend erachtet werden, wird für die Aktivierung des Vermögenswertes im Schrifttum teilweise eine 90%ige Wahrscheinlichkeit gefordert.[137] Diese strengen Wahrscheinlichkeitsanforderungen stellen jedoch nach Ansicht des Verfassers nur auf den soeben geschilderten Spezialfall des IAS 37.53 ab und sind nicht auf die für die Aktivierung von Vermögenswerten im Allgemeinen erforderliche Wahrscheinlichkeit übertragbar. Ansonsten würde der im IASB F. 37 kodifizierte Grundsatz der Vorsicht, der

---

132 Vgl. Klein (1999), S. 101 f; PwC (2002), Tz. 37.14.

133 Vgl. Wagenhofer (2009), S. 146 f.

134 Vgl. IAS 37.30.

135 Vgl. Ernst & Young (2010), S. 1543.

136 Vgl. IAS 37.53. Zum Begriff „virtually certain" vgl. auch Förschle et al. (1999), S. 49; Von Torklus (2007), S. 45.

137 Vgl. Küting (2011), S. 86 m.w.N. Zum sog. imparitätischen Wahrscheinlichkeitsbegriff vgl. Lüdenbach/Hoffmann (2003), S. 5 ff.

nicht nur auf die Bewertung, sondern auch auf den Ansatz von Vermögenswerten anzuwenden ist,[138] überstrapaziert. Dieser soll zwar eine Überbewertung von Vermögenswerten und Erträgen sowie eine Unterbewertung von Schulden und Aufwendungen verhindern. Er darf jedoch nicht zur Bildung stiller Reserven missbraucht werden, sondern soll durch ein „sachgerechtes Maß an Sorgfalt“[139] bei der Auswahl und Anwendung der Bilanzierungs- uns Bewertungsmethoden zu einer realistischen Einschätzung der Vermögens-, Finanz- und Ertragslage des Unternehmens beitragen.[140] Im Hinblick auf das der IFRS-Rechnungslegung zu Grunde liegende finanzwirtschaftliche Kapitalerhaltungskonzept[141] wird es nach Ansicht des Verfassers als zweckmäßig erachtet, der Bilanzierung von Vermögenswerten und Schulden grundsätzlich ähnliche Wahrscheinlichkeiten zu Grunde zu legen.

IAS 37 könnte nach Ansicht des Verfassers einen möglichen Anhaltspunkt für die hinsichtlich der Aktivierung von Vermögenswerten geforderte Wahrscheinlichkeit des künftigen Nutzenzuflusses liefern. Voraussetzung für die Aktivierung wäre demnach eine Eintrittswahrscheinlichkeit von mehr als 50%. Da dieser Wert jedoch keinen verbindlichen Charakter aufweist, wird die Problemlösungsmethodik des IAS 8.10 ff. fortgesetzt. Anderen Standards ist keine Konkretisierung des Wahrscheinlichkeitsbegriffes entnehmbar. Ebenso wenig dem IASB-Framework. Daher wird in nächster Stufe auf berücksichtigungsmögliche Quellen ausgewichen. Als heranziehungsmögliches Rechnungslegungssystem mit vergleichbarem Framework kommen die US-GAAP in Betracht.[142] Ebenso wie nach IFRS stellt ein wahrscheinlicher künftiger Nutzenzufluss auch im US-amerikanischen Regelwerk eines der den Vermögenswert konstituierenden Merkmale dar. Eine quantitative Wahrscheinlichkeitskonkretisierung wird nicht vorgenommen. Ebenso wenig lässt sich aus anderen Standards eine quantitative Wahrscheinlichkeitsgrenze herleiten – auch nicht aus den für die Rückstellungsbilanzierung einschlägigen Normen.

---

138 Vgl. Mujkanovic (2002), S. 65; Wollmert/Achleitner (2007), S. 245.

139 ADS International (2006), Abschn. 1, Tz. 77.

140 Deshalb wird auch von Teilen des Schrifttums dafür plädiert, den Begriff „prudence“ mit „kaufmännischer Vernunft“ anstatt mit dem aus der vom Gläubigerschutz geprägten HBG/GoB-Gedankenwelt stammenden Begriff der „Vorsicht“. Vgl. Lorchheim (1997), S 124.

141 Nach Auffassung des IASB steht das Konzept der finanzwirtschaftlichen Kapitalerhaltung. im Vordergrund des IFRS-Regelwerks. Vgl. IASB Update March 2002, S. 4. Dieses wird jedoch nicht weiter konkretisiert. Zu den einzelnen Kapitalerhaltungskonzepten, die sich im IASB-Regelwerk wiederfinden, vgl. ausführlich Mujkanovic (2002), S. 77 ff.

142 Vgl. hierzu Abschn. 2.3.2.5.2.

Letztere wären ohnehin nur bedingt für Analogieschlüsse bei IFRS-Fragestellungen geeignet, da im US-GAAP-Regelwerk wesentlich restriktivere Passivierungsvoraussetzungen für Rückstellungen kodifiziert sind bzw. de facto das Bestehen einer rechtlichen Verpflichtung verlangt wird.[143] Daher sind die US-GAAP-Regelungen im vorliegenden Fall nicht zur Herleitung einer Problemlösung i.S.v. IAS 8.10 ff. geeignet. Auf andere nationale Rechnungslegungssysteme soll im Rahmen dieser Arbeit nicht eingegangen werden.[144] Im Schrifttum hat sich – wie bereits im bisherigen Verlauf der Arbeit dargestellt – keine einhellige Auffassung zu einer quantitativen Eintrittswahrscheinlichkeit, die dem künftigen Ressourcenzufluss eines aktivierungsfähigen Vermögenswertes zu Grunde liegen muss, herausgebildet. Das Kriterium des künftigen wirtschaftlichen Nutzennachweises lässt sich folglich anhand der Problemlösungsmethodik des IAS 8.10 ff. nicht näher konkretisieren; der abschlusspolitische Gestaltiungsspielraum bleibt bestehen.

Fraglich ist allerdings, inwiefern selbst bei Festlegung eines numerischen Wahrscheinlichkeitsbegriffes die abschlusspolitischen Gestaltungsspielräume eliminiert werden könnten. So existiert beispielsweise im Zusammenhang mit der Rückstellungsbilanzierung und dem „more-likely-than not-Wahrscheinlichkeitsbegriff" empirische Evidenz dafür, dass die Bilanzierungspraxis zwischen einzelnen Ländern erheblich variiert, obwohl die Abschlüsse nach denselben Normen und Wahrscheinlichkeitsbegriffen erstellt werden. Kulturelle Unterschiede könnten einen möglichen Erklärungsansatz liefern.[145] Selbst bei einer noch so genauen Konkretisierung des Wahrscheinlichkeitsbegriffes bliebe also fraglich, ob dadurch eine unterschiedliche Auslegung des Kriteriums des wahrscheinlichen künftigen Nutzenzuflusses verhindert werden könnte.

2.4.2.5.6 Verfügbarkeit adäquater technischer, finanzieller und sonstiger Ressourcen

Technische Ressourcen zielen vor allem auf das Vorhandensein von technischen Maschinen und Geräten sowie der nötigen Räumlichkeiten (Produktionshallen o.ä.) ab.[146]

---

143 Siehe hierzu ausführlich Küting (2011), S. 107 f., der diesen Umstand am Beispiel der Restrukturierungsrückstellungen plastisch darstellt. Zur höheren Wahrscheinlichkeit des künftigen Ressourcenabflusses, die nach US-GAAP für die Passivierung von Rückstellungen im Allgemeinen gefordert wird, vgl. auch schon Hayn/Pilhofer (1998), S. 1731.

144 Siehe hierzu auch die Ausführungen in Abschn. 2.3.2.5.2.

145 Zum Einfluss kultureller Unterschiede auf das Bilanzierungsverhalten vgl. stellvertretend die empirischen Studien von Cascino/Gassen (2010), S. 1 ff; Jödicke (2010), S. 85 ff; Küting (2011), S. 186 ff. und Doupnik/Richter (2004), S. 1 ff.

146 Ähnlich ADS International (2006), Abschn. 8, Tz. 110.

Das Vorhandensein adäquater finanzieller Ressourcen kann am besten anhand eines Unternehmens- bzw. Finanzplans plausibilisiert werden. Diesem kommt besonders bei Start-Ups sowie bei Unternehmen, die sich gerade in finanziellen Schwierigkeiten befinden, eine wichtige Bedeutung zu. In diesen Fällen sollte zwecks Nachweises der technischen Ressourcen eine verbindliche Absichtserklärung der Eigenkapital- oder Fremdkapitalgeber vorliegen. Diese sollte nach Möglichkeit rechtlich bindend sein, zumindest müssen substantielle Hinweise für deren Ernsthaftigkeit bzw. Verbindlichkeit vorliegen. Bedarf der Finanzplan noch der Zustimmung eines Aufsichtsgremiums (z.B. des Aufsichtsrates), so darf nach der von Teilen des Schrifttums vertretenen Auffassung erst bei dessen Zustimmung von der Verfügbarkeit ausreichender technischer Ressourcen ausgegangen werden.[147] Nach Ansicht des Verfassers ist es jedoch ausreichend, wenn von der Zustimmung des Aufsichtsrates auf Grundlage der bereits geführten Gespräche mit hinreichender Sicherheit ausgegangen werden kann. Auf den formalen Zustimmungsakt kommt es i.S. einer substance over form-Sichtweise nicht an. Ist jedoch die Entscheidung des Aufsichtsrates ungewiss oder soll die Beschaffung der benötigten finanziellen Mittel über den Kapitalmarkt erfolgen (z.B. mittels erstmaligem Börsengang (IPO), Kapitalerhöhung oder Ausgabe einer Anleihe), sind die finanziellen Ressourcen erst nach tatsächlich erfolgtem Zahlungseingang als ausreichend zu beurteilen.[148]

Beabsichtigt ein Unternehmen die Aktivierung von Entwicklungskosten, wird es i.d.R. einen verbindlichen Nachweis für das Vorhandensein adäquater finanzieller Ressourcen erbringen können. Abschlusspolitisch interessanter ist der umgekehrte Fall. Wird eine ergebniswirksame Erfassung sämtlicher F&E-Ausgaben angestrebt, könnte das betreffende Unternehmen versucht sein, den Nachweis der Finanzierbarkeit erst nach dem Zeitpunkt der Abschlusserstellung bzw. der Abschlussprüfung zu erbringen bzw. erst gar anzufordern.[149]

Die sonstigen Ressourcen sind als Auffanggröße zu verstehen. Sie stellen insbesondere auf das Vorhandensein ausreichender Mitarbeiter mit entsprechender Qualifizierung ab.[150]

2.4.2.5.7 Verlässliche Bewertbarkeit

Grundvoraussetzung für die verlässliche Bewertbarkeit eines selbst erstellten immateriellen Vermögenswertes ist ein internes Kostenrechnungssystem, das

---

147 Vgl. ADS International (2006), Abschn. 8, Tz. 110.
148 Vgl. ADS International (2006), Abschn. 8, Tz. 110.
149 Vgl. Ziesemer (2002), S. 78.
150 Vgl. ADS International (2006), Abschn. 8, Tz. 111.

eine projektscharfe Kostenträgerrechnug gewährleistet.[151] Des Weiteren müssen die aus dem internen Rechnungswesen stammenden Zahlen um die spezifischen Bewertungsvorschriften des der Abschlusserstellung zu Grunde liegenden Rechnungslegungssystems ergänzt werden. Die Berufung auf ein schlecht organisiertes Rechnungswesen, das keine verlässliche Bewertbarkeit einzelner F&E-Projekte sicherstellt, darf nach Ansicht des Verfassers nicht als Begründung für eine aufwandswirksame Erfassung sämtlicher F&E-Ausgaben herangezogen werden.[152] Dieses Kriterium sollte in der Rechnungslegungspraxis eine untergeordnete Rolle spielen.

2.4.2.5.8 Zeitpunkt der Erfüllung der Ansatzkriterien

Entscheidend für die Aktivierbarkeit von Entwicklungskosten ist, dass die Ansatzkriterien gem. IAS 38.57 zum Zeitpunkt des Anfalls der F&E-Ausgaben erfüllt sein müssen. Eine nachträgliche Aktivierung ist gem. IAS 38.65 explizit untersagt.[153] Dies gilt auch für Ausgaben, die innerhalb desselben Berichtsjahres anfallen. Unzulässig ist somit die Aktivierung sämtlicher projektbezogener F&E-Ausgaben eines Berichtsjahres mit der Begründung, dass die Aktivierungskriterien zu einem beliebigen Zeitpunkt erfüllt waren.[154] Sind die Aktivierungskriterien nach bereits erfolgter Aktivierung von F&E-Ausgaben nicht mehr erfüllt, ist eine weitere Aktivierung ausgeschlossen und die bereits aktivierten F&E-Ausgaben sind einem Wertminderungstest i.S.v. IAS 36 zu unterziehen. Sofern im Rahmen eines F&E-Projektes fortlaufend Ausgaben anfallen, ist folglich eine permanente Überprüfung der Ansatzkriterien erforderlich.[155]

2.4.2.5.9 Praxishinweise

Nachfolgende tabellarische Übersicht soll die im bisherigen Verlauf der Untersuchung herausgearbeiteten praxisnahen Beispiele für die Erfüllung der Ansatzkriterien des IAS 38.57 zusammengefasst darstellen.[156]

---

151 Siehe hierzu im Einzelnen die Ausführungen zur verlässlichen Bestimmbarkeit der Anschaffungs- oder Herstellungskosten in Abschn. 2.2.2.3.

152 Vgl. hierzu ausführlich Baetge/Uhlig (1985), 274 ff.

153 Siehe hierzu ausführlich Abschn. 2.2.2.5.

154 Zur Argumentation siehe ausführlich Abschn. 2.3.3.4.

155 Vgl. ADS International (2006), Abschn. 8, Tz. 105 m.w.N.

156 Die F&E-Controllingmechanismen, die in der Praxis implementiert werden müssen, um eine projektscharfe Überprüfung der spezifischen Ansatzkriterien des IAS 38.57 zu gewährleisten, stellen nicht Untersuchungsgegenstand der vorliegenden Arbeit dar. Siehe hierzu Von Eitzen et. al. 2010, S. 358 f.

Tab. 2-1: Beispiele für die Erfüllung der Ansatzkriterien nach IAS 38.57

Ansatzkriterium	**Beispiel für den Nachweis**
Technische Realisierbarkeit **IAS 38.57 (a)**	*1) Technische Komponente:* Allgemein: Erstellung eines Prototyps oder Modells, Übergang in die Testphase Bei Software: Kodierung, Testen, Dokumentation und Erstellung des Schulungsmaterials (SFAS 86; die Schulungskosten selbst sind gem. IAS 38.67 (c) nicht aktivierungsfähig) *2) Rechtliche und regulatorische Komponente:* Vorliegen einer behördlichen Zulassung, Positive Erfahrungen mit vergleichbaren Produkten in der Vergangenheit oder mit Genehmigungsverfahren in Ländern mit einem vergleichbaren Rechtssystem
Fertigstellungsabsicht **IAS 38.57 (b)**	Widerlegbare Vermutung bei Weiterverfolgung des F&E-Projektes zum Aufstellungszeitpunkt Managementplan zu konkreten, noch ausstehenden Maßnahmen bzw. Meilensteinen bis zur Fertigstellung des immateriellen Vermögenswertes sowie zu dessen anschließenden Nutzungs- oder Vermarktungsmöglichkeiten
Nutzungs- oder Verkaufsfähigkeit und künftiger Nutzennachweis **IAS 38.57 (c) und (d)**	*1) Eigennutzung:* Berücksichtigung der unternehmensspezifischen Gegebenheiten, Kompatibilität mit anderen Schnittstellen *2) Verkaufsabsicht:* Nachweis der Existenz eines Marktes (z.B. durch Marktforschung) oder konkreter Interessenten (z.B. durch protokollierte Gespräche und Korrespondenz), Berücksichtigung der rechtlichen und regulatorischen Rahmenbedingungen (siehe IAS 38.57 (a)) *3) Bei 1) und 2):* Cashflow- bzw. Ergebnisplanung unter Berücksichtigung des Konzepts der zahlungsmittelgenerierdenden Einheit i.S.v. IAS 36
Ausreichende Ressourcen **IAS 38.57 (e)**	Ggf. von einem Aufsichtsgremium genehmigter Unternehmens- oder Finanzplan; Abwarten des Zahlungseingangs bei geplanter künftiger Eigen- oder Fremdkapitalbeschaffung, die mit Unsicherheit behaftet ist
Verlässliche Bewertbarkeit **IAS 38.57 (f)**	Adäquates Kostenrechnungssystem; Gewährleistung einer pojektscharfen Kostenträgerrechnung

2.4.3 Bewertung

2.4.3.1 Erstbewertung

Als Bewertungsmaßstab für die Erstbewertung selbst erstellter immaterieller Vermögenswerte sind die Herstellungskosten heranzuziehen.[157] Eine Fair-Value-Bewertung zum Zugangszeitpunkt ist grundsätzlich ausgeschlossen.[158]

Herstellungskosten selbst erstellter immaterieller Vermögenswerte sind gem. IAS. 38.66 alle Ausgaben, die während des Herstellungsprozesses eines immateriellen Vermögenswertes anfallen und diesem direkt zurechenbar sind. Darunter fallen Materialkosten, Personalkosten, bezogene Leistungen, Abschreibungen auf das durch die Herstellung abgenutzte Sachanlagevermögen sowie auf Patente und Lizenzen, die zur Erzeugung des immateriellen Vermögenswertes genutzt werden, und Registrierungsgebühren für Rechtsansprüche (z.B. Patentanmeldegebühren). Aus IAS 38.67 ergibt sich indirekt, dass auch Gemeinkosten, die mit der Herstellung eines Vermögenswertes in einem direkten Zusammenhang stehen, einbeziehungspflichtig sind. Bestandteil der Herstellungskosten sind grundsätzlich auch die Fremdkapitalzinsen, da es sich bei selbst erstellten immateriellen Vermögenswerten in der Regel um einen qualifizierten Vermögenswertes (qualifying asset), also einen Vermögenswert, „für den ein beträchtlicher Zeitraum erforderlich ist, um ihn in seinen beabsichtigten gebrauchs- oder verkaufsfähigen Zustand zu versetzen"[159], handelt.[160] Eine besondere Herausforderung für das Rechnungswesen und gleichzeitig einen nicht unerheblichen abschlusspolitischen Gestaltungsspielraum stellt in diesem Zusammenhang die Verpflichtung dar, nicht nur die Kosten für Fremdkapital, das direkt für die Finanzierung eines spezifischen F&E-Projektes aufgenommen wurde, sondern auch die Kosten der allgemeinen Unternehmensfinanzierung mittels gewogenen Finanzierungskostensatzes zu berücksichtigen.[161]

---

157 Dies ergibt sich aus IAS 38.24, dem zu Folge die Zugangsbewertung immaterieller Vermögenswerte i.A. zu Anschaffungs- oder Herstellungskosten zu erfolgen hat.

158 Eine Fair-Value-Bewertung könnte allenfalls bei im Rahmen von Unternehmenszusammenschlüssen erworbenen F&E-Projekten zur Anwendung kommen. Diese stehen jedoch nicht im Fokus der vorliegenden Arbeit.

159 IAS 23.5.

160 Wohl aus diesem Grund werden immaterielle Vermögenswerte auch in IAS 23.7 (d) explizit als Beispiel für einen qualifizierten Vermögenswert benannt.

161 Vgl. IAS 23.10 ff. Auf die damit einhergehenden abschlusspolitischen Gestaltungsspielräume wird im Rahmen dieser Arbeit nicht näher eingegangen. Zur Darstellung der wesentlichen Regelungen des IAS 23 (Fremdkapitalkosten) sowie diesbezüglichen Praxisbeispielen siehe Heintges et al. (2009), S. 633 ff. Zu einer ausführlichen

Von einer Aktivierung ausgeschlossen sind im Gegensatz zum HGB Kosten der allgemeinen Verwaltung und Kosten für freiwillige soziale Leistungen und Einrichtungen des Betriebs, da diese nicht einem spezifischen immateriellen Vermögenswert zuordenbar sind.[162] Ein explizites Ansatzverbot besteht gem. IAS 38.67 für Vertriebskosten, Ineffizienzen und Betriebsverluste vor Erreichung der vollständigen Ertragskraft des Vermögenswertes sowie für Ausgaben, die im Rahmen der Schulung von Mitarbeitern zwecks sachgerechten Umgangs mit dem immateriellen Vermögenswert anfallen.

Das Kriterium der Zurechenbarkeit eröffnet dem abschlusserstellenden Unternehmen einen erheblichen Ermessensspielraum.[163] So ist beispielsweise im Schrifttum immer noch umstritten, inwiefern die Personalkosten des Leiters einer Entwicklungsabteilung oder die Abschreibungen einer Laboreinrichtung direkt einem F&E-Projekt zuordenbar sind.[164] Hinsichtlich der Zurechenbarkeit von Verwaltungskosten existiert empirische Evidenz für eine sehr kontroverse Rechnungslegungspraxis. So aktivieren einige Unternehmen generell Verwaltungskosten, während andere Unternehmen sie explizit von einer Aktivierung ausschließen.[165] Eine exakte Differenzierbarkeit zwischen allgemeinen und projetbezogenen Verwaltungskosten dürfte in der Rechnungslegungspraxis folglich eher die Ausnahme darstellen.

Weitere abschlusspolitische Gestaltungsmöglichkeiten eröffnet der Umstand, dass nur während des Herstellungszeitraums anfallende Kosten aktivierungsfähig sind. Der Herstellungszeitraum beginnt bei selbst erstellten immateriellen Vermögenswerten mit Erfüllung der Aktivierungskriterien des IAS 38.57 und endet mit der Fertigstellung des Vermögenswertes. Kosten, die zwischen dem Fertigstellungszeitpunkt und dem tatsächlichen Veräußerungszeitpunkt oder dem Beginn der Nutzung anfallen, sind zwingend aufwandswirksam zu erfassen, ebenso wie die Kosten vor Erfüllung der spezifischen Ansatzkriterien des IAS 38.57, selbst wenn sie der Entwicklungsphase zuzuordnen sind (siehe Abb. 2-5).[166]

Fallstudie, in der eine teilweise Objektbindung der Fremdmittel und ein teilweises Zurechnungserfordernis im Rahmen der allgemeinen Unternehmensfinanzierung unterstellt wird, siehe Zwirner/Froschhammer (2011), S. 264 ff.

162 Zur Zugangsbewertung nach HGB vgl. Abschn. 2.4.4.1.

163 Vgl. Lutz-Ingold (2005), S. 200.

164 Vgl. auch Baetge/Von Keitz (2010), IAS 38, Tz. 91.

165 Vgl. Von Keitz (2005), S. 95 f., in deren Studie die Herstellungskostendefinition in der Rechnungslegungspraxis von 100 IFRS-Anwendern analysiert wird.

166 Die abschlusspolitischen Gestaltungsspielräume im Zusammenhang mit der Erfüllung der Ansatzkriterien des IAS 38.57 wurden ausführlich in Abschn. 2.2.2. dargestellt.

Abb. 2-6: Zeitraum der Aktivierungsfähigkeit von Entwicklungskosten (Herstellungszeitraum)

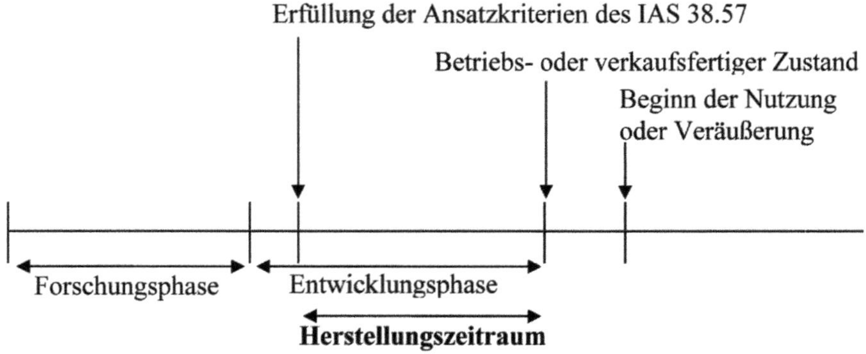

Für eine nachträgliche Aktivierung von Herstellungskosten wird neben dem sachlichen Zusammenhang zu einem selbst erstellten immateriellen Vermögenswert die kumulative Erfüllung der spezifischen Ansatzkriterien des IAS 38.57 gefordert. Dies gilt auch für die bilanzielle Abbildung von im Rahmen eines Unternehmenszusammenschlusses erworbenen F&E-Projekten.[167] Nach Ansicht des IASB dürften Ausgaben, die nach Fertigstellung eines selbst geschaffenen immateriellen Vermögenswertes anfallen, i.d.R. lediglich die Erhaltung des künftigen wirtschaftlichen Nutzenpotenzials und keine über den ursprünglichen Zustand hinausgehende wesentliche Verbesserung oder Funktionserweiterung bezwecken. Insbesondere nach Markteintritt ist daher regelmäßig von einer generellen aufwandswirksamen Erfassung der anfallenden F&E-Ausgaben auszugehen.[168] Die für eine Aktivierung erforderlichen Ansatzkriterien dürften nur in seltenen Fällen erfüllt sein.[169]

2.4.3.2 Folgebewertung

Hinsichtlich der Folgebewertung kann das abschlusserstellende Unternehmen zwischen dem Anschaffungskostenmodell und dem Neubewertungsmodell wählen.[170]

Nach dem Neubewertungsmodell erfolgt die Bewertung von Vermögenswerten zum beizulegenden Zeitwert (fair value) abzüglich kumulierter planmäßiger

---

167 Vgl. IAS 38.42.

168 Vgl. Von Eitzen et al. (2010), S. 358. So dürften beispielsweise Kosten für die Softwarepflege i.d.R. nicht aktivierungsfähig sein. Vgl. SIC-32.9 (d).

169 Vgl. IAS 38.20.

170 Vgl. IAS 38.72.

Abschreibungen und Wertminderungen. Die Anwendung des Neubewertungsmodells ist bei immateriellen Vermögenswerten an deutlich restriktivere Voraussetzungen geknüpft als beim Sachanlagevermögen.[171] So wird u.a. das Vorhandensein eines aktiven Marktes gefordert.[172] Ein aktiver Markt i.S.v. IAS 38.8 ist durch die Homogenität der an ihm gehandelten Produkte, die jederzeitige Existenz vertragswilliger Käufer und Verkäufer sowie die öffentliche Zugänglichkeit der Preise gekennzeichnet. Da das Ziel von Forschungs- und Entwicklungstätigkeiten gerade in der Entwicklung neuer, einzigartiger Produkte oder Technologien, die dem Unternehmen gegenüber den Konkurrenten einen Wettbewerbsvorteil verschaffen sollen, liegt, werden die an das Vorhandensein eines aktiven Marktes geknüpften Kriterien regelmäßig nicht erfüllt sein. Daher dürfte das Neubewertungsmodell für die Folgebewertung aktivierter Entwicklungskosten keine praktische Relevanz aufweisen.

Nach dem Anschaffungskostenmodell erfolgt die Bewertung zu fortgeführten Anschaffungs- oder Herstellungskosten, d.h. zu den historischen Anschaffungs- oder Herstellungskosten vermindert um alle kumulierten planmäßigen Abschreibungen und Wertminderungen.[173]

Hinsichtlich der planmäßigen Abschreibungen ist als erstes zu untersuchen, ob die Nutzungsdauer begrenzt oder unbestimmt ist, da in letzterem Fall auf Grund des unbegrenzten künftigen Nutzenzuflusses keine planmäßige Abschreibung vorgenommen werden darf.[174] Mindestens einmal jährlich ist die Annahme der unbestimmten Nutzungsdauer zu überprüfen[175] und bei deren Fortbestehen zwingend ein Impairment-Test durchzuführen. Nach Ansicht des Verfassers dürften die Bewertungsvorschriften für Vermögenswerte mit unbestimmter Nutzungsdauer keine praktische Relevanz für aktivierte Entwicklungskosten aufweisen, da Innovationen regelmäßig durch neuere überholt bzw. verdrängt werden. Selbst wenn

---

171 Vgl. Wagenhofer (2009), S. 225 f.

172 Vgl. IAS 38.72 und IAS 38.75.

173 Vgl. IAS 38.74. Ggf. sind erfasste Wertminderungen (in gewissem Umfang) wieder aufzuholen. Die historischen Herstellungskosten wurden in Abschn. 2.2.3.1. dargestellt. Ein Restwert wird bei selbst erstellten immateriellen Vermögenswerten i.d.R. nicht vorhanden sein, da entweder eine Verpflichtung eines Dritten zum Kauf am Ende der Nutzungsdauer oder ein aktiver Markt, aus dem sich der Restwert ableiten lässt und der am Ende der Nutzungsdauer wahrscheinlich noch bestehen wird, vorliegen muss. Vgl. IAS 38.100.

174 Vgl. IAS 38.107.

175 Vgl. IAS 38.109. In IAS 38.91 wird klargestellt, dass der Begriff „unbegrenzt“ nicht mit dem Begriff „endlos“ gleichzusetzen ist.

dies nicht der Fall sein sollte, ist ein angemeldetes Patent i.d.R. maximal 20 Jahre rechtlich geschützt ist.[176] Die Wahl einer über diesen Zeitraum hinausgehenden Nutzungsdauer dürfte nicht begründbar sein.

Obwohl nicht explizit in IAS 38 gefordert, ist hinsichtlich der Bestimmung der Nutzungsdauer der Management Apporach anzuwenden, d.h., dass die für interne Kostenrechnungszwecke verwendeten Nutzungsdauern auch der externen Rechnungslegung zu Grunde zu legen sind.[177] Bei der Ermittlung der Nutzungsdauer aktivierter Entwicklungskosten sind u.a. folgende Faktoren zu berücksichtigen:[178]

- Der Rückgriff auf eigene Erfahrungswerte oder öffentlich zugängliche Informationen über den typischen Produktlebenszyklus von vergleichbaren und auf ähnliche Art und Weise genutzten Vermögenswerten unter Berücksichtigung der technischen und wirtschaftlichen Rahmenbedingungen.
- Die Nachfragestabilität der eigenen Branche sowie das Verhalten der Konkurrenzunternehmen.
- Der Zeitraum der Verfügungsmacht über den Vermögenswert unter Berücksichtigung rechtlicher oder anderer möglicher Beschränkungen.
- Die Höhe des künftig erforderlichen Erhaltungsaufwandes[179] sowie die Bereitschaft und Fähigkeit des Unternehmens, für diesen aufzukommen.
- Die Interdependenz zur Nutzungsdauer anderer Vermögenswerte.

Grundsätzlich darf die Nutzungsdauer den rechtlich – etwa in Form eines Patentes, Verbrauchsmusters oder eines Vertrages – geschützten Zeitraum nicht übersteigen.[180] Ist der Zeitraum der wirtschaftlichen Nutzungsmöglichkeit, d.h. der Zeitraum, in dem ein künftiger wirtschaftlicher Nutzenzufluss erwartet wird, kürzer,

---

176 Vgl. §16 Abs. 1 PatG.

177 Vgl. Baetge/Von Keitz (2010), IAS 38, Tz. 129, denen zu Folge unterschiedliche Nutzungsdauern nur schwer begründbar sein würden.

178 Vgl. im Einzelnen IAS 38.90. Von den dort aufgelisteten Faktoren wurden nur die für die aktivierten Entwicklungskosten relevanten herausgefiltert und zu inhaltlichen Gruppen zusammengefasst.

179 Dieser ist im Gegensatz zu den ihn übersteigenden und die Ertragskraft des immateriellen Vermögenswertes erweiternden Ausgaben bei der Bestimmung der Nutzungsdauer zu berücksichtigen. Vgl. IAS 38.91.

180 Vgl. IAS 38.94. Besteht die Option zur Verlängerung der rechtlichen Nutzungsdauer, so darf diese nur berücksichtigt werden, wenn deren Inanspruchnahme ohne erhebliche Kosten möglich ist. Zu Faktoren, bei deren Vorliegen von einer Verlängerung der Nutzungsrechte ohne erhebliche Kosten ausgegangen werden kann vgl. IAS 38.96.

so ist auf diesen kürzeren Zeitraum abzustellen.[181] Ein Beispiel hierfür ist die Softwareentwicklung. Auf Grund der rasanten technologischen Neuerungen in diesem Gebiet dürfte der Zeitraum, über den ein künftiger wirtschaftlicher Nutzenzufluss erwartet wird, regelmäßig kürzer sein als der rechtliche Schutz der entwickelten Softwareanwendung.[182]

Die Nutzungsdauer beginnt, sobald der Vermögenswert nutzungsbereit ist, sich also am vorgesehenen Standort und im vom Management intendierten betriebsbereiten Zustand befindet.[183] Der tatsächliche Nutzungsbeginn ist für den Beginn der planmäßigen Abschreibungen grundsätzlich irrelevant.[184] Der Nutzungszeitraum endet bei Ausbuchung des immateriellen Vermögenswertes oder bei dessen Klassifizierung als held for sale i.S.v. IFRS 5 in Folge einer Verkaufsabsicht.[185]

Die Nutzungsdauer immaterieller Vermögenswerte ist mindestens einmal jährlich zu überprüfen.[186] Insbesondere die Erfassung eines Wertminderungsaufwandes könnte ein Indiz für einen Anpassungsbedarf der Nutzungsdauer darstellen.[187] Ist die Nutzungsdauer ungewiss, so kann unter Berufung auf das Vorsichtsprinzips eine eher kürzere Nutzungsdauer gewählt werden. Das Vorsichtsprinzip darf jedoch nicht zur Wahl einer unrealistisch kurzen Nutzungsdauer und damit zur Bildung stiller Reserven führen.[188]

Eine konkrete Abschreibungsmethode ist im IFRS-Regelwerk nicht vorgeschrieben. Grundsätzlich ist diejenige Methode heranzuziehen, die den erwarteten Nutzenverbrauch möglichst zutreffend widersiegelt, wobei die lineare, die degressive und die leistungsabhängige Abschreibungsmethode explizit als mögliche Abschreibungsmethoden angeführt werden[189] mit dem Hinweis, dass im Zweifelsfall die lineare Methode heranzuziehen ist.[190] Für aktivierte Entwicklungskosten dürfte

---

181 Vgl. IAS 38.95.

182 Zur Einschätzung, dass die Nutzungsdauer einer selbst entwickelten Computersoftware auf Grund des „rasanten Technologiewandels" sehr kurz sein dürfte, vgl. IAS 38.92.

183 Vgl. IAS 38.97.

184 Vgl. ADS International (2006), Abschn. 8, Tz. 208.

185 Vgl. IAS 38.97.

186 Vgl. IAS 38.104. Änderungen der Nutzungsdauer sind als Änderungen einer rechnungslegungsbezogenen Schätzung nach den Vorschriften des IAS 8 (Rechnungslegungsmethoden, Änderungen von rechnungslegungsbezogenen Schätzungen und Fehler) zu erfassen.

187 Vgl. IAS 38.105.

188 Vgl. IAS 38.93.

189 Vgl. IAS 38.98.

190 Vgl. IAS 38.97; vgl. auch Küting (2008), S 320.

auf Grund des i.d.R. eher unsicheren Verlaufes des künftigen Nutzenzuflusses die lineare Abschreibungsmethode zur Anwendung kommen.

Mindestens zum Ende eines Geschäftsjahres ist hinsichtlich der Abschreibungsmethode sowie der Nutzungsdauer zu überprüfen, ob eine Änderung im erwarteten künftigen Nutzenverlauf des immateriellen Vermögenswertes eingetreten ist. Etwaige Änderungen sind nach den Vorschriften des IAS 8.32 ff. als „Änderung einer rechnungslegungsbezogenen Schätzung“ zu erfassen.[191] Eine Änderung darf jedoch nicht ohne plausiblen Grund vorgenommen werden, da ansonsten ein Verstoß gegen den Stetigkeitsgrundsatz vorliegen würde.[192]

Ungeachtet der planmäßigen Abschreibung sind immaterielle Vermögenswerte einer Werthaltigkeitsprüfung nach den Vorschriften des IAS 36 zu unterziehen.[193] Die Werthaltigkeitsprüfung gem. IAS 36 ist zweistufig aufgebaut.[194] Auf erster Stufe ist an jedem Bilanzstichtag zu prüfen, ob Indikatoren für die Wertminderung einzelner Vermögenswerte vorliegen (sog. triggering events).[195] Ist dies der Fall, müssen in einem zweiten Schritt die betroffenen Vermögenswerte dem in IAS 36 kodifizierten Wertminderungstest (Impairment-Test) unterzogen werden.[196]

Als Anhaltspunkte für das Vorliegen einer Wertminderung werden im Standard diverse unternehmensinterne und -externe Informationsquellen genannt,[197] wobei betont wird, dass es sich hierbei um keine abschließende Liste handelt.[198] Es wird vielmehr vorausgesetzt, dass Unternehmen selbständig prüfen, ob weitere Wertminderungsindikatoren vorliegen und die nötigen Berichtssysteme zur rechtzeitigen Erkennung letzterer schaffen.[199] Der Pflicht zur Durchführung des

---

191 Vgl. IAS 38.104.

192 Zu den Auswirkungen des Stetigkeitsgrundsatzes auf die abschlusspolitischen Gestaltungsspielräume im Zusammenhang mit der bilanziellen Abbildung von F&E-Aktivitäten vgl. Abschn. 2.3.5.

193 Vgl. IAS 38.111.

194 Zu den Besonderheiten bei der Werthaltigkeitsprüfung technologiebasierter immaterieller Vermögenswerte siehe ausführlich Haag (2009).

195 Vgl. IAS 36.9.

196 Zur systematischen Übersicht des Ablaufs des Wertminderungstests nach IAS 36 siehe Wirth (2005), S. 10.

197 Vgl. IAS 36.12.

198 Vgl. IAS 36.13. Eine detaillierte Auseinandersetzung mit potentiellen, in IAS 36.12 nicht genannten Wertminderungsindikatoren findet sich bei Beyhs (2002), S. 80–86.

199 Vgl. ADS International (2006), Abschn. 9, Tz. 103 ff. Werden verschiedene Indikatoren unter Berücksichtigung der unternehmensindividuellen Bedürfnisse zusammengestellt, sprechen Küting/Dawo (2009) auch von einem „Indikatorenset“. Vgl. Küting/Dawo (2002), S. 1211.

Wertminderungstests darf sich der Abschlussersteller nicht durch den Verweis auf fehlende Informationsquellen entziehen.[200]

Unabhängig davon, ob Anzeichen für eine Wertminderung vorliegen, sind immaterielle Vermögenswerte, die eine unbestimmte Nutzungsdauer aufweisen oder sich noch nicht in einem nutzungsfähigen Zustand befinden, sowie zahlungsmittelgenerierende Einheiten, die mindestens eine dieser Kategorien von Vermögenswerten enthalten, mindestens einmal jährlich einem Impairment-Test zu unterziehen.[201] Bei erstmaligem Ansatz hat die Werthaltigkeitsprüfung vor Ablauf des ersten Absschlussstichtages zu erfolgen, in den Folgeperioden immer zum gleichen Zeitpunkt.[202] Bei selbst erstellten immateriellen Vermögenswerten, die noch nicht vollständig fertiggestellt sind, könnte also im ersten Jahr durch die Wahl eines geeigneten Zeitpunktes die Höhe eines eventuell zu erfassenden Wertminderungsaufwandes beeinflusst werden.[203] In den Folgejahren wäre das bilanzierende Unternehmen zwar grundsätzlich an den Durchführungszeitpunkt gebunden, ab Fertigstellung des Vermögenswertes wäre ein Wertminderungstest jedoch nur mehr bei Vorliegen eines triggering event durchzuführen.

Ergibt sich auf erster Stufe die Notwendigkeit zur Durchführung eines Wertminderungstests, so ist auf zweiter Stufe zunächst der erzielbare Betrag jedes betroffenen Vermögenswertes als „der höhere der beiden Beträge aus beizulegendem Zeitwert abzüglich der Verkaufskosten und Nutzungswert“[204] zu ermitteln.[205]

---

200 Dies gilt auch für Zwischenabschlüsse. Vgl. IAS 34.30 (a).

201 Vgl. IAS 36.10 (a). Gleiches trifft auf den erworbenen Geschäfts- oder Firmenwert zu, der jedoch nicht Untersuchungsgegenstand dieser Arbeit darstellt. Vgl. IAS 36.10 (b).

202 Vgl. IAS 36.10 (a).

203 Soll die Erfassung eines Wertminderungsaufwandes nach Möglichkeit vermieden werden, so wird ein Unternehmen den Wertminderungstest höchstwahrscheinlich unmittelbar nach dem Aktivierungsbeginn durchführen.

204 IAS 36.6.

205 Da die Ermittlung des Nutzungswertes in der Regel mit einem nicht unerheblichen Aufwand verbunden ist, kann auf dessen Ermittlung gem. IAS 36.22 verzichtet werden, wenn:
(a) der beizulegende Zeitwert abzüglich der Verkaufskosten eines Vermögenswertes höher ist als sein Buchwert oder
(b) der Nutzungswert des Vermögenswertes Schätzungen zufolge nahezu dem beizulegenden Zeitwert abzüglich der Verkaufskosten entspricht und der beizulegende Zeitwert abzüglich der Verkaufskosten ermittelt werden kann.
Des Weiteren kann von der Ermittlung unter Verweis auf den Grundsatz der Wirtschaftlichkeit abgesehen werden. Lag beispielsweise der in einer früheren Periode ermittelte erzielbare Betrag eines Vermögenswertes erheblich über dessen Buchwert,

Liegt der erzielbare Betrag unter dem Buchwert des Vermögenswertes, ist in Höhe der Differenz ein Wertminderungsaufwand zu erfassen.[206] Der beizulegende Zeitwert abzüglich der Verkaufskosten ist gem. IAS 36.6 „der Betrag, der durch den Verkauf eines Vermögenswertes oder einer zahlungsmittelgenerierenden Einheit in einer Transaktion zu Marktbedingungen zwischen sachverständigen, vertragswilligen Parteien nach Abzug der Veräußerungskosten erzielt werden könnte." Der Nutzungswert ist der Barwert der künftigen Zahlungsmittelüberschüsse, die aus dem Absatz der durch Einsatz des jeweiligen Vermögenswertes hergestellten Waren oder Dienstleistungen dem Unternehmen in Zukunft zufließen werden.[207] Somit handelt es sich beim Konstrukt des erzielbaren Betrags um eine „rein am Absatzmarkt orientierte Größe."[208]

Die Ermittlung des Nutzungswertes als eine der beiden Ausprägungsformen des erzielbaren Betrags ist mit erheblichen Ermessensspielräumen behaftet, sowohl hinsichtlich der verlässlichen Schätzung der künftigen Einzahlungsüberschüsse,

---

so ist in der Berichtsperiode eine erneute Berechnung nur dann vorzunehmen, wenn davon auszugehen ist, dass diese Differenz in der Zwischenzeit beseitigt wurde. Betont sei an dieser Stelle, dass der Grundsatz der Wesentlichkeit nicht auf immaterielle Vermögenswerte, die eine unbegrenzte Nutzungsdauer aufweisen oder sich noch nicht in einem nutzungsfähigen Zustand befinden, angewendet werden darf. Vgl. IAS 36.15.

206 Vgl. IAS 36.8. Mit dem Konstrukt des erzielbaren Betrages unterstellt das IASB somit ein ökonomisches Rationalverhalten des Managements eines Unternehmens. Dieses wird einen Vermögenswert solange im Unternehmen behalten, wie sich durch dessen Nutzung höhere Zahlungsmittelzuflüsse generieren lassen als durch seinen Verkauf. Vgl. hierzu auch Eberle (2000), S. 82. Durch den erzielbaren Betrag wird somit „sowohl eine veräußerungsorientierte als auch eine an der betrieblichen Weiternutzung orientierte Verwertungsstrategie des Vermögenswertes berücksichtigt." Wirth (2005), S. 9.

207 Vgl. IAS 36.6.

208 ADS International (2006), Abschn. 9, Tz. 99. Die Art der Erfassung eines festgestellten Wertminderungsbedarfs richtet sich nach dem dem betreffenden Vermögenswert zugrunde liegenden Bewertungsmodell. Erfolgt die Bewertung nach dem Anschaffungskostenmodell, so ist jeglicher Wertminderungsbedarf als Aufwand in der GuV zu erfassen. Vgl. IAS 36.60. Kommt hingegen das Neubewertungsmodell zur Anwendung, ist die zu erfassende Wertminderung eines neu bewerteten Vermögenswertes zuerst erfolgsneutral mit der Neubewertungsrücklage zu verrechnen und erst ein darüber hinausgehender Betrag als Aufwand in der GuV zu erfassen. Eine analoge Vorgehensweise ist für die Erfassung einer Wertaufholung geboten, die zwingend vorzunehmen ist, wenn der erzielbare Betrag eines zuvor wertgeminderten Vermögenswertes wieder über dessen Buchwert gestiegen ist. Vgl. IAS 36.110.

wofür regelmäßig ein Rückgriff auf die internen Planungsdaten erforderlich ist, als auch hinsichtlich der Wahl eines geeigneten Diskontierungssatzes.[209] Die Ermessensspielräume werden zusätzlich verschärft, wenn die Ermittlung des Nutzungswertes für einen einzelnen Vermögenswert nicht möglich ist, da er keine von anderen Vermögenswerten abgrenzbaren Mittelzuflüsse generiert. In solch einem Fall ist die Loslösung vom Grundsatz der Einzelbewertung[210] und die Zusammenfassung von Vermögenswerten, die einen Produktions- oder Dienstleistungsverbund konstituieren, zur kleinstmöglichen Bewertungseinheit geboten, die von anderen (Gruppen von) Vermögenswerten weitestgehend unabhängige Mittelzuflüsse generiert[211] und für die folglich ein erzielbarer Betrag ermittelbar ist (sog. zahlungsmittelgenerierenden Einheit). Durch ein gezieltes Zuschneiden der zahlungsmittelgenerierenden Einheiten können mögliche negative Effekte eines Teils dieser Einheit mit positive Effekten verrechnet und dadurch ein Wertminderungsaufwand vermieden werden.[212]

De jure wird dieser abschlusspolitische Gestaltungsspielraum zumindest in gewissem Umfang durch die Vorgabe des IAS 36.69 eingeschränkt, der zu Folge sich die Abgrenzung zahlungsmittelgenerierender Einheiten grundsätzlich an den internen Berichtsstrukturen bzw. der Art und Weise der Unternehmenssteuerung durch das Management zu orientieren hat (management approach).[213] Aus den in IAS 36 angeführten Abgrenzungsbeispielen[214] wird deutlich, dass zahlungsmittelgenerierende Einheiten regelmäßig operative Einheiten eines Unternehmens darstellen, die als Grundlage für die Erfolgskontrolle durch das Management

209 Vgl. hierzu ausführlich Husmann/Schmidt/Seidel (2002), S. 1 ff. Zur Zweckmäßigkeitsanalyse des erzielbaren Betrags vgl. Beyhs (2002), S. 199 ff.

210 Vgl. Hoffmann (2011), §11, Tz. 36.

211 Vgl. IAS 36.6.

212 Vgl. hierzu ausführlich Klingels (2006), S. 276 ff. Vgl. auch Wirth (2005), S. 224 f.

213 Zum Begriff des „Management Approach“ vgl. Benecke (2000), S. 55; Arbeitskreis Externe Unternehmensrechnung der Schmalenbach-Gesellschaft (2001), S. 2339. Beyhs vertritt in diesem Zusammenhang die Auffassung eines gleichgerichteten Informationsbedürfnisses von Management und Abschlussadressaten. Vgl. Beyhs (2002), S. 107.

214 Als mögliche Beispiele zur Abgrenzung zahlungsmittelgenerierender Einheiten werden Produktlinien, Geschäftsfelder, einzelne Standorte, Bezirke und regionale Gebiete genannt. Vgl. IAS 36.69.

dienen[215] und somit den Profit Centern[216] weitestgehend entsprechen dürften.[217] Ausschlaggebend sind die wirtschaftlichen Verhältnisse, nicht die rechtlichen Strukturen.[218] So kann eine zahlungsmittelgenerierende Einheit sowohl einzelne, eine Produktionseinheit bildende Teile einer rechtlichen Einheit als auch mehrere rechtlich selbständige Einheiten eines Konzerns umfassen.[219] Trotz der soeben skizzierten Vorgaben des IAS 36 wird ersichtlich, dass die Abgrenzung einer zahlungsmittelgenerierenden Einheit ermessensbehaftet und zur Beeinflussung eines ggf. zu erfassenden Wertminderungsaufwandes abschlusspolitisch geeignet ist.

Ein Unternehmen hat an jedem Abschlussstichtag zu überprüfen, ob ein Anhaltspunkt dafür vorliegt, dass der Grund für einen in früheren Perioden erfassten Wertminderungsaufwand nicht mehr besteht.[220] Ist dies der Fall, muss unabhängig vom gewählten Bewertungsmodell eine Wertaufholung vorgenommen werden.[221]

---

215 Vgl. auch Wirth (2005), S. 17.

216 „Als Profit Center werden organisatorische Einheiten oder Bereiche von Unternehmungen bezeichnet, für die ein gesonderter Erfolgsausweis durchgeführt wird." Eigler (2002), S. 95. Eine ähnliche Definition findet sich bei Schweitzer (1992), S. 2078 ff. sowie Lorson (2004), S. 53. „Cost Center" stellen hingegen regelmäßig nur einen Teil einer zahlungsmittelgenerierenden Einheit dar, da sie lediglich die Ausgaben- bzw. Aufwandsseite, nicht jedoch die Einnahme- bzw. Ertragsseite beinhalten. Vgl. Eigler (2002), S. 95.

217 Vgl. Wirth (2005), S. 17 m.w.N. Auf die Eigenschaft einer zahlungsmittelgenerierenden Einheit als selbständig funktionsfähige Teileinheit eines Unternehmens zielt auch Beyhs ab, wenn er nahe legt, dass eine zahlungsmittelgenerierende Einheit alle zur betrieblichen Leistungserstellung notwendigen Vermögenswerte beinhalten soll, die auch bei einem fiktiven Verkauf als Einheit bzw. Verbund das Unternehmen verlassen würden. Vgl. Beyhs (2002), S. 100.

218 Vgl. Wirth (2005), S. 14.

219 Vgl. Beyhs (2002), S. 101; Eberle (2000), S. 289 f.

220 Vgl. IAS 36.110. Für diese Beurteilung wird in IAS 36.111 ein Mindestmaß an berücksichtigungspflichtigen internen und externen Informationsquellen angeführt, das im Wesentlichen den bei der Prüfung einer Wertminderung zu berücksichtigenden Anhaltspunkten gleicht. Vgl. IAS 36.112.

221 Vgl. IAS 36.114. Die Verpflichtung zur Wertaufholung ist unabhängig von dem gewählten Bewertungsmodell. Allerdings ist bei Anwendung des Neubewertungsmodells zu berücksichtigen, dass nur derjenige Teil der Wertaufholung erfolgswirksam vorgenommen werden darf, für den zuvor ein entsprechender Wertminderungsaufwand erfasst wurde. Der darüber hinausgehende Teil der Wertaufholung ist als „Wertaufholung auf Grund einer Wertsteigerung" nach den Grundsätzen des IAS 38.75 ff. zu erfassen. Vgl. IAS 36.119.

2.4.4 Ausweis

Erfasst ein Unternehmen sämtliche F&E-Ausgaben aufwandswirksam, ist einzig die Summe aller als Aufwand erfassten F&E-Ausgaben anzugeben.[222]

Im Fall der Aktivierung (eines Teils) der F&E-Ausgaben ist die genaue Form des Bilanzausweises in IAS 38 nicht geregelt. Aus IAS 1, der die Darstellung von Abschlüssen und unter anderem die Mindestgliederung der Bilanz regelt, geht lediglich eine Ausweispflicht für immaterielle Vermögenswerte hervor.[223] Ein gesonderter Bilanzausweis für aktivierte Entwicklungskosten per se wird nicht gefordert. Aktiviert ein Unternehmen jedoch einen wesentlichen Umfang an Entwicklungskosten, könnte ein gesonderter Ausweis i.S. eines besseren Verständnisses der Vermögens- und Finanzlage angebracht sein.[224] In diesem Fall ist eine Klassifizierung in kurz- oder langfristige Vermögenswerte vorzunehmen.[225]

Unabhängig von der gewählten Form des Bilanzausweises, wird im Fall der Aktivierung von Entwicklungskosten eine Vielzahl an Angabepflichten im Anhang gefordert, die in nachfolgender Tabelle zusammengefasst sind:

Tab. 2-2: Angabepflichten nach IAS 38

IAS		**Art der geforderten Angabe**
		In jedem Fall zu tätigende Angaben:
38.118	(a)	Art der Nutzungsdauer (begrenzt oder unbegrenzt) zu Grunde gelegte Nutzungsdauern oder angewendete Abschreibungssätze*
	(b)	verwendete Abschreibungsmethode*
	(c)	Bruttobuchwert und kumulierte planmäßige Abschreibungen (zusammengefasst mit den kumulierten Wertminderungsaufwendungen) zu Beginn und Ende einer Periode
	(d)	Posten der GuV, in dem/denen die planmäßigen Abschreibungen auf aktivierte Entwicklungskosten enthalten sind*
	(e)	Überleitung des Buchwerts zu Beginn und Ende der Periode unter Angabe der:

222 Vgl. IAS 38.126.

223 Vgl. IAS 1.54 (c).

224 Vgl. IAS 1.57 (a).

225 Zu den Entscheidungsparametern, die einer Unterteilung in Kurz- und Langfristigkeit zu Grunde zu legen sind, vgl. IAS 1.60 ff. Sofern eine Darstellung der Vermögenswerte nach deren Liquidität zuverlässig und relevanter ist, kann von einer Unterteilung nach Kurz- oder Langfristigkeit abgesehen werden. Vgl. IAS 1.60.

IAS		Art der geforderten Angabe
	(i)	– Zugänge getrennt nach Art des Zugangs (unternehmensinterne Entwicklung, Unternehmenszusammenschluss)
	(ii)	– Abgänge (und Vermögenswerte die i.S.v. IFRS 5 zur Veräußerung gehalten werden)
	(iii)	– Erfolgsneutrale Neubewertungen, Wertminderungen oder Wertaufholungen (bei Anwendung des Neubewertungsmodells)
	(iv)	– Erfolgswirksam erfasste Wertminderungsaufwendungen
	(v)	– Erfolgswirksame Aufholung von in früheren Perioden erfassten Wertminderungsaufwendungen
	(vi)	– Planmäßige Abschreibungen der Periode
	(vii)	– Währungsumrechnungsdifferenzen
	(viii)	– Sonstige Buchwertänderungen * bei begrenzter Nutzungsdauer
		Zusätzliche Angabepflichten bei Vorliegen von Wertminderungen oder Wertaufholungen (IAS 38.120 i.V.m 36.126 ff.)
		Unabhängig von der Wesentlichkeit sind immer anzugeben:
36.126	(a, b)	Höhe der Wertminderungsaufwendungen (Wertaufholungen) und GuV-Position, in der diese erfasst wurden
	(c, d)	Höhe der Wertminderungsaufwendungen (Wertaufholungen) bei neu bewerteten Vermögenswerten, die während der Periode im sonstigen Ergebnis erfasst wurden
36.129		Bei Anwendung von *IFRS 8 Geschäftssegmente:* die Höhe der Wertminderungsaufwendungen (Wertaufholungen), die während der Periode in der GuV oder im sonstigen Ergebnis erfasst wurden
		Bei Wesentlichkeit der Wertminderung (Wertaufholung) zusätzlich:
36.130	(a)	Beschreibung der Umstände, die zur Wertminderung (Wertaufholung) geführt haben
	(c, i)	Art des betroffenen Vermögenswertes
	(c, ii)	Bei Anwendung von IFRS 8 Geschäftssegmente: Segment, zu dem der betroffene Vermögenswert gehört
36.130	(e)	ob der erzielbare Betrag dem Nettoveräußerungswert abzgl. Verkaufskosten oder dem Nutzungswert entspricht
	(f)	Grundlage der Bestimmung des beizulegenden Zeitwerts abzgl. Veräußerungskosten
	(g)	Abzinsungssatz der gegenwärtigen (und sofern vorhanden der vorherigen) Schätzung

IAS		Art der geforderten Angabe
		Bei Unwesentlichkeit der Wertminderung (Wertaufholung) zusätzlich:
36.131	(a)	Wichtigste Gruppen von Vermögenswerten, die von der Wertminderung (Wertaufholung) betroffen sind
	(b)	Wichtigste Ereignisse und Umstände, die zur Erfassung der Wertminderung (Wertaufholung) geführt haben
36.132		Empfehlung zur Offenlegung der Annahmen, die der Ermittlung des erzielbaren Betrags zu Grunde liegen
38.121	(a-c)	Angaben zur Änderung der Nutzungsdauer, Abschreibungsmethode oder des Restwerts bei wesentlicher Auswirkung auf die laufende oder auf künftige Perioden
		Sonstige Angabepflichten
38.122	(a)	Bei unbegrenzter Nutzungsdauer: – Angabe des Buchwerts – Angabe der Gründe und Faktoren, die für die Einschätzung der unbegrenzten Nutzungsdauer eine wesentliche Rolle spielen
	(b)	Buchwert, Restnutzungsdauer und Beschreibung jedes einzelnen wesentlichen immateriellen Vermögenswertes
	(c)	Beizulegender Zeitwert, Buchwert und Methode der Folgebewertung bei Zuwendungen der öffentlichen Hand und Bewertung zum beizulegenden Zeitwert (IAS 38.44)
	(d)	Angabe der Existenz und des Buchwerts von immateriellen Vermögenswerten mit beschränktem Eigentumsrecht (unwahrscheinlich bei aktivierten Entwicklungskosten, allenfalls Relevanz bei Forschungsgemeinschaften)
	(e)	Betrag für vertragliche Verpflichtungen zum Erwerb immaterieller Vermögenswerte (unwahrscheinlich bei aktivierten Entwicklungskosten, allenfalls von Relevanz für „Teilforschungsleistungen“, die von Dritten erbracht werden)
		Angabepflichten bei Anwendung des Neubewertungsmodells:
38.124	(a)	Stichtag der Neubewertung, Buchwert der neubewerteten immateriellen Vermögenswerte, Buchwert, der bei Anwendung des Anschaffungskostenmodells angesetzt worden wäre
	(b)	Höhe der Neubewertungsrücklage zu Beginn und Ende einer Periode, Entwicklung während der Periode und Ausschüttungsbeschränkungen an Anteilseigner
	(c)	Methode und wesentliche Annahmen zur Schätzung des beizulegenden Zeitwerts
38.126		Summe der als Aufwand erfassten F&E-Ausgaben

2.4.5 Grundsatz der Stetigkeit

In den vorhergehenden Abschnitten dieser Arbeit wurden mögliche abschlusspolitische Gestaltungsspielräume im Zusammenhang mit der bilanziellen Abbildung von F&E-Aktivitäten nach den Grundsätzen des IAS 38 herausgearbeitet. Einige dieser Gestaltungsspielräume werden durch den Grundsatz der Stetigkeit eingeschränkt.

Der Grundsatz der Stetigkeit soll die Vergleichbarkeit der Jahresabschlüsse gewährleisten – sowohl interperiodisch (zeitliche Dimension) als auch zwischenbetrieblich (sachliche Dimension).[226] Dies setzt eine stetige Anwendung der Rechnungslegungsmethoden voraus.[227] Unter den Begriff „Rechnungslegungsmethoden" (accounting policies) sind sowohl Ansatz- als auch Bewertungsmethoden zu subsumieren.[228] Diese sind bei ähnlichen Geschäftsvorfällen, sowie bei art- und funktionsgleichen Vermögenswerten auf dieselbe Art und Weise anzuwenden.[229] In Bezug auf die bilanzielle Abbildung von F&E-Aktivitäten heißt das, dass die Abgrenzung von der Forschungs- und Entwicklungsphase sowie die Auslegung der stark ermessensbehafteten Kriterien des IAS 38.57 auf die gleiche Art und Weise vorzunehmen sind. Des Weiteren sind im Fall einer Aktivierung von Entwicklungskosten die gleichen Bewertungsgrundsätze anzuwenden.

Neben der Ansatz- und Bewertungsstetigkeit ist im IFRS-Regelwerk auch die Ausweisstetigkeit kodifiziert.[230] Die in den einzelnen Berichtsinstrumenten gewählte Ausweisform der F&E-Ausgaben ist in den Folgeperioden stetig beizubehalten. Dies betrifft vor allem die Bilanzposten, in denen aktivierte Entwicklungskosten enthalten oder separat dargestellt sind, die GuV-Positionen, in denen die F&E-Aufwendungen erfasst (Personalaufwendungen, Abschreibungen etc.) oder separat dargestellt sind sowie die Aufbereitung der Vielzahl von Angabepflichten, die im Fall einer Aktivierung gefordert werden.

Eine Durchbrechung des Stetigkeitsgrundsatzes ist nur möglich, wenn ein IFRS dies vorschreibt (etwa bei Überarbeitung oder Verabschiedung eines neuen Standards) oder wenn den Abschlussadressaten dadurch verlässlichere und relevantere Informationen hinsichtlich der Vermögens- Finanz- und Ertragslage des

226 Vgl. IASB F.QC22. Dabei wird betont, dass Stetigkeit nicht dasselbe ist wie Vergleichbarkeit, jedoch zur Erreichung der Vergleichbarkeit dienlich ist.

227 Vgl. IAS 8.13.

228 So auch Pellens/Sürken (1998), S. 195 zu dem bereits im IASB. F.39 a.F verwendeten Begriff „accounting policies".

229 Vgl. IAS 8.13, vgl. auch Wollmert/Achleitner (1997), S. 245.

230 Vgl. IAS 1.45 f.

Unternehmens bereitgestellt werden.[231] Hinsichtlich der bilanziellen Abbildung von F&E-Ausgaben dürfte dies vor allem bei einer Änderung der wirtschaftlichen, rechtlichen und regulatorischen Rahmenbedingungen sowie bei einem Wechsel der Konzernzugehörigkeit der Fall sein.[232] Wird der Stetigkeitsgrundsatz durchbrochen bzw. eine bisher angewandte Rechnungslegungsmethode geändert, sind umfangreiche Angabepflichten erforderlich. So ist u.a. zu begründen, weshalb die Anwendung der neuen Methoden verlässlichere und relevantere Informationen liefert sowie der Anpassungsbetrag der laufenden Berichtsperiode und nach Möglichkeit der früheren Berichtsperioden möglichst postenspezifisch anzugeben.[233]

2.5 Bilanzielle Abbildung von Forschungs- und Entwicklungskosten nach HGB

2.5.1 Hintergrund der Änderung des § 248 Abs. 2 HGB a.F. durch das Bilanzrechtsmodernisierungsgesetz (BilMoG)

Die Immaterialität der F&E-Tätigkeiten macht die „Greifbarkeit" der durch sie erzeugten Güter „nahezu unmöglich"[234]. Deshalb sind selbst erstellte immaterielle Vermögensgegenstände des Anlagevermögens dem Grunde und der Höhe nach schwer objektivierbar.[235] Wegen ihrer Unkörperlichkeit ist ihr Wert „ohne einen entgeltlichen Erwerb nur schwierig oder überhaupt nicht nachzuweisen"[236]. Ein Marktwert ist für sie regelmäßig nicht vorhanden.[237] Somit steht die Aktivierung selbst geschaffener immaterieller Vermögensgegenstände in einem Spannungsverhältnis zwischen dem Grundsatz der Objektivität und dem Grundsatz der

---

231 Vgl. IAS 8.14.

232 Die begründeten Ausnahmefälle, in denen eine Durchbrechung des Stetigkeitsgrundsatzes möglich ist, dürften sich nach Ansicht des Verfassers grundsätzlich nicht von denen nach HGB/GoB unterscheiden. Daher sei an dieser Stelle auf die Ausführungen in Abschn. 2.5.8. verwiesen.

233 Vgl. IAS 8.29.

234 Petersen et. al. (2010), S. 7.

235 Vgl. Baetge et al. (2010), § 248, Tz. 17. Zu dieser Problematik und den so genannten „Grundsätzen haptischer Bilanzierung" vgl. Haaker/Hoffmann (2009), S. 307.

236 Förschle/Usinger (2010), § 248, Tz. 11.

237 Vgl. Petersen et al. (2010), S. 7.

Vollständigkeit des Jahresabschlusses.[238] Der Gesetzgeber hat abzuwägen, ob der Vermittlung entscheidungsrelevanter oder verlässlicher Informationen ein höherer Stellenwert zukommen soll.[239] Gesetzlich wurde das Spannungsverhältnis dieser divergierenden GoB bis zur BilMoG-Einführung zu Gunsten des Grundsatzes der Objektivität geregelt und der Verlässlichkeit des Jahresabschlusses die oberste Priorität beigemessen.[240]

Der „Wandel von der produktions- zur wissensbasierten Gesellschaft"[241] führte jedoch in den letzten Jahren zu einer stetig zunehmenden Bedeutung immaterieller Vermögenswerte[242] und zu einem kontinuierlichen Anstieg der immateriellen Vermögensgegenstände im Vergleich zum materiellen Sachanlagevermögen.[243] Da vor allem die F&E-Aktivitäten einen zentraleren Stellenwert einnahmen, wurde immer deutlicher Kritik an dem Aktivierungsverbot von Entwicklungskosten geäußert. In einem Zeitalter zunehmender Technologisierung könne ein generelles Verbot der bilanziellen Erfassung von F&E-Aktivitäten nicht zur Vermittlung eines den tatsächlichen Verhältnissen entsprechenden Bildes der Vermögens-, Finanz- und Ertragslage i.S.v. § 264 Abs. 2 HGB führen,[244] da dem Bilanzleser hierdurch wesentliche Erfolgspotentiale vorenthalten würden.[245] Dem Ziel der Informationsvermittlung eines handelsrechtlichen Abschlusses werde nicht nachgekommen, da dem durch das Aktivierungsverbot entstehenden Informationsdefizit nur bedingt durch entsprechende Angaben im Anhang und im Lagebericht entgegengewirkt werden könne.[246]

---

238 Vgl. Baetge et al. (2010), § 248, Tz. 17.

239 Vgl. sinngemäß auch Kuhner (2001), S. 530 f.

240 Vgl. Baetge et al. (2010), § 248, Tz. 17.

241 BilMoG-RefE, S. 97;BilMoG-RegE, S. 49.

242 Vgl. stellvertretend Arbeitskreis „Immaterielle Werte im Rechnungswesen" der Schmalenbach-Gesellschaft für Betriebswirtschaft e.V. (2001), S 989.

243 Vgl. Baetge et al. (2010), § 248, Tz. 17.

244 Vgl. Küting et al. (2008), S. 689.

245 Vgl. Arbeitskreis „Immaterielle Werte im Rechnungswesen" der Schmalenbach-Gesellschaft für Betriebswirtschaft e.V. (2001), S 990.

246 Zur Frage, ob Informationen, die in Bilanz oder GuV veröffentlicht werden, eine höhere Relevanz zukommt als Informationen, die im Anhang oder im Lagebericht offengelegt werden, existieren gemischte empirische Ergebnisse. Zu aktuellen Erkenntnissen aus dem US-amerikanischen bzw. dem europäischen Umfeld sei auf die empirischen Studien von Michels (2012) bzw. Müller et al. (2012) verwiesen. Zu einem Überblick der bisherigen einschlägigen Studien siehe Al Jifri/Citron (2009), S. 123 ff. Zur Abkopplungsthese vgl. Moxter (1986), S. 67 f.

Wohl nicht zuletzt im Zuge dieser Kritik entschied sich der Gesetzgeber mit der BilMoG-Einführung dazu, das generelle Aktivierungsverbot für aus F&E-Tätigkeiten resultierende Vermögensgegenstände des Anlagevermögens aufzuheben.[247] Möglich war diese Entscheidung, da Art. 9 der 4. EG-Richtlinie den Mitgliedstaaten ein Wahlrecht bei der bilanziellen Abbildung selbst geschaffener immaterieller Vermögensgegenstände des Anlagevermögens einräumt. Die nationalen Gesetzgeber können frei entscheiden, ob eine Aktivierungspflicht, ein Aktivierungswahlrecht oder ein Aktivierungsverbot für diese Vermögensgegenstände existieren soll.[248] Einzige Ausnahme hiervon stellen selbst geschaffene Marken und ähnliche Vermögensgegenstände dar, die von einer Aktivierung ausgeschlossen sind.[249]

Der Referentenentwurf und der Regierungsentwurf sprachen sich – analog den IFRS-Regelungen – für eine Aktivierungspflicht von Entwicklungskosten aus, um dem Ziel der besseren nationalen und internationalen Vergleichbarkeit des handelsrechtlichen Jahresabschlusses gerecht zu werden.[250] Während der Referentenentwurf eine ersatzlose Streichung des § 248 Abs. 2 HGB (a.F.) vorsah, wurde im Regierungsentwurf – analog IAS 38.63 – ein das Vorsichtsprinzip konkretisierendes Aktivierungsverbot für „Marken, Drucktitel, Verlagsrechte, Kundenlisten oder vergleichbare immaterielle Vermögensgegenstände des Anlagevermögens, die nicht entgeltlich erworben wurden“[251] kodifiziert, da eine Abgrenzung zum

247 § 248 HGB ist erstmals auf selbst geschaffene immaterielle Vermögensgegenstände des Anlagevermögens, mit deren Entwicklung in Geschäftsjahren, die nach dem 31.12.2009 anfangen, begonnen wurde, anzuwenden. Siehe Art. 66 Abs. 7 EGHGB. Eine Nachaktivierung von einmal als Aufwand erfassten Entwicklungskosten ist ausgeschlossen. Vgl. Baetge et al. (2010), § 248, Tz. 18.
Bemängelt wird von Teilen des Schrifttums, dass der „neue“ § 248 HGB durch den Ausschluss bestimmter Vermögensgegenstände von der Aktivierungspflicht, sei es durch ein Aktivierungsverbot (wie z.B. bei Marken, Drucktiteln etc.) oder durch ein Aktivierungswahlrecht (Entwicklungskosten selbst erstellter Immaterieller Vermögensgegenstände), den Grundsatz der Vollständigkeit des Jahresabschlusses (§ 246 HGB) nach wie vor konterkariere. Siehe Bertram (2009), § 248, Tz. 5.

248 Das in der Richtlinie festgelegte Ziel einer weitergehenden Information der Abschlussadressaten über die F&E-Ausgaben eines Unternehmens könnte also auch in Form einer Anhangangabe erreicht werden. Vgl. 4. EG-Richtlinie, Art. 9, Aktiva, Buchstabe C. Nr. I. 1.

249 Vgl. 4. EG-Richtlinie, Art. 9, Aktiva, Buchstabe C. Nr. I. 1.

250 Vgl. BilMoG-RefE, S. 99; BilMoG-RegE, S. 50 jeweils mit dem expliziten Hinweis auf die Aktivierungspflicht von F&E-Kosten nach IFRS.

251 BilMoG-RegE, S. 50. Die Formulierung expliziter Aktivierungsverbote –analog IAS 38.63- war wohl auch Konsequenz zahlreicher diesbezüglicher Forderungen in der

selbst geschaffenen Geschäfts- oder Firmenwert nur schwer möglich sei.[252] Die vorgesehene Aktivierungspflicht von Entwicklungskosten wurde mit dem „Wandel von der produktions- zur wissensbasierten Gesellschaft"[253] und der daraus resultierenden Erfordernis, Abschlussadressaten Informationen über immaterielle Vermögenswerte bereitzustellen,[254] begründet. Als weiteres Argument wurde die mit einer Aktivierung einhergehende Verbreiterung der Eigenkapitalbasis, die den Unternehmen bessere Konditionen bei der Beschaffung von Eigen- und Fremdkapital am Kapitalmarkt verschaffen und somit zur Förderung der F&E – Aktivitäten in Deutschland beitragen würde, vorgebracht.[255] Dieses Argument bedarf nach Ansicht des Verfassers jedoch einer näheren Konkretisierung, da dessen Gültigkeit an zwei restriktive Annahmen geknüpft ist. Erstens dürften Banken ihre Kreditvergabeentscheidungen ausschließlich auf Grundlage der im Jahresabschluss veröffentlichten Daten treffen. Andere Informationskanäle (etwa private Informationskanäle bei dominierender Stellung des Fremdkapitalgebers) dürften nicht genutzt werden. Zweitens müsste gewährleistet sein, dass eine Entwicklungskostenaktivierung einen Einfluss auf die in Kreditverträgen regelmäßig festgelegten Kennzahlen hat. Im Kreditvertrag dürfte keine „Bereinigung" um den durch die Aktivierung erzielten Effekt vorgesehen sein. Zu dieser Problematik sei an dieser Stelle auf die Ausführungen in Abschn. 4.4. verwiesen.

Den für die Abschlussadressaten wertvollen Informationen und sonstigen positiven Effekten aus der Aktivierung von Entwicklungskosten stünden nach Ansicht des Gesetzgebers zwar die Unsicherheit hinsichtlich Ansatz und Bewertung, also die Schwierigkeit der Beimessung eines objektivierten Wertes, entgegen.[256]

Rechnungslegungsliteratur. Siehe stellvertretend Fülbier/Gassen (2007), S. 2609, Arbeitskreis „Externe Unternehmensrechnung" der Schmalenbachgesellschaft für Betriebswirtschaft e.V. (2008), S 995, der sich dafür ausspricht, analog IAS 38 sicherzustellen, dass nur „hinreichend objektivierbare Beträge aktiviert werden können," dies jedoch nicht in Form eines Einzelausschlusses sondern als prinzipienbasierte Regelung.

252 Vgl. BilMoG-RegE, S. 50. Als Beispiel werden Werbemaßnahmen angeführt, die sowohl der Bildung einer bestimmten Marke als auch dem selbst geschaffenen Geschäfts- oder Firmenwert bzw. der „Entwicklung des Unternehmens in seiner Gesamtheit" zugeordnet werden können.

253 BilMoG-RefE, S. 97; BilMoG-RegE, S. 49.

254 Vgl. auch BilMoG-RefE, S. 97.

255 Vgl. BilMoG-RefE, S. 98, BilMoG-RegE, S. 49 jeweils mit dem Hinweis, dass die Aufhebung des Aktivierungsverbotes von F&E-Ausgaben im Einklang mit der Zielsetzung des Ergebnispapiers „Aufschwung und Vertrauen" der Klausurtagung des Bundeskabinetts in Genshagen vom 9. bis 10. Januar 2006 stünde.

256 Vgl. BilMoG -RefE, S. 98; BilMoG-RegE, S. 50.

Dieser möglichen Gefährdung des Gläubigerschutzes werde jedoch in Form einer Ausschüttungssperre für aktivierte F&E-Ausgaben (§ 268 Abs. 8 HGB) entgegengewirkt.[257]

Auf Einwirken des Bundesrates wurde das im zustimmungsbedürftigen BilMoG vorgesehene Aktivierungsgebot für Entwicklungskosten in ein Aktivierungswahlrecht transformiert.[258] Als Begründung wurde angeführt, dass die für eine Aktivierung zwingend vorzunehmende Trennung in eine Forschungs- und Entwicklungsquase mit „erhöhten Aufzeichnungs-, Darlegungs- und Nachweispflichten für die betroffenen Unternehmen"[259] einhergehe und das BilMoG nach dem Willen des Gesetzgebers gerade den Mittelstand entlasten solle.[260] Durch ein Aktivierungswahlrecht liege die Entscheidung der bilanziellen Abbildung von Entwicklungskosten im Ermessen der Unternehmen, die diese Entscheidung einer „Kosten-Nutzen-Abwägung"[261] unterziehen werden. Nutzen stiften könnte im Fall einer Aktivierung die Stärkung der Eigenkapitalbasis und die Erhöhung des Informationsgehaltes des Jahresabschlusses i.S. einer besseren Außendarstellung.[262] Kosten werden durch die Erfüllung der Aufzeichnungs-, Darlegungs- und Nachweispflichten verursacht.[263]

---

257 Vgl. BilMoG-RefE, S. 98; BilMoG-RegE, S. 50. Inwiefern die Ausschüttungssperre im Zusammenhang mit der Aktivierung von Entwicklungskosten ein geeignetes Instrument zur Gewährleistung des Gläubigerschutzes darstellt, wird in Abschn. 2.4.6. diskutiert.

258 Vgl. BilMoG-BR, S. 7 f. Die Einführung eines Wahlrechts anstatt einer Aktivierungspflicht wird auch vom Rechtsausschuss des Bundestages unterstützt. Vgl. BilMoG-RA, S. 85.

259 Vgl. BilMoG-BR, S. 7; vgl. auch BilMoG-RA, S. 84 f.

260 „Ziel des Bilanzrechtsmodernisierungsgesetzes ist es (…), das bewährte HGB-Bilanzrecht zu einer (…) im Verhältnis zu den internationalen Rechnungslegungsstandards vollwertigen, aber kostengünstigeren und einfacheren Alternative weiter zu entwickeln, ohne die Eckpunkte des HGB-Bilanzrechts (…) aufzugeben." BilMoG-RefE, S 1; BilMoG-RegE, S. 1.

261 Vgl. BilMoG-BR, S. 8.

262 Vgl. BilMoG-BR, S. 106 f.; Vgl. auch Moxter (2008), S. 1516. Unter Bezugnahme auf BC.113 des „IFRS for SME" wird von Teilen der Literatur die Auffassung vertreten, dass selbst erstellte immaterielle Vermögensgegenstände im Rahmen der Kreditvergabeentscheidung für mittelständischen Unternehmen keine Berücksichtigung finden. Stellen die Banken den primären Abschlussadressaten dieser Unternehmen dar, wird – unter Berücksichtigung der Kostengesichtspunkte – von einer sehr spärlichen Inanspruchnahme des Aktivierungswahlrechts in der Rechnungslegungspraxis ausgegangen.

263 Vgl. BilMoG-BR, S. 7 f.

Die Einführung des Aktivierungswahlrechts für Entwicklungskosten sorgte für kritische Stimmen unter den Aktivierungsgegnern. Diese betrachten das Aktivierungswahlrecht als unvereinbar mit der dominierenden Stellung der Zahlungsbemessungsfunktion und des Gläubigerschutz des handelsrechtlichen Jahresabschlusses. Die Eröffnung abschlusspolitischer Gestaltungsspielräume führe zu einer „Entobjektivierung" der Bilanz.[264] Die Unsicherheiten und Schätzungen bei der Bewertung machen eine Objektivierbarkeit unmöglich.[265]

2.5.2 Ansatz

2.5.2.1 Prüfungsablauf

Bei selbständig durchgeführten F&E-Tätigkeiten, die die Herstellung langfristig dem Unternehmen dienender immaterieller Vermögensgegenstände bezwecken, dürfen nur diejenigen Ausgaben aktiviert werden, die in der Entwicklungsphase anfallen und aus denen mit hoher Wahrscheinlichkeit ein Vermögensgegenstand i.S.d. Grundsätze ordnungsmäßiger Buchführung (GoB) hervorgehen wird. Eine nachträgliche Aktivierung von Entwicklungskosten ist grundsätzlich ausgeschlossen. Für die bilanzierenden Unternehmen ergeben sich folgende Fragen, die in den nachfolgenden Abschnitten behandelt werden:

1. Wie sind die durchgeführten F&E-Tätigkeiten in eine Forschungs- und Entwicklungsphase i.S.d. HGB zu unterteilen? (Abschn. 2.4.3.2.)
2. Wann liegt ein Vermögensgegenstand i.S.d. HGB vor und wann kann mit hoher Wahrscheinlichkeit von dessen künftiger Entstehung ausgegangen werden? (Abschn. 2.4.3.3.)
3. Wie sind nachträgliche Entwicklungskosten bilanziell abzubilden? (Abschn. 2.4.3.4.)

---

264 Vgl. Wehrheim/Fross (2010), S. 93.

265 Vgl. Küting et al. (2008), S. 689; Hennrichs (2008), S. 538; Dobler/Kurz (2008), S. 489; Sigle/Lüdenbach (2008), S. 131. Eine mangelnde Objektivierbarkeit wird den Forschungskosten (nicht den Entwicklungskosten) im BilMoG-RefE, S. 121 zugeschrieben.

Abb. 2-7: Prüfungsablauf beim Ansatz von Entwicklungskosten nach handelsrechtlichen Rechnungslegungsnormen

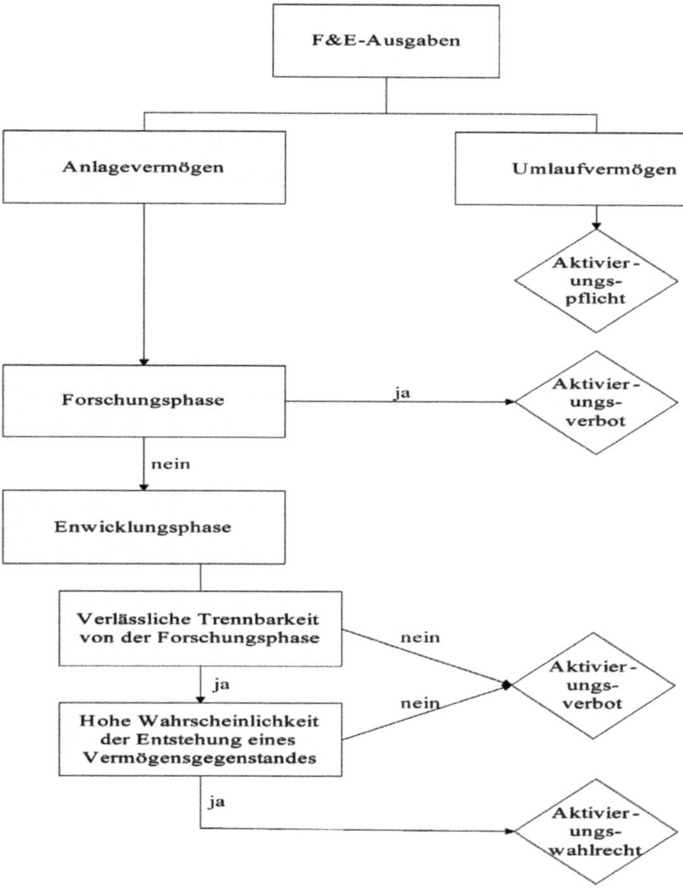

2.5.2.2 Trennung von Forschungs- und Entwicklungsphase

Der Abgrenzung von Forschungs- und Entwicklungsphase kommt ein zentraler Stellenwert zu, da erst ab dem Übergangszeitpunkt (auch als „point of return“[266] bezeichnet) eine Aktivierung der anfallenden F&E-Ausgaben möglich und eine

266 Vgl. Bertram (2009), § 248, Tz. 19. Die Bezeichnung „point of return“ rührt daher, dass ab diesem Zeitpunkt mit hoher Wahrscheinlichkeit von einem künftigen Nutzenzufluss ausgegangen werden kann. Vgl. ebd.

spätere Nachaktivierung von einmal der Forschungsphase zugeordneten F&E-Ausgaben unzulässig ist.[267] Daher wird die Abgrenzungsproblematik in der vorliegenden Arbeit als erster Punkt innerhalb der Ansatzvorschriften behandelt, obwohl sie gesetzlich – ohne weitere Begründung – innerhalb der Bewertungsvorschriften (§ 255 II a HGB) kodifiziert ist.[268]

Die entscheidende Bedeutung der Unterscheidung zwischen Forschungs- und Entwicklungsphase wird vom Gesetzgeber unterstrichen, indem das HGB entgegen der bisherigen Praxis erstmalig eine Legaldefinition der Begriffe „Forschung" und „Entwicklung" enthält:

> *„Forschung ist die eigenständige und planmäßige Suche nach neuen wissenschaftlichen oder technischen Erkenntnissen oder Erfahrungen allgemeiner Art, über deren technische Verwertbarkeit und wirtschaftliche Erfolgsaussichten grundsätzlich keine Aussagen gemacht werden können."*[269]

> *„Entwicklung ist die Anwendung von Forschungsergebnissen oder von anderem Wissen für die Neuentwicklung von Gütern oder Verfahren oder die Weiterentwicklung von Gütern oder Verfahren mittels wesentlicher Änderungen."*[270]

Innerhalb der Forschungsphase ist noch kein eindeutiger Bezug zu verwertbaren Produkten bzw. zu künftigen Erlösen, die aus den getätigten Aufwendungen resultieren könnten, herstellbar.[271] Die Vermögensgegenstandseigenschaft ist daher „regelmäßig zumindest unsicher"[272]. In der Entwicklungsphase hingegen ist der entstehende Vermögensgegenstand konkretisierbar,[273] wobei aufgrund des „hohen Neuigkeits- und Komplexitätsgrades"[274] in der Regel weiterhin eine gewisse Unsicherheit hinsichtlich des späteren Entwicklungsergebnisses bzw. -erfolgs bestehen bleibt.[275]

Der Begriff „Entwicklung" wird vom Gesetzgeber weit gefasst. Er umfasst sowohl „Güter" als auch „Verfahren". Unter den Begriff „Güter" werden wiederum Materialien, Produkte, geschützte Rechte oder auch ungeschütztes Know-how

267 Vgl. BilMoG-RegE, S. 61.

268 Zur Problematik der Auslagerung eines wesentlichen Ansatzkriteriums in die Bewertungsvorschriften siehe Bertram (2009), § 248, Tz. 25.

269 § 255 Abs. 2a Satz 3 HGB. Ähnlich auch schon BilMoG-RefE, S. 121.

270 § 255 Abs. 2a Satz 2 HGB. Ähnlich auch schon BilMoG-RefE, S. 122.

271 Vgl. Henckel et. al. (2008), S. 197.

272 BilMoG-RefE, S. 122.

273 Ellrott/Brendt (2010), § 255, Tz. 487.

274 Ellrott/Brendt (2010), § 255, Tz. 487.

275 Vgl. BilMoG-RefE, S. 60.

oder Dienstleistungen subsumiert, unter den Begriff „Verfahren“ typische Produktions- und Herstellungsverfahren oder entwickelte Systeme.[276]

In der Gesetzesbegründung wird konkretisiert, dass „der Zeitpunkt des Übergangs vom systematischen Suchen zum Erproben und Testen der gewonnenen Erkenntnisse oder Fertigkeiten als Übergang von der Forschung zur Entwicklung anzusehen“[277] ist.[278] Diese Trennung von Forschungs- und Entwicklungsphase ist jedoch nur möglich, wenn der F&E-Prozess sequentiell abläuft, also „erst Forschung, dann Entwicklung“[279] stattfindet. Genau hiervon geht der Gesetzgeber im Regelfall aus. Während dies im Referentenentwurf noch unmissverständlich klargestellt wurde,[280] enthielt der Regierungsentwurf allerdings keine Vermutung mehr über die Häufigkeitsverteilung von sequentiellen versus alternierenden bzw. zyklischen F&E-Prozessen in der Rechnungslegungspraxis.[281] Bei einem alternierenden oder zyklischen F&E-Ablauf ist eine klare Trennung i.d.R. nicht möglich.[282] In diesem Fall sowie in allen anderen denkbaren Fällen, in denen die Forschungs- und Entwicklungsphase nicht eindeutig voneinander abgegrenzt werden können, sind sämtliche F&E-Ausgaben grundsätzlich ergebniswirksam als Aufwand zu erfassen.[283]

Im Gegensatz zu den IFRS hat der deutsche Gesetzgeber keine Kriterien für die Trennung zwischen der Forschungs- und Entwicklungsphase festgelegt. Da das BilMoG jedoch u.a. das Ziel der internationalen Vergleichbarkeit der handelsrechtlichen

---

276 Vgl. BilMoG-RegE, S. 60; vgl. auch Ellrott/Brendt (2010), § 255, Tz. 487.

277 BilMoG-RefE, S. 123; BilMoG-RegE, S. 61.

278 Dabei wird klargestellt, dass der Zeitpunkt des Übergangs von der Forschungs- zur Entwicklungsphase gleichbedeutend mit der Abgrenzung zwischen Forschung und Entwicklung ist. Vgl. BT-Drucks. 16/10067, S. 60. Die Begriffe „Forschung“ (§ 255 Abs. 2a S. 3 HGB) und „Forschungsphase“ sowie „Entwicklung“ (§ 255 Abs. 2a S.2 HGB) und „Entwicklungsphase“ werden daher synonym verwendet.

279 Vgl. BilMoG-RegE, S. 61.

280 Vgl. BilMoG-RefE, S. 122 f. „Die Feststellung des Zeitpunktes des Übergangs von der Forschungs- zur Entwicklungsphase lässt sich bei dem regelmäßig anzutreffenden Ablauf – erst Forschung dann Entwicklung – anhand der unterschiedlichsten Merkmale recht einfach vornehmen.“

281 Vgl. BilMoG-RegE, S. 61.

282 Vgl. hierzu auch Dobler/Kurz (2008), S. 487. Zu theoretisch denkbaren Fällen, in denen selbst bei einem alternierenden Verlauf von Forschung und Entwicklung durch ein entsprechend ausgestaltetes F&E-Controlling eine Trennung zwischen Forschungs- und Entwicklungsphase und somit eine Aktivierung von Entwicklungskosten möglich sein könnte vgl. Ellrott/Brendt (2010), § 255, Tz. 488.

283 Vgl. § 255 Abs. 2a S. 4 HGB. Durch diese Regelung wird dem Vorsichtsprinzip Rechnung getragen. Vgl. BilMoG-RefE, S. 123; BilMoG-RegE, S. 61.

Rechnungslegung verfolgt,[284] wird im Schrifttum mehrheitlich ein Rückgriff auf die in IAS 38.57 angeführten Abgrenzungskriterien als sinnvoll erachtet.[285] Für diese Vorgehensweise spricht nach Ansicht des Verfassers, dass auf die Abgrenzungskriterien nach IAS 38.57 im BilMoG-RefE explizit eingegangen wird. Es wird zwar klargestellt, dass diese Anhaltspunkte für die Verifizierbarkeit eines Vermögenswertes (asset) darstellen und aufgrund der abweichenden Definition des handelsrechtlichen Vermögensgegenstandsbegriffs letztlich nicht in das HGB aufgenommen werden, gleichzeitig wird jedoch betont, dass deren kumulatives Vorliegen auf die Existenz eines Vermögensgegenstandes hindeuten könnte.[286] Gegen die Heranziehung der Abgrenzungskriterien des IAS 38.57 für handelsrechtliche Zwecke spricht, dass sie gerade nicht in das HGB übernommen und im BilMoG-RegE gar nicht mehr erwähnt werden.[287] Des Weiteren stellen die Kriterien des IAS 38.57 dem Grunde nach gar keine Abgrenzungskriterien zwischen der Forschungs- und Entwicklungsphase dar. Es handelt sich vielmehr um Kriterien, die die spezifischen Ansatzkriterien für immaterielle Vermögenswerte vor dem Hintergrund der Selbsterstellung konkretisieren. Sie sind für die Aktivierung eines Vermögenswertes nur relevant, wenn im vorherigen Schritt bereits positiv geprüft wurde, dass die anfallenden F&E-Ausgaben der Entwicklungsphase zuzuordnen sind. Im Ergebnis bleibt festzuhalten, dass hinsichtlich der F&E-Ausgaben auf Grund der unterschiedlichen Vermögensgegenstand- und Asset-Definitionen keine identischen Aktivierungskriterien nach IFRS und nach HGB vorliegen,[288] die Kriterien nach IAS 38.57 jedoch als grobe Orientierungshilfe bzw. – dem handelsrechtlichen Vorsichtsprinzip Rechnung tragend – als Mindestanforderung in Betracht gezogen werden könnten. Schließlich wird von Teilen des Schrifttums auch die Auffassung vertreten, dass die sechs Kriterien des IAS 38.57 auf die in § 255 Abs. 2a HGB angeführte technische und wirtschaftliche Dimension der Verwertbarkeit verdichtet werden können.[289]

---

284 Vgl. BilMoG-RegE, S. 1.

285 Vgl. stellvertretend z.B. von Eitzen et al. (2010), S. 357; Lüdenbach/Hoffmann (2009), S. 293.

286 Vgl. BilMoG-RefE, S. 122.

287 Zur Kritik an der Heranziehung der Abgrenzungskriterien nach IAS 38.57 für handelsrechtliche Zwecke siehe stellvertretend Moxter (2009), S. 7 ff.

288 Vgl. Dobler/Kurz (2008), S. 489; Arbeitskreis „Immaterielle Werte im Rechnungswesen" der Schmalenbach-Gesellschaft für Betriebswirtschaft e.V. (2008), S. 1815 ff. Anderer Ansicht sind z.B. Förschle/Usinger (2010), die davon ausgehen, dass nach IAS 38 als immaterielle Vermögenswerte qualifizierte Posten grundsätzlich auch nach HGB die Vermögensgegenstandseigenschaft erfüllen. Vgl. Förschle/Usinger (2010), § 248, Tz. 64.

289 Vgl. Kupsch (2011), § 248, Tz. 67.

In erster Linie hat sich der Abschlussersteller bei der Abgrenzung von der Forschungs- und Entwicklungsphase an Anhaltspunkten aus der Gesetzesbegründung zu orientieren. Letztere werden in Abb. 2-8 strukturiert zusammengefasst:[290]

Abb. 2-8: Abgrenzung von Forschungs- und Entwicklungsphase gem. Gesetzesbegründung zum BilMoG

Forschung	**Entwicklung**
Aktivitäten zur Erlangung neuer Erkenntnisse	Entwurf, Konstruktion und Test neuer Prototypen und Modelle vor der Aufnahme der eigentlichen Produktion
Suche nach Alternativen für Materialien, Vorrichtungen, Produkte, Verfahren, Systeme oder Dienstleistungen	Entwerfen, Konstruieren, Testen einer gewählten Alternative für neuen Materialien, Vorrichtungen, Produkte, Verfahren, Systeme oder Dienstleistungen
	Beispiel 1:
	Entwurf, Konstruktion und Betrieb einer Pilotanlage, die für die kommerzielle Nutzung ungeeignet ist, sondern nur als Prototyp[1] dient.
	Beispiel 2:
	Entwurf von Werkzeugen, Spannvorrichtungen, Prägestempeln oder Gussformen unter Verwendung neuer Technologien, auch wenn für die kommerzielle Nutzung noch ungeeignet und nur die Funktion als Prototyp[1] erfüllend.

[1] Bei Prototypen ist nicht der „körperliche Gegenstand" sondern die „schöpferische Leistung (Entwicklungsleistung)" vordergründig. (Ellrott/Brendt (2010), § 255, Tz. 485). Nach herrschender Meinung erfasste das Aktivierungsverbot nach § 248 Abs. 2 HGB a.F. die der Konstruktion der Prototypen vorgelagerten Aufwendungen für Entwürfe, Konstruktionszeichnungen, Arbeitsmodelle etc., nicht jedoch die unmittelbar bei der Erstellung der Prototypen anfallenden Aufwendungen (ADS, § 255 Tz. 152 m.w.N).

Die schematische Darstellung eines denkbaren F&E-Prozesses und die Festlegung von Meilensteinen, bei deren Erfüllung der Übergang in die Entwicklungsphase vorliegt, werden vermisst. In der Literatur wird daher öfter auf die

290 Bei Abb. 2-8 handelt es sich um eine Zusammenfassung der Anhaltspunkte für eine Abgrenzung zwischen Forschungs- und Entwicklungsphase aus dem BilMoG-RefE (S. 123) sowie dem BilMoG-RegE (S. 60 f.).

schematische Darstellung des Arbeitskreises „Immaterielle Werte im Rechnungswesen“ der Schmalenbach-Gesellschaft für Betriebswirtschaft e.V. (2008) zurückgegriffen (siehe Abb. 2-9).[291]

Abb. 2-9: Abgrenzung zwischen Forschungs- und Entwicklungsphase gem. Arbeitskreis „Immaterielle Werte im Rechnungswesen“ der Schmalenbach-Gesellschaft für Betriebswirtschaft e.V. (2008)

Kriterium	**Konkretisierung**
Projektinitiierung	Geschäftsführungsbeschluss, Budgetfreigabe durch Aufsichtsrat
Projektabgrenzung und -beschreibung	Das Projekt kann hinsichtlich seiner sachlichen, zeitlichen und finanziellen Dimension hinreichend präzise abgegrenzt werden. Zur Erfüllung des Grundsatzes der Einzelverwertbarkeit müssen die projektbezogenen Ausgaben dem Projekt zurechenbar sein.
Projektnutzen ist darstellbar	Der mögliche Projektnutzen ist darstellbar und hinreichend dokumentiert. Hinreichende Dokumentation setzt insbesondere eine nachvollziehbare Abgrenzung zwischen Forschungs- und Entwicklungskosten sowie eine verlässliche Kostenrechnung bzw. F&E-Controlling voraus.
Aktive weitere Projektverfolgung ist sichergestellt	Es bestehen keine internen (z.B. Ausgabenstopp) oder externen (z.B. patentrechtliche Beschränkungen) Hinderungsgründe, die die weitere Projektverfolgung ungewiss erscheinen lassen.
Hohe Wahrscheinlichkeit	Die geforderte hohe Wahrscheinlichkeit für die Entstehung eines immateriellen Vermögensgegenstandes ist im frühen Stadium von Entwicklungsprojekten zumeist nicht gegeben. Es ist davon auszugehen, dass die Wahrscheinlichkeit deutlich über 50% liegen muss, auch wenn kein Erfordernis besteht, eine Quantifizierung der Wahrscheinlichkeit vorzunehmen.

Aus den obigen Ausführungen wird ersichtlich, dass auf Grund der „fließenden Übergänge“[292] von der Forschungs- zur Entwicklungsphase eine gewisse „Grauzone“[293] besteht, die Unternehmen abschlusspolitisch nutzen können.

291 Siehe Arbeitskreis „Immaterielle Werte im Rechnungswesen“ der Schmalenbach-Gesellschaft für Betriebswirtschaft e.V. (2008), S. 1817. Zudem wird auf das gesetzlich nicht weiter spezifizierte Kriterium der „hohen Wahrscheinlichkeit“ eingegangen, das in der vorliegenden Arbeit im folgenden Abschnitt (2.3.3.3.) thematisiert wird.

292 Küting/Ellmann (2010), § 255, Tz. 389 b.

293 Ellrott/Brendt (2010), § 255, Tz. 488.

„Recht einfach“[294] – wie im Referentenentwurf noch behauptet – ist die Abgrenzung von Forschungs- und Entwicklungsphase selbst bei einem sequentiellen Ablauf von Forschung- und Entwicklung keineswegs. Darüber hinaus ist sie mit zusätzlichen Kosten verbunden, die aus „erhöhten Aufzeichnungs-, Darlegungs- und Nachweispflichten“[295] resultieren. Voraussetzung für eine nachvollziehbare Abgrenzung zwischen Forschungs- und Entwicklungsphase ist ein gut aufgestelltes, leistungsfähiges F&E-Controlling.[296] Dieses muss in der Lage sein, eine kostenstellengenaue Abgrenzung zwischen Forschungs- und Entwicklungsphase vorzunehmen und eine projektbezogene Kostenträgerrechnung zu gewährleisten.[297] F&E-Tätigkeiten, die Mitarbeiter in Eigenregie durchführen (etwa bei Softwareunternehmen), müssen zentral erfasst und das gegenwärtige Entwicklungsstadium ständig überwacht bzw. aktualisiert werden.[298]

2.5.2.3 Vermögensgegenstandseigenschaft

Die während der Entwicklungsphase anfallenden F&E-Ausgaben dürfen nach Ansicht des Verfassers aktiviert werden, wenn sie mit hoher Wahrscheinlichkeit zur Entstehung eines Vermögensgegenstandes führen. Umstritten sind im handelsrechtlichen Schrifttum bisher folgende zwei Fragestellungen, auf die in diesem Abschnitt näher eingegangen wird:

1. Welche Eigenschaften konstituieren die Vermögensgegenstandseigenschaft (sachliche Dimension)?
2. Muss die Vermögensgegenstandseigenschaft schon während der Entwicklungsphase erfüllt sein oder ist es ausreichend ist, wenn sie dem aus der Entwicklungsphase hervorgehenden Gut mit hoher Wahrscheinlichkeit zukommen wird (zeitliche Dimension)?

Zunächst wird auf die **sachliche Dimension** eingegangen. Das HGB enthält keine Legaldefinition des Begriffs des Vermögensgegenstandes. Wesentliches Merkmal der Vermögensgegenstandseigenschaft stellt nach herrschender Meinung

---

294 BilMoG-RefE, S. 123.

295 Vgl. BilMoG-BR, S. 7; vgl. auch BilMoG-RA, S. 84 f.

296 Vgl. Arbeitskreis „Immaterielle Werte im Rechnungswesen“ der Schmalenbach-Gesellschaft für Betriebswirtschaft e.V. (2008), S. 1816.

297 Vgl. Seidel et al. (2009), S. 1289.

298 Vgl. Hüttche (2008), S. 168.

die **Schuldendeckungsfähigkeit** dar.[299] Umstritten ist indes, ob die Schuldendeckungsfähigkeit einem Vermögensgegenstand einzeln zukommen muss (Zerschlagungsfiktion), oder ob es ausreichend ist, wenn er im Verbund mit anderen Vermögensgegenständen ein Schuldendeckungspotential aufweist (Unternehmensfortführungsprämisse).[300]

Diese Problematik ist für die Aktivierungsfähigkeit selbst erstellter immaterieller Vermögensgegenstände von großer Bedeutung. Dem Wortlaut der Gesetzesbegründung ist nicht eindeutig zu entnehmen, ob die Prämisse der Unternehmensfortführung auch für den Ansatz von Vermögensgegenständen relevant ist. Die Forderung der Einzelverwertbarkeit, „sei es durch Veräußerung oder anderweitig, beispielsweise durch Verarbeitung, Verbrauch oder Nutzungsüberlassung"[301] könnte darauf hindeuten, dass hinsichtlich des Ansatzes auf die Zerschlagungsfiktion abgestellt wird.[302] Fest steht, dass das Kriterium der Einzelverwertbarkeit sowohl durch interne Verwertung (Eigennutzung) als auch durch externe Verwertung (Verkauf) erfüllt sein kann.[303] Da externe Verwertbarkeit grundsätzlich auch bei Zwischenprodukten vorliegen kann,[304] ist in jedem Fall eine Einzelfallprüfung erforderlich.[305]

Nach Ansicht des Verfassers ist ein Vermögensgegenstandsbegriff, der die Schuldendeckungsfähigkeit im Zerschlagungsfall fordert, nur mit aus F&E-Tätigkeiten hervorgehenden Gütern, die der externen Zweckbestimmung dienen, vereinbar. Das Schuldendeckungspotential der für den internen Gebrauch generierten Güter ist im Zerschlagungsfall hingegen äußerst fraglich. So ist beispielsweise eine für interne Zwecke entwickelte Software, die auf die individuellen Gegebenheiten und Prozessabläufe im Unternehmen zugeschnitten ist, im Zerschlagungsfall wohl kaum

---

299 Vgl. Lutz/Schlag (2010), Tz. 3 m. w. N.

300 Zu einer ausführlichen Diskussion sei an dieser Stelle auf den Beitrag von Gassen/Kavvadias (2012), S. 129 f. verwiesen.

301 BilMoG-RefE, S. 98; Vgl. auch BilMoG-RefE, S 122; BilMoG-RegE, S. 50.

302 Aktivierungsfähige Entwicklungskosten liegen nach Auffassung des Gesetzgebers vor, „[…] wenn das selbst erstellte Gut nach der Verkehrsauffassung einzeln verwertbar ist, sei es durch Veräußerung oder anderweitig, beispielsweise durch Verarbeitung, Verbrauch oder Nutzungsüberlassung verwertet werden kann." BilMoG-RefE, S. 98; vgl. auch BilMoG-RefE, S. 122, BilMoG-RegE, S. 50.

303 Vgl. auch Bertram (2009), § 248, Tz. 18.

304 Als Beispiel werden einzelne Softwaremodule angeführt, für die sich erwerbswillige externe Nutzer (Käufer) finden könnten, obwohl die Module einzeln nicht nutzbar sind. Vgl. Bertram (2009), § 248, Tz. 18.

305 Vgl. RegE-BilMoG, S. 50.

noch an einen Externen zu veräußern und wenn doch, dann mit einem erheblichen Abschlag für die Kosten der Anpassung an die eigenen Unternehmensgegebenheiten. In jedem Fall läge der Veräußerungspreis signifikant unter dem Buchwert. Rein sachlogisch ist also davon auszugehen, dass der Vermögensgegenstandsbegriff – wie im BilMoG verwendet – nicht die individuelle Schuldendeckungsfähigkeit im Zerschlagungsfall fordern kann. Andernfalls hätte der Gesetzgeber klarstellen müssen, dass es sich bei selbst erstellten immateriellen Vermögensgegenständen, die der internen Zweckbestimmung dienen, in Wirklichkeit gar nicht um Vermögensgegenstände, sondern um eine Bilanzierungshilfe handelt. Da in der Regierungsbegründung betont wird, dass sich am Vermögensgegenstandsbegriff durch die BilMoG-Einführung nichts geändert hat,[306] ist die Kodifizierung des Aktivierungswahlrechts für selbst erstellte immaterielle Vermögensgegenstände eine endgültige Abfuhr an alle bisherigen Verfechter der Zerschlagungsfiktion.

Nachdem geklärt wurde, an welche Eigenschaften die Vermögensgegenstandseigenschaft geknüpft ist (sachliche Dimension), wird im Folgenden untersucht, ob die Vermögensgegenstandseigenschaft schon während der Entwicklungsphase erfüllt sein muss oder ob es ausreichend ist, wenn sie dem aus der Entwicklungsphase hervorgehenden Gut mit hoher Wahrscheinlichkeit zukommen wird (**zeitliche Dimension**). Diese Frage stellt das Handelsrecht vor eine neue Herausforderung und hat zu zahlreichen Kontroversen geführt – sowohl im handelsrechtlichen Schrifttum als auch unter den am Gesetzgebungsverfahren beteiligten Parteien. So wurde im Referentenentwurf die Vermögensgegenstandseigenschaft als Bedingung für die Aktivierung von Entwicklungskosten vorausgesetzt und die Erfüllung des Kriteriums der Einzelverwertbarkeit bereits zum Aktivierungszeitpunkt gefordert.[307] Das Vorliegen eines Vermögensgegenstandes bei erstmaliger Aktivierung von Entwicklungskosten war jedoch nach Ansicht des Verfassers im BilMoG-RefE nicht logisch durchdacht. Eine Einzelverwertbarkeit kann erst vorliegen, wenn die Entwicklung abgeschlossen ist oder zumindest ein veräußerbares Zwischenprodukt erstellt wurde. Einzelverwertbar kann also nur das Ergebnis der Entwicklungstätigkeit und nicht letztere an sich sein.[308] Folgte man dem Ansinnen des BilMoG-RefE würde es also nie zu einer Aktivierung von Entwicklungskosten

306 Vgl. BilMoG-RegE, S. 35.

307 Vgl. BilMoG-RefE, S. 98. „Kann die Vermögensgegenstandseigenschaft eines selbst geschaffenen immateriellen Gutes nicht zweifelsfrei bejaht werden, kommt die Aktivierung der in der Entwicklungsphase befindlichen Aufwendungen nicht in Betracht.“ BilMoG-RefE, S. 122.

308 Vgl. auch Dobler/Kurz (2008), S. 487.

kommen. Dieser Umstand wurde im BilMoG-RegE offensichtlich korrigiert, indem klargestellt wurde, dass es auf die Forschungs- und Entwicklungs*ergebnisse* ankomme[309] und dass es ausreichend sei, wenn „im Aktivierungszeitpunkt mit hinreichender Wahrscheinlichkeit von der Entstehung eines Vermögensgegenstandes ausgegangen werden kann"[310]. Die spätere Forderung des Rechtsausschusses des Bundestages nach Vorliegen der Vermögensgegenstandseigenschaft im Aktivierungszeitpunkt erscheint vor diesem Hintergrund äußerst fragwürdig[311] und ist entschieden abzulehnen.

Die unterschiedlichen Auffassungen der am Gesetzgebungsprozess beteiligten Parteien führten auch innerhalb des handelsrechtlichen Schrifttums zu kontroversen Diskussionen. Falls es sich hierbei nicht nur um eine rein akademische Debatte handelt und sich diese unterschiedlichen Auffassungen auch unterhalb der Abschlussersteller und –prüfer verbreiten, könnte dies zu einer höchst unterschiedlichen F&E-Bilanzierungspraxis führen. Um dem vorzubeugen, ist eine klare Positionierung erforderlich. Nicht geteilt werden kann die Auffassung derjenigen Stimmen in der Fachliteratur, die die Ausübung des Aktivierungswahlrechts nach § 248 Abs. 2 HGB an das Vorliegen der Vermögensgegenstandseigenschaft zum Zeitpunkt der Erstaktivierung knüpfen.[312] Da eine Aktivierung von Entwicklungskosten erst bei Vorliegen der Vermögensgegenstandseigenschaft in Betracht komme, wird von diesem Literaturstrang die Auffassung vertreten, dass regelmäßig nur ein geringer Teil der Entwicklungskosten überhaupt aktiviert werden dürfe.[313] Da die für das

309 Vgl. BilMoG-RegE, S. 60.

310 Vgl. BilMoG-RegE, S. 61; BilMoG-BR, S. 132; vgl. auch Mindermann/Brösel (2009), S. 392. „Der Wortlaut der Vorschrift macht deutlich, dass eine Aktivierung nicht erst vorzunehmen ist, wenn ein selbst geschaffener immaterieller Vermögensgegenstand des Anlagevermögens vorliegt, sondern die Aktivierung schon bei der Entwicklung zu erfolgen hat." BilMoG-RegE, S. 60.

311 „Klarstellend weist der Rechtsausschuss darauf hin, dass eine Aktivierung erst in Frage kommt, wenn die Vermögensgegenstandseigenschaft des selbst geschaffenen immateriellen Vermögensgegenstands des Anlagevermögens bejaht werden kann." BilMoG-RA, S. 85.

312 Vgl. stellvertretend Baetge et al. (2010), § 248, Tz. 18; Küting/Ellmann (2009), S. 272; Baetge et al. (2009), S. 246; Theile (2008), S. 1067. Zur Kritik an ebendiesem Literaturstrang, der die Vermögensgegenstandseigenschaft zum Zeitpunkt der erstmaligen Aktivierung voraussetzt, siehe stellvertretend Gelhausen et. al. (2009), § 248 HGB, Tz. 42 ff.

313 Vgl. Baetge et al. (2010), § 248, Tz. 18. Hervorgehoben wird immerhin, dass die Vermögensgegenstandseigenschaft und somit eine Teilaktivierung von Entwicklungskosten schon während der Entwicklungsphase, also vor Fertigstellung des angestrebten Vermögensgegenstandes vorliegen kann. Vgl. Baetge et al. (2010), § 248, Tz. 18.

Vorliegen eines Vermögensgegenstandes erforderliche Einzelverwertbarkeit grundsätzlich erst nach erfolgreichem Abschluss der F&E Aktivitäten vorliegen kann,[314] würde die Forderung nach dem Vorliegen der Vermögensgegenstandseigenschaft im Aktivierungszeitpunkt die Einführung des Aktivierungswahlrechts nach § 248 Abs. 2 HGB nach Ansicht des Verfassers überflüssig machen und die dahinter stehende Zielsetzung des Gesetzgebers (siehe obige Ausführungen) unterminieren.[315] In der Gesetzesbegründung wird schließlich klargestellt, dass ein Aktivierung nicht erst dann vorzunehmen ist, wenn ein Vermögensgegenstand vorliegt, sondern beim Übergang von der Forschungs- zur Entwicklungsphase.[316] Ausschlaggebend ist, dass am Ende der Entwicklung mit hoher Wahrscheinlichkeit ein Vermögensgegenstand i.S.d. GoB vorliegt. Was unter einer „hohen Wahrscheinlichkeit" verstanden wird, wird jedoch weder im Gesetz noch in der Gesetzesbegründung erläutert.[317] Hier besteht offensichtlich noch Konkretisierungsbedarf. Auf Grund der dominierenden Stellung des handelsrechtlichen Vorsichtsprinzips ist jedoch davon auszugehen, dass – obwohl kein Erfordernis einer Wahrscheinlichkeitsquantifizierung besteht – von einer Wahrscheinlichkeit von deutlich mehr als 50% ausgegangen werden muss.[318]

Im Ergebnis bleibt festzuhalten, dass sich der Vermögensgegenstandsbegriff durch die Einführung des Aktivierungswahlrechts für Entwicklungskosten insofern konkretisiert hat, als hinsichtlich des Ansatzes der Zerschlagungsfiktion endgültig eine Abfuhr erteilt wurde (sachliche Dimension). Als Besonderheit kommt bei aktivierten Entwicklungskosten hinzu, dass ihnen die Vermögensgegenstandseigenschaft nicht schon während des Entwicklungsprozesses zukommen muss, sondern es als ausreichend befunden wird, wenn die aktivierten Entwicklungsausgaben mit hoher Wahrscheinlichkeit zur Entstehung eines Vermögensgegenstandes führen (zeitliche Dimension).

2.5.2.4 Nachträgliche Herstellungskosten

Die Abgrenzung zwischen nachträglichen Herstellungskosten und Erhaltungsaufwand ist gesetzlich nicht kodifiziert. Daher sind – auch hinsichtlich selbst geschaffener immaterieller Vermögensgegenstände des Anlagevermögens – diejenigen

---

314 Vgl. Dobler/Kurz (2008), S. 487.

315 Vgl. auch Laubach et al. (2009), S. 22.

316 Vgl. Arbeitskreis „Immaterielle Werte im Rechnungswesen" der Schmalenbach-Gesellschaft für Betriebswirtschaft e.V. (2008), S. 1816; Dörner/Neubert (2008), S. 449.

317 Vgl. Hung Tran (2011), S. 539.

318 Vgl. Arbeitskreis „Immaterielle Werte im Rechnungswesen" der Schmalenbach-Gesellschaft für Betriebswirtschaft e.V. (2008),, S. 1817.

Abgrenzungskriterien, die sich zu allgemein gültigen GoB entwickelt haben, heranzuziehen.[319] Ausgaben, die eine wesentliche Änderung der Nutzungsmöglichkeiten mit sich ziehen, sind als nachträgliche Herstellungskosten dem Buchwert des immateriellen Vermögensgegenstandes hinzuzurechnen.[320] Besteht der Zweck der Ausgaben jedoch lediglich in der Erhaltung des vorhandenen Schuldendeckungspotentials, so sind sie – als nicht aktivierungsfähige Erhaltungsaufwendungen – aufwandswirksam zu erfassen.[321]

Die bilanzielle Abbildung nachträglich anfallender Ausgaben für immaterielle Vermögensgegenstände stellte schon vor Einführung des Aktivierungswahlrechts für selbst erstellte immaterielle Vermögensgegenstände des Anlagevermögens eine kontrovers diskutierte abschlusspolitische Stellschraube dar. Ein äußerst umstrittenes Beispiel war die Abgrenzung zwischen Erhaltungsaufwand und nachträglichen Herstellungskosten bei intern genutzter Software. Durchgesetzt hat sich in diesem Zusammenhang die Stellungnahme des IDW, der zu Folge die im Zuge eines Release-Wechsels[322] anfallenden Ausgaben als nachträgliche Herstellungskosten zu aktivieren sind, während Ausgaben im Zusammenhang mit einem einfachen Update als Erhaltungsaufwendungen ergebniswirksam zu erfassen sind.[323]

Da neu entwickelte Technologien einer ständigen Weiterentwicklung und Verbesserung unterliegen, dürfte sich die ohnehin schon vorhandene Abgrenzungsproblematik durch die Einführung des Aktivierungswahlrechts für Entwicklungskosten noch weiter zuspitzen.[324] Insbesondere stellt sich die bisher noch nicht gesondert im Schrifttum behandelte Frage, inwiefern im Fall einer Aktivierung von Entwicklungskosten, die einem Wahlrecht unterliegt, ebenso ein Wahlrecht für die Aktivierung nachträglicher Herstellungskosten existiert. Entscheidet sich der Abschlussersteller für eine Aktivierung von Entwicklungskosten, dann ist diese Entscheidung nach Ansicht des Verfassers – dem Grundsatz der Ansatz- und Bewertungsstetigkeit zu Folge –[325] auch in den Folgejahren, also auch für nachträgliche Herstellungskosten beizubehalten.

319 Vgl. Bertram (2009), § 248, Tz. 23.

320 Vgl. Baetge et al. (2009), S. 246.

321 Vgl. Gelhausen et al. (2009), § 248, Tz. 56. Zur Abgrenzung zwischen nachträglichen Herstellungskosten und Erhaltungsaufwand vgl. ausführlich Streim (1985), S. 1577 f.

322 Hierbei handelt es sich um eine tiefgreifende Überarbeitung i.S. eines Generationenwechsels.

323 Vgl. IDW (2004). S. RS HFA 11, Tz. 21.

324 Vgl. Hennrichs (2008), S. 540.

325 Der Grundsatz der Ansatzstetigkeit ist in § 246 Abs. 3 HGB, der Grundsatz der Bewertungsstetigkeit in § 252 Abs. 1 Nr. 6 HGB i.V.m. § 252 Abs. 2 HGB kodifiziert.

Die verpflichtende Aktivierung nachträglicher Herstellungskosten[326] ist streng zu unterscheiden von einer Nachaktivierung einmal in der Forschungsphase gelegener Aufwendungen. Eine nachträgliche Aktivierung von in Vorjahren angefallenen Entwicklungskosten kommt wegen § 252 Abs. 1 Nr. 5 HGB nicht in Betracht. Wurden Aufwendungen einer Periode einmal zu Recht als Aufwand und als nicht-aktivierungsfähig klassifiziert, ist eine Umklassifizierung in späteren Perioden unzulässig.[327]

Ebenso wenig darf es nach Ansicht des Verfassers zu einer periodenbedingten „Quasi-Nachaktivierung" von Entwicklungskosten kommen, indem – wie von Teilen der Literatur gefordert – sämtliche F&E-Ausgaben einer Berichtsperiode als aktivierungsfähig erachtet werden, wenn die Aktivierungsvoraussetzungen zu einem beliebigen Zeitpunkt während der Berichtsperiode erfüllt sind.[328] Begründet wird diese im Schrifttum verbreitete Ansicht u.a. damit, dass eine unterjährige Abgrenzung „weder praktikabel noch geboten"[329] sei. Diese Auffassung kann vom Verfasser nicht nachvollzogen werden. Der Abschlusspolitik würden bei solch einer Vorgehensweise Türen und Tore geöffnet. Bei der ohnehin mit Ermessensspielräumen behafteten Abgrenzung zwischen Forschungs- und Entwicklungsphase wäre es leicht möglich, den Übergangszeitpunkt im Rahmen der Abschlusserstellung vom Januar auf den Dezember „vorzuziehen" und somit das Aktivierungswahlrecht für die gesamten Aufwendungen eines Geschäftsjahres zu nutzen. Aber auch bei Ausklammerung des abschlusspolitischen Aspekts wäre die Vereinbarkeit der von Teilen des Schrifttums vorgeschlagenen Vorgehensweise mit den Vorschriften zur bilanziellen Abbildung von F&E-Aktivitäten und dem Stetigkeitsgrundsatz aus folgenden Gründen äußerst fraglich. Erstens wird vom Gesetzgeber großer Wert auf eine möglichst objektivierbare Trennung zwischen der Forschungs- und Entwicklungsphase gelegt. Es wird explizit darauf hingewiesen, dass zur nachvollziehbaren Trennung dieser beiden Phasen ein kostenaufwendiges F&E-Controlling einzurichten ist. Ebendiese Kosten für ein möglichst genaues und projektbezogenes F&E-Controlling waren ausschlaggebender Grund

326 Gem. § 255 Abs. 2a, S. 2 HGB fallen unter die Entwicklungskosten explizit auch die Kosten für „die Weiterentwicklung von Gütern oder Verfahren mittels wesentlicher Änderungen".

327 Vgl. BilMoG-RegE, S. 60; Vgl. auch Ellrott/Brendt (2010), § 255, Tz. 488; Arbeitskreis „Immaterielle Werte im Rechnungswesen" der Schmalenbach-Gesellschaft für Betriebswirtschaft e.V. (2008), S. 1818; Küting/Ellmann (2009), S. 276; Laubach et al. (2009), S. 23.

328 Vgl. Ellrott/Brendt (2010), § 255, Tz. 489 m.w.N.

329 Ellrott/Brendt (2010), § 255, Tz. 489.

für die Änderung der ursprünglich vorgesehenen Aktivierungspflicht von Entwicklungskosten in ein Aktivierungswahlrecht.[330] Sicherlich hätte der Gesetzgeber einer möglichst genauen Abgrenzung von Forschungs- und Entwicklungsphase nicht einen zentralen Stellenwert beigemessen, wenn dann plötzlich sämtliche F&E-Ausgaben eines Geschäftsjahres aktiviert werden dürften. Zweitens besteht ein Aktivierungswahlrecht von Entwicklungskosten erst dann, wenn aus den angefallenen F&E-Ausgaben mit hoher Wahrscheinlichkeit ein Vermögensgegenstand entsteht. Eine de facto-Nachaktivierungsmöglichkeit von Entwicklungskosten würde einer Missachtung dieses Grundsatzes gleichkommen. Drittens würden sie zu einem Verstoß gegen den Stetigkeitsgrundsatz führen, da Forschungsausgaben in einer Periode, in der die Aktivierungsvoraussetzungen noch nicht erfüllt sind, ergebniswirksam als Aufwand erfasst würden, in einer Periode, in der die Aktivierungsvoraussetzungen erfüllt sind, hingegen aktiviert würden. Aus diesen Gründen kommt eine Aktivierung sämtlicher F&E-Ausgaben einer Periode, nur weil die Aktivierungsvoraussetzungen zu einem beliebigen Zeitpunkt innerhalb dieser Periode erfüllt sind, nicht in Betracht.

2.5.3 Bewertung

2.5.3.1 Zugangsbewertung

Die Zugangsbewertung immaterieller Vermögensgegenstände des Anlagevermögens ist in eine zeitliche und in eine sachliche Dimension zu unterteilen, wobei die zeitliche Dimension dem Grunde nach durch die in Abschn. 2.5.2. erläuterten Ansatzgrundsätze bestimmt wird.

In **zeitlicher Hinsicht** dürfen nur diejenigen Ausgaben als Herstellungskosten eines selbst erstellten immateriellen Vermögensgegenstandes des Anlagevermögens aktiviert werden, die während seiner Entwicklungsphase anfallen. Für in der Forschungsphase anfallende Ausgaben besteht ein Aktivierungsverbot (siehe hierzu Abschn. 2.5.2.2.). Weitere Voraussetzung für die Anerkennung als Herstellungskostenbestandteil ist, dass aus den bisherigen Entwicklungstätigkeiten mit „hoher Wahrscheinlichkeit" von der Entstehung eines Vermögensgegenstandes ausgegangen werden kann (siehe hierzu ausführlich Abschn. 2.5.2.3.). Die kumulative Erfüllung dieser beiden Kriterien markiert den frühestmöglichen Aktivierungszeitpunkt. Vor diesem Zeitpunkt angefallene Kosten stellen keinen

330 Vgl. BilMoG-BR, S. 7.

Bestandteil der Herstellungskosten eines selbst geschaffenen immateriellen Vermögensgegenstandes dar.[331] Der spätestmögliche Aktivierungszeitpunkt steht mit der Ausübung des Aktivierungswahlrechts im Zusammenhang und ist eine logische Sekunde vor Fertigstellung des selbst erstellten immateriellen Vermögensgegenstandes.

Die **sachliche Dimension** betreffend wird in § 255 Abs. 2a HGB klargestellt, dass für die Bewertung der innerhalb des o.g. aktivierungsfähigen Zeitraums anfallenden Entwicklungskosten die allgemeinen, in § 255 Abs. 2 HGB dargelegten Bewertungsgrundsätze des Bewertungsmaßstabes „Herstellungskosten" heranzuziehen sind.[332] In die Herstellungskosten sind folglich die Material- und Fertigungseinzelkosten, die Sondereinzelkosten der Fertigung sowie angemessene Teile der Material- und Fertigungsgemeinkosten und des Werteverzehrs des Anlagevermögens, soweit durch die Fertigung des selbst erstellten immateriellen Vermögensgegenstandes verursacht, einzubeziehen. Ebenso sind (Dienst)leistungen fremder Dritter als Einzelkosten zu aktivieren.[333] Die Summe dieser Kostenbestandteile stellt die handelsrechtliche Wertuntergrenze dar.

Ein Aktivierungswahlrecht besteht für „angemessene Teile der Kosten der allgemeinen Verwaltung sowie angemessene Aufwendungen für soziale Einrichtungen des Betriebs, für freiwillige soziale Leistungen und für die betriebliche Altersversorgung [...], soweit diese auf den Zeitraum der Herstellung entfallen."[334] Im Gegensatz zu IAS 38.67 setzt die Aktivierung dieser Aufwandsarten keinen direkten Zusammenhang zur Vorbereitung und Nutzung des immateriellen Vermögensgegenstandes voraus.[335] Auch für die Einbeziehung von Fremdkapitalzinsen besteht gem. § 255 Abs. 3 HGB ein Wahlrecht, sofern sie auf den

---

331 Vgl. § 255 Abs. 2a HGB; Vgl. auch Küting/Ellmann (2010), § 255, Tz. 389 b. Ist eine Trennung zwischen Forschungs- und Entwicklungsphase nicht möglich, besteht ebenfalls ein Aktivierungsverbot (siehe Abschn. 2.4.3.2.).

332 Vgl. auch Ellrott/Brendt (2010), § 255, Tz. 481. Zu den Pflicht- und Wahlbestandteilen der Herstellungskosten in der Fassung des HGB nach BilMoG siehe ausführlich Küting/Ellmann (2010), § 255, Tz. 167 ff. und Tz. 251 ff.

333 Vgl. auch Küting/Ellmann (2010), § 255, Tz. 390.

334 § 255 Abs. 2, S. 3 HGB.

335 Vgl. auch Küting/Ellmann (2010), § 255, Tz. 391. Obwohl der aktivierungsfähige Betrag folglich nach HGB grundsätzlich höher als nach den internationalen Rechnungslegungsvorschriften sein könnte, wird von Teilen des Schrifttums davon ausgegangen, dass durch eine entsprechende Interpretation der „angemessenen Teile" der Gemeinkosten in der Rechnungslegungspraxis gleich hohe Aktivierungsbeträge vorzufinden sein werden. Vgl. Arbeitskreis „Immaterielle Werte im Rechnungswesen" der Schmalenbachgesellschaft e.V. (2008), S. 1818.

Zeitraum der Herstellung entfallen. Entscheidet sich das Rechnung legende Unternehmen für die Aktivierung sämtlicher Wahlbestandteile, so ist die handelsrechtliche Wertobergrenze erreicht. Andere als die soeben angeführten Kostenanteile (z.B. Vertriebskosten) dürfen nicht in die Bewertung mit einbezogen werden.[336]

2.5.3.2 Folgebewertung

Hinsichtlich der Folgebewertung ist zu unterscheiden zwischen dem Zeitraum bis zur Fertigstellung des selbst erstellten immateriellen Vermögensgegenstandes und dem Zeitraum nach dessen Fertigstellung.

Bis zur Fertigstellung ist auf geänderte technische und wirtschaftliche Rahmenbedingungen zu achten. Ggf. ergibt sich die Notwendigkeit einer außerplanmäßigen Abschreibung.[337] Planmäßige Abschreibungen fallen bis zur Fertigstellung des Vermögensgegenstandes naturgemäß nicht an.

Ab Fertigstellung des selbst erstellten immateriellen Vermögensgegenstandes ist dieser nach § 253 Abs. 3 S. 1 HGB planmäßig abzuschreiben. Wichtig ist hierbei, dass die *tatsächliche* Inanspruchnahme des Vermögensgegenstandes für den Abschreibungsbeginn unerheblich ist.[338] Ausschlaggebend ist einzig die Inanspruchnahme*möglichkeit*.[339] Die Verpflichtung zur planmäßigen Abschreibung entsteht somit mit Beendigung des Herstellungsprozesses.[340]

Problematisch ist dieser Umstand insbesondere in Bereichen, in denen die aus den F&E-Tätigkeiten hervorgehenden Produkte einer behördlichen Zulassung

---

336 Vgl. § 255 Abs. 2, S. 4 HGB.

337 Von Teilen des Schrifttums wird die Auffassung vertreten, dass bei einer Änderung der für die Aktivierung erforderlichen Nachweise darstellungsmäßig eine Unterscheidung zwischen der technischen und wirtschaftlichen Dimension vorzunehmen ist. Bei geänderten Erkenntnissen über die technische Realisierbarkeit sei eine Ausbuchung des Vermögensgegenstandes sachgerecht, eine außerplanmäßige Abschreibung hingegen bei (plötzlich) fehlender oder eingeschränkter Finanzierbarkeit. Vgl. Betram (2009), § 248, Tz. 22. Die Sinnhaftigkeit solch einer Unterscheidung kann vom Verfasser nicht nachvollzogen werden. Eine Ausbuchung kommt nur dann in Betracht, wenn das bilanzierende Unternehmen zu dem Schluss kommt, dass ein aktiviertes F&E-Projekt – aus welchem Grund auch immer – endgültig nicht weiter verfolgt werden kann.

338 Vgl. Brösel/Olbrich (2010), § 253, Tz. 460

339 Vgl. Kozikowski et al. (2010), § 253, Tz. 224.

340 Vgl. Laubach et al. (2009), S. 19. Auch bei fremderworbenen F&E-Aktivitäten wird nicht auf den tatsächlichen Nutzungsbeginn abgestellt. Maßgeblich ist hier vielmehr der Überlassungszeitpunkt.

bedürfen (wie z.B. im Pharmabereich). Hier liegt schließlich der Fertigstellungszeitpunkt eines Produktes (bspw. eines neu entwickelten Impfstoffes) regelmäßig vor dessen Nutzungs- bzw. Vermarktungsmöglichkeit. Bei Unternehmen, die Entwicklungskosten aktivieren, entstünde in diesem Fall eine Ergebnisverzerrung. Den bereits zum Fertigstellungszeitpunkt verpflichtend vorzunehmenden Abschreibungen (Aufwendungen) stünden nämlich noch keine korrespondierenden Umsatzerlöse (Erträge) gegenüber. Die Ergebnisverzerrung ist umso gravierender, je größer der zeitliche Verzug der behördlichen Zulassung ist.[341]

Der Abschreibungsplan hat die Herstellungskosten über die Jahre zu verteilen, in denen der Vermögensgegenstand voraussichtlich genutzt wird. Der Abschlussersteller steht vor der Aufgabe, einen sachgerechten Abschreibungsausgangswert sowie eine adäquate Abschreibungsdauer und Abschreibungsmethode zu wählen.[342]

Als Abschreibungsausgangswert sind die Herstellungskosten sowie etwaig anfallende nachträgliche Herstellungskosten heranzuziehen.[343]

Problematisch erscheint die Wahl der voraussichtlichen **Nutzungsdauer**. Unterschieden wird in der Literatur zwischen der technischen und wirtschaftlichen Nutzungsdauer. Die technische Nutzungsdauer umfasst den Zeitraum, in dem der Vermögensgegenstand eine volle technische Leistungsfähigkeit aufweist.[344] Die wirtschaftliche Nutzungsdauer umfasst den Zeitraum, in dem die Nutzung des Vermögensgegenstandes „unter Rentabilitätsgesichtspunkten sinnvoll ist."[345] Bei selbst erstellten immateriellen Vermögensgegenständen dürfte die wirtschaftliche Nutzungsdauer regelmäßig geringer sein als die technische Nutzungsdauer. Schließlich wird eine neu entwickelte Technologie, die naturgemäß keiner physischen Abnutzung unterliegt, viel eher nicht mehr eingesetzt werden, weil sie nach einer gewissen Zeit nicht mehr mit noch neueren Technologien auf dem Markt

---

341 Selbstverständlich könnte eine Ergebnisverzerrung auch in nicht regulierten Bereichen resultieren. So könnte sich ein Unternehmen etwa aus marketingtechnischen Gründen auch freiwillig dazu entscheiden, zwischen der Fertigstellung einer neu entwickelten Technologie und der Vermarktung der zugehörigen Produkte einen gewissen Zeitraum verstreichen zu lassen.

342 Zu einer ausführlichen Darstellung der Vorschriften zur planmäßigen Abschreibung siehe Brösel/Olbrich (2010), § 253, Tz. 451 ff.

343 Vgl. Abschn. 2.4.3.4. und 2.4.4.1. Zur Problematik der Anpassung des Abschreibungsausgangswertes um nachträgliche Herstellungskosten siehe stellvertretend Brösel/Olbrich (2010), § 253, Tz. 453 ff.

344 Zu möglichen Kriterien, die bei einer vollen Leistungsfähigkeit zu erfüllen sind vgl. ADS (1995), § 253, Tz. 367.

345 Brösel/Olbrich (2010), § 253, Tz. 463.

konkurrenzfähig ist (**wirtschaftliche Dimension**), als auf Grund eines plötzlichen Verlusts von deren Funktions- bzw. Einsatzfähigkeit (**technische Dimension**). Die Nutzungsdauer bedarf regelmäßig einer Schätzung durch den Abschlussersteller. Im Idealfall sollten die Wertminderungsverläufe vergleichbarer Vermögensgegenstände des betroffenen Unternehmens in Betracht gezogen werden,[346] was bei aktivierten Entwicklungskosten auf Grund ihres singulären Charakters[347] regelmäßig schwierig sein wird. Selbst bei Vorliegen historischer Referenzwerte für Vorgängerproduktlinien (z.B. für eine Automobilserie) ist die Prognose des voraussichtlichen Produktlebenszyklus‘ des neu geschaffenen Gutes auf Grund des sich ständig ändernden Marktumfeldes und der Unvorhersehbarkeit von Konkurrenzprodukten mit Risiken behaftet. Im Zweifelsfall ist – der dominierenden Stellung des Vorsichtsprinzips Rechnung tragend – eher eine zu kurze als eine zu lange Nutzungsdauer zu wählen.[348] Fest steht, dass bei der Festlegung der Nutzungsdauer erhebliche Ermessensspielräume bestehen, deren erforderliche Auslegung mangels intersubjektiver Nachprüfbarkeit zu abschlusspolitischen Gestaltungsspielräumen führt.

Hinsichtlich der Abschreibungsmethode sind grundsätzlich alle Verfahren zulässig, solange sie den GoB entsprechen. Theoretisch denkbar sind folglich lineare, degressive und progressive Abschreibungsmethoden sowie die leistungsbedingte Abschreibung.[349] Bei selbst erstellten immateriellen Vermögensgegenständen dürfte jedoch i.d.R. von einer linearen Abschreibungsmethode ausgegangen werden.[350] Dies trifft auch dann zu, wenn mangels genauerer Prognosemöglichkeiten vereinfacht von einer gleich bleibenden Nutzung des entwickelten Gutes während des Abschreibungszeitraums ausgegangen wird. Ist jedoch - beispielsweise bei Patenten - auf Grund des technischen Fortschritts in den ersten Jahren mit einer überproportional hohen wirtschaftlichen Entwertung zu rechnen, erscheint auch die degressive Abschreibungsmethode zulässig.[351] Die leistungsbedingte Abschreibung dürfte hingegen nur schwer begründbar sein, da sowohl der „gesamte Leistungsvorrat“[352] als auch das tatsächlich verbrauchte Leistungspotential nur schwer messbar sein dürften. Unzulässig, da nicht den

---

346 Vgl. Federmann (2000), S. 365.
347 Küting/Ellmann (2010), § 255, Tz. 389 c.
348 Vgl. auch Brösel/Olbrich (2010), § 253, Tz. 467.
349 Vgl. Brösel/Olbrich (2010), § 253, Tz. 476 ff.
350 Vgl. Brösel/Olbrich (2010), § 253, Tz. 497 m.w.N.
351 Vgl. Brösel/Olbrich (2010), § 253, Tz. 497.
352 Brösel/Olbrich (2010), § 253, Tz. 497.

GoB entsprechend, sind Abschreibungen, die sich am Ergebnis eines Geschäftsjahres orientieren.[353]

Aktivierte Entwicklungskosten unterliegen dem gemilderten Niederstwertprinzip i.S.v. § 253 Abs. 3 Satz 3 HGB. Dem zufolge muss das bilanzierende Unternehmen an jedem Abschlussstichtag die um planmäßige Abschreibungen geminderten historischen Herstellungskosten mit dem beizulegenden Wert am Abschlussstichtag vergleichen. Ist der beizulegende Wert niedriger, so ist bei voraussichtlich dauernder Wertminderung auf diesen abzuschreiben, während bei einer nur vorübergehenden Wertminderung ein Abschreibungsverbot besteht.[354] Die Bestimmung des beizulegenden Wertes ist mit großen Schwierigkeiten und Ermessensspielräumen behaftet, da ein objektivierbarer Wert – wie beispielsweise in Form eines Börsen- oder Marktpreises – nur in seltenen Fällen bei Vermögensgegenständen des Anlagevermögens vorhanden ist.[355] Bei aktivierten Entwicklungskosten muss daher zwangsläufig auf einen Hilfswert zurückgegriffen werden. Hierfür haben sich in den GoB der Wiederbeschaffungswert, der am Absatzmarkt orientierte Einzelveräußerungswert und der Ertragswert herausgebildet.[356]Der Wiederbeschaffungswert bildet bei der Ermittlung des beizulegenden Wertes quasi die Wertobergrenze.[357] Gesunkene Wiederbeschaffungskosten könnten einen Anhaltspunkt für die Notwendigkeit einer außerplanmäßigen Abschreibung darstellen.[358] Im Regelfall dürfte der Wiederbeschaffungswert jedoch nicht für die Ermittlung des beizulegenden Wertes selbst erstellter immaterieller Vermögensgegenstände herangezogen werden, da er nur bei interner Zweckbestimmung von Relevanz ist und auf Grund der Einzigartigkeit des im Rahmen des Entwicklungsprozesses zum Ausdruck gebrachten intellektuellen Know-hows schwierig ermittelbar ist. Die Wertuntergrenze bei der Ermittlung des beizulegenden Wertes ist der Einzelveräußerungswert.[359] Er entspricht dem vorsichtig

353 Vgl. ADS (1995), § 253, Tz. 414.

354 Vgl. Brösel/Olbrich (2010), § 253, Tz. 571 ff. Zur zweistufigen Vorgehensweise – erst Ermittlung des beizulegenden Zeitwertes, dann Beurteilung der Dauerhaftigkeit der Wertminderung – siehe Hoffmann/Lüdenbach (2009), S. 577.

355 Vgl. Brösel/Olbrich (2010, § 253, Tz. 577.

356 Vgl. stellvertretend ADS (1995), § 253, Tz. 452 ff. Auf den ebenfalls verwendeten Hilfsbegriff „Teilwert“ wird in dieser Arbeit nicht näher eingegangen, da er aus der steuerlichen Fachsprache stammt.

357 Vgl. Brösel/Olbrich (2010), § 253, Tz. 578.

358 Vgl. ADS (1995), § 253, Tz. 578.

359 Vgl. Brösel/Olbrich (2010), § 253, Tz. 580.

geschätzten Verkaufserlös abzüglich aller noch anfallenden Aufwendungen.[360] Auch der Einzelveräußerungswert dürfte jedoch bei der Ermittlung des beizulegenden Wertes von untergeordneter Bedeutung sein. Schließlich spiegeln die bei Selbst-Erstellung immaterieller Vermögensgegenstände zum Einsatz kommenden technologischen Verfahren gerade innovative Ideen und Individualität wider, bzgl. derer regelmäßig ungewiss ist, was ein fremder Dritter für deren Erwerb zu zahlen bereit wäre. Im Regelfall wird folglich für selbst erstellte immaterielle Vermögensgegenstände weder ein Wiederbeschaffungswert noch ein Einzelveräußerungswert vorhanden sein. Daher muss bei der Ermittlung des beizulegenden Wertes grundsätzlich auf den Ertragswert als Hilfsgröße zurückgegriffen werden. Dieser stellt den Barwert der künftigen Zahlungsmittelüberschüsse dar.[361] Die Ermittlung des Ertragswertes ist aus drei Gründen mit großen Schwierigkeiten und gleichsam mit abschlusspolitischen Gestaltungsspielräumen verbunden. Erstens ist die Zuordnung der künftigen Zahlungsströme zu genau einem Vermögensgegenstand – losgelöst von Interdependenzen mit anderen Vermögensgegenständen eines Unternehmens – problematisch. Zweitens ist die Ermittlung der künftigen Zahlungsströme bzw. Einzahlungsüberschüsse mit einer großen Unsicherheit behaftet.[362] Drittens ist ein unternehmensindividueller Diskontierungssatz zu ermitteln. Hierfür ist aus theoretischer Sicht der „endogene Grenzzins“[363] des Unternehmens heranzuziehen. Dieser entspricht der besten Alternativverwendung derjenigen finanziellen Mittel, die für die Herstellung des selbst erstellten immateriellen Vermögensgegenstandes gebunden sind.[364] Investitionstheoretisch sind bei der Ermittlung des beizulegenden Zeitwertes zwingend die unternehmensspezifischen Gegebenheiten zu berücksichtigen.[365] Aus diesem Grund wird von Teilen des Schrifttums auf das Ertragswertverfahren, im Rahmen dessen praktisch eine individuelle Unternehmensbewertung erfolgt, abgestellt und das

360 Zum Prinzip der verlustfreien Bewertung vgl. ADS (1995), § 253, Tz. 462.

361 Zur Ermittlung des Ertragswertes sowie zur Aussagekraft und Verbreitung des Ertragswertverfahrens siehe ausführlich Matschke/Brösel (2007), S. 235 f. und 606 f.; Hering (2006), S. 59 ff. Zur Begriffsdefinition und Eignung als Hilfswert für die Bestimmung des niedrigeren beizulegenden Wertes siehe Busse von Colbe (1957), S. 11 f.

362 Zum Umgang mit bzw. der Berücksichtigung von Unsicherheit vgl. Hering (2006), S. 40 ff; Olbrich (2005), S. 169 ff.

363 Brösel/Olbrich (2010), § 253, Tz. 581.

364 Zur Herleitung eines adäquaten Abzinsungsfaktors siehe stellvertretend Hering (2008), S. 35 ff.

365 Vgl. Ranker (2006), S. 208; Küting et al. (2007), S. 1711.

„discounted cash flow"-Verfahren als nicht sachgerecht empfunden. Letzteres beruhe nämlich auf Prämissen, die die wirtschaftliche Realität nicht sachgerecht widerspiegelten (u.a. homogene Erwartungen aller Marktteilnehmer, Vollkommenheit und Vollständigkeit des Kapitalmarktes).[366] Dieser Auffassung schließt sich der Verfasser dieser Arbeit nicht an. Für die Wahl des richtigen Bewertungsverfahrens ist vielmehr das Unternehmensumfeld ausschlaggebend. Bei kapitalmarktorientierten Unternehmen ist auf Grund der am Kapitalmarkt erfolgenden Diversifizierung eine marktorientierte Herangehensweise – also etwa die Anwendung des „discounted cash flow"-Verfahrens – vertretbar. Die Anwendung des Ertragswertverfahrens und damit die Berücksichtigung der unternehmensindividuellen Gegebenheiten scheinen nur bei nicht-kapitalmarktorientierten Unternehmen geboten. Im Gegensatz zu den IFRS, in denen im Sinne einer größtmöglichen Objektivierbarkeit der Diskontierungssatz vom Markt abgeleitet wird, räumt der deutsche Gesetzgeber offensichtlich der Berücksichtigung der unternehmensindividuellen Gegebenheiten einen höheren Stellenwert ein.[367] Naturgemäß entsteht durch die Wahl eines intersubjektiv nicht nachprüfbaren Diskontierungssatzes ein beachtlicher abschlusspolitischer Gestaltungsspielraum.

Schließlich steht der Abschlusserstellter noch vor der Aufgabe, die Dauerhaftigkeit einer potentiellen Wertminderung einzuschätzen. Für die in § 253 HGB verwendeten Begriffe „dauernde" und „nicht dauernde Wertminderung" existiert keine Legaldefinition.[368] Von der im BilMoG-RefE noch vertretenen Annahme der Dauerhaftigkeit einer Wertminderung, wenn die Gründe innerhalb von zwölf Monaten nach dem Abschlussstichtag noch weiterhin Bestand haben, distanzierte sich der Gesetzgeber im BilMoG-RegE.[369] Im Schrifttum wird von einer voraussichtlich dauernden Wertminderung ausgegangen, „wenn der Stichtagswert voraussichtlich für mindestens die halbe Restnutzungsdauer oder die nächsten fünf Jahre unter dem planmäßigen Restbuchwert liegt"[370]. Ist unklar, ob die Wertminderung von Dauer ist, so ist im Zweifelsfall auf Grund der dominierenden Stellung des Vorsichtsprinzips

366 Vgl. Hering (2006), S. 153 ff. und 206 ff.; Fischer-Winkelmann (2006), S. 170 ff.; Casey (2006), S. 195 f.

367 Vgl. hierzu ausführlich Küting et al. (2007 a), S. 1711 f. und S. 1715; Hares (2008), S. 5 ff.; Olbrich (2008), S. 216; Küting/Lauer (2009), S. 553; a.A. Böcking et al. (2005), S. 97, nach deren Auffassung eine „Analogie zwischen dem Fair Value nach IAS/IFRS und dem beizulegenden Zeitwert nach HGB erkennbar" sei.

368 Vgl. Brösel/Mindermann (2009), S. 409 f.

369 Vgl. Beyhs/Melcher (2009), S. 25 f; Beyhs/Melcher (2008), S. 20.

370 Kozikowski et al. (2010), § 253, Tz. 315. Vgl. auch Hoffmann/Lüdenbach (2009), S. 578.

von einer dauerhaften Wertminderung auszugehen.[371] Hinsichtlich aktivierter Entwicklungskosten dürfte bei Vorliegen einer Wertminderung im Regelfall von einer Dauerhaftigkeit auszugehen sein. Führen technische oder wirtschaftliche Gegebenheiten zur Abwertung einer entwickelten Technologie, wird diese Technologie mit an Sicherheit grenzender Wahrscheinlichkeit auch in Zukunft nicht mit Konkurrenzprodukten wettbewerbsfähig sein. Aus den gleichen Überlegungen ist eine Wertaufholung, die gem. § 253 Abs. 5 HGB bei Wegfall der Gründe, die zur außerplanmäßigen Abschreibung geführt haben, geboten ist, in der F&E-Bilanzierungspraxis äußerst unwahrscheinlich.

2.5.4 Latente Steuern[372]

Die steuerlichen Aktivierungskriterien, bei deren kumulativer Erfüllung ein Gebot zur Aktivierung eines Wirtschaftsgutes besteht, während bei deren Nicht-Erfüllung grundsätzlich eine vollständige aufwandswirksame Erfassung der angefallenen Ausgaben vorzunehmen ist, sind mit den handelsrechtlichen Aktivierungskriterien nicht identisch.[373] So setzt § 5 Abs. 2 EStG – auch nach BilMoG-Einführung, die grundsätzlich keine steuerlichen Konsequenzen hatte –[374] für die Aktivierung immaterieller Wirtschaftsgüter einen entgeltlichen Erwerb voraus.[375] Somit besteht für sämtliche Ausgaben, die im Rahmen der F&E-Tätigkeit eines Unternehmens anfallen, ein Aktivierungsverbot.

Entscheidet sich der Abschlussersteller nun zur handelsrechtlichen Aktivierung von Entwicklungskosten, so führt diese Entscheidung zwangsläufig zu temporären Ansatzunterschieden zwischen Handels- und Steuerbilanz, auf die gem. § 274 Abs. 1 S.1 HGB passive latente Steuern abzugrenzen sind. Die effektive Reinvermögensmehrung eines Unternehmens, das sich im handelsrechtlichen Jahresabschluss

371 Vgl. Brösel/Olbrich (2010), § 253, Tz. 597 mit Überlegungen zum Zusammenhang zwischen Parametern der planmäßigen Abschreibung und der Einschätzung der Dauerhaftigkeit einer Wertminderung.

372 Die Auswirkungen einer Aktivierung von Entwicklungskosten auf die Bildung latenter Steuern werden in diesem Abschn. – im Gegensatz zum IFRS-Teil – kurz skizziert, da sie die Höhe der Ausschüttungssperre (vgl. Abschn. 2.4.6.) beeinflussen.

373 Vgl. hierzu ausführlich Weber-Grellet (2012), § 5, Tz. 161 ff.

374 Die BilMoG-Einführung hatte lediglich Auswirkungen auf die Ermittlung der latenten Steuern, nicht jedoch der tatsächlich zu zahlenden Steuern. Vgl. hierzu ausführlich Spanheimer/Simlacher (2010), § 274, Tz. 1 ff.

375 Vgl. auch R 5.5 EStR; Baetge et al. (2010), § 248, Tz. 18.

zur Aktivierung von Entwicklungskosten entscheidet, beträgt folglich nur × – x* s = x(1–s), wobei x die Summe der in einer Berichtsperiode aktivierten Entwicklungskosten und s den kombinierten Ertragsteuersatz darstellt. In den Folgejahren sind die gebildeten passiven latenten Steuern über die Nutzungsdauer des selbst erstellten immateriellen Vermögensgegenstandes aufzulösen und führen zu einer entsprechenden Anpassung der Ausschüttungssperre gem. § 268 Abs. 8 HGB.[376]

Kleine Kapitalgesellschaften i.S.v. § 267 HGB sind gem. § 274 a Nr. 5 HGB und Personengesellschaften aufgrund der Stellung des § 274 HGB in den ergänzenden Vorschriften für Kapitalgesellschaften grundsätzlich von der Verpflichtung zur Bilanzierung latenter Steuern befreit. Aufgrund des Rückstellungscharakters passiver latenter Steuern könnte jedoch eine Ansatzverpflichtung aus § 249 Abs. 1 Satz 1 Alt.1 HGB resultieren. Diese wird von großen Teilen des handelsrechtlichen Schrifttums auch nach BilMoG-Einführung gesehen.[377] Diese Auffassung kann vom Verfasser jedoch nicht geteilt werden. Gegen die Notwendigkeit zur Bildung passiver latenter Steuern spricht der explizite Gesetzeswortlaut des § 274 a Nr. 5 HGB, dem zu Folge kleine Kapitalgesellschaften – ohne weitere Voraussetzungen – von der Anwendung des § 274 HGB befreit sind, sowie die Schaffung eines eigenen Bilanzpostens für passive latente Steuern (266 Abs. 3 E), durch die unterstrichen wird, dass passive latente Steuern nunmehr getrennt von den Steuerrückstellungen (266 Abs. 3 B Nr. 2) auszuweisen und zu betrachten sind.[378]

2.5.5 Ausschüttungssperre

Gem. § 268 Abs. 8 HGB „[...] dürfen Gewinne nur ausgeschüttet werden, wenn die nach der Ausschüttung verbleibenden frei verfügbaren Rücklagen zuzüglich eines Gewinnvortrags und abzüglich eines Verlustvortrags mindestens den insgesamt angesetzten Beträgen abzüglich der hierfür gebildeten passiven latenten Steuern entsprechen.“ In § 301 Satz 1 AktG wird explizit klargestellt, dass bei Vorliegen eines Ergebnisabführungsvertrages der gem. § 268 Abs. 8 HGB

---

376 Vgl. Küting/Ellmann (2010), § 255, Tz. 394.

377 Zu einem Überblick der Mehrheitsmeinung im Schrifttum vgl. Müller/Kreipl (2011), S. 1702 f. m.w.N.

378 Da in der vorliegenden Arbeit nur kapitalmarktorientierte Kapitalgesellschaften i.S.d. § 264 d HGB untersucht werden, die gem. § 276 Abs. 3 Satz 2 HGB unabhängig von den tatsächlichen Größenkriterien stets als große Kapitalgesellschaften einzustufen sind, wird diese Problematik im Folgenden nicht näher untersucht. Vgl. hierzu ausführlich Müller/Kreipl (2011), S. 1701 ff.

ausschüttungsgesperrte Betrag bei der Bemessung des maximal abführbaren Betrages zu berücksichtigen ist.[379]

Die Ausschüttungssperre ist Ausdruck eines Kompromisses, den der Gesetzgeber bei Einführung des Aktivierungswahlrechts für Entwicklungskosten zwischen den zwei dominierenden, in einem gegenseitigen Spannungsverhältnis zueinander stehenden Zielsetzungen eines handelsrechtlichen Jahresabschlusses getroffen hat. Auf der einen Seite liefert die Möglichkeit der Aktivierung von Entwicklungskosten den Abschlussadressaten wertvolle zusätzliche Informationen, wodurch der Informationsfunktion des handelsrechtlichen Abschlusses Rechnung getragen wird. Auf der anderen Seite sind ebendiese Informationen mit großen Unsicherheiten hinsichtlich Ansatz und Bewertung behaftet, da sich – wie in den vorherigen Abschnitten herausgearbeitet – kein objektivierbarer Wert herleiten lässt, wodurch der Gläubigerschutz des handelsrechtlichen Jahresabschlusses beeinträchtigt werden könnte. Um ebendieser möglichen Gefährdung des Gläubigerschutzes entgegenzuwirken, wurde eine Ausschüttungssperre für aktivierte Entwicklungskosten implementiert.[380] Nach Auffassung des Gesetzgebers ist hierdurch ein hinreichender Gläubigerschutz garantiert.

In der Gesetzesbegründung wird der Eindruck erweckt, dass es für die Erreichung des Ziels des Gläubigerschutzes keinen Unterschied macht, ob Entwicklungskosten – gekoppelt an eine Ausschüttungssperre – aktiviert werden oder ob ein generelles Aktivierungsverbot (wie nach HGB a.F.) besteht.[381] Diese von Teilen des Schrifttums vertretene Ansicht[382] kann vom Verfasser nicht nachvollzogen werden. Bei ausreichend hohen Rücklagen kann nämlich der aktivierte Entwicklungskostenbetrag in voller Höhe ausgeschüttet werden. De jure ist der Ausschüttungsbetrag bei ausreichend hohen Rücklagen gar nicht an das Jahresergebnis gekoppelt. Selbst bei einem negativen Jahresergebnis ist eine Ausschüttung denkbar. Unter der Annahme, dass die „Ausschüttungserwartungen" der Aktionäre mit steigendem Jahresergebnis zunehmen und der Vorstand eines Unternehmens bestrebt ist, diese Erwartungen zu erfüllen (etwa zur Vermeidung

379 Analog besteht gem. § 172 Abs. 4 HGB auch eine Entnahmesperre für Kommanditisten.

380 Vgl. BilMoG-RefE, S. 98; BilMoG-RegE, S. 50.

381 Vgl. BilMoG-RefE, S. 98; BilMoG-RegE, S. 50.

382 Vgl. beispielswiese Ruhnke et al. (2009), S. 2725, nach deren Auffassung eine Aktivierung von Entwicklungskosten wegen der Ausschüttungssperre zwar keine Auswirkungen auf den primären Zweck der handelsrechtlichen Rechnungslegung, den Gläubigerschutz durch Zahlungsbemessung, jedoch auf den informationellen Gläubigerschutz (v.a. aufgrund der hohen Entscheidungsrelevanz bei einer Aktivierung von Entwicklungskosten) hat.

negativer Kapitalmarktreaktionen oder zur Erhöhung der Wahrscheinlichkeit der eigenen Wiederwahl), dürfte eine Entwicklungskostenaktivierung de facto einen höheren Ausschüttungsbetrag zur Folge haben. Entgegen der Gesetzesbegründung macht es daher nach Ansicht des Verfassers ausschüttungstechnisch doch einen erheblichen Unterschied, ob sämtliche F&E-Ausgaben aufwandswirksam zu erfassen sind oder ob ein Aktivierungswahlrecht für Entwicklungskosten – gekoppelt an eine Ausschüttungssperre i.S.v. § 268 Abs. 8 HGB – existiert. Ferner wird dem Gläubigerschutzgedanken bei dessen Auslegung im weiteren Sinne durch eine Auszahlungsbegrenzung nicht gänzlich genügt, da Gläubiger durch die mit einer Aktivierung verbundene bessere Unternehmensdarstellung (Investitions-) Entscheidungen treffen könnten, die sie bei einer vollständig erfolgswirksamen Erfassung der F&E-Ausgaben nicht getroffen hätten.

2.5.6 Ausweis

Im Zuge der Einführung des Aktivierungswahlrechts für selbst erstellte immaterielle Vermögensgegenstände des Anlagevermögens durch das BilMoG wurde das Bilanzgliederungsschema um den Posten „Selbst geschaffene gewerbliche Schutzrechte und ähnliche Rechte und Werte" (§ 266 Abs. 2 A I Nr. 1 HGB) erweitert. Dadurch wird der Umfang der aktivierten F&E-Ausgaben für den Abschlussadressaten sofort ersichtlich. Gleichzeitig sind jedoch zwei Aspekte dieser Ausweisform zu beanstanden. Zum einen erscheint der Ausweis als Unterposten der immateriellen Vermögensgegenstände nicht logisch durchdacht, da Entwicklungskosten zum Aktivierungszeitpunkt zwar mit hoher Wahrscheinlichkeit zur Entstehung eines Vermögensgegenstandes führen, jedoch noch keine Vermögensgegenstandseigenschaft aufweisen müssen.[383] Zum anderen ist nach dem Bilanzgliederungsschema des § 266 HGB nicht ersichtlich, inwiefern die immateriellen Vermögensgegenstände bereits fertiggestellt sind oder sich noch im Entwicklungsprozess befinden, wodurch dem Abschlussadressaten wertvolle Informationen vorenthalten bleiben.[384]

383 Vgl. hierzu auch Dobler/Kurz (2008), S. 487.

384 Dies liegt darin begründet, dass nach dem Bilanzgliederungsschema des § 266 HGB innerhalb der Immateriellen Vermögensgegenstände – im Gegensatz zu den Sachanlagen – kein separater Posten für „Geleistete Anzahlungen und Anlagen im Bau" vorgesehen. Folglich sind sowohl in der Entwicklungsphase befindliche als auch schon fertiggestellte F&E-Projekte unter der gleichen Bilanzposition auszuweisen. Vgl. auch Bertram (2009), § 248, Tz. 20.

Im Gegensatz zur Bilanz hat der Gesetzgeber in der GuV auf die Schaffung einer eigenen Position für F&E-Aufwendungen verzichtet. Gleichwohl wird von Teilen des Schrifttums die Auffassung vertreten, dass ein gesonderter Ausweis auf Grund der Bedeutung, die der Gesetzgeber im Zuge der BilMoG-Einführung den F&E-Aktivitäten eingeräumt hat, geboten sei.[385] Diese Auffassung kann vom Verfasser nicht geteilt werden, da selbst bei Wesentlichkeit der angefallenen F&E-Aufwendungen allenfalls über § 265 Abs. 5 HGB ein Wahlrecht zur weiteren Untergliederung des GuV-Gliederungsschemas des § 275 HGB besteht. Daher stellt sich der GuV-Ausweis grundsätzlich je nach gewähltem GuV-Darstellungsverfahren wie folgt dar. Nach dem Gesamtkostenverfahren werden die angefallenen Aufwendungen in den einzelnen Kostenarten (z.B. Materialaufwand, Personalaufwand) erfasst. Im Fall einer Aktivierung von Entwicklungskosten erfolgt eine Ertragskorrektur über die GuV-Position „andere aktivierte Eigenleistungen". Anhand dieses Korrekturpostens lässt sich ablesen, in welchem Umfang sich das Periodenergebnis durch die Aktivierung von Ausgaben, aus denen sowohl fertig gestellte auch noch im Herstellungsprozess befindliche Vermögensgegenstände hervorgegangen sind, verbessert hat. Allerdings wird in dem Korrekturposten der Effekt aller Aktivierungen von Vermögensgegenständen zusammengefasst dargestellt, so dass ohne zusätzliche Anhangsangaben keine Rückschlüsse auf den durch die Aktivierung von Entwicklungskosten erzielten Ergebniseffekt möglich sind. Der Logik des Umsatzkostenverfahrens folgend sollten die angefallenen F&E-Aufwendungen in den einzelnen Kostenstellen – vornehmlich den Herstellungskosten – erfasst und im Fall der Aktivierung von Entwicklungskosten durch Minderung ebendieser Kostenstellen quasi rückgängig gemacht werden.[386] Bei dieser Vorgehensweise sind anhand der GuV keinerlei Rückschlüsse auf den durch die Aktivierung erzielten Ergebniseffekt möglich. Daher wird von Teilen des Schrifttums auch bei Anwendung des Umsatzkostenverfahrens die Bruttodarstellung (Ausweis der aktivierten Entwicklungskosten als Korrekturposten in den sonstigen betrieblichen Erträgen) als zulässig erachtet.[387] Diese Auffassung wird vom Verfasser entschieden abgelehnt, da hierdurch die UKV-Systematik mit der GKV-Systematik vermengt und die exakten Auswirkungen einer Entwicklungskostenaktivierung auf das Periodenergebnis ohnehin nicht ersichtlich

385 Vgl. hierzu Hütten/Lorson (2010), § 265, Tz. 76 f.

386 Vgl. IDW (2006), F 546; Förschle (2010), § 275, Tz. 300.

387 Vgl. Wobbe (2009), § 275, Tz. 260; Bertram (2009), § 248, Tz. 16; ADS (1995), § 275, Tz. 300; Auch vom IDW wird diese Vorgehensweise toleriert. Vgl. IDW (2006), F 546.

würden. Ebenfalls abzulehnen ist der Vorschlag, sämtliche F&E-Aufwendungen pauschal unter den sonstigen betrieblichen Aufwendungen auszuweisen.[388] Fallen die F&E-Aufwendungen im Rahmen der Herstellung von für den internen oder externen Gebrauch bestimmten Gütern an, erfordert die UKV-Logik den Ausweis unter den Herstellungskosten.

Im Fall der Aktivierung von Entwicklungskosten sind gem. § 285 Nr. 22 HGB „der Gesamtbetrag der Forschungs- und Entwicklungskosten sowie der davon auf die selbst geschaffenen immateriellen Vermögensgegenstände des Anlagevermögens entfallende Betrag“ anzugeben. Des Weiteren ergibt sich über die verpflichtende Erstellung eines Anlagenspiegels (§ 268 Abs. 2 HGB) mittelbar das Erfordernis, eine Überleitungsrechnung der historischen Herstellungskosten zum aktuellen Buchwert unter Angabe der Abschreibungen der aktuellen Berichtsperiode sowie der kumulierten Abschreibungen zu erstellen. Weitere Angabepflichten werden nicht explizit gefordert. Verwunderlich erscheint, dass keinerlei Informationen zu den Bewertungsparametern, die im Rahmen der Werthaltigkeitsprüfung der Ermittlung des beizulegenden Zeitwertes zu Grunde gelegt werden, bereitzustellen sind – nicht einmal zu dem unternehmensindividuell ermittelten Diskontierungssatzes. Eine entsprechende Angabepflicht könnte allenfalls aus der Verpflichtung zur Offenlegung der auf die einzelnen Posten der Bilanz und GuV angewandten Bilanzierung- und Bewertungsmethoden[389] abgeleitet werden. Darunter sollten auch die Angaben zur Nutzungsdauer und zur Abschreibungsmethode fallen.

Entscheidet sich ein Unternehmen dazu, sämtliche angefallenen F&E-Ausgaben ergebniswirksam zu erfassen, sind – im Gegensatz zu den IFRS – keinerlei Angabepflichten erforderlich. Auf Grund dieser Regelung ist nicht auszuschließen, dass sich Unternehmen, die möglichst wenige Informationen über ihre F&E-Tätigkeiten offenlegen wollen, bewusst gegen eine Aktivierung entscheiden.[390] Vor dem Hintergrund, dass der Gesetzgeber bei Vorliegen von Informationen über die F&E-Tätigkeiten eines Unternehmens davon ausgeht, dass der Jahresabschlussadressat wertvolle Rückschlüsse über die Innovationskraft eines Unternehmens ziehen kann,[391] erscheint äußerst fragwürdig, weshalb ein Unternehmen im Fall einer Nicht-Aktivierung keinerlei Angaben tätigen muss. Schließlich können die F&E-Aktivitäten unabhängig von der Aktivierungsentscheidung einen wesentlichen Stellenwert beim bilanzierenden Unternehmen einnehmen. Die aktuelle

388 Vgl. Borchert/Budde (2010), § 275, Tz. 142.
389 Vgl. § 284 Abs. 2 Nr. 1 HGB.
390 Vgl. auch Knop/Küting (2010), § 255, Tz. 403 a.
391 Vgl. BilMoG-RegE, S. 73.

Regelung führt dazu, dass den Abschlussadressaten gerade in Branchen, in denen sich die bilanzierenden Unternehmen auf Grund restriktiver regulatorischer Rahmenbedingungen trotz des herausragenden Stellenwerts von F&E voraussichtlich gegen eine Aktivierung entscheiden werden (z.B. in der Chemie- und Pharmabranche),[392] wichtige Informationen vorenthalten bleiben.

Leicht entgegengewirkt wird den spärlichen Anhangsangaben bei Unternehmen, die zur Erstellung eines Lageberichts verpflichtet sind. In diesem sollen gem. § 289 Abs. 2 Satz 3 HGB Angaben zum Bereich Forschung und Entwicklung getätigt werden, soweit dieser für die künftige Entwicklung des Unternehmens mit ihren Chancen und Risiken von Bedeutung ist. Allerdings werden im Lagebericht keine quantitativen Angaben gefordert[393] und eine Berichterstattung hat nur insofern zu erfolgen, als dem Unternehmen hieraus keine Nachteile – etwa in Form der Nutzung der bereitgestellten Informationen durch die Konkurrenz – entstehen können.[394]

2.5.7 Grundsatz der Stetigkeit

Die im bisherigen Verlauf der Arbeit dargestellten abschlusspolitischen Gestaltungsspielräume werden durch den Stetigkeitsgrundsatz eingeschränkt. Dieser unterteilt sich in die Grundsätze der Ansatzstetigkeit (§ 246 Abs. 3 HGB), der Bewertungsstetigkeit (§ 252 Abs. 1 Nr. 6 HGB i.V.m. § 252 Abs. 2 HGB) und der Ausweisstetigkeit (§ 265 Abs. 1 HGB).

Bereits nach HGB a.F. hatte der Grundsatz der **Ansatzstetigkeit** GoB-Charakter.[395] Im Zuge der BilMoG-Einführung wurde er erstmals in § 246 Abs. 3 HGB gesetzlich kodifiziert.[396] Er soll die Transparenz der Jahresabschlüsse und damit

---

392 Empirische Ergebnisse zum F&E-Bilanzierungsverhalten nach BilMoG-Einführung liegen noch nicht vor. Die formulierte Vermutung basiert auf der Annahme, dass nach der neuen Fassung des Handelsrechts bilanzierende Unternehmen ein ähnliches Aktivierungsverhalten aufweisen werden wie nach IFRS. Zu den diesbezüglichen empirischen Ergebnissen siehe ausführlich Abschn. 3.

393 Vgl. ADS (1995), § 289, Tz. 111.

394 Vgl. Knop/Küting (2010), § 255, Tz. 403 b.

395 So wurde der Grundsatz der Ansatzstetigkeit schon vor BilMoG-Einführung in DRS 13.3 formuliert. Obwohl den DRS grundsätzlich nur auf Konzernebene GoB-Vermutung zukommt, haben sie doch eine Ausstrahlungswirkung auf Einzelabschlüsse.

396 Steuerrechtlich ist der Grundsatz der Ansatzstetigkeit nicht von Relevanz, da handelsrechtliche Ansatzwahlrechte zu einem steuerrechtlichen Verbot der Aktivierung eines Wirtschaftsgutes führen. Vgl. Förschle/Kroner (2010), § 246, Tz. 129. Im Gegensatz

deren unternehmens- und zeitübergreifende Vergleichbarkeit sicherstellen.[397] Der Gesetzeswortlaut fordert die Beibehaltung der „auf den vorhergehenden Jahresabschluss angewandten Ansatzmethoden". Unter den Begriff „Ansatzmethoden" sind explizite Ansatzwahlrechte sowie faktische, auf Ermessensspielräume zurückzuführende Ansatzwahlrechte zu subsumieren.[398] Der Grundsatz der Ansatzstetigkeit untergliedert sich in eine zeitliche und in eine sachliche Dimension,[399] die eine einheitliche Wahlrechtsausübung bei vergleichbaren Sachverhalten sicherstellen sollen.[400]

In zeitlicher Hinsicht muss ein Wahlrecht – wie z.B. die Aktivierung von Entwicklungskosten – genauso wie im vorhergehenden Jahresabschluss ausgeübt werden. Die sog. „interperiodische Ansatzstetigkeit"[401] setzt jedoch eine gewisse Kontinuität im zeitlichen Anfall eines Bilanzierungswahlrechts voraus. Bei unregelmäßig anfallenden F&E-Ausgaben dürfte seine Gültigkeit eingeschränkt sein. Die Vergleichbarkeit bezieht sich streng genommen nur auf den vorhergehenden Jahresabschluss.[402] Entscheidet sich ein Unternehmen folglich in t_0 zur Aktivierung von Entwicklungskosten, so kann es sich in t_2 gegen eine Aktivierung entscheiden, wenn in t_1 keine F&E-Ausgaben angefallen sind.

In sachlicher Hinsicht erfordert der Grundsatz der Ansatzstetigkeit, dass Ansatzwahlrechte bei gleichartigen Bilanzierungsobjekten einheitlich ausgeübt werden. Die Entscheidung für oder gegen die Aktivierung von Entwicklungskosten ist folglich für all jene F&E-Aktivitäten, bei denen eine „Art- und Funktionsgleichheit"[403] vorliegt, bindend. Das heißt nicht, dass ein Unternehmen entweder bei allen oder bei keinen Projekten Entwicklungskosten aktivieren muss. Denkbar ist beispielsweise, dass bei für interne Zwecke erstellter Software eine andere Aktivierungsentscheidung getroffen wird als bei Produktionstechnologien, die der Erstellung von Gütern für Dritte dienen.[404] Umgekehrt würde es jedoch schwer mit

---

dazu ist der Grundsatz der Bewertungsstetigkeit wegen § 5 Abs. 1 EStG auch für die Steuerbilanz relevant.

397 Vgl. BilMoG-BR, S. 105.

398 Vgl. Küting/Tesche (2009 a), S. 44 und S. 46.

399 Vgl. hierzu ausführlich Kußmaul (2009), § 246, Tz. 18.

400 Vgl. Küting/Ellmann (2009), S. 275; Laubach et al. (2009), S. 23.

401 Kußmaul (2009), § 246, Tz. 18.

402 Vgl. hierzu ausführlich am Beispiel des Disagios Küting/Tesche (2009 b), S. 1419 ff.

403 Küting/Tesche (2009 a), S. 45.

404 Vgl. auch Küting/Tesche (2009 a), S. 45; a.A. Baetge et al. (2010), § 248, Tz. 18, denen zu Folge sich die Ausübung des Aktivierungswahlrechts i.S.d. Einheitlichkeit des Jahresabschlusses auf sämtliche F&E-Projekte zu erstrecken hat.

den GoB vereinbar sein, für unterschiedliche Projekte, aus denen jeweils für den internen Gebrauch bestimmte Softwareprodukte hervorgehen, eine unterschiedliche Aktivierungsentscheidung zu Grunde zu legen. Die Beurteilung der Gleichartigkeit von F&E-Projekten erfordert in jedem Fall eine Managementeinschätzung, die naturgemäß mit erheblichen Ermessensspielräumen einhergeht.

Unabhängig von der Aktivierungsentscheidung fordert der Grundsatz der Ansatzstetigkeit die Festlegung (und die nachhaltige Dokumentation) einheitlicher Kriterien, die der Abgrenzung von Forschungs- und Entwicklungsphase zu Grunde liegen. Ansonsten könnte es projektspezifisch zu einem sehr unterschiedlichen Umfang der aktivierten Kosten kommen.[405] Die diesbezüglichen, auf Grund des „singulären Charakters“[406] von F&E-Projekten unweigerlich bestehenden Schwierigkeiten sind nach Ansicht des Verfassers in Kauf zu nehmen. Ist eine projektübergreifende Festlegung von Abgrenzungskriterien nicht möglich, dann müssen i.S.d. der Transparenz des Jahresabschlusses zumindest produktindividuelle Abgrenzungskriterien festgelegt werden.

Vom Grundsatz der Ansatzstetigkeit darf gem. § 246 Abs. 3 HGB i.V.m. § 252 Abs. 2 HGB nur in begründeten Ausnahmefällen abgewichen werden. Hierzu sei auf die Ausführungen zum Grundsatz der Bewertungsstetigkeit verwiesen.

Der Grundsatz der **Bewertungsstetigkeit** wurde im Zuge der BilMoG-Einführung von einer Soll- in eine Muss-Vorschrift umgewandelt. Die Neufassung des § 252 Abs. 1 Nr. 6 HGB hatte allerdings nur klarstellenden Charakter. Schon zuvor waren Abweichungen von der Bewertungsstetigkeit nach absolut herrschender Meinung nur in begründeten Ausnahmefällen i.S.v. § 252 Abs. 2 HGB möglich.[407]

Ziel des Grundsatzes der Bewertungsstetigkeit ist die Vergleichbarkeit aufeinanderfolgender Jahresabschlüsse und die Einschränkung abschlusspolitisch bedingter Verlagerungen von Gewinnen- und Verlusten in andere Berichtsperioden.[408] Dieses Ziel soll durch die Beibehaltung der Bewertungsmethoden über mehrere Perioden erreicht werden. Unter den Begriff „Bewertungsmethode“ sind bestimmte, in ihrem Ablauf definierte Verfahren der Wertfindung zu verstehen. Hierunter fallen sowohl Methoden der Erstbewertung (z.B. Entscheidung über

---

405 Vgl Arbeitskreis „Immaterielle Werte im Rechnungswesen“ der Schmalenbach-Gesellschaft für Betriebswirtschaft e.V. (2008), S. 1817.

406 Küting/Ellmann (2010), § 255, Tz. 389 c.

407 Vgl. ADS (1995), § 252, Tz. 109;Claussen/Korth (1988), S. 923; Kupsch (1987a), S. 1101; Kupsch (1987 b), S. 1159. Winkeljohann/Büssow (2010), § 252, Tz. 55 m.w.N.

408 Vgl. Winkeljohann/Büssow (2010), § 252, Tz. 55.

die Einbeziehung oder Nicht-Einbeziehung gewisser Gemeinkosten (z.B. Verwaltungsgemeinkosten) und deren Ermittlungsmethode)[409] als auch Methoden der Folgebewertung, vor allem die Wahl der Abschreibungsmethode.[410] Analog zur Ansatzstetigkeit erstreckt sich auch die Bewertungsstetigkeit auf sämtliche Vermögensgegenstände und Schulden[411] bei denen eine Arten- und Funktionsgleichheit vorliegt[412] und untergliedert sich in eine sachliche und in eine zeitliche Dimension (siehe hierzu die Ausführungen zur Ansatzstetigkeit). Die in der Literatur teilweise vertretene Auffassung, dass auf Grund des Einzelbewertungsgrundsatzes i.S.v. § 252 Abs. 1 Nr. 3 HGB Neuzugänge jedes Jahr anders bewertet werden können,[413] wird an dieser Stelle nicht geteilt. Durch solch eine Vorgehensweise würde nämlich das eigentliche Ziel des Bewertungsstetigkeitsgrundsatzes, die Sicherstellung der Vergleichbarkeit von Jahresabschlüssen, unterminiert.[414] Der Einzelbewertungsgrundsatz steht dem Grundsatz der Bewertungsstetigkeit nicht entgegen. Die Vermögensgegenstände und Schulden können zwar einzeln, aber nach einer arten- und funktionsgleichen Methode bewertet werden.[415]

Bezüglich der Bewertung von Entwicklungskosten heißt das, dass gleichartige F&E-Projekte zu einer Art Bewertungsgruppen zusammengefasst und im Zeitablauf nach der gleichen Methode bewertet werden müssen. Insbesondere müssen möglichst projektübergreifend einheitliche Kriterien für die Abgrenzung zwischen der Forschungs- und Entwicklungsphase festgelegt werden[416] (siehe hierzu die Ausführungen zur Ansatzstetigkeit). Ob die eigentliche Abgrenzung von der Forschungs- und Entwicklungsphase dem Anwendungsbereich des Grundsatzes der Ansatzstetigkeit oder dem Anwendungsbereich der Bewertungsstetigkeit zuzuordnen ist, ist im Schrifttum umstritten.[417] Die Diskussion ist jedoch eher

---

409 Vgl. Winkeljohann/Büssow (2010), § 252, Tz. 56.

410 Vgl. ADS (1995), § 252, Tz. 105.

411 Vgl. Winkeljohann/Büssow (2010), § 252, Tz. 58.

412 Vgl. ADS (1995), § 252, Tz. 107; Winkeljohann/Büssow (2010), § 252, Tz. 58; Förschle/Kropp (1986), S. 882; Claussen/Korth (1988), S. 924.

413 Vgl. stellvertretend Stöffing (1987), S. 2601.

414 Ebenso Winkeljohann/Büssow (2010), § 252, Tz. 58; Kupsch (1987 b), S. 1157.

415 Vgl. Kupsch (1987 b), S. 1157.

416 Liegen sehr heterogene F&E-Tätigkeiten in einem Unternehmen vor, so ist auch eine projektbezogene Differenzierung der Bewertungsgruppe möglich. Vgl. Küting/Ellmann (2010), § 255, Tz. 393.

417 Zur Frage, inwiefern es sich bei der Abgrenzung zwischen der Forschungs- und Entwicklungsphase um eine Ansatz- oder um eine Bewertungsvorschrift handelt, vgl. Abschn. 2.4.3.2.

von akademischem als von praktischem Interesse, da die Konsequenzen für den Abschlussersteller in beiden Fällen identisch sind und soll an dieser Stelle nicht weiter vertieft werden.

Abweichungen von den Grundsätzen der Ansatz- und Bewertungsstetigkeit sind möglich, da diese ein Unternehmen nicht davon abbringen dürfen, sich an veränderte Verhältnisse durch die Wahl einer adäquateren Ansatz- oder Bewertungsmethode anzupassen und somit dem Grundsatz der Klarheit und Übersichtlichkeit der Bilanz i.S.v. § 243 Abs. 2 HGB sowie der Generalnorm des § 264 Abs. 2 nachzukommen.[418] Allerdings muss hierfür ein **begründeter Ausnahmefall** i.S.v. § 252 Abs. 2 HGB vorliegen. Unter die begründeten Ausnahmefälle sind zum einen all jene Sachverhalte zu subsumieren, bzgl. derer das Gesetz eine Durchbrechung des Stetigkeitsgebots zwingend erfordert.[419] Zum anderen wird in der Literatur die Durchbrechung des Grundsatzes der Bewertungsstetigkeit in folgenden Ausnahmefällen als zulässig erachtet:[420] bei einer Anpassung an gesetzliche Änderungen und Urteile (höchstrichterlicher) Rechtsprechung, an die Ergebnisse einer steuerlichen Außenprüfung, an veränderte Rahmenbedingungen (etwa durch die Einleitung von Sanierungsmaßnahmen), an eine Änderung der Konzernzugehörigkeit, an eine Änderung der Unternehmenssteuerung und der Unternehmenskonzeption im Zuge eines Managementwechsels,[421] bei wesentlichen Änderungen der Unternehmensentwicklung,[422] beim Übergang oder dem Verzicht auf vereinfachte Bewertungsverfahren, wesentlichen technischen

418 Vgl. Winkeljohann/Büssow (2010), § 252, Tz. 59.

419 In der Literatur werden in diesem Zusammenhang vor allem das strenge Niederstwertprinzip und das Wertaufholungsgebot genannt (vgl. Winkeljohann/Büssow (2010), § 252, Tz. 59; Müller (1987), S. 1636; Kupsch (1987 b), S. 1159. Jedoch wird an dieser Stelle zumindest daran gezweifelt, ob in den vorstehend genannten Fällen überhaupt eine Durchbrechung des Grundsatzes der Bewertungsstetigkeit vorliegt. Schließlich werden im konkreten Fall die Vermögensgegenstände – was die Folgebewertung betrifft – jedes Jahr nach den Grundsätzen des § 253 Abs. 2 bis 5 HGB bewertet mit der aus der stetigen Anwendung der Norm resultierenden Konsequenz, dass außerplanmäßige Abschreibungen immer dann vorzunehmen sind, wenn der beizulegende Wert unter dem Buchwert liegt.

420 Die folgende Auflistung der als zulässig erachteten Ausnahmefälle ist angelehnt an Winkeljohann/Büssow (2010), § 252, Tz. 61, ADS (1995), § 252, Tz. 113, Claussen/Korth (1988), S. 925. Sie erhebt keinen Anspruch auf Vollständigkeit.

421 Kritisch hierzu Müller (1987), S. 1637.

422 A.A. Schulze-Osterloh (2010), § 42 Bilanz, Tz. 336.

Neuerungen, bei wesentlichen Änderungen des Beschäftigungsgrades sowie einer wesentlichen Änderungen der Finanz- und Kapitalstruktur.[423]

Während die oben angeführten Kriterien in ihrer Mehrzahl eine Änderung der tatsächlichen Gegebenheiten oder eine reale Sachverhaltsgestaltung voraussetzen, ist der Übergang von oder der Verzicht auf **vereinfachte Bewertungsverfahren**, der in der Literatur ebenfalls als begründeter Ausnahmefall i.S.v. § 252 Abs. 2 HGB angesehen wird, abschlusspolitisch am interessantesten, da er gerade keine reale Sachverhaltsgestaltung voraussetzt. Nach Ansicht des Verfassers rechtfertigt dieser Ausnahmefall auch eine veränderte Ausübung des Aktivierungswahlrechts für Entwicklungskosten. Schließlich ist die vollständige aufwandswirksame Erfassung aller anfallenden F&E-Ausgaben „einfacher" in der Bewertung und erspart die Kosten eines aufwendigen F&E-Controllings. Jedoch dürfte ein „vereinfachtes Bewertungsverfahren" nicht jedes Jahr als Begründung für einen Wechsel in der Aktivierungsentscheidung vorgebracht werden, da in diesem Fall der Stetigkeitsgrundsatz de facto vollständig aushöhlt würde, was nicht im Sinne des Gesetzgebers sein kann. Es muss sich tatsächlich um einen begründeten Ausnahmefall handeln.

Der Grundsatz der **Ausweisstetigkeit** erfordert schließlich die Beibehaltung der „Form der Darstellung, insbesondere die Gliederung der aufeinanderfolgenden Bilanzen und Gewinn- und Verlustrechnungen".[424] Auch hiervon darf nur in Ausnahmefällen abgewichen werden und die Gründe der Abweichung sind im Anhang anzugeben.

Im Ergebnis bleibt festzuhalten, dass der Stetigkeitsgrundsatz die im Zusammenhang mit der bilanziellen Abbildung von F&E-Aktivitäten vorhandenen abschlusspolitischen Gestaltungsspielräume in gewissem Maße einschränkt. Zum einen sind nämlich bestehende Ermessensspielräume vergleichbarer Sachverhalte über den Zeitablauf stetig auszuüben. Zum anderen sind Abweichungen von

---

423 Die in der Literatur ohnehin als kritisch angesehene Durchbrechung des Grundsatzes der Bewertungsstetigkeit mit dem Ziel, die Anzeige des Verlusts des halben Grund- bzw. Stammkapitals zu vermeiden (§ 92 Abs. 1 AktG, § 49 Abs. 3 GmbHG, § 33 Abs. 3 GenG), wird auch vom Verfasser nicht als zulässig erachtet, da andernfalls der Sinn und Zweck dieser Vorschrift (ein Warnsignal an die Anteilseigner zu senden) unterminiert würde. Eine Heilung erfolgt durch die Angabepflicht gem. § 284 Abs. 2 Nr. 3 HGB nach der hier vertretenen Auffassung nicht. Vgl. auch Winkeljohann/Büssow (2010), § 252, Tz. 62; ADS (1995), § 252, Tz. 115. Zur Frage, inwiefern eine Durchbrechung des Grundsatzes der Bewertungsstetigkeit zur „Rettung" von Verlustvorträgen als zulässig erachtet wird, vgl.Winkeljohann/Büssow (2010), § 252, Tz. 62 m.w.N.

424 § 265 Abs. 1 HGB.

Bilanzierungs- und Bewertungsmethoden im Anhang anzugeben und zu begründen sowie deren Einfluss auf die Vermögens-, Finanz- und Ertragslage gesondert darzustellen.[425] Ändert ein Unternehmen seine Aktivierungsentscheidung oder die Abgrenzungskriterien von Forschungs- und Entwicklungsphase, so sollte für den Abschlussadressaten folglich klar ersichtlich sein, dass Abschlusspolitik betrieben wurde und welche Auswirkungen diese auf die Darstellung des Unternehmens hatte.

2.6 Institutionelle Rahmenbedingungen zur Sicherstellung der Einhaltung von Rechnungslegungsvorschriften

2.6.1 Grundlegendes

Das Top-Management eines Unternehmens hat diverse Anreize, um das im Jahresabschluss vermittelte Bild der Vermögens-, Finanz- und Ertragslage gezielt zu beeinflussen.[426] Da die Anwendung von Rechnungslegungsnormen regelmäßig mit Ermessensspielräumen verbunden ist, kann anreizinduzierte Abschlusspolitik schon aus diesem Grunde nicht vollends verhindert werden.[427] Bewegt sich die Abschlusspolitik ausschließlich innerhalb des gesetzlichen Rahmens, wird ihr – zumindest teilweise – durch den Stetigkeitsgrundsatz entgegengewirkt. Verlässt die Abschlusspolitik den gesetzlichen Rahmen,[428] kann auch ein noch so hochwertiges

---

425 Vgl. § 284 Abs. 2 Nr. 3 HGB. Trotz der Stellung des § 265 Abs. 1 HGB und des § 284 Abs. 2 Nr. 3 HGB innerhalb der ergänzenden Vorschriften für Kapitalgesellschaften wird in der Literatur davon ausgegangen, dass er auch von Personengesellschaften und Einzelkaufleuten analog anzuwenden ist. Siehe hierzu ausführlich Hütten/Lorson (2010), § 265, Tz. 3.

426 Vgl. hierzu ausführlich Abschn. 4.2.7.

427 Bestes Beispiel hierfür sind die in den Abschn. 2.3 und 2.4 herausgearbeiteten Ermessensspielräume im Zusammenhang mit der bilanziellen Abbildung von F&E-Ausgaben.

428 An dieser Stelle sei angemerkt, dass der Übergang zwischen einer noch regelkonformen Auslegung von Ermessensspielräumen und einem Regelverstoß oft fließend verläuft (siehe Abschn. 2.2.3 und 3.8.4.2.). Wohl nicht zuletzt aus diesem Grund kann es trotz Existenz der in diesem Abschn. vorgestellten Institutionen zu einer regelwidrigen Anwendung von Rechnungslegungsnormen kommen. So existieren mehrere empirische Studien, die erhebliche Mängel bei der Anwendung der IFRS aufweisen. Zu einer internationalen Studie vgl. stellvertretend Street/Gray(2001), zur IFRS-Bilanzierungspraxis

Rechnungslegungssystem die gewünschte Zielsetzung nicht erreichen.[429] Um dies zu verhindern, wurden in Deutschland für Unternehmen, die kapitalmarktorientiert sind oder gewisse Größenkriterien überschreiten diverse Institutionen implementiert, die sicherstellen sollen, dass ein rechnungslegendes Unternehmen die ökonomische Realität auch tatsächlich nach Maßgabe des der Abschlusserstellung zu Grunde liegenden Rechnungslegungssystems abbildet und dadurch den Abschlussadressaten verlässliche und qualitativ hochwertige Informationen zur Verfügung stellt.

Als **unternehmensinterne qualitätssichernde Institutionen** fungieren u.a. die persönliche Haftung der Geschäftsführung, das interne Kontrollsystem (IKS) sowie der Aufsichtsrat. **Unternehmensexterne qualitätssichernde Institutionen** sind die Prüfungspflicht, das zweistufig aufgebaute Enforcementverfahren sowie das gerichtliche Klagesystem.[430] In den nachfolgenden empirischen Studien steht das Verhalten der Institutionen „Abschlussprüfung“ und „Enforcementverfahren“ im Fokus. Der Einfluss der übrigen Institutionen auf das F&E-spezifische Bilanzierungsverhalten der in der Stichprobe befindlichen Unternehmen wird aus methodischen Gründen und aus Gründen der empirischen Messbarkeit nicht näher untersucht.[431] Daher wird in den folgenden beiden Abschnitten nur auf die Funktionsweise der Institutionen „Abschlussprüfung“ und „Enforcementverfahren“ näher eingegangen.

2.6.2 Abschlussprüfung

2.6.2.1 Prüfungspflicht und Qualitätssicherung

Unabhängig von dem der Abschlusserstellung zu Grunde gelegten Rechnungslegungssystem unterliegen in Deutschland Jahresabschlüsse von mittelgroßen und großen Kapitalgesellschaften i.S.d. § 267 HGB[432] der Prüfungspflicht durch

---

von deutschen börsennotierten Unternehmen vgl. Von Keitz (2005), speziell auf den Neuen Markt bezogen Küting (2001). Des Weiteren stellt die DPR im Rahmen ihrer jährlichen Prüfungen stets eine beachtliche Fehlerquote fest. Im Tätigkeitsbericht 2011 betrug sie beispielsweise 25%. Vgl. DPR (2012), S. 3.

429 Vgl. Wagenhofer/Ewert (2007), S. 16.

430 Zu den einzelnen Institutionen, die die regelkonforme Aufbereitung der Abschlussdaten garantieren sollen, siehe ausführlich Wagenhofer/Ewert (2007), S. 18 ff.

431 Zur Zielsetzung der empirischen Studien siehe ausführlich Abschn. 3.1. und 4.1.

432 Dabei ist zu berücksichtigen, dass kapitalmarktorientierte Unternehmen i.S.v. § 264 d HGB stets als große Gesellschaft einzustufen sind. Vgl. § 267 Abs. 3 HGB.

einen unabhängigen Wirtschaftsprüfer.[433] Auf Grund zahlreicher Interessenkonflikte zwischen dem Management und dem Prüfer sind eine Reihe von qualitätssichernden Maßnahmen vorgeschrieben. Erstens existieren sowohl auf nationaler als auch auf internationaler Ebene umfangreiche Prüfungsstandards (Grundsätze ordnungsmäßiger Abschlussprüfung (GoA), International Standards on Auditing (ISA)), die von der Auftragsannahme über die Organisation und Durchführung der Prüfung bis hin zu den Dokumentations- und Berichterstattungspflichten der Prüfungsergebnisse sehr enge Vorgaben beinhalten. Zweitens wurde die Funktion des Abschlussprüfers in Deutschland grundsätzlich auf den Berufsstand der Wirtschaftsprüfer übertragen.[434] Da die Zulassung zum Wirtschaftsprüfer an diverse Voraussetzungen hinsichtlich der fachlichen Qualifikation sowie der persönlichen Integrität geknüpft ist und bei der Auftragsvergabe zudem die persönliche Unabhängigkeit des Wirtschaftsprüfers sichergestellt sein muss, wird im Schrifttum von einer Steigerung der Prüfungsqualität und somit von einer höheren Güte der geprüften Abschlüsse ausgegangen.[435] Drittens unterliegt die Wirtschaftsprüfung selbst einer Qualitätskontrolle. So ist im Rahmen des sog. peer review alle drei Jahre das interne Qualitätssicherungssystem einer Wirtschaftsprüfungsgesellschaft durch eine andere Wirtschaftsprüfungsgesellschaft zu prüfen.[436] Der von der WPK organisierte peer review unterliegt seinerseits der Kontrolle durch die APAK.[437] Letztlich unterliegen sowohl die WPK als auch die APAK der Staatsaufsicht durch das Bundesministerium für Wirtschaft und Technologie.[438] Neben dem obligatorischen peer review ist zumindest bei den Big 4 die regelmäßige Durchführung gesetzlich nicht explizit vorgeschriebener quality reviews für interne

433 Vgl. § 316 HGB, in dem klargestellt wird, dass sowohl Einzel- als auch Konzernabschlüsse prüfungspflichtig sind. Selbst bei Notierung im Prime Standard der Frankfurter Wertpapierbörse erstreckt sich die Prüfungspflicht nur auf Jahresabschlüsse. Die verpflichtend aufzustellenden Halbjahres- und Quartalsberichte können freiwillig einer Prüfung oder einer prüferischen Durchsicht unterzogen werden. Vgl. § 50 f. BO FWP.

434 Abschlussprüfer von Jahresabschlüssen und Lageberichten mittelgroßer GmbHs i.S.v. § 267 Abs. 2 HGB oder von mittelgroßen Personenhandelsgesellschaften i.S.v. § 264a Abs. 1 HGB können auch vereidigte Buchprüfer sein. Vgl. § 319 Abs. 1 HGB.

435 Vgl. Wagenhofer/Ewert (2007), S. 20.

436 Vgl. § 57 a-h WPO.

437 Vgl. § 66 a WPO.

438 Vgl. § 66 d WPO. Vgl. auch Wagenhofer/Ewert (2007), S. 20.

Qualitätssicherungszwecke gängige Praxis.[439] Hierbei werden abgeschlossene Prüfungen stichprobenweise von Wirtschaftsprüfern anderer Niederlassungen einer Qualitätskontrolle unterzogen.[440]

2.6.2.2 Auswirkungen von Regelverstößen auf den Jahresabschluss

Obwohl im HGB keine speziellen zivilrechtlichen Konsequenzen für den Fall einer unzulässigen bilanziellen Abbildung von F&E-Ausgaben kodifiziert sind,[441] könnten diese in folgenden Fällen sowohl für das bilanzierende Unternehmen als auch für den Abschlussprüfer resultieren. Erstens bei einem Verstoß gegen den Grundsatz der Ansatz-, Bewertungs-, oder Ausweisstetigkeit (Fall 1). Zweitens bei Aktivierung von Entwicklungskosten, obwohl die Ansatzkriterien nicht erfüllt sind (Fall 2). Drittens bei einer Überbewertung der aktivierten Entwicklungskosten (Fall 3). Viertens bei einer Unterbewertung der aktivierten Entwicklungskosten – insbesondere im Zusammenspiel mit dem Grundsatz der Bewertungsstetigkeit (Fall 4).

Eine Überbewertung des Anlagevermögens (Fall 2 oder Fall 3) führt bei Kapitalgesellschaften gem. § 256 Abs. 5 Nr. 1 AktG grundsätzlich zur Nichtigkeit des Jahresabschlusses. Eine Unterbewertung (Fall 4) führt gem. § 256 Abs. 5 Nr. 2 AktG ebenfalls zur Nichtigkeit, wenn „dadurch die Vermögens- und Ertragslage der Gesellschaft vorsätzlich unrichtig wiedergegeben oder verschleiert wird." Des Weiteren kann es bei prüfungspflichtigen Unternehmen gem. § 322 HGB in allen vier Fällen zur Einschränkung, im Fall der Überschreitung der Gesamtwesentlichkeitsgrenze sogar zur Versagung des Bestätigungsvermerks kommen. Darüber hinaus drohen den Unternehmen sowie den den Abschluss verantwortenden Personen straf- und bußgeldrechtliche Konsequenzen i.S.v. § 331 HGB und § 334 HGB.[442]

---

439 Vgl. Bungartz/Henke (2011), S. 34 ff.

440 Vgl. hierzu ausführlich Bungartz/Henke (2011), S. 34 ff. Die stichprobenhafte Prüfung ist nicht auf ein Rechnungslegungssystem beschränkt. Bei Konzernprüfungen können auch die nach unterschiedlichen Rechnungslegungsvorschriften aufgestellten und geprüften Jahresabschlüsse der einzelnen Konzerngesellschaften vom quality review abgedeckt werden.

441 Vgl. Förschle/Usinger (2010), § 248, Tz. 50.

442 Siehe hierzu ausführlich Förschle/Usinger (2010), § 248, Tz. 50 f. m.w.N.

2.6.3 Enforcementverfahren

2.6.3.1 Grundzüge des Enforcement-Verfahrens

Mit dem Bilanzkontrollgesetz (BilKoG) wurde ein zusätzliches Prüfverfahren geschaffen, das die Ordnungsmäßigkeit der Rechnungslegung bei allen kapitalmarktorientierten Unternehmen sicherstellen soll. In einem zweistufigen Enforcement-Prozess wird in erster Stufe die privatrechtlich organisierte Deutsche Prüfstelle für Rechnungslegung (im Folgenden DPR) und in zweiter Stufe bei Bedarf die Bundesanstalt für Finanzdienstleistungsaufsicht (im Folgenden BaFin) tätig. Ziel dieses zweistufigen Enforcement-Prozesses ist die Prävention von Fehlern (Präventionsfunktion) sowie die Aufdeckung von schon begangenen und im Jahresabschluss veröffentlichten Fehlern mit der Konsequenz einer entsprechenden Information des Kapitalmarktes und einer Fehlerkorrektur im nächsten Jahresabschluss (Informations- bzw. Korrektivfunktion).[443]

Relevanz besitzt das Enforcement-Verfahren für all jene Unternehmen, deren Wertpapiere i.S.d. § 2 Abs. 1 WpHG an einer inländischen Börse zum Handel im Regulierten Markt zugelassen sind.[444] Emittenten im Regulierten Markt können sich an der Frankfurter Wertpapierbörse für den Prime Standard oder den General Standard als Transparenzstandard entscheiden.[445] Zielsetzung der DPR ist es, die in einem Index gelisteten Unternehmen[446] alle 4-5 Jahre und alle anderen kapitalmarktorientierten Unternehmen des regulierten Marktes alle 8–10 Jahre zu prüfen.[447] Unternehmen des Open Market, für die grundsätzlich der Entry Standard als Transparenzstandard einschlägig ist, liegen nicht im Fokus des Enforcement-Verfahrens. Besonders auffällig ist in diesem Zusammenhang die stetige Verringerung der Grundgesamtheit aller Unternehmen, die in Deutschland dem Enforcement unterliegen. Vom Zeitpunkt des Tätigwerdens der DPR am 1.

---

443 Vgl. BilMoG-RegE, S. 11; sowie Zülch (2005), S. 1.

444 Vgl. § 342 b Abs. 2, S. 2 HGB.

445 Vgl. http://deutsche boerse.com/dbg/dispatch/de/kir/dbg_nav/about_us/30_Services/40_Know_how/10_Stock_ Exchange_A_Z?glossaryWord=pi_glos_regulierter_Markt, zuletzt abgerufen am 25.06.2012.

446 Voraussetzung für die Aufnahme in einen der Auswahlindizes der Deutschen Börse (DAX, MDAX, SDAX, TecDAX) ist die Aufnahme in den Prime Standard. Vgl. http://deutsche-boerse.com/dbg/dispatch/de/kir/dbg_nav/about_us/30_Services/40_Know_how/10_Stock_ Exchange_A_Z?glossaryWord=pi_glos_Prime_Standard, zuletzt abgerufen am 25.06.2012.

447 Diese Zielsetzung ist auch in jedem Tätigkeitsbericht erwähnt. Siehe stellvertretend DPR (2012), S. 3.

Juli 2005 (1.249 Unternehmen) bis zum 1. Juli 2011 (873 Unternehmen) ist ein Rückgang von 30,1% zu verzeichnen.[448] Nach Ansicht des Verfassers könnte ein möglicher Grund für den Rückgang darin liegen, dass Unternehmen gezielt dem Risiko einer DPR-Prüfung entgehen wollen, indem sie vom regulierten Mart in den Freiverkehr wechseln. Dafür spricht, dass die Anzahl aller börsennotierten Unternehmen in Deutschland während des bei den empirischen Studien zu Grunde gelegten Untersuchungszeitraums stetig zugenommen hat.[449]

Das Enforcement-Verfahren wird grundsätzlich durch die DPR eingeleitet.[450] Die Einleitung erfolgt bei Vorliegen konkreter Anhaltspunkte oder auf Verlangen der BaFin (reaktive Prüfung bzw. Anlassprüfung) und – ohne besondere Anhaltspunkte – mittels Stichprobenprüfungen (proaktive Prüfungen).[451] Zur Stärkung ihrer präventiven Tätigkeit hat die DPR den dem Enforcement unterliegenden Unternehmen seit Ende 2009 zudem die Möglichkeit zur Stellung fallbezogener Voranfragen eingeräumt.[452]

Gegenstand der Prüfung stellen grundsätzlich sämtliche nach den IFRS aufgestellte (Halbjahres)abschlüsse und Lageberichte dar,[453] wobei der Fokus auf der Konzernberichterstattung liegt, da diese als primäre Informationsquelle der Abschlussadressaten fungiert.[454] In die Prüfung mit einbezogen werden sämtliche Bestandteile des Konzernabschlusses (Bilanz, GuV, Kapitalflussrechnung, Eigenkapitalveränderungsrechnung, ggf. Segmentberichterstattung und freiwillige Angaben), während

448 Siehe DPR (2012), S. 3.

449 Im Jahr 2003 betrug die Anzahl sämtlicher in Deutschland gelisteter inländischer Unternehmen – unabhängig davon, ob deren Aktien im regulierten Markt oder im Freiverkehr gehandelt wurden – 829, im Jahr 2009 1.018. Vgl. hierzu Deutsche Börse Group (2003), S. 2 und Deutsche Börse Group (2009), S. 2. Zur Abgrenzung der in den Statistiken der Deutschen Börse Group beinhalteten Unternehmen vgl. auch Zwirner (2007), S. 262.

450 Zur möglichen Einleitung des Enforcement-Verfahrens durch die BaFin siehe Haller/Bernais (2005), S. 44.

451 Siehe auch Von Keitz/Stolle (2008), S. 214.

452 Siehe ausführlich DPR (2009 b). Allgemein zur Präventiv-, Korrektiv- und Beschwerdefunktion siehe Tielman (2001), S. 175–185. Zum Aufbau und zur Funktionsweise des deutschen Enforcement-Prozesses und der DPR siehe stellvertretend Bräutigam/Heyer (2006), S. 188 ff.; Claussen (2007), S. 1421 ff.; Gelhausen/Hönsch (2005), S. 511 ff.; Gros (2006), S. 246 ff.; Zülch (2005), S. 565 ff.

453 Die Fokussierung auf IFRS-Abschlüsse ergibt sich als logische Konsequenz der Fokussierung auf Unternehmen des regulierten Marktes, da diese verpflichtend einen IFRS-Abschluss offenlegen müssen.

454 Vgl. Scheffler (2007), S. 79.

Buchführungssysteme, Risikofrüherkennungssysteme und Abhängigkeitsberichte im Rahmen des Enforcement-Prozesses nicht geprüft werden.[455]

Die DPR orientiert sich bei ihrer Prüfung in der Regel nach den von ihr im Vorfeld festgelegten (und seit 2007 auch im Vorfeld veröffentlichten) Prüfungsschwerpunkten. Daneben werden weitere Prüfgebiete stichprobenweise festgelegt. Eine vollständige Prüfung von Abschluss und Lagebericht erfolgt durch die DPR folglich nicht. Wird ein Abschluss von der DPR geprüft, lässt sich daraus also nicht die Richtigkeit aller nicht beanstandeten Abschlussgrößen und Anhangangaben ableiten.[456] Ebenso wenig kann geschlussfolgert werden, dass im Fall der Beanstandung eines Sachverhalts bei Unternehmen A die Nicht-Beanstandung des gleichen Sachverhalts bei den anderen Unternehmen auf dessen korrekte bilanzielle Abbildung hindeutet. Beispielhaft für die Auswirkungen der Prüfgebietfestlegung mittels Stichprobenverfahren ist, dass bei einem von 18 durch die DPR geprüften IFRS-Konzernabschlüsse der Jahre 2004–2005/2006, bei denen die Art der Fehler sowie die anschließende Fehlerveröffentlichung und –korrektur empirisch untersucht wurden, [457] die unterlassene Unterteilung in selbst erstellte und erworbene immaterielle Vermögenswerte bzw. aktivierte Entwicklungskosten zu einer Rüge führte, während bei drei anderen Unternehmen der selbe Umstand nicht bemängelt wurde.[458]

In den bisherigen empirischen Studien zu den Auswirkungen des Enforcement-Verfahrens wird der Präventivfunktion Wirksamkeit attestiert, während die Wirksamkeit der Korrektiv- und Informationsfunktion angezweifelt wird.[459] Die Hauptgründe hierfür liegen in der Art der Fehlermitteilung,[460] anhand derer der Jahresabschlussadressat meist nicht im Stande ist, den Jahresabschluss „richtig“

---

455 Vgl. stellvertretend Bräutigam/Heyer (2006), S. 191; Freisleben/Brinkmann (2007), S. 104. Zu den Prüfungsanlässen und dem jeweiligen Umfang der Prüfungen vgl. u.a. Gelhausen/Hönsch (2005), S. 514 ff.; Scheffler (2007), S. 79 ff.

456 Siehe auch Von Keitz/Wenk (2010), S. 218.

457 Siehe Von Keitz/Stolle (2008), S. 213 ff.

458 Auf Wesentlichkeitskriterien ist dieser Umstand wohl auch nicht zurückzuführen. Siehe Von Keitz/Stolle (2008), S. 219.

459 Vgl. stellvertretend Von Keitz/Wenk (2010), S. 522; Von Keitz/Stolle (2008), S. 224. Ernstberger et al. (2012) finden empirische Anhaltspunkte für einen Rückgang der abschlusspolitischen Maßnahmen und einen Anstieg des am Kapitalmarkt gehandelten Unternehmenswertes all jener Unternehmen, die vom Enforcement-Verfahren betroffen sein könnten.

460 Eine aggregierte Zusammenfassung der Anforderungen an die Fehlerveröffentlichung und an die Fehlerkorrektur liefern Von Keitz/Stolle (2008), S. 215 f.

zu rekonstruieren, sowie dem langen Zeitraum bis zur Fehlerveröffentlichung, der sich im Schnitt ab dem Abschlussstichtag über fast zwei Jahre hinzieht. Gleichzeitig ist jedoch unumstritten, dass eine Fehlerfeststellung durch die DPR auf Grund des mit ihm in der Regel einhergehenden Imageschadens[461] sowohl für das betroffene Unternehmen, als auch für den Abschlussprüfer in jedem Fall sehr unangenehm ist. Da im Fall einer Fehlerfeststellung die WPK von der DPR auf eine mögliche Berufspflichtverletzung durch die Wirtschaftsprüfer hingewiesen wird,[462] könnten Abschlussprüfer neben dem Imageschaden auch berufsrechtlichen Konsequenzen erdulden müssen.

Unsicherheit besteht bei den betroffenen Unternehmen nicht nur auf Grund der ungenauen Anforderungen hinsichtlich der Fehlerformulierung, der Art der Veröffentlichung sowie der Korrekturerfordernisse.[463] Als besonders problematisch erweist sich die nicht vorhandene Definition eines „Fehlers". In den rechtlichen Grundlagen für das Enforcement-Verfahren (§ 342b HGB und §§ 37n-u WpHG) wird nicht genau festgelegt, unter welchen Voraussetzungen ein Abschluss durch die DPR als fehlerhaft einzustufen ist.[464] Ein Fehler liegt grundsätzlich vor, wenn gegen Rechnungslegungsvorschriften verstoßen wird. Daher richtet sich das Vorliegen eines Fehlers bzw. Verstoßes an das jeweils angewandte Rechnungslegungssystem. Nach den IFRS-Vorschriften ist ein Abschluss als fehlerhaft einzustufen, wenn ein Fehler i.S.v. IAS 8.5. vorliegt, der wesentlich ist oder mit Vorsatz begangen wurde.[465]

In einigen Fällen – wie etwa bei der Aktivierung von Entwicklungskosten – sind bei der Erstellung von IFRS-Abschlüssen das Treffen von Annahmen und die Auslegung von Ermessensspielräumen (managerial judgement) erforderlich. Diese Fälle stellen für die DPR eine besondere Herausforderung dar,[466] da sie beurteilen muss, ob die Ermessensspielräume in einem vertretbaren (abschlusspolitischen) Rahmen oder fehlerhaft ausgelegt wurden.[467] Gleichzeitig darf die DPR aber nicht vorhandene Ermessensspielräume und Regelungslücken „quasi als Standardsetzer"[468] konkretisieren. Hier begibt sich die DPR also auf eine

461 Siehe Gros (2006), S. 246.

462 Siehe z.B. DPR (2007 a), S. 7.

463 Siehe Von Keitz/Stolle (2008), S. 213.

464 Siehe Von Keitz/Stolle (2008), S. 214.

465 Zur Anwendung des Fehlerbegriffs i.S.v. IAS 8 im Rahmen der Enforcementprüfung von IFRS-Abschlüssen siehe Küting et al. (2007).

466 Vgl. Scheffler (2006), S. 2 ff.; Scheffler (2007), S. 86–89.

467 Vgl. Von Keitz/Stolle (2008), S. 214.

468 Von Keitz/Stolle (2008), S. 214.

gefährliche Gratwanderung zwischen einer unzulässigen Konkretisierung vorhandener Ermessensspielräume und Regelungslücken und einer zulässigen Beurteilung, inwiefern eine IFRS-konformen Auslegung der Ermessensspielräume und Regelungslücken durch ein Unternehmen erfolgt ist.[469]

Um diese Gratwanderung erfolgreich zu meistern, bedient sich die DPR Branchenvergleichen. Legen alle Unternehmen einer Branche einen Ermessensspielraum auf die gleiche Weise aus und wird dabei nicht offensichtlich gegen die IFRS-Vorschriften verstoßen, so wird die Ermessensausübung in der Regel nicht von der DPR beanstandet werden. Bei sehr unterschiedlicher Ermessensausübung innerhalb einer Branche, die ein Anzeichen für eine abschlusspolitisch motivierte Auslegung sein könnte, wird die DPR die Regelkonformität bzw. Vertretbarkeit der Ermessensausübung genau prüfen.[470] Bei der Beurteilung der Vertretbarkeit der Ermessensausübung durch ein Unternehmen kommt dem Grundsatz der Wesentlichkeit ein besonders hoher Stellenwert zu[471] sowohl in qualitativer als auch in quantitativer Hinsicht,[472] wobei auch die kumulative Wirkung einzelner als unwesentlich eingestufter Fehler gewürdigt werden muss.[473]

Unternehmen steht grundsätzlich die Möglichkeit offen, in erster Stufe den von der DPR festgestellten Fehlern zu widersprechen und in zweiter Stufe auf dem Klageweg Einspruch gegen den Fehlerfeststellungsbescheid der BaFin und die Veröffentlichungsanordnung einzulegen.[474] In den Jahren 2007 bis 2011 lag die Fehlerquote im Schnitt bei 25%.[475] In diesem Zeitraum haben zwischen 72% bis 82% der Unternehmen den von der DPR festgestellten Fehlern zugestimmt. In den seltensten Fällen wurden bei Nicht-Zustimmung die DPR-Feststellungen durch die BaFin revidiert.[476]

Fraglich ist, was die Hauptursache der Fehlerentstehung darstellt. Eine mögliche Ursache könnte in der Komplexität der Vorschriften liegen. In diesem Fall

469 Zu dieser Problematik vgl. auch Küting et al. (2007), S. 20.

470 Vgl. Scheffler (2007), S. 89.

471 Der Wesentlichkeitsgrundsatz ist spielt auch eine Rolle bei der Entscheidung der DPR, eine Anlassprüfung einzuleiten sowie bei der Beurteilung der Erforderlichkeit einer Fehlerveröffentlichung durch die BaFin. Vgl. Mayer-Wegelin (2006), S. 12.

472 Vgl. Scheffler (2007), S. 89.

473 Vgl. Von Keitz/Stolle (2008), S. 215.

474 Zu den möglichen Verfahrensabschlüssen siehe Schmidt-Versteyl (2008), S. 145–166.

475 Siehe DPR (2012), S. 3.

476 Bspw. erfolgte im Tätigkeitsjahr 2010 in drei von 25 Fällen eine Revision durch die BaFin. Vgl. DPR (2011), S. 4. Im Tätigkeitsjahr 2011 wurde hingegen in allen fünf Widerspruchsfällen das DPR-Ergebnis durch die BaFiN bestätigt. Vgl. DPR (2012), S. 6 f.

wäre anzunehmen, dass vor allem der Mittelstand auf Grund der überproportional hohen Compliance-Kosten überfordert wäre und in höherem Ausmaß gegen IFRS-Vorschriften verstoßen würde als große Konzerne. In den ersten Jahren der DPR-Tätigkeit schienen empirische Anhaltspunkte für diese Vermutung vorzuliegen. Bis zum DPR-Tätigkeitsjahr 2008 traten die festgestellten Fehler bei kleinen und mittelgroßen Unternehmen mit einem Umsatz von bis zu 250 Mio. € überproportional häufig auf.[477] Dieser Trend kehrte sich allerdings im darauffolgenden Jahr um.[478] Bis 2010 hielt sich dann in der Fehlerquote die Balance zwischen großen bzw. an einem Index gelisteten Unternehmen und kleineren bzw. mittelständischen Unternehmen.[479] In 2011 waren kleinere bzw. mittelständische Unternehmen allerdings wieder fehleranfälliger.[480] Als weitere mögliche Ursache für die Fehleranfälligkeit wird in der empirischen Forschung mittlerweile die sinkende Ertragskraft der betroffenen Unternehmen untersucht.[481] Eine systematische Darstellung möglicher Fehlerursachen erfolgt in Abschn. 4.4.

2.6.3.2 F&E-Ausgaben als Gegenstand der Enforcement-Prüfung

Die IFRS-Regelung zur bilanziellen Abbildung von F&E-Ausgaben stößt bei der DPR seit jeher auf deutliche Kritik. So stehen beispielsweise die Ursachen, die die Nachprüfbarkeit der richtigen bilanziellen Abbildung erschweren im Fokus des Tätigkeitsberichtes 2008.[482] Hervorgehoben werden die Ermessensspielräumen beim Ansatz von Entwicklungskosten. Sie seien insbesondere auf das Erfordernis einer naturgemäß nicht objektivierbaren Managementeinschätzung hinsichtlich des künftigen wirtschaftlichen Nutzens (IAS 38.57 (d)) und der technischen Realisierbarkeit (IAS 38.57 (a)) der durchgeführter F&E-Aktivitäten zurückzuführen. Die Abgrenzung aktivierungsfähiger Entwicklungskosten und der Zeitpunkt der Aktivierung seien trotz der vermeintlichen Abgrenzungskriterien des IAS 38.57 unklar, ebenso wie der Umfang der aktivierungsfähigen Entwicklungskosten.

---

477 Siehe DPR (2009 a), S. 4.
478 Siehe DPR (2010), S. 4.
479 Siehe DPR (2011 a), S. 4.
480 Siehe DPR (2012), S. 4.
481 Über den DPR-Tätigkeitszeitraum 2005 bis 2009 liefern Von Keitz/Wenk (2010), S. 516 empirische Anhaltspunkte dafür, dass die von der DPR aufgedeckten Fehler bei zunehmender Unternehmensgröße und besserem Periodenergebnis abnehmen. Zur empirischen Untersuchung der Auswirkungen des Enforcement-Verfahrens in Deutschland siehe Ernstberger et al. (2012), S. 217 ff; Hitz et al. (2012), S. 253 ff.
482 Siehe DPR (2009 a), Anlage zum Tätigkeitsbericht 2008, S. 8.

Bemängelt wird zudem das Fehlen branchenspezifischer Aktivierungsrichtlinien. All dies führe nach Auffassung der DPR zur Verletzung der Grundsätze der Klarheit und Vergleichbarkeit.[483] Diese Einschätzung vertritt die DPR auch mit Nachdruck in ihrer Stellungnahme zur „IASB Agenda Consultation 2011“.[484] Unmissverständlich werden die mit der ermessensbehafteten und daher nicht objektivierbaren Managementeinschätzung in Verbindung stehenden abschlusspolitischen Gestaltungsspielräume unterstrichen:

> *"The discretion granted by the standard in recognising development costs is extraordinarily high."*[485]

Exemplarisch hervorgehoben wird in diesem Zusammenhang das unterschiedliche Aktivierungsverhalten in der Software- und Flugbranche, das durch entsprechende Auslegung der IFRS-Vorschriften begründbar sei, sowie der unterschiedlichen Aktivierungsquoten innerhalb europaweit ausgewählter Automobilkonzerne (5% bis 41%).[486] Da die existierenden Ermessensspielräume weder durch die Abschlussprüfer, noch durch die DPR begrenzt werden könnten, sieht die DPR die Grundsätze der Verlässlichkeit und der Glaubwürdigkeit als gefährdet an und schlägt vor, die Aktivierung von Entwicklungskosten – so wie nach US GAAP – zu verbieten.[487] In diesem Zusammenhang wird erwähnt, dass Analysten aktivierte Entwicklungskosten bei ihren Analysen ohnehin heraus rechnen.[488] Deutliche Kritik am faktischen Aktivierungswahlrecht von Entwicklungskosten übt die DPR auch in ihrem Tätigkeitsbericht des Jahres 2011. Sich auf ihren „Erfahrungsschatz“[489] aus 700 abgeschlossenen Prüfungen berufend, hebt die DPR die mögliche Aktivierung von Entwicklungskosten als einen von sieben Sachverhalte hervor, bei denen die Regelungen zur bilanziellen Abbildung auf intersubjektiv nicht nachprüfbare Informationen zurückgreifen, wodurch die Enforcebarkeit, die eigentlich ein wesentliches Qualitätsmerkmal der IFRS-Standards sein sollte, nicht gewährleistet sei und daher „dem Ziel einer transparenten nutzerorientierten Information des Kapitalmarktes“[490] nicht genügt werde.

---

483 Siehe DPR (2009 a), Anlage zum Tätigkeitsbericht 2008, S. 8.
484 Siehe DPR (2011 b).
485 DPR (2011 b), S. 6.
486 DPR (2011 b), S. 6.
487 Offenlegungspflichtig sollen weiterhin die gesamten F&E-Aufwendungen einer Periode sein. Siehe DPR (2011 b), S. 7.
488 DPR (2011 b), S. 7.
489 DPR (2012), S. 9.
490 DPR (2012), S. 9.

In diesem Abschnitt wird untersucht, inwiefern die bilanzielle Abbildung der F&E-Aktivitäten im Fokus des Enforcement-Verfahrens steht. Hierzu werden zum einen die seit 2007 im Voraus bekanntgegebenen Prüfungsscherpunkte sowie die Tätigkeitsberichte der DPR untersucht.

Entwicklungskosten werden als expliziter Prüfungsschwerpunkt erstmals im Tätigkeitsbericht des Jahres 2006 erwähnt.[491] Konkrete Fehlerquellen und Fehlerquoten werden allerdings nicht angegeben. Im Sinne ihrer präventiven Tätigkeit und im Rahmen der künftigen Rechnungslegungshinweise weist die DPR jedoch auf die F&E-Angaben hin.[492] Im Jahr 2007 stellen Entwicklungskosten nur im Rahmen des Impairment-Tests einen Prüfungschwerpunkt dar.[493] Im Tätigkeitsbericht desselben Jahres wird die bilanzielle Abbildung von F&E-Ausgaben allerdings gar nicht thematisiert. Besonders eigenartig erscheint die DPR-Vorgehensweise im Jahr 2008. Bei Bekanntgabe der Prüfungsschwerpunkte des Jahres werden die F&E-Ausgaben gar nicht erwähnt.[494] Im Tätigkeitsbericht desselben Jahres gehört deren fehlerhafte bilanzielle Abbildung jedoch zu den häufigsten Hinweisen an die geprüften Unternehmen.[495] Der fehlerhaften bilanziellen Abbildung von F&E-Ausgaben wurde sogar als einziger Fehlerquelle eine gesonderte Seite im Tätigkeitsbericht gewidmet.[496]

In Anbetracht der zahlreichen Prüfungsfeststellungen und der ausführlichen DPR-Berichterstattung zur bilanziellen Abbildung von Entwicklungskosten im Tätigkeitsbericht 2008 ist es äußerst verwunderlich, dass Entwicklungskosten in den folgenden Jahren, die für den in dieser Arbeit untersuchten Stichprobenzeitraum (2003–2009) relevant sind (DPR-Tätigkeitsjahre 2009 und 2010), keinen expliziten Prüfungsschwerpunkt darstellen.[497] In den Tätigkeitsberichten dieser

491 Siehe DPR (2007 a), S. 6.

492 Siehe DPR (2007 a), S. 8.

493 Siehe DPR (2006).

494 Siehe DPR (2007 b). Allenfalls könnte aus dem allgemein gehaltenen Prüfungsschwerpunt „Werthaltigkeit von Vermögenswerten" geschlussfolgert werden, dass auch die Werthaltigkeit aktivierter Entwicklungskosten - analog zum Vorjahr - einen gesonderten Prüfungsschwerpunkt darstellt.

495 Siehe DPR (2009 a), Anlage zum Tätigkeitsbericht 2008, S. 10. Insgesamt kam es bei fünf Unternehmen zu Beanstandungen.

496 Siehe DPR (2009 a), Anlage zum Tätigkeitsbericht 2008, S. 8.

497 Allenfalls könnte – analog 2008 – auch hier vermutet werden, dass zumindest die Bewertung von Entwicklungskosten im Rahmen des ständigen Prüfungsschwerpunktes „Werthaltigkeitsprüfung von Vermögenswerten" – in den Jahren 2009 und 2010 insbesondere im Hinblick auf die verschlechterten Konjunkturaussichten – geprüft wurde. Siehe DPR (2008 b) und DPR (2009c).

Jahre wird das Thema „Entwicklungskosten“ gar nicht mehr erwähnt. Worauf dieser Umstand zurückzuführen ist – vielleicht besteht bei der DPR die Gewissheit, dass die Unternehmen ihre Ratschläge fortan beherzigen würden – sei dahingestellt.

2.7 Zwischenfazit

F&E gewinnt in der heutigen produktions- und wissensbasierten Gesellschaft stetig an Bedeutung. Dies stellt den Standardsetzer vor eine besondere Herausforderung. Er muss einen Kompromiss zwischen der Bereitstellung entscheidungsrelevanter Informationen und deren Verlässlichkeit treffen. Der bilanziellen Abbildung von F&E-Tätigkeiten wird daher sowohl nach den nationalen als auch nach den internationalen Normen ein besonderer Stellenwert eingeräumt. Auf den ersten Blick ist eine beachtliche Regelungsdichte auffällig. Bei genauer Betrachtung eröffnet diese Regelungsdichte dem Abschlussersteller jedoch erhebliche abschlusspolitische Gestaltungsspielräume. Zum einen resultieren aus der Verwendung unbestimmter Rechtsbegriffe und ungenauer Formulierungen zahlreiche Ermessensspielräume, die durch den singulären Charakter von F&E-Aktivitäten verschärft werden. Zum anderen existiert insbesondere nach HGB eine Fülle an expliziten Ansatz- und Bewertungswahlrechten. Während der Abschlussadressat die Auslegung von Ermessensspielräumen i.d.R. nicht nachvollziehen kann (versteckte Abschlusspolitik), ist die Ausübung der Wahlrechte, sofern an entsprechende Angabepflichten geknüpft, für ihn sichtbar (sichtbare Abschlusspolitik).

Sowohl nach IFRS als auch nach HGB wird der F&E-Prozess in eine Forschungs- und in eine Entwicklungsphase unterteilt. Während für in der Forschungsphase anfallende F&E-Ausgaben auf Grund des schwer herstellbaren Bezugs zu konkret verwertbaren Produkten bzw. künftigen Erlösen ein Aktivierungsverbot besteht, sind der Entwicklungsphase zuzurechnende Ausgaben, die dem Erproben und Testen der in der Forschungsphase gewonnenen Erkenntnisse oder Fertigkeiten dienen, aktivierungspflichtig (IFRS) bzw. aktivierungsfähig (HGB). Können beide Phasen nicht verlässlich voneinander abgegrenzt werden, besteht ein Aktivierungsverbot. Da der Abgrenzung zwischen der Forschungs- und Entwicklungsphase folglich ein zentraler Stellenwert zukommt, werden die Begriffe „Forschung“ und „Entwicklung“ in beiden Regelwerken definiert (wovon der deutsche Gesetzgeber im Regelfall absieht), und nach IFRS sogar ausführliche Beispiele für Aktivitäten, die einer der beiden Phasen zuzuordnen sind, angeführt. In diesem Kapitel wurde herausgearbeitet, wie ermessensbehaftet die Trennung zwischen der Forschungs- und Entwicklungsphase trotz all dem ist, insbesondere dann, wenn der F&E-Prozess nicht sequentiell, sondern iterativ oder alternierend verläuft. Dem Abschlussersteller dürfte es nicht schwer fallen, die Unmöglichkeit einer verlässlichen Trennbarkeit der beiden Phasen zu „diagnostizieren“ und damit der nach IFRS grundsätzlich bestehenden Aktivierungspflicht von in der Entwicklungsphase anfallenden F&E-Tätigkeiten zu entgehen (faktisches Ansatzwahlrecht). Nach beiden Regelwerken kann im Fall einer Aktivierung durch eine entsprechende Auslegung der grundsätzlich für art- und funktionsgleiche Vermögenswerte (Vermögensgegenstände) identisch festzulegenden Abgrenzungskriterien der Umfang der aktivierungsfähigen Ausgaben erheblich beeinflusst werden.[498]

Für in der Entwicklungsphase anfallende F&E-Ausgaben besteht nach IFRS eine Aktivierungspflicht, wenn die Ansatzkriterien des IAS 38.57, die die spezifischen Ansatzkriterien für immaterielle Vermögenswerte konkretisieren sollen, erfüllt sind. Besonders ermessensbehaftet ist das Kriterium des Nachweises des wahrscheinlichen künftigen Nutzenzuflusses,[499] für dessen Auslegung eine Einschätzung des Grades an Sicherheit der mit der Nutzung des Vermögenswertes einhergehenden künftigen Einzahlungsüberschüsse erforderlich ist. Neben dem nicht näher konkretisierten Wahrscheinlichkeitsbegriff des künftigen Nutzenzuflusses ermöglicht das anwendbare Konzept der zahlungsmittelgenerierenden Einheit eine Verrechnung etwaig negativer Zahlungsströme des selbst erstellten immateriellen Vermögenswertes mit positiven Effekten anderer Vermögenswerte der abgesteckten Bewertungseinheit. Nicht weniger abschlusspolitisch bedeutsam ist das Kriterium der technischen Realisierbarkeit.[500] Einerseits soll es durch eine nicht rein ingenieurmäßige Betrachtung die rechtlichen und regulatorischen Rahmenbedingungen mit einbeziehen, gleichzeitig jedoch nicht zu einem generellen Aktivierungsverbot von Entwicklungskosten in streng regulierten Branchen führen. Das stellt den Abschlussersteller vor eine schwierige Aufgabe.[501] Äußerst dehnbar ist auch das Kriterium der Fertigstellungsabsicht, da letztere selbst bei Tätigung von F&E-Ausgaben zum Aufstellungszeitpunkt nicht zwingend vorliegen muss.[502]

---

498 Zur Abgrenzung von Forschungs- und Entwicklungsphase siehe Abschn. 2.3.2.4 (IFRS) bzw. Abschn. 2.4.3.2 (HGB).

499 Vgl. Abschn. 2.3.2.5.4 und 2.3.2.3.4.

500 Vgl. Abschn. 2.3.2.5.2.

501 Obwohl eine nähere Konkretisierung dieses Kriteriums wünschenswert wäre, ist fraglich, ob dadurch weniger Ermessensspielräume resultieren würden. Nach US-GAAP wurde bspw. der Begriff der technischen Realisierbarkeit im Zusammenhang mit selbst erstellter Software näher konkretisiert. Trotzdem konnte dadurch eine sehr unterschiedliche Bilanzierungspraxis – selbst innerhalb derselben Branche – nicht verhindert werden.

502 Vgl. Abschn. 2.3.2.5.3.

Handelsrechtlich ist im Schrifttum strittig, ob den in der Entwicklungsphase anfallenden F&E-Ausgaben als Voraussetzung für deren Aktivierungsfähigkeit Vermögensgegenstandseigenschaft zukommen muss oder ob es ausreichend ist, wenn aktivierte Entwicklungsausgaben mit hoher Wahrscheinlichkeit zur künftigen Entstehung eines Vermögensgegenstandes führen. Nach Ansicht des Verfassers lässt sich sowohl aus der Gesetzesbegründung als auch rein sachlogisch nur letzterer Fall vertreten. Ferner besteht im handelsrechtlichen Schrifttum Uneinigkeit darüber, durch welche Merkmale die Vermögensgegenstandseigenschaft konstituiert ist. Strittig ist insbesondere, ob das zwingend erforderliche Kriterium der Einzelveräußerbarkeit unter Annahme der Zerschlagungsfiktion oder der Unternehmensfortführung erfüllt sein muss. Nach Ansicht des Verfassers hat sich der Vermögensgegenstandsbegriff durch die Einführung des Aktivierungswahlrechts für Entwicklungskosten insofern konkretisiert, als dass den Vertretern der Zerschlagungsfiktion eine endgültige Abfuhr erteilt werden muss. Ansonsten könnten selbst erstellte Vermögensgegenstände mit interner Zweckbestimmung gar keine Vermögensgegenstandseigenschaft aufweisen.

Im Zusammenhang mit dem Verbot der Nachaktivierung von einmal der Forschungsphase zugeordneten Aufwendungen könnte es zu weiteren abschlusspolitischen Gestaltungsmöglichkeiten kommen, wenn der von Teilen der Literatur vertretenen Auffassung gefolgt wird, sämtliche F&E-Ausgaben einer Berichtsperiode als aktivierungsfähig zu betrachten, wenn die Aktivierungsvoraussetzungen zu einem beliebigen Zeitpunkt während der Berichtsperiode erfüllt sind. Nach Ansicht des Verfassers ist solch eine Vorgehensweise jedoch nach beiden untersuchten Regelwerken strikt abzulehnen. Sie würde nämlich all die detaillierten Regelungen zur Abgrenzung von Forschungs- und Entwicklungsphase ad absurdum führen.

Erhebliche abschlusspolitische Gestaltungsspielräume ergeben sich auch im Zusammenhang mit der Bewertung selbst erstellter immaterieller Vermögenswerte (Vermögensgegenstände). Bei der Erstbewertung besteht ein Ermessensspielraum bei der Beurteilung, inwiefern bestimmte Kosten (z.B. eines Leiters der F&E-Abteilung oder die Abnutzung der Laboreinrichtung) in einem direkten Zusammenhang zur Erstellung des immateriellen Vermögenswertes (Vermögensgegenstandes) stehen und somit aktivierungspflichtige Gemeinkosten darstellen. Darüber hinaus besteht nach HGB – im Gegensatz zu den IFRS – ein Wahlrecht zur Berücksichtigung von Kosten ohne Fertigungsbezug als Bestandteil der Herstellungskosten. Obwohl der Ermessensspielraum nach HGB hierdurch ungleich größer ist, wird davon ausgegangen, dass eine entsprechende „Interpretation" der angemessenen Teile der nicht in einem direkten Fertigungszusammenhang stehenden Gemeinkosten bzw. in der Rechnungslegungspraxis zu weitestgehend gleich hohen Aktivierungsbeträgen wie nach den IFRS führen wird.[503] Ein weiterer abschlusspolitischer Gestaltungsspielraum resultiert aus der Einbeziehungspflicht (IFRS) bzw. dem Einbeziehungswahlrecht (HGB) von Fremdkapitalkosten. Er ist nach IFRS umso gravierender, da bei Vorliegen eines qualifying asset nicht nur die Kosten für Fremdkapital, das direkt für die Finanzierung eines spezifischen F&E-Projektes aufgenommen wurde, sondern auch die Kosten der allgemeinen Unternehmensfinanzierung mittels gewogenen Finanzierungskostensatzes zu berücksichtigen sind. Die abschlusspolitischen Gestaltungsspielräume verschärfen sich dadurch, dass nur die innerhalb des Herstellungszeitraums anfallenden Kosten aktivierungsfähig sind. Dieser beginnt mit dem Übergang von der Forschungs- in die Entwicklungsphase und endet bereits mit Fertigstellung des Vermögenswertes (Vermögensgegenstandes), nicht erst mit dessen Nutzungsbeginn oder Verkauf. Neben den Ermessensspielräumen bei der Bestimmung des Übergangszeitpunkts von der Forschungs- in die Entwicklungsphase könnte ein an einem möglichst hohen Jahresergebnis interessiertes Unternehmen gegenüber Dritten (z.B. dem Wirtschaftsprüfer) entgegen den tatsächlichen Verhältnissen behaupten, dass der Vermögenswert (Vermögensgegenstand) nicht vollends fertiggestellt ist und somit bis zu dessen Nutzungsbeginn oder der Veräußerung dem Grunde nach Erhaltungsaufwendungen aktivieren. Externe Kontrollinstitutionen (z.B. der Wirtschaftsprüfer oder die DPR) hätten kaum eine Möglichkeit, Gegenteiliges nachzuweisen.

Hinsichtlich der Folgebewertung ergeben sich auf Grund der Individualität von F&E-Tätigkeiten Ermessensspielräume bei der Schätzung der voraussichtlichen Nutzungsdauer. Bei noch nicht fertiggestellten Vermögenswerten ergeben sich nach IFRS abschlusspolitische Gestaltungsspielräume im Rahmen des mindestens einmal jährlich durchzuführenden Impairment Tests durch die Wahl des Durchführungszeitpunktes und nach Nutzungsbeginn durch einen Verzicht auf die Durchführung des impairment tests unter dem Vorwand des Nicht-Vorhandenseins eines triggering events oder wegen Inanspruchnahme der Erleichterungsvorschriften des IAS 36.22. Kommt bei Durchführung des Impairment Tests der Nutzungswert als Ausprägungsform des erzielbaren Betrags zur Anwendung, so ermöglicht das Konzept der zahlungsmittelgenerierenden Einheit eine Verrechnung möglicher negativer Effekte eines Teils dieser Einheit (z.B. negativer Zahlungsmittelrückflüsse des selbst erstellten immateriellen Vermögenswertes) mit

503 Vgl. Arbeitskreis „Immaterielle Werte im Rechnungswesen" der Schmalenbachgesellschaft e.V. (2008), S. 1818.

positiven Effekten anderer Teile der Einheit. Dadurch kann der Abschlussersteller die Erfassung eines Wertminderungsaufwands für den selbst erstellten immateriellen Vermögenswert umgehen. Auch nach HGB ergeben sich bei der Prüfung des Erfordernisses einer außerplanmäßigen Abschreibung erhebliche Ermessensspielräume. Da für einen selbst erstellten immateriellen Vermögenswert im Regelfall weder ein Wiederbeschaffungswert noch ein Einzelveräußerungswert bestimmbar ist, ist der beizlegende Wert durch Zugrundelegung des Ertragswertverfahrens zu ermitteln. Hierbei entstehen v.a. durch die Schätzung der künftigen Zahlungsmittelrückflüsse sowie durch die Berücksichtigung der unternehmensindividuellen Gegebenheiten beim Diskontierungssatz Ermessensspielräume.

Im Fall einer Aktivierung wird sowohl nach IFRS als auch nach HGB eine Fülle an Angabepflichten gefordert. Trotzdem werden wichtige Informationen vom Abschlussersteller vermisst und bei vielen ist nicht nachprüfbar, ob sie eingehalten wurden.[504] Besonders problematisch erscheinen jedoch die Ausweisregeln im Fall einer erfolgswirksamen Erfassung sämtlicher F&E-Ausgaben. Nach IFRS muss immerhin der aufwandswirksam erfasste Betrag angegeben werden. Ob der Grund für die vollständige aufwandswirksame Erfassung der F&E-Ausgaben jedoch darin liegt, dass im Berichtsjahr sämtliche Ausgaben in der Forschungsphase angefallen sind oder daran, dass eine Unterteilung zwischen Forschungs- und Entwicklungsphase nicht möglich ist, muss dem Abschlussadressaten nicht mitgeteilt werden. Besonders fragwürdig ist die Regelung nach HGB, der zu Folge im Fall einer aufwandswirksamen Erfassung aller F&E-Ausgaben rein gar nichts angegeben werden muss. Da auch im Lagebericht keine quantitative Berichterstattung über die F&E-Tätigkeiten gefordert wird, kann ein Unternehmen durch eine Nicht-Aktivierung eine vollständige Geheimhaltung des Umfangs seiner F&E-Aktivitäten bewirken.

Den abschlusspolitischen Gestaltungsmöglichkeiten, vor allem den Ermessensspielräumen, wird nur bedingt durch den Stetigkeitsgrundsatz entgegengewirkt. Ermessensspielräume sollten zwar für gleiche Sachverhalte auf die gleiche Art und Weise ausgelegt werden. In vielen Grenzfällen kann der Abschlussersteller jedoch den Stetigkeitsgrundsatz de facto durchbrechen, ohne dass dieser Umstand einem Dritten auffällt oder von den Kontrollinstitutionen beanstandet werden kann. So existiert i.d.R. nicht ein exakter Zeitpunkt sonder ein „verhandelbarer" Zeitraum, innerhalb dessen der Übergang von der Forschungs- in die Entwicklungsphase festgelegt werden könnte. Je nach abschlusspolitischer Zielsetzung dürfte es einem

---

504 Zu den nachprüfbaren Anhangsangaben nach IFRS vgl. hierzu ausführlich Abschn. 3.8.2.

Unternehmen selbst bei projektübergreifend festgelegten Abgrenzungskriterien nicht schwer fallen, den Übergangszeitpunkt etwas früher oder später „festzustellen“ als bei einem vergleichbaren Sachverhalt des Vorjahres. Eine Durchbrechung des Stetigkeitsgrundsatzes ist selbstverständlich auch bei Ausübung eines expliziten Wahrechtes möglich. Zumindest für eine einmalige Durchbrechung des Stetigkeitsgrundsatzes dürfte im Regelfall das Vorliegen eines begründbaren Ausnahmefalls „nachweisbar“ – notfalls mit dem Übergang von oder zu vereinfachten Bewertungsverfahren. In diesem Fall ist für den Abschlussadressaten jedoch i.d.R. auf Grund der erforderlichen Anhangsangaben eindeutig sichtbar, dass Abschlusspolitik betrieben wird.

Die institutionellen Rahmenbedingungen sollen gewährleisten, dass Abschlusspolitik innerhalb des gesetzlichen Rahmens ausgeübt wird. In diesem Zusammenhang war die bilanzielle Abbildung von F&E-Aktivitäten bereits Untersuchungsschwerpunkt der DPR. Offensichtliche Normenverstöße stellen in der Rechnungslegungspraxis keinen seltenen Einzelfall dar, unabhängig davon, aus welcher Intention sie erfolgen. Dabei verläuft die Grenze zwischen einer noch regelkonformen Normenauslegung und einem Regelverstoß oft fließend.

Vor dem Hintergrund der in diesem Abschnitt herausgearbeiteten abschlusspolitischen Gestaltungsspielräume und der Darstellung der wesentlichen institutionellen Rahmenbedingungen soll im folgenden Verlauf der Arbeit untersucht werden, wie die F&E-Bilanzierungspraxis in Deutschland ausgestaltet ist (Abschn. 3) und was die Determinanten der Aktivierung von Entwicklungskosten sowie der Disclosure Compliance darstellen (Abschn. 4). Dabei werden aus drei Gründen ausschließlich IFRS-Abschlüsse untersucht. Erstens kann aus HGB-Abschlüssen, denen keinerlei Angaben zu F&E-Aktivitäten entnehmbar sind, nicht geschlussfolgert werden, ob das betroffene Unternehmen gar keine eigenständige F&E betreibt oder ob es einfach keine Informationen dazu offenlegen will. Zweitens konzentriert sich das zweistufige Enforcement-Verfahren, dessen Einfluss auf das F&E-Bilanzierungsverhalten mitunter Untersuchungsgegenstand der empirischen Studien darstellt, auf IFRS-Abschlüsse. Drittens war zum Zeitpunkt der Datenerhebung (2009 bis 2010) noch keine ausreichend große Grundgesamtheit an BilMoG-Abschlüssen vorhanden.

3. Deskriptive Statistik: Bilanzielle Abbildung der Forschungs- und Entwicklungskosten in der deutschen Rechnungslegungspraxis

3.1 Forschungsfragen und Vorgehensweise

Im vorliegenden Abschnitt wird mittels deskriptiver Statistik die deutsche Bilanzierungspraxis von F&E-Kosten analysiert. Dabei erfolgt aus den in Abschn. 2.6. erläuterten Gründen eine Fokussierung auf IFRS-Abschlüsse. Im Einzelnen werden folgende Forschungsfragen untersucht:

Bedeutung von F&E (Abschn. 3.5.)

F.1: Welche Bedeutung hat F&E für Unternehmen, die in Deutschland börsennotiert sind?

F.2: Wie entwickelt sich die Bedeutung von F&E während des Zeitraums 2003–2009?

F.3: Inwiefern unterscheidet sich die Bedeutung von F&E in den unterschiedlichen Branchen?

F.4: Wie sind die F&E-Ausgaben unterhalb der Unternehmen verteilt?

Aktivierungsverhalten (Abschn. 3.6)

F.1: Handelt es sich bei der Aktivierungsentscheidung um eine einmalig getroffene strategische Entscheidung, die über die Jahre hinweg beibehalten wird, oder wird die Entscheidung im Zeitablauf öfter geändert, was ein Hinweis für eine abschlusspolitische Motivation sein könnte?

F.2: Lässt sich bei denjenigen Unternehmen, die die Aktivierungsentscheidung im Zeitablauf öfter revidieren ein unternehmensübergreifendes Aktivierungsmuster wiederkennen?

F.3: Lassen sich während des Untersuchungszeitraums Trends im Aktivierungsverhalten beobachten?

F.4: Inwiefern bestehen branchenspezifische Unterschiede im Aktivierungsverhalten? Inwiefern besteht ein Zusammenhang zwischen der Bedeutung von F&E und dem Aktivierungsverhalten?

F.5: Inwiefern unterscheidet sich das Aktivierungsverhalten der IFRS-Pflicht-Anwender von dem der Freiwilligen IFRS-Anwender?

Folgebewertung (Abschn. 3.7.)

F.1: Nach welchen Grundsätzen erfolgt die Folgebewertung aktivierter Entwicklungskosten? Welche Abschreibungsmethoden und Nutzungsdauern werden der Folgebewertung zu Grunde gelegt?

Disclosure Compliance (Abschn. 3.8.)

Quantitativ

F.1. Inwiefern wird den in IAS 38 geforderten F&E-spezifischen Angabepflichten in der deutschen Rechnungslegungspraxis nachgekommen? Wo liegen die häufigsten Fehlerquellen?
F.2: Wie entwickelt sich die Disclosure Compliance während des Zeitraums 2003–2009? Welchen Einfluss hat die F&E-spezifische DPR-Tätigkeit?
F.3. Inwiefern bestehen branchenspezifische Unterschiede in der Disclosure Compliance?
F.4. Inwiefern unterscheidet sich die Disclosure Compliance der IFRS-Pflicht-Anwender von derjenigen der Freiwilligen IFRS-Anwender?

Qualitativ

F.1: Wo und in welcher Form werden die geforderten Anhangangaben getätigt?
F.2: Wie werden die Forschungs- und Entwicklungsphase voneinander abgegrenzt?
F.3: Wo liegt die Grenze zwischen Ermessensausübung und Regelverstoß?

Zuvor werden die Forschungsfragen in die bisherigen empirischen Studien zur F&E-Bilanzierungspraxis in Deutschland eingeordnet (Abschn. 3.2.), die Stichprobe hergeleitet (Abschn. 3.3.) und die dieser Studie zu Grunde liegenden Annahmen begründet (Abschn. 3.4.).

3.2 Einordnung in die bisherige Literatur

Zur F&E-Bilanzierungspraxis von nach IFRS/IAS Rechnung legenden Unternehmen mit Sitz und Börsennotierung in Deutschland existieren bereits mehrere empirische Studien. Die meisten von ihnen untersuchen mittels deskriptiver Statistik die Existenz aktivierter Entwicklungskosten, die Aktivierungsquoten, die Auswirkungen der Ausübung des faktischen Aktivierungswahlrechtes auf den ausgewiesenen Gewinn[505] sowie Kennzahlen, die über die Relevanz der F&E-Aktivitäten

505 Vgl. Haller et al. (2010).

für die untersuchten Unternehmen Aufschluss geben sollen. Zwei Studien untersuchen zusätzlich, ob den in IAS 38 geforderten Anhangangabepflichten nachgekommen wird.[506]

Bemerkenswert sind zum einen die teilweise sehr heterogenen Ergebnisse dieser Studien. Ein Grund hierfür könnten die unterschiedlichen Betrachtungszeiträume und Stichprobenabgrenzungen sein. Einen weiteren Grund könnten die der Auswertung zu Grunde liegenden Annahmen (siehe Abschn. 3.4.) darstellen. Zum anderen sind auch deutliche branchenspezifische Unterschiede erkennbar – sowohl in der Bedeutung von F&E[507], als auch in der Bilanzierungspraxis. Hervorgehoben wird vor allem das gegensätzliche Aktivierungsverhalten in zwei sehr forschungsintensiven Branchen: der Automobilbranche, in der sehr viel aktiviert wird[508] und der Pharmabranche mit sehr geringen Aktivierungsquoten, da als Aktivierungszeitpunkt meist erst die behördliche Zulassung gewählt wird.[509] Eine Sonderstellung nimmt die selbst erstellte Software ein, hinsichtlich derer eine branchenübergreifende Aktivierung beobachtet wird.[510] Den geforderten Anhangangebepflichten wird den bisherigen Studien zu Folge nicht in vollem Umfang entsprochen. Oft wird nicht einmal eine Unterteilung in erworbene und selbst erstellte immaterielle Vermögenswerte vorgenommen,[511] wodurch eine Einsicht in das Aktivierungsverhalten erschwert wird.

---

506 Hierbei handelt es sich um die Studien von Hager/Hitz (2007) und von Von Keitz (2005).

507 Ungeachtet der Bedeutung der F&E-Aktivitäten scheinen aktivierte Entwicklungskosten nach dem GoF die zweitgrößte Kategorie Immaterieller Vermögenswerte darzustellen. Vgl. Küting (2008), S. 318.

508 Vgl. Haller et al. (2010), S 687, Von Keitz (2005), S. 40, Wulf (2008), S. 138, Hager/Hitz (2007), S. 209.

509 Vgl. Haller et al. (2010), S. 687, Leibfried/Pfanzelt (2004), S. 494, Wulf (2008), S. 138, Hager/Hitz (2007), S. 210, Hitz (2007), S. 323. Auch im internationalen Umfeld werden im Pharmabereich die Ansatzkriterien für Entwicklungskosten erst mit Gesuchseinreichung bei der zuständigen Behörde, wie z. B. der FDA (Food and Drug Administration – Arzneimittelzulassungsbehörde) als erfüllt erachtet. Vgl. Baetge/Von Keitz (2011), Tz. 58.

510 Vgl. Leibfried/Pfanzelt (2004), S. 497.

511 Siehe z. B. Von Keitz (2005), S. 39, der zu Folge in den Jahren 2002 und 2003 40 der 58 Unternehmen, die Entwicklungskosten aktivieren, keine Unterteilung in erworbene und selbst erstellte Immaterielle Vermögenswerte des Anlagevermögens vornehmen. Vgl. auch Leibfried/Pfanzelt (2004), S. 494, die in ihrer Studie mangels entsprechender Anhangsangaben keine differenzierte Betrachtung erworbener und selbst erstellter Immaterieller Vermögenswerte vornehmen konnten.

Tab. 3-1: Übersicht der bisherigen empirischen Studien zur F&E-Bilanzierung von Unternehmen, die an der Frankfurter Wertpapierbörse notiert sind und IAS 38 (rev. 2004 und rev. 1998) anwenden

Studie und Quelle	Untersuchte Unternehmen (Anzahl)	Geschäftsjahre (Beobachtungen)	Existenz Akt. Entw.K.[1]	Aktivierungsquote[2]	Planmäßige Abschreibung	Bedeutung von F&E (Kennzahlen)	Disclosure Compliance (wesentliche Feststellungen)
Fülbier et al. (2000)	NEMAX Biotechnology-Branchenindex (IAS- Bilanzierer) (5)	1999[3] (5)	60%[4]	[4]	– 2–10 Jahre,[4] – linear	[4]	–
Von Keitz (2005)	DAX, MDAX, SMAX, NEMAX (100)	2001–2003 (300)	2001: 57% * 2002: 58% * 2003: 58% *	–	–	–	– Keine Trennung zwischen selbst erstellten und erworbenen IVW[5] – IVW-Sammelposten[5]
Leibfried/ Pfanzelt (2004)	DAX, MDAX, TecDAX (50)	2002 (50)	66% *	27,0% *	– 7,1 Jahre – linear	– F&E-Intensität: – 2,9% (individuell) – 2,1% (aggregiert) – Akt. Entw.K./AV: – 4,1% (gfb)[6] – 1,2% (nicht-gfb)	–
Hager/Hitz (2007)	DAX, MDAX, TecDAX (93)	2005 (93)	49,5% *	19,4% *	–	– Akt. Entw.K./IVW: – 8,1% *	– 34,4% tätigen keine Angaben zu F&E – Insgesamt schlechte Disclosure Compliance
Wulf (2008)	DAX, MDAX, SDAX (122)	2006 (122)	–	DAX (23) 51,5% * MDAX (49) 21,7% * SDAX (50) 18,7% *	–	–	– Keine Trennung zwischen selbst erstellten und erworbenen IVW
Küting (2008)	DAX, MDAX, DAX, TecDAX (127)	2007 (127)	49,6% *[7]	–	–	– Akt. Entw.K./IVW: – 7,3% *[7]	–
Möller/ Piwinger (2009)	DAX (30)	2007 (30)	70,0%	15,7% *	–	– Akt. Entw.K./EK – 3,0% – F&E-Aufw./JE – 41,8%	–

Studie und Quelle	Untersuchte Unternehmen (Anzahl)	Geschäftsjahre (Beobachtungen)	Existenz Akt. Entw.K.[1]	Aktivierungsquote[2]	Planmäßige Abschreibung	Bedeutung von F&E (Kennzahlen)	Disclosure Compliance (wesentliche Feststellungen)
Haller et. al. (2010)	DAX, MDAX, SDAX, TecDAX (85)	2005–2007 (85)	2005: 55,3% 2006: 57,6% 2007: 62,4%	– Geringste Quote (ca. 5%) im Cluster „Chemicals, Pharma, Healthcare"*[8] – Höchste Quote (ca. 60%) im Finanzdienstleistungsbereich für selbsterstellte Software *[8]	–	– F&E-Intensität: Von annähernd 0% im Cluster „Rohstoffe & Versorgung" bis knapp 7% im Cluster „Chemical & Pharma"[8] – Akt. Entw.K. > 50% aller IVW in der Industriebranche[9]	–
Petersen et. al. (2010)	Auswahl aus der Automobilbranche (5)[10]	2007–2008 (5)	100%	von 5% (BMW) bis 43% (Porsche)	– 4–5 Jahre – linear	– Akt. Entw.K./IVW: – 72% (2008) – 78% (2007)	–

[1] in % der Beobachtungen. Hier wird also jedes Unternehmen als genereller „Aktivierer" oder „Nicht-Aktivierer" eingestuft.

[2] Wenn nicht anders angegeben, handelt es sich bei den angeführten Kennzahlen um aggregierte Größen. Zur Definition sowie den Vor- und Nachteilen der Verwendung aggregierter oder unternehmensindividueller Größen siehe Punkt 5 in diesem Abschn. Es wurde auf eine Nachkommastelle gerundet.

[3] Alle 5 IFRS-Frühanwender bilanzieren nach IAS 38 (rev. 1998). Eine frühere Anwendung als das effective date (01.07.1999) wurde vom IASC empfohlen.

[4] Für jedes Unternehmen wird separat der Anteil der aktivierten Entwicklungskosten im Verhältnis zu dem Bilanzposten, unter dem sie ausgewiesen sind, angegeben. Bei drei Unternehmen erfolgt eine Aktivierung, die sich bei zwei Unternehmen auf ca. 25% der Immateriellen Vermögenswerte beläuft. Bei den anderen beiden Unternehmen erfolgt keine Angabe zu F&E-Kosten.

[5] Im Schnitt fassen 50% der Unternehmen sämtliche IVW des AV in einer Position zusammen. In den Jahren 2002 und 2003 nehmen 40 der 58 Unternehmen, die Entwicklungskosten aktivieren, keine Unterteilung in erworbene und selbst erstellte IVW des Anlagevermögens vor.

[6] gfb = geschäftsfeldbezogene Entwicklungskosten. Nach Abzug der 5 forschungsintensivsten Unternehmen ergibt sich insgesamt ein Verhältnis von 2,6%.

[7] Große Unterschiede existieren auch innerhalb einzelner Branchen (v.a. der Automobilindustrie). Die 3 größten Automobilkonzerne (VW, BMW, Daimler) akkumulieren 70,50% der insgesamt (über alle Branchen) aktivierten Entwicklungskosten.

[8] Ein branchenübergreifender Durchschnitt wurde nicht berechnet.

[9] Die Industriebranche entspricht der Industrial Branche der Deutsche Börse AG.

[10] Bei der Auswahl aus der Automobilbranche handelt es sich um die Audi AG, BMW AG, Daimler AG, Porsche SE und die Volkswagen AG.

* starke branchenabhängige Unterschiede

Verwendete Abkürzungen: Akt. Entw.K. = aktivierte Entwicklungskosten, AV = Anlagevermögen, IVW = Immaterielle Vermögenswerte, JE = Jahresergebnis

In Tab. 3-1 wird ein zeitlich geordneter Überblick der wichtigsten empirischen Studien zur bilanziellen Abbildung von Forschungs- und Entwicklungskosten in der deutschen Rechnungslegungspraxis gegeben und die wichtigsten Ergebnisse dieser Studien zusammengefasst. Berücksichtigt werden nur Studien zu Jahresabschlüssen, die nach den Vorschriften des IAS 38 (rev. 1998) und des IAS 38 (rev. 2004) aufgestellt sind, da die beiden Standards keine konzeptionellen Änderungen hinsichtlich der F&E-Bilanzierung aufweisen, sich jedoch von der Vorgängervorschrift (IAS 9) unterscheiden.[512] Da in der vorliegenden Studie der Fokus bewusst auf *ein* legal enforcement environment (Deutschland) gelegt wird (siehe Abschn. 3.3.), werden Studien, in denen deutsche Unternehmen lediglich als Teil einer internationalen Stichprobe vorkommen, nicht näher angeführt.[513] Unberücksichtigt bleiben auf Grund ihrer von der vorliegenden Studie abweichenden Methodik (Experteninterviews statt Geschäftsberichtsanalyse) auch die empirischen Studien von Bramann (2009) und Behrendt-Geißler/Weißenberger (2012). Auf die Studie von Ewelt/Knauer (2010), in der die Determinanten der F&E-Berichterstattungsqualität im Lagebericht untersucht werden, wird in Abschn. 4 eingegangen.

Die bisherigen empirischen Studien zur F&E-Bilanzierungspraxis im deutschsprachigen Raum weisen nach Ansicht des Verfassers, nachfolgend angeführte Mängel auf, die für die Repräsentativität und Aussagekraft von deren Ergebnissen abträglich sind. Des Weiteren blieben bisher einige wichtige Fragestellungen unberücksichtigt. Im Einzelnen grenzt sich die vorliegende Studie in folgenden Aspekten von den Vorgängerstudien ab:

1. **Untersuchungsobjekt** der bisherigen Studien stellten ausgewählte Börsensegmente der Frankfurter Wertpapierbörse dar. Manchmal wurde die Stichprobenauswahl zusätzlich auf spezifische Branchen reduziert. Dadurch blieben in der bisherigen empirischen Forschung zahlreiche Unternehmen, die keinen besonderen Segmenten oder Branchen zugeordnet sind, unberücksichtigt. In der vorliegenden Studie wird erstmals Aufschluss über die F&E-Bilanzierungspraxis ebendieser Unternehmen gegeben. In die Stichprobe einbezogen

512 Effective date des IAS 38 (rev. 1998) ist der 01.07.1999, wobei eine frühere Anwendung vom IASB empfohlen wurde (IAS 38 (rev. 1998) Tz. 122.

513 Hierbei handelt es sich vornehmlich um die Studie von Hitz (2007), in der die am Dow Jones 200 STOXX gelisteten Unternehmen untersucht werden, die Studien von Hüttche et al. (2007) und Hüttche (2005), in denen das Bilanzierungsverhalten im deutschsprachigen Raum, also inklusive Österreich und der Schweiz, analysiert wird, sowie die Studie von Eiselt/Bindick (2009), in der zehn europäische Automobilhersteller den Untersuchungsgegenstand darstellen.

werden sämtliche Unternehmen, die an der Frankfurter Wertpapierbörse notiert und deren Daten in der Worldscope-Datenbank vorhanden sind. Es erfolgt keine Fokussierung auf ausgewählte Börsensegmente oder Branchen. Dies hat naturgemäß auch Auswirkungen auf den **Stichprobenumfang.** Dieser war in den bisherigen Studien auf maximal 127 Unternehmen[514] und 300 Beobachtungen[515] beschränkt. Dadurch ist die Repräsentativität dieser Studien fraglich. Sie wird sogar bei der umfangreichsten aller bisherigen Studien von der Verfasserin selbst als kritisch betrachtet.[516] In der vorliegenden Studie werden durch die Untersuchung von 362 Unternehmen (1.722 Beobachtungen) statistisch aussagekräftigere Ergebnisse generiert.

2. Der **Betrachtungszeitraum** der bisherigen Studien betrug in der Regel ein und maximal drei Geschäftsjahre. Langfristige Trends im Bilanzierungsverhalten konnten deshalb noch nicht untersucht werden. In der vorliegenden Studie wird im Gegensatz dazu ein zusammenhängender Zeitraum von sieben Jahren untersucht. Dadurch kann erstmals ein Einblick in die Entwicklung der Bedeutung von F&E, des Aktivierungsverhaltens und der Disclosure Compliance im Zeitablauf gewonnen werden.
3. Die wenigen Studien, die einen Mehrjahreszeitraum betrachten, leiten teilweise vermeintliche Trends im Bilanzierungsverhalten ab, obwohl sich die Zusammensetzung der Stichprobe im Zeitablauf in nicht unerheblichem Ausmaß verändert. So sind beispielsweise in der Studie von Von Keitz (2005) in den 100 IFRS-Anwendern des Jahres 2002 nur 69 des Jahres 2001 vorhanden.[517] Daher kann grundsätzlich nicht differenziert werden, ob die beobachtete Entwicklung auf eine generelle Veränderung im Bilanzierungsverhalten oder einfach auf die Betrachtung unterschiedlicher Unternehmen bei an sich unverändertem Bilanzierungsverhalten zurückzuführen ist. In der vorliegenden Studie wird diesem Umstand durch die zusätzliche differenzierte Betrachtung eines **balanced sample** Abhilfe geleistet.

---

514 Siehe. Küting (2008).

515 Siehe Von Keitz (2005).

516 Vgl. Von Keitz (2005), S. 13. Neben dem Stichprobenumfangs wird auch die bewusste Auswahl der Unternehmen als „nicht förderlich für einen Repräsentativitätsschluss" (ebd.) bezeichnet.

517 Vgl. Von Keitz (2005), S. 12. Neben diesem Umstand ist in der genannten Studie die Stichprobenauswahl generell nur schwer nachvollziehbar. So werden die 100 untersuchten Unternehmen nach „der zeitlichen Reihenfolge des Eingangs der Konzernabschlüsse als Print Version" (ebd., S. 10) abgesteckt.

4. Die Kennzahlen-Berechnung (Aktivierungsquote, F&E-Intensität u.a.) erfolgt in den bisherigen Studien größtenteils anhand aggregierter Rechengrößen, also unternehmensübergreifender Summen (siehe Tab. 3-1). So wird die Aktivierungsquote beispielweise durch Division der Summe der von allen untersuchten Unternehmen aktivierten Entwicklungskosten durch die Summe der von allen Unternehmen getätigten F&E-Ausgaben errechnet. Die Aussagekraft derartiger Kennzahlen ist nach Ansicht des Verfassers fragwürdig, da die Bilanzierungspraxis großer Unternehmen stark überproportional ins Gewicht fällt. Um Erkenntnisse über die Bilanzierungspraxis in Deutschland zu erlangen, werden in der vorliegenden Studie grundsätzlich **unternehmensindividuelle Kennzahlen** verwendet. Zuerst werden also die Kennzahlen individuell für jedes Unternehmen ermittelt und anschließend der Mittelwert aller individuellen Kennzahlen berechnet.[518]
5. Die bisherigen Studien untersuchen hauptsächlich Aktivierungsquoten und Verhältnisgrößen, die Aufschluss über die Bedeutung aktivierter Entwicklungskosten geben sollen. Des Öfteren wird einfach auf das Vorhandensein aktivierter Entwicklungskosten eingegangen ohne zu differenzieren, in welchem Geschäftsjahr die Aktivierung erfolgt ist. Die **Aktivierungsentscheidung** als solche und deren Entwicklung über den Zeitverlauf blieben bisher gänzlich unberücksichtigt. Sie stellt einen Untersuchungsschwerpunkt der vorliegenden Studie dar. Somit wird erstmals untersucht, ob die Aktivierungsentscheidung eine einmalige strategische Entscheidung darstellt, oder ob diese Entscheidung von Jahr zu Jahr neu getroffen wird.
6. In der vorliegenden Studie wird erstmalig das **Aktivierungsverhalten der Freiwilligen IFRS-Anwender** gesondert analysiert.
7. Erstmalig erfolgte auch eine detaillierte Untersuchung der **Folgebewertung**.
8. Die vorliegende Studie unterscheidet sich von den Vorgängerstudien deutlich in den **zu Grunde liegende Annahmen** (siehe Abschn. 3.4.), wodurch nach Ansicht des Verfassers wesentlich aussagekräftigere Ergebnisse erzielt werden.

518 Zu den Vor- und Nachteilen der Verwendung aggregierter oder unternehmensindividueller Kennzahlen vgl. auch Haller et. al. (2010), S. 683.

3.3 Herleitung der Stichprobe

Im Gegensatz zu den bisherigen Studien erfolgt keine Beschränkung auf ausgewählte Segmente des Prime Standard. Ausgangsgröße sind sämtliche Unternehmen, deren Aktien im Zeitraum von 2003 bis 2009 an der Frankfurter Wertpapierbörse gehandelt werden und deren Daten in der von Thomson-Financial betriebenen Datenbank „Worldscope“ erhältlich sind (6.663 Beobachtungen).

Die Fokussierung auf **börsennotierte Unternehmen** erfolgt aus zwei Gründen. Zum einen liegt die Vermutung nahe, dass sich die stärkere öffentliche Exponiertheit dieser Unternehmen über eigene Anreize (z.B. Kapitalbeschaffung) und institutionelles Enforcement (z.B. Prüfungspflicht, schärfere börsenrechtliche Vorschriften) positiv auf die Güte der Jahresabschlüsse auswirkt. Zum anderen besteht nur für börsennotierte Unternehmen die Verpflichtung zur Anwendung der IFRS-Rechnungslegungsnormen.

Durch die **Beschränkung auf ein Land (Deutschland)** wird sichergestellt, dass das beobachtete F&E-Bilanzierungsverhalten nicht durch unterschiedliche „legal enforcement environments“ beeinflusst wird.

Zielsetzung bei der Festlegung des **Untersuchungszeitraum**s war die Einbeziehung möglichst vieler Beobachtungsjahre seit Inkrafttreten der Vorschriften des IAS 38 (rev. 1998).[519] Dies liegt darin begründet, dass IAS 38 (rev. 1998) im Vergleich zum heute gültigen Standard, IAS 38 (rev. 2004), keine konzeptionellen Änderungen hinsichtlich der F&E-Bilanzierung aufweist, wohl aber zu der Vorgängervorschrift (IAS 9). Die Begrenzung „nach hinten“ auf das Jahr 2009 war erforderlich, da zum Bearbeitungszeitpunkt in Worldscope noch sehr wenige Unternehmensdaten für die nachfolgenden Jahre vorhanden waren. Die Begrenzung „nach vorne“ für Unternehmen, deren Abschlussstichtage nach dem 31.12.2002 liegen, erfolgte vor dem Hintergrund der Neustrukturierung der Frankfurter Wertpapierbörse zu Beginn des Jahres 2003. Neben einer Änderung und neuen Absteckung der Börsensegmente durch die Deutsche Börse AG[520] wurde zum 01.01.2003 der Prime Standard eingeführt. Prime Standard Unternehmen müssen über die im General Standard geltenden gesetzlichen Mindestanforderungen des Regulierten Marktes hinaus zusätzliche internationale Transparenzanforderungen erfüllen, die Voraussetzung für die Aufnahme in die Auswahlindizes DAX, MDAX, TecDAX und SDAX darstellen. Daher ist für Prime Standard Unternehmen grundsätzlich von

519 Effective date des IAS 38 (rev. 1998) ist der 01.07.1999, wobei eine frühere Anwendung vom IASB empfohlen wurde. Vgl. IAS 38 (rev. 1998),Tz. 122.

520 Zur veränderten Absteckung der Börsensegmente siehe z.B. Von Keitz (2005), S. 16 f.

einer höheren Qualität der Abschlüsse auszugehen.[521] Die Begrenzung „nach vorne“ steht einer Analyse des F&E-Bilanzierungsverhaltens der IFRS-Frühanwender nicht entgegen. Die Anzahl an IFRS-Frühanwendern, deren Abschlussstichtag nach dem 31.12.2002 liegt[522], liefert einen ausreichend großen Stichprobenumfang mit mehr Beobachtungen pro Jahr, als es in den Vorjahren der Fall gewesen wäre. Der Preis für eine ausreichend große Stichprobe ist der Verzicht auf die Unterteilung der Freiwilligen IFRS-Anwender in sog. Early Voluntary Adopters, die bereits vor Bekanntwerden der Pläne zur EU-weit verpflichtenden IFRS-Rechnungslegung kapitalmarktorientierter Unternehmen ihren Konzernabschluss nach den IFRS aufgestellt haben, und sog. Late Voluntary Adopters, die ihren Konzernabschluss nach Bekanntwerden der Pläne aber noch vor dem Zeitpunkt der verpflichtenden IFRS-Umstellung nach den IFRS aufgestellt haben.[523]

Ausgeschlossen wurden Unternehmen, für die wesentliche Daten (wie z.B. deren Umsatzerlöse oder deren Bilanzsumme) nicht erhältlich sind (1.118 Beobachtungen) sowie Banken und Versicherungsunternehmen (1.484 Beobachtungen), bei denen F&E eher von untergeordneter Bedeutung sind[524] und deren Anreizstrukturen sich aufgrund der besonderen Eigentümerstrukturen, vor allem aber auf Grund der regulatorischen Vorschriften (z.B. Mindestkapitalanforderungen, die an Bilanzdaten geknüpft sind) von den restlichen Unternehmen deutlich unterscheiden.

---

521 In der vorliegenden Studie kann folglich bei allen Beobachtungen als Kontrollvariable eine Unterteilung in Prime Standard und General Standard Unternehmen vorgenommen werden. Diese kommt allerdings erst im Rahmen der Determinantenanalyse (Abschn. 4) zur Anwendung.

522 Im Sinne einer sachgerechten Analyse des Bilanzierungsverhaltens der IFRS-Frühanwender wurden vom Kalenderjahr abweichende Geschäftsjahre in dieser Studie dem Kalenderjahr zugeordnet, in dem das Geschäftsjahr beginnt. Somit ist sichergestellt, dass nur Jahresabschlüsse von Geschäftsjahren, die nach dem 31.12.2004 beginnen, als IFRS-Pflichtanwender gezählt werden.

523 Zur Unterscheidung in Early Voluntary und Late Voluntary adopters siehe Daske et al. (2008), S. 1096 f. Auf Deutschland bezogen sind Early Voluntary adopters Unternehmen, die ihren Konzernabschluss bereits vor dem Jahr 2002 nach den IFRS aufstellt haben und Late Voluntary adopters Unternehmen, die ihren Konzernabschluss im oder nach dem Jahr 2002 aber noch vor dem Jahr 2005 nach den IFRS aufgestellt haben.

524 Obwohl Forschungs- und Entwicklungskosten bei diesen Unternehmen wertmäßig von untergeordneter Relevanz sind, zeigt eine Untersuchung von Haller et al. (2010), S. 685 f., dass im Finanzdienstleistungssektor durchschnittlich rund zwei Drittel der untersuchten Unternehmen Entwicklungskosten aktivieren (und somit „Spitzenreiter der Aktivierer“ sind vgl. ebd., S. 687). Hierbei handelt es sich fast ausschließlich um selbst entwickelte Software.

Nach Abzug derjenigen Unternehmen, die ihren Jahresabschluss nicht nach den IFRS aufstellen (1.230 Beobachtungen),[525] und deren Geschäftsberichte nicht erhältlich sind (131 Beobachtungen) ergab sich eine Ausgangsstichprobe von 2.700 Beobachtungen. Durch eine manuelle Auswertung der Geschäftsberichte wurden alle Unternehmen ohne eigenständige Forschungs- und Entwicklungstätigkeit (978 Beobachtungen) aussortiert. Die finale Stichprobe setzt sich aus 1.722 Beobachtungen bzw. 362 Unternehmen zusammen. Bei einer approximativen Existenz von 800 kapitalmarktorientierten Unternehmen in Deutschland[526] wird also das Bilanzierungsverhalten von gut 45% aller Unternehmen untersucht. Darunter dürften fast alle Unternehmen vorhanden sein, die eigenständige F&E betreiben. Daher ist von einer hohen Repräsentativität der Ergebnisse der vorliegenden Studie für kapitalmarktorientierte Unternehmen auszugehen.

Tab. 3-2: Herleitung der Stichprobe

Bearbeitungsschritte	**Beobachtungen**	**Verbleibende Beobachtungen**
Worldscope Universe 2003–2009	6.663	(6.663)
– Fehlende Beobachtungen	–1.118	(5.545)
– Banken und Versicherungen	–1.484	(4.061)
– Nicht nach IFRS bilanzierende Unternehmen	–1.230	(2.831)
– Nicht erhältliche Geschäftsberichte	–131	(2.700)
Vorläufige Stichprobe	2.700	
– Unternehmen ohne F&E-Tätigkeit (manuell erhoben)	–978	(1.722)
Finale Stichprobe*	**1.722**	

*Die finale Stichprobe setzt sich aus 362 Unternehmen zusammen.

Die Branchenzugehörigkeit wurde in Anlehnung an internationale Studien nach der in der Thompson Worldscope Datenbank verfügbaren Variable *industry group* (WS 06011) vorgenommen. Um aussagekräftigere Ergebnisse zu erhalten, wurden die *major industry groups*[527] zu zehn Clustern verdichtet

525 Hierunter fallen vor allem Unternehmen, die ihren Konzernabschluss erstmals im Jahr der IFRS-Pflichtumstellung (2005) nach den IFRS-Grundsätzen aufstellten, sowie nach US-GAAP bilanzierende Unternehmen, die von der zulässigen Übergangsvorschrift Gebrauch machten und erstmals ab 2007 einen IFRS-Abschluss aufstellten.

526 Siehe Von Keitz (2005), S. 13.

527 Die *major industry group* wird durch die ersten beiden Ziffern der vierstelligen Variable *industry group* (WS 06011) gebildet. Eine tiefere Unterteilung in eine *subordinated industry group* (zwei letzte Ziffern der Variable) wäre auf Grund der dann jeweils sehr geringen Anzahl an Beobachtungen für die vorliegende Studie nicht zweckmäßig

(siehe Tab. 3-3 und Tab. 3-4). Die Clusterung erfolgte in Anlehnung an die bisherigen empirischen Studien zum Aktivierungsverhalten in Deutschland.[528] Unterschiede ergeben sich zwangsläufig daraus, dass die Clusterung der bisherigen Studien in Anlehnung an die 18 Branchenindizes bzw. den sog. „Prime Sectors" der Frankfurter Wertpapierbörse erfolgte. Des Weiteren wurde mit der Wahl von zehn anstatt bisher sieben Clustern neben der Einführung eines allgemeinen Dienstleistungsclusters Spielraum für die gesonderte Beobachtung der Bilanzierungspraxis in der Automobilbranche und in der Pharma & Healthcare-Branche eingeräumt, in denen auf Grund der Erkenntnisse der bisherigen empirischen Studien ein entgegengesetztes Bilanzierungsverhalten erwartet wurde (siehe Abschn. 3.2.).

Wichtigstes Kriterium bei der Clusterung der Unternehmen waren Ähnlichkeiten in deren Geschäftsmodell bzw. in der Art der abgesetzten Güter. Dafür mussten deutliche Unterschiede in der Anzahl der den einzelnen Clustern zugeordneten Beobachtungen (die Spannweite reicht von 51 Beobachtungen in Cluster 3 bis zu 500 Beobachtungen in Cluster 10) in Kauf genommen werden. Da als Mindestgröße eines Cluster n > 50 festgelegt wurde, beeinträchtigen diese Unterschiede nach Ansicht des Verfassers jedoch nicht die Repräsentativität der Ergebnisse.

Tab. 3-3: Zusammensetzung der Cluster

Cluster	**WS06011**	**WS-Bezeichnung**	**Beobachtungen**	
			N	**%**
Cluster 1:				
Automobilbranche	19XX	Automotive	**57**	**3,31**
Cluster 2:				
Healthcare &	34XX	Drugs, Cosmetics & Health Care	130	7,55
Pharma	8550	Medical Services	15	0,87
		Summe	**145**	**8,42**

gewesen. Einzige Ausnahme von dieser Vorgehensweise stellt die subordinated industry gr*oup medical servic*es (WS 8550), die auf Grund ihrer inhaltlichen Nähe zu „Pharma & Healthcare" dem gleichnamigen Cluster zugeordnet und aus der major industry group *miscellaneous* (WS 8500) herausgelöst wurde.

528 Zur Clusterung der bisherigen empirischen F&E-Studien in Deutschland vgl. Haller et al. (2010), S. 683, Wulf (2008), S. 122; Hager/Hitz (2007), S. 206, Von Keitz (2005), S. 15; Leibfried/Pfanzelt (2004), S. 493.

Cluster	WS06011	WS-Bezeichnung	Beobachtungen	
			N	%
Cluster 3:				
Bekleidung &	16XX	Apparel	39	2,26
Textilien	73XX	Textiles	12	0,70
		Summe	**51**	**2,96**
Cluster 4:				
Elektronik &				
Software	40XX	Electronics	**346**	**20,10**
Cluster 5: Chemiebranche	25XX	Chemicals	**97**	**5,63**
Cluster 6:				
Metallbranche &	49XX	Machinery & Equipment	239	13,88
Maschinenbau	55XX	Metal Product Manufacturers	35	2,03
		Summe	**274**	**15,91**
Cluster 7:				
Öl, Gas, Kohle	58XX	Oil, Gas, Coal & Related Services	19	1,10
& EVU	82XX	Utilities	61	3,54
		Summe	**80**	**4,65**
Cluster 8: Baubranche	28XX	Construction	**99**	**5,75**
Cluster 9: Elektroenergie	37XX	Electrical	**73**	**4,24**
Cluster 10:				
Sonstige	67XX	Recreation	35	2,03
	46XX	Food	26	1,51
	61XX	Paper	21	1,22
	64XX	Printing & Publishing	17	0,99
	85XX*	Miscellaneous	401	23,28
		Summe	**500**	**29,03**
Summe über alle Cluster:			**1.722**	**100,00**

* außer *medical services* (WS 8550). Unter „Miscellaneous“ werden zwei Kategorien von Unternehmen erfasst. Die erste Kategorie beinhaltet Unternehmen, die in verschiedenen Branchen tätig sind und daher nicht eindeutig einer anderen industry group bzw. einem anderen Cluster zugeordnet werden können (z.B. die Biotech AG, die neben Software und Hardware Solutions auch Personaldienstleistungen und Geschäftsprozessanalysen anbietet). Die zweite Kategorie bilden Unternehmen, für deren Geschäftstätigkeit auf Grund der geringen Anzahl an börsennotierten Konkurrenzunternehmen keine eigene industry group existiert (wie z.B. für den Keramikhersteller Villeroy & Boch).
R = relativer Anteil des Clusters an der Gesamtstichprobe
EVU = Energieversorgungsunternehmen

3.4 Zugrundliegende Annahmen

Einige Annahmen, die den bisherigen empirischen Studien bei der Geschäftsberichtsauswertung zu Grunde liegen, werden vom Verfasser entschieden abgelehnt, da sie zu einer Ergebnisverzerrung führen. Die vorliegende Studie hebt sich in folgenden wesentlichen Annahmen ab:

1. Ist eine Unterscheidung zwischen selbst erstellten und erworbenen immateriellen Vermögenswerten nicht möglich, so werden diese Unternehmen aus der Analyse zum F&E-Bilanzierungsverhalten ausgeschlossen und nur in die Disclosure Compliance Prüfung einbezogen.[529] Die Vorgehensweise anderer empirischer Studien, im Fall einer Nicht-Unterscheidbarkeit einfach die Summe sämtlicher immateriellen Vermögenswerte als aktivierte Entwicklungskosten heranzuziehen,[530] ist nach Ansicht des Verfassers für eine Analyse der F&E-Bilanzierungspraxis vollkommen ungeeignet, da regelmäßig nur ein Teil der immateriellen Vermögenswerte auf F&E-Tätigkeiten zurückzuführen sein wird[531] und dadurch bedeutend höhere Aktivierungsquoten ermittelt werden, als sie der Realität entsprechen.[532]
2. Sämtliche Geschäftsberichte – also nicht nur die Jahresabschlüsse bzw. Anhänge – wurden nach Hinweisen über die Durchführung von F&E-Tätigkeiten im betreffenden Unternehmen überprüft. Konnte dem Geschäftsbericht eindeutig entnommen werden, dass eigenständige F&E betrieben wird, im Anhang jedoch keine entsprechenden Angaben gefunden werden,[533] so wurde das betreffende Unternehmen von der Analyse des Bilanzierungsverhaltens

529 Dabei handelt es sich um 31 Beobachtungen von 11 Unternehmen.

530 Siehe beispielsweise Leibfried/Pfanzelt (2004), S. 494.

531 So liefern bisherige empirische Studien einen Hinweis dafür, dass der GoF die wesentliche Komponente der immateriellen Vermögenswerte darstellt. Aktivierte Entwicklungskosten stellen zwar nach dem GoF die zweitwichtigste Komponente dar (vgl. Küting (2008), S. 318.), stehen dem GoF jedoch in der Bedeutung deutlich nach. Dieser ist einer Studie von Hager/Hitz zu Folge für über 60% der immateriellen Vermögenswerte verantwortlich. Siehe Hager/Hitz (2007), S. 208.

532 Dieser Umstand wird in der Studie von Leibfried/Pfanzelt (2004) immerhin kritisch angemerkt. Siehe Leibfried/Pfanzelt (2004), S. 494.

533 Insgesamt war dies bei 35 Beobachtungen von 15 Unternehmen der Fall. So ist beispielsweise dem Lagebericht der Delticom AG zu entnehmen: „Wesentlich zum Unternehmenserfolg der vergangenen Jahre trugen die selbstentwickelten, hochspezifischen Softwarelösungen bei, [...]“ (Delticom AG (2010), S. 21). Weder im Anhang noch im Geschäftsbericht finden sich jedoch weiterführende Angaben.

ausgeschlossen, im Rahmen der Disclosure Compliance Prüfung jedoch als „Verstoßer" kategorisiert. Diese Vorgehensweise hat zwei Gründe. Zum einen verpflichtet IAS 38 den Abschlussersteller im Fall der Durchführung eigenständiger F&E-Aktivitäten – unabhängig von der Aktivierungsentscheidung – zu entsprechenden Anhangangaben (siehe Abschn. 3.8.1). Zum anderen ist davon auszugehen, dass ein Unternehmen seinen Adressaten nicht die Durchführung eigenständiger F&E-Arbeit im Geschäftsbericht signalisiert, wenn sie für das Unternehmen unwesentlich ist.[534] Die Unwesentlichkeit als Grund für eine unterlassene Offenlegung wurde im Rahmen der Disclosure Compliance Prüfung nur akzeptiert, wenn im Anhang explizit darauf hingewiesen wurde. Die Vorgehensweise anderer Studien[535], bei denen im Fall nicht vorhandener Angaben zu F&E – unabhängig von Hinweisen im Lagebericht oder Geschäftsbericht über die Durchführung von F&E-Aktivitäten – davon ausgegangen wurde, dass keine entsprechenden Kosten angefallen bzw. diese unwesentlich sind, führt nach Ansicht des Verfasser zu verzerrten Ergebnissen.[536] Noch fragwürdiger scheint jedoch die Vorgehensweise, bei Unternehmen, „die ungenaue, nicht auswertbare Angaben zur Aktivierung von Entwicklungskosten machen"[537], einfach eine Nicht-Aktivierung und eine Unwesentlichkeit der F&E-Aktivitäten des Berichtsjahres zu unterstellen.[538] Daher wird dieser Vorgehensweise in der vorliegenden Studie nicht gefolgt.

3. Mit Ausnahme der 0/1-Variablen erfolgt – wenn nicht anders erwähnt – bei sämtlichen Daten ein Winsorising auf einem 1%- und 99%-Perzentil.[539] Dadurch wird im Gegensatz zu den bisherigen Studien sichergestellt, dass die Ergebnisse nicht durch extreme Ausreißer verzerrt werden.[540]

---

534 Ob ein Unternehmen bewusst oder unbewusst auf die Anhangsangaben verzichtet, kann anhand einer Geschäftsberichtsanalyse nicht untersucht werden. Zu möglichen Gründen einer bewussten Nicht-Offenlegung siehe Abschn. 4.2.7. und 4.4.

535 Vgl. stellvertretend Haller et. al. (2010), S. 683.

536 Beigepflichtet werden muss Haller et al. (2010) indessen dahingehend, dass eine verpflichtende Negativ- oder Unwesentlichkeitsmeldung hinsichtlich der F&E-Kosten Klarheit über den Grund der Nichtnennung geben würde und dadurch ausgeschlossen wäre, dass auf die Angabe trotz Wesentlichkeit bewusst verzichtet wird.

537 Haller et. al. (2010), S. 683.

538 Vgl. Haller et. al. (2010), S. 683.

539 Um Zeittrends angemessen berücksichtigen zu können, wird das Winsorising jahresspezifisch durchgeführt.

540 Gleichwohl wurden bei den ohne Winsorising durchgeführten Sensitivitätsanalysen vergleichbare Ergebnisse erzielt, aus denen dieselben Schlussfolgerungen abgeleitet würden.

4. Weicht das Geschäftsjahr vom Kalenderjahr ab, erfolgt eine Zuordnung zu demjenigen Kalenderjahr, in dem das untersuchte Geschäftsjahr beginnt. Diese Vorgehensweise steht im Zusammenhang mit der verpflichtenden Erstellung eines Konzernabschlusses für börsennotierte Mutterunternehmen, deren Geschäftsjahr am oder nach dem 01. Januar 2005 beginnt. Bei der in der Literatur verbreiteten Zuordnung zu dem Jahr, in dem das Geschäftsjahr überwiegend liegt,[541] oder in dem es endet[542] würde z.B. ein Unternehmen, dessen Geschäftsjahr zwischen dem 1. Juli und dem 31. Dezember 2004 beginnt, dem Kalenderjahr 2005 zugeordnet werden, obwohl die IFRS-Anwendung für diese Unternehmen noch freiwillig war. In der vorliegenden Studie wird folglich sichergestellt, dass ab 2005 nur IFRS-Pflichtanwender im Datensatz vorhanden sind.[543]

3.5 Bedeutung von Forschung und Entwicklung

Welche Bedeutung hat F&E für kapitalmarktorientierte Unternehmen in Deutschland? Nach kurzen Überlegungen zur Wahl der geeigneten Kennzahl wird diese übergeordnete Forschungsfrage in Form folgender Teilfragen untersucht:

F.1: Welche Bedeutung hat F&E für Unternehmen, die in Deutschland börsennotiert sind?
F.2: Wie entwickelt sich die Bedeutung von F&E während des Zeitraums 2003–2009?
F.3: Inwiefern unterscheidet sich die Bedeutung von F&E in den unterschiedlichen Branchen?
F.4: Wie sind die F&E-Ausgaben unterhalb der Unternehmen verteilt?

Zur Beurteilung der Bedeutung von F&E für ein Unternehmen könnten mehrere Kennzahlen einen Anhaltspunkt liefern. In Betracht gezogen werden könnten z. B. der Anteil der F&E-Investitionen an den Gesamtinvestitionen, die F&E-spezifische Investitionsrate, der Anteil der F&E-Kosten am Deckungsbeitrag, die durch F&E-Aktivitäten erzielten Einsparungsquoten, die F&E-Intensität, die Effizienz durchgeführter F&E-Projekte, die Umsatzerlöse je F&E-Mitarbeiter, die

541 Vgl. z. B. Haller et al. (2010), S. 683.
542 Vgl. z. B. Von Keitz (2005), S. 12.
543 Auf den besonderen Umstand, dass Unternehmen als Übergangsmöglichkeit bis einschließlich 2007 alternativ erlaubt wurde, einen Abschluss nach US-GAAP zu erstellen, wird nicht gesondert eingegangen.

Weiterbildungskosten je F&E-Mitarbeiter sowie die Innovationsrate. Am aussagekräftigsten wäre wohl eine Kombination bzw. die Berücksichtigung mehrerer Kennzahlen. Zur Bildung der meisten dieser Kennzahlen sind allerdings Daten aus dem internen Steuerungssystem der Unternehmen erforderlich. Auf Grund der Sensibilität dieser Daten wäre deren Beschaffung – wenn überhaupt – nur in sehr geringem Umfang realisierbar und deren Nachprüfbarkeit nicht möglich. Daher wurde in der vorliegenden Studie als Datengrundlage auf die veröffentlichten Jahresabschlüsse zurückgegriffen. Die einzige Kennzahl, deren Berechnungsparameter für nahezu alle in der Stichprobe enthaltenen Unternehmen den entsprechenden Jahresabschlüssen entnommen werden konnten, stellt die F&E-Intensität (auch als Forschungskostenquote oder Forschungskostenanteil bezeichnet) dar.[544] Sie wird als Quotient aus den F&E-Ausgaben und den Umsatzerlösen einer Periode gebildet.[545]

Die F&E-Intensität stellt nach Ansicht des Verfassers aus folgenden drei Gründen unabhängig von den Argumenten der Datenerhebbarkeit und -nachprüfbarkeit die geeignetste Kennzahl für die Beurteilung der Bedeutung von F&E dar. Erstens unterliegen die Umsatzerlöse viel geringeren Schwankungen als die Bezugsgrößen der anderen F&E-Kennzahlen. So wird eine steigende F&E-Intensität im Regelfall eher auf gestiegene F&E-Ausgaben als auf ein Abschmelzen der Umsatzerlöse zurückzuführen sein. Zweitens ist die F&E-Intensität abschlusspolitisch nicht bzw. nur durch reale Abschlusspolitik beeinflussbar. Ganz im Gegensatz zu anderen Kennzahlen, wie z. B. der F&E-spezifischen Investitionsquote, bei der sowohl die als Zählergröße fungierenden F&E-bedingten Zugänge zum Anlagevermögen als auch das Anlagevermögen als Nennergröße auf Grund des faktischen Aktivierungswahlrechts von Entwicklungskosten und vieler anderer abschlusspolitischer Gestaltungsspielräume (wie z.B. impairments, Leasing vs. Kauf) zu einem verzerrten Einblick in die Innovationsbereitschaft bzw. die Bedeutung von F&E für ein Unternehmen führen könnten. Drittens wurde in der vorliegenden Studie festgestellt, dass die F&E-Intensität auch von der überwiegenden Mehrheit der Unternehmen selbst als relevante Kennzahl im Geschäftsbericht angeführt wird, um eine Relation des Umfangs der durchgeführten F&E-Aktivitäten herzustellen und entsprechende Branchenvergleiche vorzunehmen.

Die Bedeutung von F&E bleibt im Untersuchungszeitraum relativ konstant (siehe Tab. 3-4). Zwar nimmt der Mittelwert im Betrachtungszeitraum von 7,4%

---

544 Von den 1.722 Beobachtungen der Ausgangsstichprobe waren bei 219 die F&E-Ausgaben des Berichtsjahres nicht ermittelbar.

545 Zur Definition vgl. Coenenberg et al. (2012), S. 1143.

auf 10,6% zu. Diese Entwicklung ist jedoch im Wesentlichen darauf zurückzuführen, dass manche sehr forschungsintensive Unternehmen der Stichprobe erst im Zeitverlauf beigetreten sind.[546] Dieser Umstand wird zum einen bei Heranziehung des Medians (geringer Anstieg von 3,3% auf 3,7%) und zum anderen bei Betrachtung des balanced sample, bei dem sogar (sowohl im Median als auch im Mittelwert) ein leichter Rückgang zu beobachten ist (siehe Tab. 3-5), deutlich. Die Ergebnisse deuten also darauf hin, dass die Bedeutung von F&E während des Untersuchungszeitraums relativ konstant bleibt.

Deutliche Unterschiede hinsichtlich der F&E-Bedeutung sind allerdings in den unterschiedlichen Branchen bzw. Clustern festzustellen (siehe Tab. 3-6). Die Diskrepanzen zwischen der forschungsintensivsten Pharma & Healthcare – Branche (47,5% im Mittelwert und 13,1% im Median) und der Baubranche, in der mit einem Mittelwert von 1,2% und einem Median von 0,5% die geringste F&E-Intensität zu beobachten ist, sind erheblich. Überraschend erscheint auf den ersten Blick die im Mittelwert relativ hohe F&E-Intensität (9,7%) des Clusters „Sonstige". Hierbei fungiert hauptsächlich die selbstentwickelte Software als Werttreiber. Charakteristisch für die unterschiedliche Bedeutung von F&E in den einzelnen Clustern ist auch die Übersicht der zehn Unternehmen mit der höchsten F&E-Intensität (siehe Tab. 3-7), die fast ausschließlich dem Cluster „Healthcare & Pharma" angehören. Auffällig ist, dass die individuelle Bedeutung von F&E auch bei einigen kleineren Unternehmen sehr groß zu sein scheint.

Die F&E-Intensität ist als Indiz für auf die absoluten F&E-Ausgaben bzw. die Verteilung der F&E-Ausgaben unterhalb der Unternehmen nicht geeignet. Im Rahmen der Studie wurde ersichtlich, dass in Deutschland einige wenige Unternehmen - vor allem Vertreter der Automobilbranche - für den Großteil der F&E-Ausgaben aufkommen. So tätigten beispielsweise im Jahr 2009 die zehn Unternehmen mit den nominal höchsten F&E-Ausgaben (bei einer Grundgesamtheit von 276 Unternehmen also 3,6%) 77,1% der gesamten F&E-Ausgaben (siehe Tab. 3-8 und Tab. 3-9). Dieser Umstand bedeutet jedoch nicht, dass F&E für die restlichen Unternehmen von untergeordneter Bedeutung ist (siehe Tab. 3-7). Vielmehr fällt auf, dass sich unter den zehn Unternehmen mit der höchsten F&E-Intensität keines der zehn Unternehmen mit den nominal höchsten F&E-Ausgaben wiederfindet.

---

546 So haben beispielsweise die 10 Unternehmen mit den höchsten F&E-Ausgaben in folgenden Jahren erstmalig die IFRS angewendet: 2003: Bayerische Motorenwerke AG, Audi AG, Volkswagen AG, 2004: Bayer AG, 2005: Porsche AG, BASF SE, Continental AG, 2007: Daimler AG, Siemens AG, 2009: SAP.

Tab. 3-4: Entwicklung der F&E-Intensität im Zeitraum 2003–2009 (Gesamtstichprobe)

Jahr	N	Mittelwert	Std. Abw.	Minimum	25%-P.	Median	75%-P.	Maximum[1]	Mittelwert (aggregiert)[2]
2003	84	0,0737	0,1260	0	0,0097	0,0333	0,0671	0,7755	0,0384
2004	119	0,0854	0,1602	0	0,0121	0,0338	0,0764	0,9821	0,0346
2005	216	0,1060	0,2888	0	0,0123	0,0327	0,0879	2,0595	0,0266
2006	260	0,0996	0,2445	0	0,0124	0,0346	0,0937	1,7666	0,0262
2007	273	0,1377	0,5504	0	0,0114	0,0331	0,0888	4,5349	0,0298
2008	275	0,1173	0,4396	0	0,0120	0,0341	0,0911	3,8727	0,0306
2009	276	0,1978	0,9043	0	0,0117	0,0370	0,1033	7,6040	0,0372
2003–2009	1.503	0,1261	0,5161	0	0,0120	0,0341	0,0894	7,6040	0,0311

Tab. 3-5: Entwicklung der F&E-Intensität im Zeitraum 2003–2009 (balanced sample)

Jahr	N	Mittelwert	Std. Abw.	Minimum	25%-P.	Median	75%-P.	Maximum[1]	Mittelwert (aggregiert)[2]
2003	78	0,0673	0,1280	0	0,0093	0,0284	0,0616	0,7755	0,0360
2004	78	0,0596	0,1007	0	0,0095	0,0263	0,0595	0,5423	0,0317
2005	78	0,0571	0,0809	0	0,0124	0,0271	0,0668	0,4060	0,0255
2006	78	0,0563	0,0769	0	0,0126	0,0256	0,0655	0,3846	0,0250
2007	78	0,0543	0,0777	0	0,0099	0,0242	0,0601	0,4608	0,0310
2008	78	0,0491	0,0581	0	0,0120	0,0247	0,0616	0,2570	0,0310
2009	78	0,0526	0,0633	0	0,0093	0,0262	0,0703	0,2630	0,0357
2003–2009	546	0,0565	0,0858	0	0,0102	0,0255	0,0636	0,7755	0,0308

[1] Zur Vermeidung einer Verzerrung der Studie durch extreme Ausreißer erfolgte grundsätzlich bei allen Daten ein Winsorising auf einem 1%- und 99%-Perzentil Um Zeittrends angemessen berücksichtigen zu können, wird das Winsorising jahresspezifisch durchgeführt. In der Übersicht der zehn forschungsintensivsten Unternehmen (Tab. 3-7) und der zehn Unternehmen mit den höchsten F&E-Ausgaben (Tab. 3-8) wurde auf das Winsorising aus naheliegenden Gründen verzichtet.

[2] Siehe Erläuterungen zu Anm. 3 in Tab. 3-6.

Tab. 3-6: Entwicklung der F&E-Intensität in den einzelnen Clustern[1]

Cluster	N[2]	Mittelwert	Std. Abw.	Minimum	25%-P.	Median	75%-P.	Maximum	Mittelwert (aggregiert)[3]
Healthcare & Pharma (C 2)	139	0,6347	1,3463	0,0046	0,0537	0,1305	0,4783	7,6040	0,0868
Sonstige (C 10)	405	0,1155	0,5097	0	0,0080	0,0190	0,0800	7,6040	0,0150
Elektronik + Software (C 4)	307	0,1076	0,0818	0	0,0488	0,0900	0,1553	0,4476	0,0600
Automobilbranche (C 1)	56	0,0539	0,0332	0,0006	0,0423	0,0534	0,0627	0,2095	0,0458
Chemiebranche (C 5)	80	0,0487	0,0864	0,0012	0,0107	0,0255	0,0510	0,4895	0,0423
Elektroenergie (C 9)	73	0,0390	0,0321	0,0012	0,0182	0,0299	0,0502	0,1264	0,0339
Metallbranche und Maschinenbau (C 6)	259	0,0350	0,0318	0	0,0153	0,0272	0,0447	0,2188	0,0286
Öl, Gas, Kohle & EVU (C 7)	73	0,0177	0,0432	0	0,0010	0,0031	0,0126	0,2997	0,0030
Bekleidung und Textilien (C 3)	37	0,0150	0,0089	0,0005	0,0082	0,0146	0,0235	0,0289	0,0132
Baubranche (C 8)	74	0,0117	0,0132	0	0,0008	0,0045	0,0253	0,0439	0,0022
Entwicklung über alle Cluster	1.503	0,1261	0,5161	0	0,0120	0,0341	0,0894	7,6040	0,0354

[1] Durchschnittswerte über den Betrachtungszeitraum 2003–2009.

[2] Von der Ausgangsstichprobe (1.722) Beobachtungen waren 219 Beobachtungen keine auswertbaren Angaben zur Summe der F&E-Ausgaben zu entnehmen, wodurch sich der in diesem Abschnitt verwendete Stichprobenumfang auf 1.503 Beobachtungen reduzierte.

[3] Aus den in Abschn. 3.3. erläuterten Gründen wird in der vorliegenden Studie mit unternehmensindividuellen Kennzahlen gearbeitet. Trotz zweifelhafter Aussagekraft aggregierter Kennzahlen wird in den Tab. 3-4 bis 3-6 der aggregierte Mittelwert angeführt, um mögliche Rückschlüsse auf abweichende Ergebnisse bisheriger empirischer Studien ziehen zu können. Am deutlichsten wird der Einfluss von Größeneffekten auf aggregierter Kennzahlen am Unterschied zwischen dem aggregierten und dem unternehmensindividuellen Mittelwert im Healthcare & Pharma-Cluster (8,7% vs. 63,5%).

Tab. 3-7: Übersicht der 10 Unternehmen mit der höchsten F&E-Intensität im Jahr 2009

Unternehmen	Umsatz-erlöse[1]	F&E-Ausgaben[1]	F&E-Intensität	Cluster
Mologen AG	0,05	4,80	9.056,60%	Healthcare & Pharma (C 2)
Sygnis Pharma AG	0,40	8,08	2.039,39%	Sonstige (C 10)
4SC AG	1,86	14,15	760,40%	Healthcare & Pharma (C 2)
Paion AG	1,53	10,59	690,54%	Healthcare & Pharma (C 2)
Wilex AG	10,00	21,64	216,43%	Healthcare & Pharma (C 2)
Epigenomics AG	4,26	7,72	181,22%	Healthcare & Pharma (C 2)
Kizoo AG	0,19	0,27	145,74%	Sonstige (C 10)
Agennix AG	7,75	6,72	86,74%	Healthcare & Pharma (C 2)
Mevis Medical Solutions AG	13,87	10,15	73,17%	Healthcare & Pharma (C 2)
Evotec AG	42,68	20,90	48,97%	Sonstige (C 10)

[1] Angaben in Mio. €.

Tab. 3-8: Übersicht der 10 Unternehmen mit den höchsten F&E-Ausgaben im Jahr 2009

Unternehmen	F&E-Ausgaben[1]	F&E-Intensität	Cluster
Volkswagen AG	5.790	5,50%	Automobilbranche (C 1)
Siemens AG	4.282	5,59%	Elektronik & Software (C 4)
Daimler AG	4.182	5,30%	Automobilbranche (C1)
Bayerische Motorenwerke AG	3.535	6,97%	Automobilbranche (C 1)
Porsche Automobil Holding SE	2.955	5,18%	Automobilbranche (C 1)
Bayer AG	2.746	8,81%	Chemieindustrie (C 5)
Audi AG	2.098	7,03%	Automobilbranche (C1)
SAP AG	1.591	14,91%	Elektronik & Software (C 4)
BASF SE	1.410	2,78%	Chemieindustrie (C 5)
Continental AG	1.405	6,99%	Chemieindustrie (C 5)
Summe „Top 10“:	**29.994**	**6,91%**	

[1] Angaben in Mio. €. Die in der Übersicht angeführten F&E-Ausgaben beinhalten sämtliche im Berichtsjahr getätigten Ausgaben für eigenständige F&E-Tätigkeiten. Im Rahmen einer Business Combination erworbene F&E-Projekte bzw. aktivierte Entwicklungskosten, die im Anlagenspiegel meist als „Zugänge aus Veränderung des Konsolidierungskreises“ separat ausgewiesen werden, sind nicht berücksichtigt, da sie eine einmalige strategische Entscheidung widerspiegeln. So sind im Beispieljahr 2009 die im Zuge des Erwerbs der Volkswagen AG durch die Porsche Automobil Holding SE aktivierten Entwicklungskosten i.H.v. 9.004 Mio. € unberücksichtigt. In Abschn. 4 finden sich auch Auswertungen unter Berücksichtigung der im Rahmen von Business Combinations indirekt entstandenen F&E-Ausgaben.

Tab. 3-9: Anteil der „Top 10“ aller Unternehmen und der „Top 5“ der Automobilindustrie an den gesamten F&E-Ausgaben des Jahres 2009

Σ F&E-Ausgaben aller untersuchten Unternehmen (N=1.503):	38.916 Mio. €
Σ F&E-Ausgaben der „Top 10“-Unternehmen:	29.994 Mio. €
Anteil der „Top 10“ an den gesamten F&E-Ausgaben:	77,08%
Σ F&E-Ausgaben der „Top 5“ der Automobilbranche (C 1):	18.560 Mio. €
Anteil der „Top 5“ der Automobilindustrie an den gesamten F&E-Ausgaben:	61,88%

3.6 Aktivierungsverhalten

3.6.1 Forschungsfragen und Vorgehensweise

In diesem Abschnitt soll mittels deskriptiver Statistik ein Einblick in das F&E-Aktivierungsverhalten in der deutschen Rechnungslegungspraxis gegeben werden. Im Sinne einer aussagekräftigen Analyse wird das Aktivierungsverhalten in die Aktivierungsentscheidung und in die Aktivierungsquote unterteilt. Die Aktivierungsentscheidung ist eine Ja/Nein-Entscheidung. Unternehmen, die in der betrachteten Berichtsperiode sämtliche angefallene F&E-Ausgaben aufwandswirksam erfassen, werden als „Nicht-Aktivierer“ klassifiziert, alle anderen Unternehmen als „Aktivierer“. Die Aktivierungsquote wird durch Division der in einem Berichtsjahr aktivierten Entwicklungskosten durch die Summe aller F&E-Ausgaben ermittelt.[547] Im Einzelnen sollen folgende Fragen beantwortet werden:

F.1: Handelt es sich bei der Aktivierungsentscheidung um eine einmalig getroffene strategische Entscheidung, die über die Jahre hinweg beibehalten wird, oder wird die Entscheidung im Zeitablauf öfter geändert, was ein Hinweis für eine abschlusspolitische Motivation sein könnte?

F.2: Lässt sich bei denjenigen Unternehmen, die die Aktivierungsentscheidung im Zeitablauf öfter revidieren ein unternehmensübergreifendes Aktivierungsmuster wiederkennen?

F.3: Lassen sich während des Untersuchungszeitraums Trends im Aktivierungsverhalten beobachten?

547 Zur Definition siehe auch Coenenberg et al. (2012), S. 1062.

F.4: Inwiefern bestehen branchenspezifische Unterschiede im Aktivierungsverhalten? Inwiefern besteht ein Zusammenhang zwischen der Bedeutung von F&E (gemessen als F&E-Intensität) und dem Aktivierungsverhalten?

F.5: Inwiefern unterscheidet sich das Aktivierungsverhalten der IFRS-Pflicht-Anwender von dem der Freiwilligen IFRS-Anwender?

3.6.2 Aktivierungsentscheidung

Zunächst wird die **Aktivierungsentscheidung im Zeitablauf** analysiert. Bei Betrachtung der Gesamtstichprobe ist von 2003 bis 2005 eine relativ konstante Aktivierungsentscheidung von durchschnittlich etwa 48,9% zu beobachten. Ab 2006 und bis 2008 nimmt der Anteil der Aktivierer kontinuierlich auf 55,3% zu, um in 2009 wieder geringfügig auf 54,9% zu sinken (siehe Tab. 3-10). Dabei scheint der Anstieg des Aktiviereranteils nicht mit der rapiden Zunahme der Grundgesamtheit bzw. deren möglicher Erweiterung um überproportional viele Aktivierer in einem Zusammenhang zu stehen. So findet die größte Veränderung der Stichprobe von 2004 (139 Unternehmen) auf 2005 (250 Unternehmen) statt. Der Anteil der Aktivierer bleibt in diesem Zeitraum jedoch nahezu unverändert (48,9% in 2004 vs. 48,8% in 2005). Im Balanced Sample, das sich aus 78 Unternehmen zusammensetzt, ist der Aktivierungssprung von 38 Unternehmen (48,7%) im Jahr 2004 auf 42 Unternehmen (53,9%) im Jahr 2005, also dem Jahr der erstmalig verpflichtenden Konzernabschlusserstellung nach den IFRS, auffällig (siehe Tab. 3-10). Dieser Wert bleibt bis zum Jahr 2007, in dem noch 41 Unternehmen (52,6%) Entwicklungskosten aktivieren, auf einem ähnlich hohen Niveau, um im Folgejahr um 5,2 Prozentpunkte auf 47,4% (37 Aktivierer) zu sinken (2009: 48,7% bzw. 38 Aktivierer). Da im Balanced Sample nur Freiwillige IFRS-Anwender vorhanden sind, könnte ein möglicher Grund für die beobachtete Entwicklung darin liegen, dass einige dieser Unternehmen nicht den Eindruck erwecken wollten, sich aus abschlusspolitisch motivierten Gründen für eine frühzeitige IFRS-Umstellung entschieden zu haben. Daher wählten sie vor 2005 dieselbe Bilanzierungsweise wie nach HGB a.F. (aufwandswirksame Erfassung sämtlicher F&E-Ausgaben) und gingen erst nach verpflichtender IFRS-Umstellung zu einer Entwicklungskostenaktivierung über.

Obwohl kein eindeutiger **Trend in der Aktivierungsentscheidung** erkennbar ist, werden drei auffällige Beobachtungen gemacht. Zum einen scheinen im Zeitablauf immer mehr Unternehmen eine (teilweise) Aktivierung der angefallenen F&E-Ausgaben zu favorisieren. Jedenfalls entscheiden sich am Ende des Untersuchungszeitraums sowohl in der Gesamtstichprobe als auch im balanced sample mehr Unternehmen dazu, Entwicklungskosten zu aktivieren, als zu Beginn des Untersuchungszeitraums. In der Gesamtstichprobe stieg der Anteil der Aktivierer insgesamt von 49,0% im Jahr 2003 auf 54,6% im Jahr 2009 und im balanced sample um von 46,8% im Jahr 2003 auf 49,9% im Jahr 2009 an. Zum anderen kommt ebendiese prozentuale Zunahme der Aktivierer in den beiden Stichproben auf sehr unterschiedliche Art und Weise zusammen. Während im balanced sample von 2004 auf 2005 einmalig ein deutlicher Aktivierungssprung von 5,3 Prozentpunkten zu beobachten ist, nimmt der Anteil der Aktivierer in der Gesamtstichprobe kontinuierlich in kleineren Schritten zu. Drittens, ist in beiden Stichproben eine große Spannbreite in der Aktivierungsentscheidung zu beobachten. Während sich in der Gesamtstichprobe die maximale Spannbreite der Aktivierer auf 6,4 Prozentpunkte beläuft (48,9% in 2004 vs. 55,3% in 2008), beträgt sie im balanced sample sogar 7,7 Prozentpunkte (46,2% in 2003 vs. 53,9% in 2006). Kritisch angemerkt sei an dieser Stelle, dass die Ergebnisse des balanced sample vor dem Hintergrund der Stichprobengröße (78 Unternehmen) nicht überinterpretiert werden sollten. Schließlich resultiert die soeben beschriebene Spannbreite der Aktivierer von 7,7 Prozentpunkten aus einer Änderung der Aktivierungsentscheidung von nur sechs Unternehmen.

Tab. 3-10: Entscheidung zur Aktivierung von Entwicklungskosten: Anteil der Aktivierer im Zeitraum 2003–2009

	Gesamtstichprobe		Balanced Sample	
Jahr	**N**	**Mittelwert**	**N**	**Mittelwert**
2003	98	0,4898	78	0,4615
2004	139	0,4892	78	0,4872
2005	250	0,4880	78	0,5385
2006	301	0,5116	78	0,5128
2007	312	0,5385	78	0,5256
2008	309	0,5534	78	0,4744
2009	306	0,5490	78	0,4872
	1.715	0,5242	546	0,4991

Besonders auffällig ist das sehr unterschiedliche **Aktivierungsverhalten in den einzelnen Branchen**. Während die Automobilbranche mit einem Aktiviereranteil von 91,1% mit Abstand die „Meistaktiviererbranche" darstellt, aktivieren in der Branche „Bekleidung und Textilien" nur 9,8% aller Unternehmen

Entwicklungskosten (geringste Aktiviererquote). Die übrigen Cluster reihen sich in dieser Spannbreite ein (siehe Tab. 3-11).

Tab. 3-11: Entscheidung zur Aktivierung von Entwicklungskosten: Anteil der Aktivierer im Zeitraum 2003–2009 nach Clustern

Cluster	**N**	**Mittelwert**
Automobilbranche (C 1)	56	0,9107
Metallbranche und Maschinenbau (C 6)	273	0,6813
Elektronik + Software (C 4)	342	0,6550
Sonstige (C 10)	499	0,5150
Elektroenergie (C 9)	73	0,4932
Chemiebranche (C 5)	97	0,4021
Öl, Gas, Kohle & EVU (C 7)	80	0,3875
Healthcare & Pharma (C 2)	145	0,3586
Baubranche (C 8)	99	0,1818
Bekleidung und Textilien (C 3)	51	0,0980
	1.715	0,5242

Zwischen der Aktivierungsentscheidung und der F&E-Intensität ist kein direkter Zusammenhang erkennbar. Zum einen sind zwei Gegenbeispiele für einen positiven Zusammenhang augenscheinlich. So aktivieren beispielsweise im mit Abstand forschungsintensivsten Cluster „Healthcare & Pharma“ nur 35,7% aller Unternehmen Entwicklungskosten. Im Cluster „Metallbranche und Maschinenbau“, das eine vergleichsweise geringe F&E-Intensität aufweist, liegt der Anteil der Aktivierer hingegen bei 68,1%. Zum anderen ist – mit Ausnahme der soeben angeführten Beobachtungen – auch kein negativer Zusammenhang zwischen der Aktivierungsentscheidung und der F&E-Intensität erkennbar. So stellt beispielsweise die in der Forschungsintensität an zweiter Stelle liegende „Elektronik und Software“-Branche mit einem Aktiviereranteil von 65,5% die Branche mit dem drittgrößten Aktiviereranteil dar. In der ebenfalls sehr forschungsintensiven Automobilbranche beträgt die Aktivierungsquote sogar 91,1%.[548]

548 Zur Gegenüberstellung der F&E-Intensität und der Aktivierungsentscheidung vgl. Tab. 3-7 vs. Tab. 3-11.

Im Folgenden wird die Entwicklung der Aktivierungsentscheidung im Zeitablauf näher analysiert (zum Überblick siehe Tab. 3-12). Von den insgesamt 362 in der Stichprobe befindlichen Unternehmen behalten 297 Unternehmen (82,0%) während des gesamten Untersuchungszeitraums ihre Aktivierungsentscheidung bei (im Folgenden „Nicht-Wechsler“). Von diesen entscheiden sich 142 Unternehmen (47,8%) dazu, die angefallenen F&E-Kosten stets in voller Höhe aufwandswirksam zu erfassen (im Folgenden „Permanente Nicht-Aktivierer“). 155 Unternehmen (52,2%) aktivieren in jedem Jahr einen Teil der angefallenen Kosten (im Folgenden „Permanente Aktivierer“).

Klammert man die Unternehmen mit nur einer Beobachtung (21) aus, da bei diesen naturgemäß keine Veränderung im Aktivierungsverhalten beobachtet werden kann, so beläuft sich der Anteil derjenigen Unternehmen, die ihre Aktivierungsentscheidung im Zeitablauf ändern (im Folgenden „Wechsler“) auf 19,1% (65 von 341 Unternehmen). Dabei nehmen 49 von 65 Unternehmen (75,4% der Wechsler) nur einen einmaligen Wechsel der Aktivierungsentscheidung vor. 13 Wechsler (20%) überdenken ihre Aktivierungsentscheidung zweimal und 3 Wechsler (4,6%) dreimal (siehe auch Tab. 3-12).

Unter der Prämisse, dass Unternehmen, die kontinuierlich eigene F&E betreiben, durch entsprechende Auslegung der Kriterien des IAS 38.57 jedes Jahr zumindest einen Teil der angefallenen F&E-Ausgaben aktivieren könnten,[549] liegt die Vermutung nahe, dass ein Wechsel in der Aktivierungsentscheidung abschlusspolitisch motiviert sein könnte. Ein Wechsleranteil von 19,1% (65 von 341 Unternehmen) könnte unter dieser Prämisse einen Hinweis für das Vorhandensein abschlusspolitischer Zielsetzungen liefern.

Unterstellt man jedoch, dass eine einmalige Änderung innerhalb des Betrachtungszeitraums auf eine Anpassung an geänderte Rahmenbedingungen, die branchenübliche Bilanzierungspraxis o.ä. zurückzuführen ist und nicht als abschlusspolitisch motiviert gedeutet wird, dann könnte aus den vorliegenden Daten geschlussfolgert werden, dass mit der Bilanzierung von F&E-Kosten keine abschlusspolitischen Zielsetzungen verfolgt werden und die Aktivierungsentscheidung eher langfristiger bzw. strategischer Natur ist. Schließlich beläuft sich der Anteil der „Mehrfachwechsler“ nur auf 4,7% (16 von 341 Unternehmen).

Allerdings sind die soeben dargestellten Ergebnisse auf Grund der unterschiedlichen Anzahl an Beobachtungen sehr vorsichtig zu interpretieren. Insbesondere bei Unternehmen mit nur zwei oder drei Beobachtungen lassen

549 Zum faktischen Aktivierungswahlrecht von Entwicklungskosten nach IAS 38 vgl. ausführlich Abschn. 2.3.2.

Tab. 3-12: Entwicklung der Aktivierungsentscheidung im Zeitraum 2003–2009

Beobachtungen	Anzahl der Unternehmen	Anzahl der Wechsler	Anteil der Wechsler	1 Wechsel	2 Wechsel	3 Wechsel	Nicht-Wechsler	Permanente Nicht-Aktivierer	Permanente Aktivierer
7	78	17	0,2179	10	6	1	61	31	30
6	40	12	0,3000	5	5	2	28	15	13
5	101	24	0,2376	23	1	0	77	36	41
4	65	8	0,1231	7	1	0	57	23	34
3	36	3	0,0833	3	0	–	33	17	16
2	21	1	0,0476	1	–	–	20	7	13
1	21	–	–	–	–	–	21	13	8
	362	65		49	13	3	297	142	155

Die Tabelle stellt die Entwicklung der Aktivierungsentscheidung sämtlicher in der Stichprobe befindlichen Unternehmen (362, siehe Summe in der zweiten Spalte von links) dar. Die Unternehmen werden unterteilt je nach Anzahl der zur Verfügung stehenden Beobachtungen (siehe erste Spalte von links). Somit finden sich in der ersten Zeile die Angaben zum balanced sample, mit dem während des gesamten Kapitels 3 gearbeitet wird (78 Unternehmen mit 7 zusammenhängenden Beobachtungen). Die Unternehmen werden unterteilt in solche, die ihre Aktivierungsentscheidung während des gesamten Betrachtungszeitraums beibehalten (Nicht-Wechsler) und in solche, die ihre Aktivierungsentscheidung mindestens einmal überdenken (Wechsler). Bei den Wechslern wird unterschieden, wie oft die Aktivierungsentscheidung revidiert wird (1 Wechsel bis 3 Wechsel). Die Nicht-Wechsler werden unterteilt in Unternehmen, die jedes Jahr sämtliche F&E-Ausgaben aufwandswirksam erfassen (Permanente Nicht-Aktivierer) und in Unternehmen, die jedes Jahr (einen Teil der) F&E-Ausgaben aktivieren.

sich keine validen Rückschlüsse über deren langfristiges Aktivierungsverhalten ableiten. Inwiefern die Aktivierungsentscheidung strategischer Natur oder abschlusspolitisch incentiviert ist, lässt sich daher am besten anhand des balanced sample beantworten. Von den 78 im balanced sample befindlichen Unternehmen behalten 61 Unternehmen (78,2%) ihre Aktivierungsentscheidung während des gesamten Betrachtungszeitraums bei. Die restlichen 17 Unternehmen (21,8%) ändern ihre Aktivierungsentscheidung während des Betrachtungszeitraums. Von den Wechslern ändern 58,8% (10 Unternehmen) ihre Aktivierungsentscheidung einmalig, 35,3% (6 Unternehmen) zweimalig und 5,9% (1 Unternehmen) zweimalig (siehe erste Zeile in Tab. 3-12). Deutet man – wie in der Gesamtstichprobe - nur mehrmalige Wechsel in der Aktivierungsentscheidung als Hinweis für eine abschlusspolitische Motivation, so ist auch im balanced sampel der Anteil der Mehrfachwechsler an der Grundgesamtheit mit 9,1% (7 Unternehmen) eher gering.

Die Untersuchung der Aktivierungsmuster der Wechsler im balanced sample (siehe Tab. 3-13) ließ grundsätzlich keine unternehmensübergreifend identischen Muster oder Trends erkennen. Einzige Ausnahme hiervon stellen folgende zwei Beobachtungen dar: 17,7% der Wechsler (3 Unternehmen) erfassten sämtliche F&E-Kosten in den Jahren 2003 und 2004 erfolgswirksam und entschieden sich erst mit verpflichtender IFRS-Anwendung dazu, diese Kosten zu aktivieren. Diese Entscheidung wurde dann auch bis 2009 durchgehend beibehalten (kursiv hervorgehoben). Im Gegenzug dazu aktivierten vier Unternehmen (23,5% der Wechsler) einen Teil der F&E-Kosten bis einschließlich 2005, um dann sämtliche Kosten in den Folgejahren erfolgswirksam zu erfassen (fett hervorgehoben). Auf Grund des geringen Umfangs an Beobachtungen werden diese Ergebnisse nicht weiter interpretiert. Auffällige Aktivierungsmuster oder Trends lassen sich jedoch auch nicht in der Gesamtstichprobe feststellen.[550]

Auf den ersten Blick könnte also unterstellt werden, dass die F&E-Bilanzierung nur bedingt abschlusspolitisch motiviert ist. Allerdings kann Abschlusspolitik auch bei Unternehmen betrieben werden, die jedes Jahr Entwicklungskosten aktivieren, aber den aktivierten Umfang dahingehend anpassen, um eine bestimmte Zielgröße (z.B. EBIT) zu erreichen. Daher wird bei der Determinantenanalyse (Abschn. 4) neben der Aktivierungsentscheidung auch die Aktivierungsquote als abhängige Variable analysiert und im folgenden Abschnitt deskriptiv-empirisch untersucht.

---

550 Siehe Tab. A-1.

Tab. 3-13: Aktivierungsmuster der Wechsler im Zeitraum 2003–2009 (balanced sample)

Unternehmen	**2003**	**2004**	**2005**	**2006**	**2007**	**2008**	**2009**	**C**
Allgeier Holding AG	**1**	**1**	**1**	**0**	**0**	**0**	**0**	**1**
Bertrandt AG	**1**	**1**	**1**	**0**	**0**	**0**	**0**	**1**
Centrotec Sustainable AG	0	1	1	1	1	1	1	1
Computec Media AG	0	0	0	0	1	0	0	2
GFT Technologies AG	0	0	0	1	1	1	0	2
Graphit Kropfmuhl AG	**1**	**1**	**1**	**0**	**0**	**0**	**0**	**1**
Integralis AG	*0*	*0*	*1*	*1*	*1*	*1*	*1*	*1*
Joh. Friedrich Behrens AG	0	0	0	0	1	1	1	1
Koenig & Bauer AG	0	1	0	0	0	0	1	2
Linde AG	**1**	**1**	**1**	**0**	**0**	**0**	**0**	**1**
Medisana AG	*0*	*0*	*1*	*1*	*1*	*1*	*1*	*1*
Repower Systems AG	*0*	*0*	*1*	*1*	*1*	*1*	*1*	*1*
SGL Carbon AG	0	1	1	1	1	0	1	3
Stratec Biomedical Systems AG	0	0	0	1	0	0	0	2
Technotrans AG	1	1	1	1	1	0	0	1
Triplan AG	1	0	1	1	1	1	1	2
Utimaco Software AG	0	0	1	1	1	0	0	2

0 = vollständige erfolgswirksame Erfassung aller F&E-Ausgaben
1 = Aktivierung von Entwicklungskosten
C = Anzahl der Wechsel (Changes) der Aktivierungsentscheidung im Betrachtungszeitraum. Die Unternehmensdaten sind alphabetisch sortiert.

3.6.3 Aktivierungsquote

Im Folgenden wird differenziert zwischen der Aktivierungsquote[551] derjenigen Unternehmen, die sich für eine Aktivierung der Entwicklungskosten entschieden haben („Aktivierungsquote der Aktivierer"), und der „Aktivierungsquote aller

551 Als Aktivierungsquote werden im vorliegenden Abschnitt in der Zähler- und Nennergröße nur diejenigen aktivierten Entwicklungskosten bzw. F&E-Ausgaben angeführt, die eigenständig im Unternehmen durchgeführte F&E-Tätigkeiten betreffen. Entwicklungskosten, die im Zusammenhang mit Unternehmenserwerben aktiviert wurden, blieben in den folgenden Übersichten unberücksichtigt, da sie anderen Bilanzierungsregeln unterworfen sind. Gleichwohl wurden auch die im Rahmen von Unternehmenserwerben aktivierten Entwicklungskosten erhoben. Deren Berücksichtigung in den statistischen Auswertungen würde nur zu einer sehr geringfügigen Veränderung der empirischen Ergebnisse führen.

Unternehmen“, in der diejenigen Unternehmen, die keine Aktivierung von Entwicklungskosten vornehmen, mit einem Wert von Null berücksichtigt werden. Während die zuerst genannte Kennzahl eine Analyse des spezifischen Aktivierungsverhaltens der Aktivierer ermöglicht, wird bei letzterer Kennzahl indirekt auch die Aktivierungsentscheidung (der Nicht-Aktivierer) berücksichtigt. Diese Zweiteilung ermöglicht vor allem im Branchenvergleich differenziertere Rückschlüsse.

Die Aktivierungsquote der Aktivierer (siehe Tab. 3-14) beträgt 21,2% im Median (bzw. 22,0% im balanced sample) und 29,1% im Mittelwert (bzw. 28,4% im balanced sample). Die größten Schwankungen betragen im Untersuchungszeitraum 3,1 Prozentpunkte im Median (größtes Schwankungsintervall zwischen 18,7% in 2003 und 21,8% in 2006) und 4,8 Prozentpunkte im Mittelwert (größtes Schwankungsintervall zwischen 26,1% in 2004 und 30,9% in 2006). Auffällig ist der plötzliche Anstieg der Aktivierungsquote von 2004 auf 2005 (um 2,9 Prozentpunkte im Median und um 4,0 Prozentpunkte im Mittelwert). Ein Trend über den gesamten Betrachtungszeitraum ist indes nicht erkennbar. In 2009 ist die Aktivierungsquote wieder auf ein Niveau von vor 2005 gesunken. Auch das balanced sample ist nicht durch einen Trend, wohl aber durch deutliche Schwankungen gekennzeichnet (siehe Tab. 3-15). Das größte Schwankungsintervall beträgt 7,5 Prozentpunkte im Median (17,2% in 2003 und 24,7% in 2007) und 6,4 Prozentpunkte im Mittelwert (26,0% in 2004 und 32,4% in 2005). Noch signifikanter als in der Gesamtstichprobe ist der Anstieg der Aktivierungsquote zwischen 2004 und dem ersten Jahr der verpflichtenden IFRS-Konzernrechnungslegung (6,0 Prozentpunkte im Median und 6,4 Prozentpunkte im Mittelwert).

Die soeben beschriebenen Beobachtungen treffen auch auf die Aktivierungsquote aller Unternehmen zu. Vor allem im balanced sample (Tab. 3-17) steigt die Aktivierungsquote zwischen den Jahren 2004 und 2005 um 5,0 Prozentpunkte (von 12,0% im Mittelwert auf 17,0%)[552] sprunghaft an. In diesem Anstieg spiegeln sich zwei Effekte wider: Zum einen die deutliche Zunahme des Aktiviereranteils und zum anderen der Anstieg der Aktivierungsquote der Aktivierer. Nach 2005 sinkt die Aktivierungsquote aller Unternehmen wieder kontinuierlich, um in 2009 sogar mit 12,9% unter dem Ausgangswert von 2003 (13,1%) zu liegen. Auch in der Gesamtstichprobe ist ein deutlicher Anstieg der Aktivierungsquote zwischen 2004 und 2005 zu beobachten (siehe Tab. 3-16). Allerdings fällt dieser mit 1,9 Prozentpunkten

552 Der Median ist bei der Aktivierungsquote aller Unternehmen nicht aussagekräftig, da in einigen Jahren weniger als 50% der Unternehmen überhaupt Entwicklungskosten aktivieren und in den Jahren, in denen sich knapp über 50% zur Aktivierung entscheiden, einige Unternehmen eine so geringe Aktivierungsquote aufweisen, dass der Median der Aktivierungsquote aller Aktivierer selbst in diesen Jahren bei 0 liegt.

Tab. 3-14: Aktivierungsquote der „Aktivierer" im Zeitraum 2003 bis 2009 (Gesamtstichprobe)

Jahr	N[1]	Mittelwert	Std. Abw.	Minimum	25%-P.	Median	75%-P.	Maximum
2003	42	0,2979	0,2790	0,0203	0,0610	0,1865	0,4392	1
2004	57	0,2581	0,2432	0,0154	0,0662	0,1886	0,3687	1
2005	106	0,2978	0,2592	0,0017	0,0902	0,2173	0,4631	1
2006	142	0,3089	0,2833	0,0009	0,0907	0,2182	0,4788	1
2007	152	0,2946	0,2674	0,0005	0,0867	0,2175	0,4416	1
2008	163	0,2938	0,2760	0,0014	0,0680	0,2152	0,4668	1
2009	165	0,2743	0,2596	0,0025	0,0718	0,2070	0,4199	1
2003–2009	827	0,2911	0,2678	0,0005	0,0757	0,2123	0,4436	1

[1] Siehe Anm. 1 in Tab. 3-15.

Tab. 3-15: Aktivierungsquote der „Aktivierer" im Zeitraum 2003 bis 2009 (Balanced Sample)

Jahr	N[1]	Mittelwert	Std. Abw.	Minimum	25%-P.	Median	75%-P.	Maximum
2003	36	0,3002	0,3019	0,0203	0,0546	0,1720	0,4703	1
2004	38	0,2599	0,2554	0,0459	0,0601	0,1873	0,3676	1
2005	42	0,3235	0,2306	0,0370	0,1465	0,2477	0,5000	1
2006	40	0,2869	0,2379	0,0572	0,0958	0,2317	0,4593	0,8178
2007	41	0,2780	0,2243	0,0319	0,1067	0,2441	0,4312	0,8037
2008	37	0,2807	0,2688	0,0353	0,1015	0,1955	0,5000	1
2009	38	0,2572	0,2176	0,0129	0,0789	0,2071	0,4337	0,7519
2003–2009	272	0,2840	0,2463	0,0129	0,0789	0,2196	0,4417	1

[1] N bei der Aktivierungsquote weicht von N bei der Aktivierungsentscheidung (siehe Tab. 3-10) leicht ab, da nicht alle Unternehmen, die sich für eine Aktivierung entschieden, den Betrag offengelegt haben.

Tab. 3-16: Akivierungsquote aller Unternehmen im Zeitraum 2003–2009 (Gesamtstichprobe)

Jahr	N	Mittelwert	Std. Abw.	Minimum	25%-P.	Median	75%-P.	Maximum
2003	98	0,1264	0,2334	0	0	0	0,1415	1
2004	139	0,1068	0,2018	0	0	0	0,1493	1
2005	250	0,1258	0,2235	0	0	0	0,1783	1
2006	301	0,1463	0,2485	0	0	0	0,1936	1
2007	312	0,1426	0,2371	0	0	0	0,2072	1
2008	309	0,1545	0,2480	0	0	0	0,2221	1
2009	306	0,1474	0,2343	0	0	0	0,2302	1
2003–2009	1.715	0,1400	0,2359	0	0	0	0,2025	1

Tab. 3-17: Akivierungsquote aller Unternehmen im Zeitraum 2003–2009 (Balanced Sample)

Jahr	N	Mittelwert	Std. Abw.	Minimum	25%-P.	Median	75%-P.	Maximum
2003	78	0,1309	0,2480	0	0	0	0,1356	1
2004	78	0,1200	0,2160	0	0	0	0,1493	1
2005	78	0,1700	0,2325	0	0	0,0249	0,2928	1
2006	78	0,1545	0,2255	0	0	0	0,2532	0,8178
2007	78	0,1461	0,2136	0	0	0	0,2581	0,8037
2008	78	0,1476	0,2396	0	0	0	0,2003	1
2009	78	0,1286	0,2003	0	0	0	0,2071	0,7519
2003–2009	546	0,1425	0,2249	0	0	0	0,2208	1

(von 10,7% auf 12,6%) deutlich geringer aus als im balanced sample. Im Grunde wird in 2005 wieder die durchschnittliche Aktivierungsquote von 2003 erreicht. Von 2005 auf 2006 erfolgt ein ähnlich hoher Anstieg der Aktivierungsquote i.H.v. 2,0 Prozentpunkten (von 12,6% auf 14,6%) um dann bis 2009 (14,7%) mit Ausnahme eines kleinen „Höhersprungs" in 2008 (15,5%) auf einem relativ konstanten Niveau zu verharren. Auch die Aktivierungsquote aller Unternehmen ist also nicht durch einen Trend, wohl aber durch zahlreiche Schwankungen und einen deutlichen Anstieg zwischen 2004 und 2005 gekennzeichnet.

Ebenso wie bei der Aktivierungsentscheidung existieren auch hinsichtlich der Aktivierungsquote deutliche branchenspezifische Unterschiede. Ein direkter Zusammenhang zwischen der Aktivierungsquote und der F&E-Intensität bzw. der Aktivierungsentscheidung ist dabei nicht erkennbar. So ist beispielsweise die Automobilindustrie zwar bei der Aktivierungsquote aller Unternehmen mit einem Mittelwert von 23,5% immer noch klar führend (siehe Tab. 3-19). Dies ist aber hauptsächlich auf den Umstand zurückzuführen, dass 91,1% in dieser Branche Aktivierer sind. Die Aktivierungsquote der Aktivierer (siehe Tab. 3-18) fällt mit einem Median von 25,1% und einem Mittelwert von 25,7% hingegen eher durchschnittlich aus. Das Aktivierungsverhalten in der Automobilbranche wirft die Frage auf, ob ein Gruppenzwang (peer pressure) zur Aktivierung von Entwicklungskosten besteht, so dass eine vollständige erfolgswirksame Vereinnahmung ein negatives Signal hinsichtlich des Erfolgsversprechens der durchgeführten F&E-Aktivitäten an die Investoren senden würde.[553] Fraglich ist des Weiteren, ob das Signal nur durch die Aktivierungsentscheidung oder auch durch die Aktivierungsquote determiniert wird. Den soeben formulierten Fragen wird im Rahmen der Determinantenanalyse (in Abschnitt 4 dieser Arbeit) nachgegangen. Besonders auffällig ist das Aktivierungsverhalten im Cluster „Öl, Gas, Kohle & EVU". Während sich – analog zur vergleichsweise geringen F&E-Intensität – eher wenige Unternehmen dieses Clusters zu einer Aktivierung entscheiden (38,8%), weisen die Aktivierer mit einem Mittelwert von 46,7% und einem Median von 47,2% die mit Abstand höchste Aktivierungsquote auf. Dieser Umstand ist wohl darauf zurückzuführen, dass die EVU der Anreizregulierungsverordnung[554] unterliegen, und dadurch unter gewissen Umständen einen Anreiz zum Ausweis eines hohen Anlagevermögens und hoher kalkulatorischer Abschreibungen

553 Zur Signalwirkung einer Aktivierung von Entwicklungskosten vgl. ausführlich Abschn. 4.2.7. und 4.4.

554 Verordnung über die Anreizregulierung der Energieversorgungsnetze (Anreizregulierungsverordnung - ARegV), vom 29. Oktober 2007 (BGBl. I S. 2529), die zuletzt durch Artikel 2 des Gesetzes vom 22. Dezember 2011 (BGBl. I S. 3034) geändert worden ist.

Tab. 3-18: Aktivierungsquote der „Aktivierer" im Zeitraum 2003 bis 2009 nach Cluster

Cluster	N	Mittelwert	Std. Abw.	Minimum	25%-P.	Median	75%-P.	Maximum
Öl, Gas, Kohle & EVU (C 7)	28	0,4665	0,3171	0,1055	0,2095	0,4726	0,6612	1
Sonstige (C 10)	203	0,3489	0,3187	0,0025	0,0735	0,2559	0,5075	1
Elektronik + Software (C 4)	210	0,3122	0,2656	0,0001	0,0782	0,2556	0,4668	1
Elektroenergie (C 9)	37	0,2912	0,3237	0,0009	0,0614	0,1312	0,3795	1
Healthcare & Pharma (C 2)	49	0,2880	0,2696	0,0005	0,0750	0,2113	0,3869	0,9326
Automobilbranche (C 1)	52	0,2573	0,1558	0,0407	0,1036	0,2516	0,3909	0,6084
Metallbranche und Maschinenbau (C 6)	192	0,2249	0,1919	0,0046	0,0936	0,1740	0,2952	0,9084
Baubranche (C 8)	17	0,1877	0,1981	0,0419	0,0462	0,1343	0,2300	0,6444
Chemiebranche (C 5)	39	0,1690	0,2169	0,0012	0,0124	0,0644	0,2477	0,8788
Bekleidung und Textilien (C 3)	0[1]	–	–	–	–	–	–	–
	827	0,2911	0,2678	0,0001	0,0757	0,2123	0,4436	1

[1] Wie aus Tab. 3-11 hervorgeht, aktivieren 9,8% (5 der 51 Unternehmen) im Cluster Bekleidung und Textilien F&E-Kosten. Keines von ihnen gibt jedoch den im Berichtsjahr aktivierten Betrag an. Daher können diese Unternehmen nicht in die Berechnung der Aktivierungsquote mit einbezogen werden.

Tab. 3-19: Akivierungsquote aller Unternehmen im Zeitraum 2003–2009 nach Cluster

Jahr	N	Mittelwert	Std. Abw.	Minimum	25%-P.	Median	75%-P.	Maximum
Automobilbranche (C 1)	56	0,2347	0,1658	0	0,0807	0,2416	0,3739	0,6084
Elektronik + Software (C 4)	342	0,1895	0,2570	0	0	0,0495	0,3372	1
Öl, Gas, Kohle & EVU (C 7)	80	0,1633	0,2907	0	0	0	0,2813	1
Metallbranche und Maschinenbau (C 6)	273	0,1576	0,1908	0	0	0,1075	0,2191	0,9084
Elektroenergie (C 9)	73	0,1476	0,2718	0	0	0	0,1312	1
Sonstige (C 10)	499	0,1423	0,2660	0	0	0	0,1773	1
Healthcare & Pharma (C 2)	145	0,0973	0,2072	0	0	0	0,0750	0,9326
Chemiebranche (C 5)	97	0,0680	0,1599	0	0	0	0,0302	0,8788
Baubranche (C 8)	99	0,0322	0,1071	0	0	0	0	0,6444
Bekleidung und Textilien (C 3)[1]	51	0	0	0	0	0	0	0
	1.715	0,1400	0,2359	0	0	0	0,2025	1

[1] Wie aus Tab. 3-11 hervorgeht, aktivieren 9,8% (5 der 51 Unternehmen) im Cluster Bekleidung und Textilien F&E-Kosten. Keines von ihnen gibt jedoch den im Berichtsjahr aktivierten Betrag an. Unter der Annahme, dass es sich bei den fünf Unternehmen um weniger signifikante Beträge handelt, werden in dieser Übersicht alle 51 (statt 46) Unternehmen dieses Clusters mit einer Aktivierungsquote von Null angesetzt. Die Aussagekraft der Ergebnisse wird dadurch nicht beeinträchtigt.

in den Folgejahren haben könnten.[555] Die hohe Aktivierungsquote der Aktivierer im Cluster „Sonstige“ ist im Wesentlichen durch die Aktivierung selbst erstellter Software bedingt. Einzige Ausnahme von dem grundsätzlich nicht zu beobachtenden Zusammenhang zwischen der F&E-Intensität, der Aktivierungsentscheidung und der Aktivierungsquote stellen die Cluster „Bauindustrie“ und „Bekleidung & Textilien“ dar. Beide Cluster weisen eine geringe F&E-Intensität, einen geringen Anteil an Aktivierern und eine geringe Aktivierungsquote auf. Genau Gegenteiliges trifft auf das Cluster „Elektronik & Software“ zu.

3.6.4 Aktivierungsverhalten der Freiwilligen IFRS-Anwender

Die Verpflichtung zur Erstellung eines IFRS-Abschlusses für börsennotierte Unternehmen innerhalb der EU besteht für Jahresabschlüsse von Geschäftsjahren, die nach dem 31.12.2004 beginnen.[556] Die in der vorliegenden Stichprobe in den Jahren 2003 und 2004 vertretenen Unternehmen haben in diesen Jahren folglich freiwillig ihren Abschluss schon vorzeitig nach den Regelungen der IFRS aufgestellt (im Folgenden „Freiwillige IFRS-Anwender“).[557] Sie hätten auch die Möglichkeit gehabt, ihre Abschlüsse in den betroffenen Jahren weiterhin nach den Vorschriften des HGB/GoB oder der US-GAAP zu erstellen.

Fraglich ist, weshalb die Freiwilligen IFRS-Anwender die Zusatzkosten der frühzeitigen IFRS-Berichterstattung auf sich genommen haben. Neben vielen anderen Motiven (z.B. höherer Informationsgehalt der IFRS-Abschlüsse, höhere internationale Vergleichbarkeit,[558] Signalisierung eines gut aufgebauten Rechnungswesens und der schnellen Anpassungsfähigkeit des Unternehmens an neue Herausforderungen) könnte ein Grund darin liegen, dass nach IAS 38 ein faktisches Aktivierungswahlrecht

---

555 Dies gilt zumindest solange, als die aktivierten Entwicklungskosten als betriebsnotwendiges immaterielles Vermögen anerkannt werden. Zu den Grundzügen der Entgeltermittlung im regulierten Strom- und Gasnetzbereich siehe Gassen/Kavvadias (2012), S. 125 ff.

556 Vgl. hierzu Verordnung 1606/2002.

557 Bei den im Fokus dieser Studie stehenden freiwilligen IFRS-Anwendern handelt es sich um sog. „Late Voluntary Adopters“. Zur Begriffsdefinition und den Gründe für die Fokussierung auf diese Unternehmen siehe Abschn. 3.3.

558 Das Argument der internationalen Vergleichbarkeit dürfte insofern eine gewisse Einschränkung erfahren, als vor 2005 nur wenige Unternehmen außerhalb Deutschlands die IFRS angewendet haben.

von Entwicklungskosten besteht, während nach HGB a.F. und US-GAAP sämtliche F&E-Ausgaben zwingend erfolgswirksam zu erfassen waren. Mit der Aktivierung eines Teils der F&E-Ausgaben im IFRS-Abschluss könnten diverse Ziele verfolgt werden (z.B. Erhöhung der Profitabilität, Erhöhung der Eigenkapitalbasis zwecks erleichterter Fremdkapitalaufnahme, Signalisierung erfolgreicher F&E-Projekte an die Investoren). Eine systematische Analyse möglicher Anreize erfolgt in den Abschnitten 4.2.7. und 4.4. Im vorliegenden Abschnitt wird mittels deskriptiver Statistik untersucht, inwiefern sich das Aktivierungsverhalten der Freiwilligen IFRS-Anwender von dem der verpflichtenden IFRS-Anwender unterscheidet. Des Weiteren wird untersucht, inwiefern sich das Aktivierungsverhalten der Freiwilligen IFRS-Anwender nach dem Zeitpunkt der verpflichtenden IFRS-Rechnungslegung ändert. Ein Grund für solch eine Verhaltensänderung könnte darin liegen, dass einige Freiwillige IFRS-Anwender nicht den Eindruck erwecken wollen, sich aus abschlusspolitisch motivierten Gründen für eine frühzeitige IFRS-Umstellung entschieden zu haben. Daher wählen sie vor 2005 dieselbe Bilanzierungsweise wie sie nach HGB a.F. (aufwandswirksame Erfassung sämtlicher F&E-Ausgaben) und gehen erst nach verpflichtender IFRS-Umstellung zu einer Entwicklungskostenaktivierung über.

Zu diesem Zweck wurde die Stichprobe in drei Gruppen unterteilt (siehe Abb. 3-2). Die „Freiwilligen IFRS-Anwender (2003–2004)" beinhalten sämtliche Unternehmen, die in 2003 und 2004 ihren Abschluss nach den IFRS aufgestellt haben. Auch Unternehmen mit nur einer oder zwei Beobachtungen während des gesamten Untersuchungszeitraums (2003–2009) sind darin enthalten, wodurch sich die Stichprobengröße deutlich von dem in den vorhergehenden Abschnitten verwendeten balanced sample unterscheidet. Diese Gruppe gibt Aufschluss über das Aktivierungsverhalten von Unternehmen während des Zeitraums der freiwilligen IFRS-Anwendung. Inwiefern sich dieses Aktivierungsverhalten in den Jahren der verpflichtenden IFRS-Anwendung – ggf. durch die Beobachtung oder Antizipation des Aktivierungsverhaltens der Verpflichtenden IFRS-Anwender – verändert, wird anhand der Gruppe „Freiwillige IFRS-Anwender (2005–2009)" untersucht. Sie beinhalten alle Unternehmen, die schon in 2004 oder gar schon in 2003 ihren Konzernabschluss nach den IFRS aufgestellt haben. Die Gruppe „Verpflichtende IFRS-Anwender (2005–2009)" soll Einblick gewähren, inwiefern sich das Aktivierungsverhalten von Unternehmen, die ihren Konzernabschluss erst nach 2004 nach den IFRS offenlegen, von dem der Freiwilligen IFRS-Anwender (erste beide Gruppen) unterscheidet. In diese Gruppe können Unternehmen, zu denen eine bis fünf Beobachtungen vorliegen, fallen.

Untersucht wurden die durchschnittliche Aktivierungsentscheidung und die Aktivierungsquote der Aktivierer der drei Gruppen. Inwiefern sich die Aktivierungsentscheidung der drei Gruppen statistisch signifikant voneinander unterscheidet,

Abb. 3-1: Gruppierung der Stichprobe

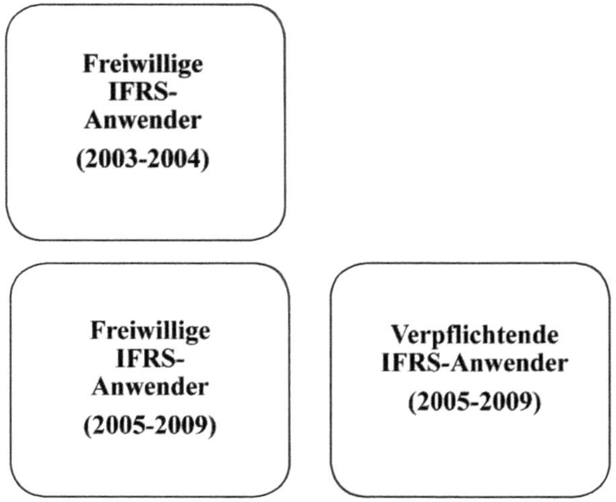

wird mittels der $\chi 2$-Statistik untersucht. Die Signifikanz der unterschiedlichen Aktivierungsquoten wird mittels t-Test geprüft.[559]

Entgegen den Erwartungen fällt auf, dass sich signifikant weniger Freiwillige IFRS-Anwender in den Jahren der freiwilligen IFRS-Berichterstattung dazu entscheiden, Entwicklungskosten zu aktivieren, als die Verpflichtenden IFRS-Anwender in späteren Jahren (Tab. 3-20). Im Gegensatz dazu weist die Aktivierungsquote der Aktivierer einen ähnlich hohen Mittelwert und Median und folglich keine signifikanten Unterschiede auf (Tab. 3-21). Auch ab dem Zeitpunkt der verpflichtenden IFRS-Rechnungslegung ändert sich dieser Umstand nicht. Die Aktiviereranteil innerhalb der Freiwilligen IFRS-Anwender ist signifikant niedriger als bei den Verpflichtenden IFRS-Anwendern (Tab. 3-22), während sich die Aktivierungsquoten der Aktivierer nur geringfügig voneinander unterscheiden (Tab. 3-23). Die dritte gruppenweise Gegenüberstellung (Tab. 3-24 und Tab. 3-25) bestätigt schließlich, dass sich das Aktivierungsverhalten der Freiwilligen IFRS-Anwender nach verpflichtender IFRS-Einführung nicht signifikant von dem zuvor praktizierten unterscheidet. Eine Beeinflussung durch das Aktivierungsverhalten der Verpflichtenden IFRS-Anwender scheint also nicht erfolgt zu sein.

559 Die Aktivierungsquote aller Unternehmen wurde nicht in die Betrachtung einbezogen, da sie durch beide zuvor genannten Größen determiniert ist. Für die Beurteilung der Frage, inwiefern sich das Aktivierungsverhalten der drei beschriebenen Gruppen voneinander unterscheidet, liefert sie keinen zusätzlichen Erkenntnisgewinn.

Tab. 3-20: Aktivierungsentscheidung Freiwilliger IFRS-Anwender (2003–2004) vs. Verpflichtender IFRS-Anwender (2005–2009)

Stichprobe	**N**	**Mittelwert**	**$\chi 2$ Statistik**
Freiwillige IFRS-Anwender (2003–2004)	237	0,4895	2,915
Verpflichtende IFRS-Anwender (2005–2009)	835	0,5521	(0.088)

Tab. 3-21: Aktivierungsquote Freiwilliger IFRS-Anwender (2003–2004) vs. Verpflichtender IFRS-Anwender (2005–2009)

Stichprobe	**N**	**Mittelwert**	**Std. Abw.**	**Minimum**	**25%-P.**	**Median**	**75%-P.**	**Maximum**	**t-Test**
Freiwillige IFRS-Anwender (2003–2004)	99	0,2763	0,2589	0	0,0614	0,1886	0,4162	1	0,350
Verpflichtende IFRS-Anwender (2005–2009)	412	0,2866	0,2736	0	0,0679	0,2075	0,4231	1	(0.726)

Tab. 3-22: Aktivierungsentscheidung Freiwilliger IFRS-Anwender (2005–2009) vs. Verpflichtender IFRS-Anwender (2005–2009)

Stichprobe	**N**	**Mittelwert**	**$\chi 2$ Statistik**
Freiwillige IFRS-Anwender (2005–2009)	643	0,5008	3,840
Verpflichtende IFRS-Anwender (2005–2009)	835	0,5521	(0.050)

Tab. 3-23: Aktivierungsquote Freiwilliger IFRS-Anwender (2005–2009) vs. Verpflichtender IFRS-Anwender (2005–2009)

Stichprobe	**N**	**Mittelwert**	**Std. Abw.**	**Minimum**	**25%-P.**	**Median**	**75%-P.**	**Maximum**	**t-Test**
Freiwillige IFRS-Anwender (2005–2009)	317	0,3015	0,2635	0	0,0958	0,2221	0,4850	1	–0,740
Verpflichtende IFRS-Anwender (2005–2009)	412	0,2866	0,2736	0	0,0679	0,2075	0,4231	1	(0.457)

Tab. 3-24: Aktivierungsentscheidung Freiwilliger IFRS-Anwender (2003–2004) vs. Freiwilliger IFRS-Anwender (2005–2009)

Stichprobe	N	Mittelwert	$\chi 2$ Statistik
Freiwillige IFRS-Anwender (2003–2004)	237	0,4895	0,089
Freiwillige IFRS-Anwender (2005–2009)	443	0,5008	(0.766)

Tab. 3-25: Aktivierungsquote Freiwilliger IFRS-Anwender (2003–2004) vs. Freiwilliger IFRS-Anwender (2005–2009)

Stichprobe	N	Mittelwert	Std. Abw.	Minimum	25%-P.	Median	75%-P.	Maximum	t-Test
Freiwillige IFRS-Anwender (2003–2004)	99	0,2763	0,2589	0	0,0614	0,1886	0,4162	1	–0,840
Freiwillige IFRS-Anwender (2005–2009)	317	0,3015	0,2635	0	0,0958	0,2221	0,4850	1	(0.402)

3.7 Folgebewertung

Für die Folgebewertung aktivierter Entwicklungskosten stehen dem Abschlussersteller grundsätzlich zwei alternative Bewertungsmodelle zur Verfügung: das Anschaffungskostenmodell (IAS 38.74) und das Neubewertungsmodell (IAS 38.75). Letzteres darf nur unter sehr restriktiven Bedingungen zur Anwendung kommen. Unter anderem wird das Vorhandensein eines aktiven Marktes gefordert, das die Homogenität der geschaffenen Produkte voraussetzt. Da das Ziel von Forschungs- und Entwicklungstätigkeiten gerade die Entwicklung neuer, einzigartiger Produkte oder Technologien darstellt, die dem Unternehmen gegenüber den anderen einen Wettbewerbsvorteil verschaffen sollen, werden die an das Vorhandensein eines aktiven Marktes geknüpften Kriterien regelmäßig nicht erfüllt sein. Da das Neubewertungsmodell zudem nur für die Bewertung aller Vermögenswerte einer Klasse – also sämtlicher aktivierter Entwicklungskosten[560] – zur Anwendung kommen darf, wird davon ausgegangen, dass es für die Folgebewertung aktivierter Entwicklungskosten in der deutschen Rechnungslegungspraxis keinerlei Relevanz aufweist.[561] Diese Vermutung wird in der empirischen Untersuchung bestätigt. Sämtliche in der Stichprobe befindlichen Unternehmen wenden für die Folgebewertung aktivierter Entwicklungskosten das Anschaffungskostenmodell an. Das Neubewertungsmodell scheint für die Folgebewertung folglich irrelevant zu sein.[562]

Nach dem Anschaffungskostenmodell sind Immaterielle Vermögenswerte nach deren erstmaligem Ansatz zu deren Anschaffungs- oder Herstellungskosten um kumulierte planmäßige Abschreibungen und Wertminderungsaufwendungen anzupassen. Tab. 3-27 zeigt die Entwicklung der planmäßigen Abschreibungen, der Wertminderungsaufwendungen sowie der Restbuchwerte aktivierter Entwicklungskosten während des Untersuchungszeitraums. Zur Erhöhung der Aussagekraft der Ergebnisse wurden diese Größen nicht in absoluten Zahlen angegeben, sondern zu den im jeweiligen Jahr aktivierten Entwicklungskosten ins Verhältnis gesetzt. Dabei wurden auch die extremen Ausreißer gesondert dargestellt, indem

---

560 Dass Aktivierte Entwicklungskosten eine eigene Klasse immaterieller Vermögenswerte darstellen, wird in IAS 38.119 (g) explizit festgelegt.

561 Zu den restriktiven Anwendungsvoraussetzungen des Neubewertungsmodells und seiner fraglichen Praxisrelevanz für aktivierte F&E-Kosten siehe Abschn. 2.3.3.2.

562 Zu demselben Ergebnis kommen Hager/Hitz hinsichtlich der von ihnen untersuchten Unternehmen. Siehe Hager/Hitz (2007), S. 212.

jeweils eine Zeile mit Werten eingefügt wurde, die nicht einem Winsorising auf einem 1%- und 99%-Perzentil unterliegen.[563]

Sämtliche aktivierten Entwicklungskosten weisen eine begrenzte Nutzungsdauer auf. Bezüglich der Abschreibungsmethode auf aktivierte Entwicklungskosten ist in 910 Fällen[564] eine entsprechende Anhangsangabe getätigt worden. Nicht immer war dabei ersichtlich, ob und in welchem Umfang im betreffenden Berichtsjahr auch tatsächlich Abschreibungen vorgenommen wurden. In einigen Fällen entstand der Eindruck, dass die Angaben zur Abschreibungsmethode einfach aus Vorperioden und im Hinblick auf eine mögliche künftige Relevanz innerhalb des Abschnitts zu den grundlegenden Bewertungsmethoden belassen wurden. Zu 99,1% (902 von 910 Beobachtungen) wurde die lineare Abschreibungsmethode angewendet. In den restlichen Fällen erfolgte die Abschreibung im Verhältnis zu den insgesamt durch die aktivierten Entwicklungskosten erwarteten Umsatzerlöse (TV-Loonland AG), entsprechend der Menge der durch die F&E-Tätigkeiten produzierten und bereits abgesetzten Güter (stückzahlbezogen, Progress-Werk Oberkirch AG), oder als Bestandteil der Herstellungskosten der im Vorratsvermögen befindlichen und für den Verkauf bestimmten Produkte (Daimler AG).

Diejenigen Unternehmen, die den verpflichtenden Angaben zur Abschreibungsdauer nachgekommen sind (797 Beobachtungen), schreiben aktivierte Entwicklungskosten im Schnitt über 5 Jahre (Median) bzw. 5,5 Jahre (Mittelwert) ab,[565] wobei sich die Spannbreite zwischen einem und 20 Jahren bewegt (siehe Tab. 3-26). Auffällig

---

563 Die Folgebewertung ist naturgemäß nur für die Aktivierer von Relevanz und für Wechsler, die von einer Aktivierung zu einer Nicht-Aktivierung übergegangen sind. Somit werden Angaben zur Folgebewertung für mindestens 899 Beobachtungen (entspricht der Anzahl der Aktivierungen) erwartet. Die Nicht-Einhaltung einzelner Angabepflichten erklärt den unterschiedlichen Stichprobenumfang bei den einzelnen Aspekten der Folgebewertung in Tab. 3-26 und 3-27. Inwiefern den geforderten Anhangangabepflichten nachgekommen wird, ist Untersuchungsgegenstand von Abschn. 3.9.

564 Die Zahl übersteigt die Anzahl der Aktivierungen (899), da einige Wechsler in den Jahren der Nicht-Aktivierung Angaben zu in Vorjahren aktivierten Entwicklungskosten getätigt haben.

565 Einige Unternehmen geben hinsichtlich der Abschreibungsdauer eine Spannbreite an. In diesen Fällen wurde in der vorliegenden Studie der arithmetische Mittelwert gebildet. Sicherlich führt diese Vorgehensweise zu einer gewissen Verzerrung, da ein Unternehmen die überwiegende Mehrheit der aktivierten Entwicklungskosten über eine der beiden „Extremdauern“ abschreiben könnte. Mangels einer genaueren Differenzierung in den Jahresabschlüssen war eine entsprechende Gewichtung jedoch nicht möglich und die gewählte Vorgehensweise die einzige praktikable.

Tab. 3-26: Durchschnittliche Abschreibungsdauer nach Cluster

Cluster	N	Mittelwert	Std. Abw.	Minimum	25%-P.	Median	75%-P.	Maximum
Healthcare & Pharma (C 2)	54	10,60	6,34	2,00	5,00	8,00	20,00	20,00
Chemiebranche (C 5)	35	7,60	4,21	3,00	4,00	6,00	10,00	15,50
Automobilbranche (C 1)	49	6,64	1,48	2,50	6,00	7,00	7,50	10,00
Öl, Gas, Kohle & Versorgungsunternehmen (C 7)	21	6,12	1,95	4,00	5,00	5,00	7,00	10,00
Metallbranche & Maschinenbau (C 6)	164	5,20	1,77	1,50	4,50	5,00	6,00	11,50
Sonstige (C 10)	214	4,89	2,08	1,50	3,00	5,00	6,00	13,00
Elektroenergie (C 9)	29	4,83	1,17	3,00	4,00	5,00	5,00	9,00
Elektronik & Software (C 4)	212	4,56	2,03	1,00	3,00	4,00	5,00	15,00
Baubranche (C 8)	15	3,83	0,96	2,50	3,00	4,00	5,00	5,00
Bekleidung & Textilien (C 3)	4	3,50	0,58	3,00	3,00	3,50	4,00	4,00
	797	5,48	3,02	1,00	4,00	5,00	6,00	20,00

Tab. 3-27: Folgebewertung im Zeitraum 2003–2009

Variable	N	Mittelwert	Std. Abw.	Minimum	25%-P.	Median	75%-P.	Maximum
Relative planmäßige Abschreibungen*	768	1,1799	4,1097	0	0,2221	0,5595	0,9482	70,1666
Ohne Winsorising	768	2,2216	28,2148	0	0,2221	0,5595	0,9482	774,0000
Relative Wertminderungsaufwendungen*	754	0,2400	2,9951	0	0	0	0	57,1666
Ohne Winsorising	754	0,3551	4,3816	0	0	0	0	88,2391
Relative Restbuchwerte aktivierter Entwicklungskosten*	773	4,0051	9,8011	0	1,5001	2,2711	3,400	177,6000
Ohne Winsorising	773	6,1355	54,3330	0	1,5001	2,2721	3,400	1479,0000

* Zur Erhöhung der Aussagekraft der Ergebnisse wurden die planmäßigen Abschreibungen, Wertminderungsaufwendungen und Restbuchwerte aktivierter Entwicklungskosten nicht in absoluten Zahlen angegeben, sondern zu den im jeweiligen Jahr aktivierten Entwicklungskosten ins Verhältnis gesetzt.

sind die branchenspezifischen Unterschiede im durchschnittlichen Produktlebenszyklus bzw. im Zeitraum, über den Zahlungsmittelrückflüsse aus den aktivierten Entwicklungskosten erwartet werden. Die mit Abstand längsten Abschreibungsdauern werden im Cluster „Healthcare & Pharma" gewählt (8 Jahre im Median und 10,6 Jahre im Mittelwert), die kürzesten im Cluster „Bekleidung und Textilien" (3,5 Jahre sowohl im Median als auch im Mittelwert). Bei einigen Clustern ist ein positiver Zusammenhang zwischen der Abschreibungsdauer und der F&E-Intensität zu beobachten. So weist die mit Abstand forschungsintensivste Branche (Pharma & Healthcare) auch die mit Abstand längsten Abschreibungsdauern auf, während in den Branchen mit der geringsten F&E-Intensität („Bekleidung & Textilien" und „Bauindustrie") die kürzesten Abschreibungsdauern gewählt werden. Relativ lange Abschreibungsdauern weisen die ebenfalls sehr forschungsintensiven Automobilbranche und die Chemiebranche auf, während in den übrigen Branchen der Median – unabhängig von der F&E-Intensität – bei 5 Jahren liegt, man sich also branchenübergreifend auf eine pauschale Nutzungsdauer geeinigt zu haben scheint. Ein auffällig negativer Zusammenhang zwischen F&E-Intensität und Abschreibungsdauer besteht nur bei der Elektronik & Software-Branche. Als Branche mit der zweithöchsten F&E-Intensität weist sie mit einem Median von 4 Jahren (Mittelwert 4,6) die drittkürzesten Abschreibungsdauern auf. Im Gegensatz zum Aktivierungsverhalten ist also hinsichtlich der Folgebewertung eher ein positiver Zusammenhang zwischen der F&E-Intensität und der Länge des durch die F&E-Tätigkeiten geschaffenen Produktlebenszyklus erkennbar. Es ist anzunehmen, dass eine differenzierte Betrachtung der Folgebewertung nach unterschiedlichen Typen von selbst erstellten immateriellen Vermögenswerten nähere Einblicke in den von den Unternehmen unterstellten Produktlebenszyklus ermöglichen würde. Leider ist jedoch solch eine Differenzierung im Regelfall nicht den Geschäftsberichten entnehmbar. Folgestudien könnten sich dieser Thematik mittels gezielter Unternehmensbefragungen annehmen.

Wertminderungen auf aktivierte Entwicklungskosten wurden in 112 Fällen vorgenommen. Bei einer unterstellten Relevanz der Wertminderungsvorschriften nur für die „Aktivierungsbeobachtungen" (899) entspricht dies 12,5%. Die 112 Beobachtungen stammen von 61 Unternehmen, was darauf hindeutet, dass bei einigen Unternehmen auch mehrere Jahre in Folge Wertminderungen vorgenommen werden. Gleichzeitig nimmt mehr als jedes vierte Unternehmen, für das die Wertminderungsvorschriften von Relevanz sein könnten, während des Untersuchungszeitraums eine Wertberichtigung vor.[566] Die betragsmäßig höchste

566 Relevanz wird für die Permanenten Aktivierer (155) und für die Wechsler (65) unterstellt. Damit nehmen 27,7% der Unternehmen (61 von 210) eine Wertminderung vor.

Wertminderung erfolgte im Jahr 2006 in der Volkswagen AG und beläuft sich auf 463 Mio. €.[567]

Grundsätzlich besteht die Möglichkeit, Wertminderungen, die in den Vorperioden auf aktivierte Entwicklungskosten vorgenommen wurden, (teilweise) wieder aufzuholen.[568] Es wird jedoch als äußerst unwahrscheinlich erachtet, dass in der Rechnungslegungspraxis von dieser theoretischen Möglichkeit Gebrauch gemacht wird. Schließlich setzt die Aktivierung von Entwicklungskosten den Nachweis der technischen Realisierbarkeit durch Eigennutzung oder Verkauf voraus (IAS. 38.57 (a)) voraus. Kommt man in einem so weit fortgeschrittenen Stadium zu der Erkenntnis, dass die Realisierbarkeit doch nicht möglich ist, wird eine Revision ebendieser Entscheidung in den Folgeperioden als äußerst unwahrscheinlich erachtet. Tatsächlich erfolgt in der untersuchten Stichprobe auch nur in vier Fällen eine Wertaufholung zuvor wertgeminderter Entwicklungskosten. Der höchste Zuschreibungsbetrag stammt dabei von der AAP Implantate AG im Jahr 2006 und beläuft sich auf 0,325 Mio €.[569] Die Vorschriften zur Wertaufholung scheinen also in der deutschen Rechnungslegungspraxis keine Relevanz zu haben.

3.8 Disclosure Compliance

3.8.1 Forschungsfragen und Vorgehensweise

Die Prüfung der Disclosure Compliance (im Folgenden DC) wird in eine quantitative und in eine qualitative Komponente unterteilt. Im Einzelnen werden im vorliegenden Abschnitt folgende Forschungsfragen untersucht:

Quantitativ

F.1: Inwiefern wird den in IAS 38 geforderten F&E-spezifischen Angabepflichten in der deutschen Rechnungslegungspraxis nachgekommen? Wo liegen die häufigsten Fehlerquellen?

F.2: Wie entwickelt sich die DC während des Zeitraums 2003–2009? Welchen Einfluss hat die F&E-spezifische DPR-Tätigkeit?

F.3. Inwiefern bestehen branchenspezifische Unterschiede in der DC?

F.4. Inwiefern unterscheidet sich die DC der IFRS-Pflicht-Anwender von derjenigen der Freiwilligen IFRS-Anwender?

---

567 Vgl. Volkswagen AG (2007), S. 150.

568 Siehe Abschn. 2.3.3.2.

569 Vgl. AAP Implantate AG (2007), S. 49.

Qualitativ

F.1: Wo und in welcher Form werden die geforderten Anhangangaben getätigt?
F.2: Wie werden die Forschungs- und Entwicklungsphase voneinander abgegrenzt?
F.3: Wo liegt die Grenze zwischen Ermessensausübung und Regelverstoß?

Zuvor wird erläutert, welche der in IAS 38 geforderten Angabepflichten überhaupt nachprüfbar sind. Des Weiteren wird ein Überblick über das Enforcement-Verfahren in Deutschland gegeben und die F&E-spezifischen Aktivitäten der DPR herausgearbeitet.

3.8.2 Nachprüfbare Anhangangaben

Der Umfang der verpflichtenden Anhangangaben im Zusammenhang mit den im Unternehmen durchgeführten F&E-Aktivitäten variiert erheblich je nach getroffener Aktivierungsentscheidung. Während Unternehmen, die sämtliche F&E-Ausgaben aufwandswirksam erfassen, lediglich die Gesamtaufwendungen einer Periode anzugeben haben, müssen Unternehmen, die sich für die Aktivierung (eines Teils) der angefallenen F&E-Ausgaben entscheiden, eine Vielzahl zusätzlicher Informationen hinsichtlich der Zugangs- und Folgebewertung der aktivierten Entwicklungskosten offenlegen.[570]

Im Rahmen der DC- Prüfung kann nicht untersucht werden, ob der Gesamtzahl der geforderten Angabepflichten entsprochen wurde. Dies liegt darin begründet, dass ohne Einblick in das tatsächliche Geschehen im Unternehmen, also nur anhand der Informationen, die jedem externen Adressaten mittels Einsichtnahme in den Geschäftsbericht zur Verfügung stehen, nicht beurteilt werden kann, inwiefern die Tatbestandsvoraussetzungen, an die eine bestimmte Angabepflicht geknüpft ist, erfüllt sind. So sieht IAS 38 i.V.m. IAS 36 beispielsweise eine Vielzahl an Angabepflichten im Fall einer Wertminderung vor. Finden sich im Geschäftsbericht eines Unternehmens nun keine Angaben zur Wertminderung aktivierter Entwicklungskosten, kann dies drei Gründe haben. Zum einen könnte in der Berichtsperiode tatsächlich keine Wertminderung erfolgt sein (Fall 1). Zum anderen könnte eine unwesentliche Wertminderung erfasst worden sein, über die unter Berufung auf den Grundsatz der Wesentlichkeit nicht berichtet wurde (Fall 2). Schließlich

570 Eine detaillierte Übersicht aller verpflichtend vorzunehmenden Anhangangaben findet sich in Abschn. 2.3.4.

könnte auch eine wesentliche Wertminderung das Jahresergebnis belasten und über diesen Umstand bewusst oder unbewusst nicht berichtet worden sein (Fall 3). Ein Verstoß gegen die geforderten Angabepflichten würde nur in Fall 3 vorliegen. Welcher der drei Fälle tatsächlich eingetreten ist, kann dem Geschäftsbericht jedoch nicht entnommen werden. Ähnliches trifft auf die verpflichtende Beschreibung (einschließlich Angabe von Buchwert und Restnutzungsdauer) aller wesentlichen Vermögenswerte zu. Der Bilanz und oder dem Anlagenspiegel entnehmbar sind nur Gruppen von Vermögenswerten (z.B. die Summe aller aktivierten Entwicklungskosten). Ob sich innerhalb dieser Gruppe ein einzelner wesentlicher Vermögenswert befindet, ist für den Abschlussadressaten nicht erkennbar, ebenso wenig wie der Grund für eine eventuell nicht weiter vorgenommene Unterteilung sämtlicher aktivierter Entwicklungskosten in einzelne Vermögenswerte.[571] Zudem ist der Begriff „Beschreibung“ individuell interpretierbar. Entsprechend der soeben erläuterten Beispiele sind zusätzliche Angabepflichten, die im Fall des Erhalts von Zuwendungen der öffentlichen Hand, bei beschränktem Eigentumsrecht oder vertraglichen Verpflichtungen zum Erwerb immaterieller Vermögenswerte gefordert werden,[572] nicht nachprüfbar. All diese Angabepflichten bleiben daher bei der Compliance-Prüfung unberücksichtigt.

Eindeutig nachprüfbar sind allein diejenigen Angabepflichten, die bei einer Aktivierung von Entwicklungskosten in jedem Fall[573] vorzunehmen sind. Da zudem

571 Bei deutlicher Wesentlichkeit der gesamten aktivierten Entwicklungskosten liegt zwar die Vermutung nahe, dass zumindest ein wesentlicher Vermögenswert vorhanden sein muss. Nachprüfbar ist diese Vermutung indes nicht.

572 Die beiden zuletzt genannten Fälle dürften im Zusammenhang mit aktivierten Entwicklungskosten ohnehin von untergeordneter Bedeutung sein. Sie könnten allerdings rein theoretisch bei Forschungsgemeinschaften (beschränktes Eigentumsrecht) oder bei Fremdvergabe von Teilforschungsleistungen (künftige Erwerbsverpflichtung) Relevanz aufweisen.

573 Einzige Ausnahme hiervon stellt die Unwesentlichkeit sämtlicher aktivierter Entwicklungskosten dar. Im Rahmen der DC-Prüfung wurde von einer Wesentlichkeit aller aktivierten Entwicklungskosten ausgegangen, wenn sich diese auf mindestens 0,5% der Bilanzsumme beliefen. Diese Vorgehensweise steht im Einklang mit der derzeit in der Wirtschaftsprüfung vorherrschenden „one-benchmark-method“. Zu anderen möglichen Wesentlichkeitsgrenzen (u.a. „blended method“), deren Vor- und Nachteilen sowie einen Überblick diesbezüglicher empirischer Studien siehe ausführlich Wolz (2003), S. 214 ff.
Wurde der aktivierte Betrag nicht angegeben, im Anhang jedoch explizit erwähnt, dass im Berichtsjahr eine Aktivierung von Entwicklungskosten erfolgte, so wurde die Anhangsangabe unabhängig von Wesentlichkeitsaspekten als fehlerhaft gewertet. Diese

in Abschn. 3.7 empirisch bestätigt wurde, dass das Neubewertungsmodell für die Folgebewertung aktivierter Entwicklungskosten keinerlei Relevanz aufweist, beschränken sich die im Rahmen dieser Studie analysierten Angabepflichten auf Angaben zur Abschreibung (Abschreibungsmethode, Abschreibungsdauer und GuV-Posten, in dem (denen) die Abschreibungsaufwendungen enthalten ist (sind)) sowie eine Überleitungsrechnung des Bruttobuchwerts zu Beginn und zum Ende einer Periode (siehe Tab. 3-28).

3.8.3 Quantitative Ergebnisse

Die DC aller in der Stichprobe befindlichen Unternehmen beträgt im Schnitt über den gesamten Untersuchungszeitraum nur 72,2%. Mehr als jedes vierte Unternehmen kommt also den gesetzlich geforderten Angabepflichten nicht nach. Da die Aktivierer eine Vielzahl an Angaben tätigen müssen,[574] während die Nicht-Aktivierer nur zur Offenlegung des Gesamtbetrags der F&E-Aufwendungen verpflichtet sind, wofür keine weiteren Bereitstellungskosten entstehen, erscheint es nicht verwunderlich, dass die Compliancequote bei den Nicht-Aktivierern (85,4%) deutlich höher ist als bei den Aktivierern (69,7%). Hauptfehlerquelle der Nicht-Aktivierer stellen die fehlende separate Überleitungsrechnung für selbst erstellte immaterielle Vermögenswerte und die mangelnde Angabe des Bruttobuchwerts zu Beginn und zum Ende einer Periode dar (siehe Tab. 3-28).[575] Bemerkenswert ist, dass in

---

Vorgehensweise wurde vor dem Hintergrund gewählt, dass ein Unternehmen zwar unter Berufung auf den Wesentlichkeitsgrundsatz auf die Tätigung einer Anhangsangabe vollends verzichten, sich aber nicht für ein selektives Offenlegungsverhalten entscheiden kann. Gem. IAS 38.118 (e) wird die Angabe des in der Berichtsperiode aktivierten *Betrages* selbst erstellter immaterieller Vermögenswerte gefordert. Die Angabe, dass eine Aktivierung erfolgte – bei gleichzeitiger Vorenthaltung des aktivierten Betrags – würde einer selektiven Anhangsangabe gleichkommen. Der Abschlussadressat würde gezielt darauf hingewiesen, dass im Unternehmen eigenständige F&E-Aktivitäten durchgeführt wurden, aus denen bereits erfolgsversprechende Projekte hervorgegangen sind. Er könnte diese Aussage aber nicht relativieren und nicht beurteilen, inwiefern das Jahresergebnis – etwa im Vergleich zu Konkurrenzunternehmen – durch die Aktivierungsentscheidung beeinflusst wurde.

574 Zur vollständigen Übersicht siehe Abschn. 2.3.4.

575 In der Studie von Haller et. al. (2010) kommen im dort untersuchten Zeitraum (2005 bis 2007) im Schnitt ca. 25% der Unternehmen der verpflichtenden Differenzierung in selbst erstellte und entgeltlich erworbene immaterielle Vermögenswerte nicht nach. Siehe Haller et. al. (2010), S. 684.

Bezug auf eine einzelne Angabeverpflichtung die niedrigste DC 84,1% beträgt, die Gesamt-DC, also die Vollständigkeit aller geforderten und nachprüfbaren Anhangangaben jedoch nur 69,7%. Dies verdeutlicht, dass es eher wenige vollständig regelkonforme Bilanzierer und vollständig nicht-regelkonforme Bilanzierer gibt, sondern eine breite Anzahl an Unternehmen, die einigen, aber eben nicht allen Anhangangaben nachkommt.

Auffällig ist in diesem Zusammenhang das Offenlegungsverhalten hinsichtlich der verpflichtend anzugebenden F&E-Ausgaben, die in der Berichtsperiode aufwandswirksam erfasst wurden. Es könnte vermutet werden, dass Aktivierer auf Grund der generell höheren Anforderungen an die F&E-Berichterstattung zumindest diese mit einem äußerst geringen Bereitstellungsaufwand verbundene Pflichtinformation eher offenlegen würden als die Nicht-Aktivierer. Tatsächlich liegt die diesbezügliche Compliancequote der Aktivierer (86,9%) jedoch nur leicht über derjenigen der Nicht-Aktivierer (85,4%).[576] Dieser Umstand legt die Vermutung nahe, dass die Summe der F&E-Aufwendungen zumindest von einigen Unternehmen bewusst nicht angegeben wird.

Während des Untersuchungszeitraums ist eine kontinuierliche Zunahme der DC zu beobachten. Im Gesamtsample nimmt die DC von 71,4% im Jahr 2003 auf 83,0% im Jahr 2009 um insgesamt 16,2% zu (siehe Tab. 3-29). Im Balanced Sample steigt die DC im gleichen Zeitraum (von 75,6% auf 87,2%) um 15,3% an (siehe Tab. 3-30). Deutliche Sprünge sind zwischen den Jahren 2006 und 2007, vor allem aber zwischen 2007 und 2008 zu erkennen. In den anderen Jahren liegt die Veränderung der DC in der Regel unter zwei Prozentpunkten, im balanced sample ist zwischen den Jahren 2003 und 2004 sowie 2005 und 2006 sogar ein leichter Rückgang zu beobachten. Diese Ergebnisse könnten einen Hinweis dafür liefern, dass:

1. die erstmalig verpflichtende IFRS-Abschlusserstellung und die Aufnahme der DPR-Tätigkeit im Jahr 2005 keinen signifikanten Einfluss auf die DC hatten,
2. die Erwähnung der Entwicklungskosten als Prüfungsschwerpunkt im Rahmen der Werthaltigkeitsprüfung von Vermögenswerten und die Prüfungshinweise

576 Im balanced sample ist die Compliance mit der Angabeverpflichtung gem. IAS 38.126 seitens der Aktivierer (94,1%) jedoch deutlich höher als auf Seite der Nicht-Aktivierer (89,4%). In der Studie von Haller et. al. (2010) tätigen im dort untersuchten Zeitraum (2005 bis 2007) im Schnitt ca. 25% der Unternehmen keine Angabe zu den F&E-Aufwendungen. Siehe Haller et. al. (2010), S. 684. Während des von Von Keitz (2005) untersuchten Zeitraums (2001–2003) sinkt die diesbezügliche „Verstoßer-Quote“ von 57% (2001) auf 42% (2003). Siehe Von Keitz (2005), S. 42.

im Tätigkeitsbericht des Jahres 2006 keine signifikanten Auswirkungen auf die DC hatten,

3. die intensive Berichterstattung der DPR über die problematische bilanzielle Abbildung der F&E-Aktivitäten im Tätigkeitsbericht 2008 hingegen einen signifikanten Einfluss auf die DC hatte.

Signifikante Unterschiede sind in der DC der einzelnen Branchen zu beobachten. Die Compliancequoten reichen von 96,4% in der Automobilbranche bis 63,6% in der Baubranche (siehe Tab. 3-31). Es könnte vermutet werden, dass die DC umso höher ist, je weniger Aktivierer sich in der Branche befinden, da die Angabepflichten für Aktivierer deutlich umfangreicher und folglich mit viel höheren Kosten verbunden sind als bei den Nicht-Aktivierern. Tatsächlich scheint die branchenspezifische DC jedoch unabhängig vom Aktivierungsverhalten zu sein. In einigen Branchen mit einem hohen Aktiviereranteil ist die Compliancequote sogar höher als in Branchen, in denen sich sehr wenige Aktivierer befinden. So weist die Branche mit dem höchsten Aktiviereranteil (Automobilbranche) mit 91,1% die mit Abstand höchste Compliancequote auf, während die Baubranche mit einem Aktiviereranteil von nur 18,8% für die geringste DC (63,6%) verantwortlich ist.

Die DC scheint auch unabhängig von der F&E-Intensität zu sein. So rangieren beispielsweise die beiden forschungsintensivsten Branchen Healthcare & Pharma" und „Elektronik & Software" bei der DC mit 80,0% bzw. 79,8% nur im Mittelfeld. Dies ist vor allem in Bezug auf die „Pharma & Healthcare"–Branche sehr erstaunlich, da sie zudem nur einen eher geringen Anteil an Aktivieren beinhaltet. Einzig in der Branche „Bekleidung & Textilien" sowie in der Baubranche geht die geringe F&E-Intensität mit einer dürftigen DC einher.

Offen bleibt die Frage nach der Ursache der deutlichen branchenspezifischen Unterschiede in der DC. Ein möglicher Grund könnte darin liegen, dass Unternehmen einer Branche die Jahresabschlüsse untereinander vergleichen und nur die gleiche Art und den gleichen Umfang an Informationen preisgeben wollen wie ihre unmittelbaren Konkurrenten. Eine systematische Darstellung möglicher Ursachen erfolgt in Abschn. 4.2.7. und 4.4.

3.8.4 Disclosure Compliance der Freiwilligen IFRS-Anwender

Mögliche Gründe für eine Abweichung des Aktivierungsverhaltens von Freiwilligen und Verpflichtenden IFRS-Anwendern sowie die empirisch-methodische

Vorgehensweise (Unterteilung der Gesamtstichprobe in drei Gruppen) wurden in Abschn. 3.6.4. erläutert. An dieser Stelle wird mittels $\chi 2$-Statistik untersucht, inwiefern statistisch signifikante Unterschiede in der DC Compliance dieser drei Gruppen bestehen und mögliche Ursachen hierfür erörtert.

Die DC der Freiwilligen IFRS-Anwender ist in den Jahren vor der verpflichtenden IFRS-Anwendung deutlich niedriger als diejenige der Verpflichtenden IFRS-Anwender im Zeitraum von 2005 bis 2009.[577] Die DC der Freiwilligen IFRS-Anwender nimmt jedoch nach dem Zeitpunkt der verpflichtenden IFRS-Einführung signifikant zu,[578] so dass sie innerhalb des Zeitraums der verpflichtenden IFRS-Anwendung (2005–2009) letztlich signifikant höher ist als bei den Verpflichtenden IFRS-Anwendern.[579]

Ein möglicher Grund für diese Beobachtungen könnte in dem mit der erstmaligen IFRS-Einführung verbundenen Lernprozess liegen. Freiwillige IFRS-Anwender mussten sich schon frühzeitiger mit den F&E-spezifischen Anhangsangaben auseinandersetzen als Verpflichtende IFRS-Anwender. Dadurch haben sie zum Zeitpunkt der verpflichtenden IFRS-Umstellung schon aus Fehlern der Vorjahre gelernt und können die Kapazitäten des Rechnungswesens für die Verbesserung bestehender Berichterstattungsprozesse verwenden, während die Verpflichtenden IFRS-Anwender im Jahr 2005 vornehmlich mit grundlegenden Umstellungsfragen beschäftigt sind. Gleichzeitig profitieren auch die Verpflichtenden IFRS-Anwender von Problemfeldern, mit denen die Freiwilligen IFRS-Anwender vor 2005 konfrontiert waren, da sich hierzu schon Lösungsansätze durch das handelsrechtliche Schrifttum und die Wirtschaftsprüfer herausgebildet haben. Daher weisen die Verpflichtenden IFRS-Anwender eine höhere DC als die Freiwilligen IFRS-Anwender vor dem Zeitpunkt der verpflichtenden IFRS-Anwendung (2003–2004), jedoch eine niedrigere DC als die Freiwilligen IFRS-Anwender im Zeitraum nach der verpflichtenden IFRS-Umstellung (2005–2009) auf.

577 Vgl. hierzu die Gegenüberstellung der Disclosure Compliance der Freiwilligen IFRS-Anwender (2003–2004) und der Freiwilligen IFRS-Anwender (2005–2009) sowie die zugehörige $\chi 2$-Statistik in Tab. 3-32.

578 Vgl. Tab. 3-34.

579 Vgl. Tab. 3-33.

Tab. 3-28: Disclosure Compliance nach Art der Anhangsangaben

Verpflichtende und nachprüfbare Anhangsangaben	**IAS**	**N**	**Compliancequote**
Für Nicht-Aktivierer			
Summe der als Aufwand erfassten F&E-Ausgaben	38.126	816	0,8542
Disclosure Compliance der Nicht-Aktivierer		**816**	**0,8542**
Für Aktivierer			
Art der Abschreibungsdauer (begrenzt oder unbegrenzt)	38.118 (a)	899	0,9410
Abschreibungsmethode	38.118 (b)	899	0,9166
Abschreibungsdauer	38.118 (a)	899	0,9021
GuV-Posten, in dem/denen die planmäßigen Abschreibungen enthalten sind	38.118 (d)	899	0,8865
Bruttobuchwerte zu Beginn und Ende einer Periode	38.118 (c)	899	0,8454
Überleitungsrechnung	38.118 (e)	899	0,8409
Summe der als Aufwand erfassten F&E-Ausgaben	38.126	899	0,8687
Disclosure Compliance der Aktivierer		**899**	**0,6974**
Disclosure Compliance insgesamt		**1.715**	**0,7720**

Tab. 3-29: Entwicklung der Disclosure Compliance (DC) im Zeitraum 2003–2009 (Gesamtstichprobe)

Jahr	N	DC Gesamt	N	DC Nicht-Aktivierer	N	DC Aktivierer	DC IAS 38.126
2003	98	0,7143	50	0,8800	48	0,5417	0,7917
2004	139	0,7194	71	0,8592	68	0,5735	0,7794
2005	250	0,7400	128	0,8438	122	0,6311	0,8443
2006	301	0,7409	147	0,8231	154	0,6623	0,8571
2007	312	0,7692	144	0,8542	168	0,6964	0,8690
2008	309	0,8155	138	0,8768	171	0,7661	0,9006
2009	306	0,8301	138	0,8623	168	0,8036	0,9226
2003–2009	**1.715**	**0,7720**	**816**	**0,8542**	**899**	**0,6974**	**0,8687**

Tab. 3-30: Entwicklung der Disclosure Compliance (DC) im Zeitraum 2003–2009 (balanced sample)

Jahr	N	DC Gesamt	N	DC Nicht-Aktivierer	N	DC Aktivierer	DC IAS 38.126
2003	78	0,7555	42	0,9268	36	0,5556	0,8611
2004	78	0,7436	40	0,8750	38	0,6053	0,8684
2005	78	0,7692	36	0,8889	42	0,6905	0,9762
2006	78	0,7564	38	0,8684	40	0,6500	0,9500
2007	78	0,7949	37	0,8919	41	0,7073	0,9268
2008	78	0,8718	41	0,9024	37	0,8378	1,0000
2009	78	0,8718	40	0,9000	38	0,8421	1,0000
2003–2009	**546**	**0,7947**	**274**	**0,8939**	**272**	**0,6985**	**0,9412**

Tab. 3-31: Disclosure Compliance (DC) nach Cluster

Cluster	N	DC Gesamt	N	DC Nicht-Aktivierer	N	DC Aktivierer	DC IAS 38.126
Automobilbranche (C 1)	56	0,9643	5	1,0000	51	0,9608	1,0000
Metallbranche & Maschinenbau (C 6)	273	0,8571	87	0,8276	186	0,8710	0,9785
Elektroenergie (C 9)	73	0,8356	37	1,0000	36	0,6667	1,0000
Öl, Gas, Kohle & Versorgungsunternehmen (C 7)	80	0,8250	49	0,8571	31	0,7742	0,8710
Healthcare & Pharma (C 2)	145	0,8000	93	0,9677	52	0,5000	0,9038
Elektronik & Software (C 4)	342	0,7982	118	0,9237	224	0,7321	0,8705
Chemiebranche (C 5)	97	0,7423	58	0,7241	39	0,7692	0,9487
Bekleidung & Textilien (C 3)	51	0,7059	46	0,7826	5	0,0000	0,0000
Sonstige (C 10)	499	0,6994	242	0,8884	257	0,5214	0,7393
Baubranche (C 8)	99	0,6364	81	0,6049	18	0,7778	0,8889
Durchschnitt über alle Cluster	**1.715**	**0,7720**	**816**	**0,8542**	**899**	**0,6974**	**0,8687**

Tab. 3-32: Disclosure Compliance (DC) Freiwilliger IFRS-Anwender (2003–2004) vs. Verpflichtender IFRS-Anwender (2005–2009)

	DC Gesamt			DC Nicht-Aktivierer			DC Aktivierer			DC IAS 38.126–Aktivierer		
Stichprobe	**N**	**Mittelwert**	**$\chi 2$ Statistik**	**N**	**Mittelwert**	**$\chi 2$ Statistik**	**N**	**Mittelwert**	**$\chi 2$ Statistik**	**N**	**Mittelwert**	**$\chi 2$ Statistik**
Freiwillige IFRS-Anwender (2003–2004)	237	0,7173	1,949	121	0,8678	1,295	116	0,5603	9,749	116	0,7845	4,459
Verpflichtende IFRS-Anwender (2005–2009)	835	0,7617	(0,163)	374	0,8235	(0,255)	461	0,7115	(0,002)	461	0,8633	(0,035)

Tab. 3-33: Disclosure Compliance (DC) Freiwilliger IFRS-Anwender (2005–2009) vs. Verpflichtender IFRS-Anwender (2005–2009)

	DC Gesamt			DC Nicht-Aktivierer			DC Aktivierer			DC IAS 38.126-Aktivierer		
Stichprobe	**N**	**Mittelwert**	**$\chi 2$ Statistik**	**N**	**Mittelwert**	**$\chi 2$ Statistik**	**N**	**Mittelwert**	**$\chi 2$ Statistik**	**N**	**Mittelwert**	**$\chi 2$ Statistik**
Freiwillige IFRS-Anwender (2005–2009)	643	0,8056	4,094	321	0,8847	5,126	322	0,7267	0,217	322	0,9068	3,426
Verpflichtende IFRS-Anwender (2005–2009)	835	0,7617	(0,043)	374	0,8235	(0,024)	461	0,7115	(0,642)	461	0,8633	(0,064)

Tab. 3-34: Disclosure Compliance (DC) Freiwilliger IFRS-Anwender (2003–2004) vs. Freiwilliger IFRS-Anwender (2005–2009)

	DC Gesamt			DC Nicht-Aktivierer			DC Aktivierer			DC IAS 38.126-Aktivierer		
Stichprobe	**N**	**Mittelwert**	**$\chi 2$ Statistik**	**N**	**Mittelwert**	**$\chi 2$ Statistik**	**N**	**Mittelwert**	**$\chi 2$ Statistik**	**N**	**Mittelwert**	**$\chi 2$ Statistik**
Freiwillige IFRS-Anwender (2003–2004)	237	0,7173	7,915	121	0,8678	0,240	116	0,5603	10,895	116	0,7845	11,626
Freiwillige IFRS-Anwender (2005–2009)	643	0,8056	(0,005)	321	0,8847	(0,624)	322	0,7267	(0,001)	322	0,9068	(0,001)

3.8.5 Qualitative Ergebnisse

3.8.5.1 Art und Ort der Angaben

In IAS 38 sind zwar verschiedene Angabepflichten kodifiziert, nicht aber deren Darstellungsform.[580] Dadurch wird den Abschlusserstellern ein großer qualitativer Gestaltungsspielraum eingeräumt. Art und Umfang der Ausführungen sowie der Ort von deren Veröffentlichung unterliegen dem Ermessen des Unternehmens.

Von den in der Stichprobe befindlichen Unternehmen wurden die Angaben zur Bilanzierungsmethode von F&E-Kosten, insbesondere zur Trennung bzw. Trennbarkeit von Forschungs- und Entwicklungsphase, in der überwiegenden Mehrheit der Fälle bei den Allgemeinen Bilanzierungs- und Bewertungsmethoden vorgenommen. Auffällig ist hierbei, dass die Formulierungen des IAS 38 meist (fast) wortgetreu übernommen wurden.[581] Ausführungen zu spezifischen F&E-Tätigkeiten, unternehmensindividuellen Forschungsprozessabläufen und Überwachungsmechanismen des Rechnungswesens werden weitestgehend vermisst. Auf Grund der engen Anlehnung an die Formulierungen des IAS 38 können bei der Art der Formulierung naturgemäß keine branchenspezifischen Unterschiede identifiziert werden. Unter der Prämisse, dass der Abschlussadressat mit den Vorschriften des IAS 38 vertraut ist, liefern die qualitativen Angaben in den Jahresabschlüssen meist keinen Zusatznutzen.

Quantitative Angaben erfolgen meist im Anhang bei den Erläuterungen zu den Immateriellen Vermögenswerten und/oder zu demjenigen (denjenigen) GuV-Posten, in dem (denen) die laufenden F&E-Aufwendungen erfasst sind. Wird eine Aktivierung vorgenommen, werden die erforderlichen Angaben meist im Anlagenspiegel vorgenommen. Bei hoher Wesentlichkeit der F&E-Ausgaben werden sie gesondert in Bilanz, GuV und Kapitalflussrechnung genannt. Vereinzelt finden sich die Angaben auch über mehrere Stellen im Anhang verteilt.[582]

3.8.5.2 Ermessensausübung vs. Regelverstoß

Der geringe Konkretisierungsgrad der Angabepflichten führt zu einem gleitenden Übergang bzw. zu einer für den Abschlussadressaten nicht nachvollziehbaren

580 Vgl. auch Von Keitz (2005), S. 37.

581 Zu ähnlichen Ergebnissen kommen auch Haller et al. (2010) in ihrer Studie. Vgl. Haller et al. (2010), S. 684.

582 Insofern können an dieser Stelle die Ergebnisse der Studie von Hager/Hitz (2007) bestätigt werden. Vgl. Hager/Hitz (2007), S. 210 f.

Gratwanderung zwischen noch regelkonformer Ermessensausübung und offensichtlichem Regelverstoß. Im Folgenden wird die schwierige Objektivierbarkeit dieser Gratwanderung beispielhaft untermauert.

So fordert beispielsweise IAS 38.118 (d) die Angabe desjenigen (derjenigen) Posten der Gewinn- und Verlustrechnung, der (die) die Abschreibungen auf immaterielle Vermögenswerte beinhaltet (beinhalten). Fraglich ist, ob eine bloße Nennung der Posten - ohne Angabe der Beträge - dieser Forderung nachkommt. Welche Zusatzinformation generiert der Abschlussadressat beispielsweise aus folgenden Angaben?

> *„Die Abschreibungen sind entsprechend nach ihrer Entstehung in den Herstellungs-, Vertriebs- und Verwaltungskosten enthalten.“*[583]

Nach Ansicht des Verfassers erfüllen diese Angaben strikt betrachtet die Anforderungen des IAS 38.118 (d). In ihrer Informationskraft sind sie jedoch äußerst fraglich. Sie gleichen de facto der Aussage „Die Abschreibungen auf aktivierte Entwicklungskosten sind irgendwo in der GuV enthalten.“ Im Rahmen der DC-Prüfung wurde oben beschriebenes Verhalten jedoch als noch regelkonform interpretiert.

Bei einigen Unternehmen war allerdings offensichtlich, dass die in IAS 38 geforderten Angabepflichten teilweise oder vollständig ignoriert werden und nach eigenen Vorstellungen über die F&E-Tätigkeiten informiert wird. Charakteristisches Beispiel für die vollkommene Loslösung von den IFRS ist folgende Angabe der Arques Industries AG, die gleichsam die einzige Angabe zu ihren F&E-Tätigkeiten im Jahresabschluss darstellt:

> *„Die sonstigen immateriellen Vermögensgegenstände in Höhe von TEUR 1.817 betreffen im Wesentlichen bei einer Tochtergesellschaft bilanzierte Entwicklungskosten nach IAS 38.“*[584]

Diese Gesellschaft berichtet offensichtlich nach eigenen Vorstellungen und Regeln. IAS 38 wird jedenfalls – obwohl erwähnt – nicht der Berichterstattung zu Grunde gelegt. Die fehlerhafte Verwendung des Begriffs Vermögens*gegenstände* könnte ein Indiz dafür sein, dass die Formulierung und der Umfang der zur Verfügung gestellten Informationen aus der HGB-Berichterstattung stammen könnten.

Als Beispiel für einen partiellen Verstoß gegen die am häufigsten bemängelte Angabeverpflichtung, die Unterteilung in selbst erstellte und erworbene immaterielle Vermögenswerte, sei die Berichterstattung der SGL Carbon AG angeführt:

---

583 Bechtele AG (2006), S. 73.

584 Arques Industries AG (2005), S. 50

„Zur verbesserten Darstellung haben wir die aktivierten Entwicklungskosten, außer Kosten der Entwicklung zur Software (SGL-ONE), in eine gesonderte Gruppe separiert. Gewerbliche Schutzrechte, Software und ähnliche Rechte bestehen im Wesentlichen aus erworbener und selbst erstellter EDV-Software.“[585]

Dieses Unternehmen trifft offensichtlich bewusst die Entscheidung, die Entwicklungskosten der selbst erstellten Software – im Gegensatz zu allen anderen Entwicklungskosten – nicht offenzulegen.[586] Hier liegt keine Unkenntnis über die Vorschriften des IAS 38 vor - schließlich wurden die Angabepflichten im Zusammenhang mit den übrigen Entwicklungskosten erfüllt -, sondern eine bewusste Entscheidung gegen die bestehenden Vorschriften.

Die angeführten Beispiele sollen veranschaulichen, wie schwierig für eine Compliance-Prüfung die Unterteilung zwischen noch regelkonformer Normenauslegung und einem Normenverstoß ist, und dass – insbesondere für die Determinantenanalyse in Abschn. 4 – nur in seltenen Fällen mit weitestgehender Gewissheit beurteilt werden kann, ob bewusst oder unbewusst gegen die Angabepflichten verstoßen wurde.

3.8.5.3 Trennung von Forschungs- und Entwicklungsphase

Sämtliche Geschäftsberichte der in der Stichprobe befindlichen Unternehmen wurden hinsichtlich Informationen zur Abgrenzung von Forschungs- und Entwicklungsphase untersucht. Dabei wurde festgestellt, dass die überwiegende Mehrheit der Unternehmen lediglich den Standard (nahezu) wortgetreu abschreibt. Im Fall einer vollständig erfolgswirksamen Erfassung der F&E-Ausgaben wird oft ohne weitere Begründung[587] lapidar festgestellt, dass die eben noch so eifrig abgeschriebenen Abgrenzungskriterien nicht erfüllt sind.[588]

Da die meisten Unternehmen also keine individuellen Abgrenzungskriterien anführen, lassen sich keine branchenspezifischen Abgrenzungspraktiken von der Forschungs- und Entwicklungsphase erkennen. Einzige Ausnahme hiervon stellt die „Pharma & Healthcare“-Branche dar, in der fast einhellig der Zeitpunkt der

---

585 SGL Carbon AG (2007), S. 93.

586 Siehe auch Wulf (2008), S. 127, die dieses Beispiel wohl auf Grund der markanten Formulierung auch zitiert.

587 Allenfalls werden ein kurzer Produktlebenszyklus oder die Risiken bis zur Markteinführung angeführt. Zu vergleichbaren Ergebnissen kommt auch Von Keitz (2005), S. 41 f.

588 Zu einem ähnlichen Ergebnis kommen Von Keitz (2005), S. 41 f. und Haller et. al. (2010), S. 684.

behördlichen Zulassung als Abgrenzungskriterium gewählt wird. Da nach der behördlichen Zulassung meist keine weiteren Entwicklungstätigkeiten erfolgen, wird in der Regel der Gesamtbetrag erfolgswirksam erfasst. Folgende drei Geschäftsberichtsauszüge sollen die weitestgehende Einheitlichkeit in der Abgrenzungs- und Berichterstattungspraxis in der „Pharma & Healthcare"-Branche veranschaulichen.

> *"In MediGene's estimation, a development project for pharmaceutical products does not have sufficient certainty to hold out the promise of future benefits until official market approval has been granted. For that reason, these costs are posted to expenses."*[589]

> *„Die Aktivierung von Entwicklungskosten des Unternehmensbereichs Pharma ist nicht möglich, da wegen der hohen Risiken bis zur Markteinführung pharmazeutischer Produkte die Voraussetzungen von IAS 38 nicht vollständig erfüllt sind. Die nach der Zulassung durch die zuständigen Behörden anfallenden Kosten sind unwesentlich."*[590]

> *„Da Entwicklungsprojekte behördlichen Genehmigungsverfahren und anderen Unwägbarkeiten unterliegen, sind die Bedingungen für eine Aktivierung der vor der Genehmigung entstandenen Kosten nicht erfüllt. Die betreffenden Kosten werden deshalb bei Entstehung als Aufwand gebucht."*[591]

Trotz der großen Ermessensspielräume, die IAS 38 dem Abschlussersteller hinsichtlich der Aktivierung von Entwicklungskosten einräumt, kommen in manchen Fällen allein aus einer gründlichen Studie des Geschäftsberichts deutliche Zweifel daran auf, ob die gewählte bilanzielle Abbildungsform IFRS-Konformität aufweist. So wird beispielsweise im Geschäftsbericht der Delticom AG unmissverständlich klargestellt, dass die selbstentwickelte Software wesentlich zum Unternehmenserfolg beiträgt. Die „kritischen" Kriterien des künftigen ökonomischen Nutzens und der technischen Realisierbarkeit scheinen zweifelsohne erfüllt zu sein, ebenso wie die übrigen Kriterien des IAS 38.57, wenn ausgeführt wird:

> *„Wesentlich zum Unternehmenserfolg der vergangenen Jahre trugen die selbstentwickelten, hochspezifischen Software-Lösungen der Delticom bei, mit denen der Bestell- und Lieferprozess zu geringen Kosten automatisiert und qualitätsgesichert wird. Die Softwarelösungen werden von der Gesellschaft regelmäßig optimiert und weiterentwickelt."*[592]

---

589 MediGene AG (2006), S. 57 f.

590 Merck KGaA (2006), S. 84.

591 Bayer AG (2006), S. 95.

592 Delticom AG (2007), S. 18.

Zum großen Erstaunen stellt die Delticom AG an späterer Stelle klar, dass keine Aktivierung der selbständig erstellten Software erfolgt:

„Kosten, die mit der Entwicklung oder Aufrechterhaltung von Software verbunden sind, werden im Zeitpunkt ihres Anfalls als Aufwand erfasst. Im laufenden Geschäftsjahr wurden die Entwicklungskosten der selbst erschaffenen Vermögenswerte ergebniswirksam erfasst, da die Herstellungskosten der selbst erschaffenen Vermögenswerte nicht verlässlich bestimmt werden können. Somit waren die Voraussetzungen für eine Aktivierung als Vermögenswerte nicht erfüllt."[593]

Die aufwandswirksame Erfassung sämtlicher F&E-Ausgaben wird also mit dem Unvermögen des (internen) Rechnungswesens zur Durchführung einer verursachungsgerechten Kostenzuordnung begründet. Ein schlecht organisiertes Rechnungswesen stellt aber gerade keinen zulässigen Grund für eine grundsätzliche Nicht-Aktivierung von Entwicklungskosten dar.

Im Gegensatz dazu wird bei der Interhyp AG selbstentwickelte Software aktiviert. Die Begründung weist große Ähnlichkeiten zu derjenigen der Delticom AG auf, nur dass sie eben zum entgegengesetzten, für die Abschlussadressaten nachvollziehbaren Ergebnis führt:

„Im Einklang mit diesen Voraussetzungen des IAS 38 „Immaterielle Vermögenswerte" wurde der Entwicklungsaufwand für die interne Software „eHyp", die die Grundlage für die Abbildung aller geschäftsrelevanten Prozesse der Unternehmensgruppe der Interhyp AG darstellt, aktiviert. Die Software wurde für den Internetauftritt und als Beratungs- und Verwaltungsaufwendung für die Mitarbeiter des Unternehmens eingesetzt."[594]

Oben angeführte Beispiele sollen veranschaulichen, wie unterschiedlich die Abgrenzungspraxis zwischen der Forschungs- und Entwicklungsphase auch bei einem unternehmensübergreifend bzw. unabhängig von Branchenspezifika existierenden Sachverhalt, der Aktivierung selbst erstellter Software, ist. Des Weiteren soll hervorgehoben werden, dass trotz der erheblichen Ermessensspielräume, mit denen die Aktivierungsentscheidung einhergeht, in einigen Fällen aus den Ausführungen im Geschäftsbericht eine bilanzielle Abbildungsform geboten erscheint.

---

593 Delticom AG (2007), S. 40.
594 Interhyp AG (2007), S. 59.

3.9 Zwischenfazit

Die **Bedeutung von F&E** entwickelt sich im Zeitraum 2003–2009 relativ konstant, wobei deutliche branchenspezifische Unterschiede existieren. Die überwiegende Mehrheit der absoluten F&E-Ausgaben wird von einigen wenigen Unternehmen – hauptsächlich aus der Automobilbranche – getätigt. Allerdings weisen einige mittelständische Unternehmen – vornehmlich der Pharmabranche – mit nominal deutlich geringeren F&E-Ausgaben eine um ein Vielfaches höhere F&E-Intensität als diese Unternehmen auf.

Hinsichtlich der **Aktivierungsentscheidung** ist während des Untersuchungszeitraums eine deutliche Spannbreite zu beobachten, wobei der Anteil der Aktivierer tendenziell zunimmt und branchenspezifisch extrem divergiert. Die deutliche Mehrzahl der Unternehmen behält die Aktivierungsentscheidung während des gesamten Betrachtungszeitraums bei. Dabei hält sich in etwa die Waage zwischen denjenigen Unternehmen, die sämtliche F&E-Ausgaben bei deren Anfall stets in voller Höhe aufwandswirksam berücksichtigen, und denjenigen Unternehmen, die stets einen Anteil der angefallenen Kosten aktivieren. Die restlichen Unternehmen überdenken ihre Aktivierungsentscheidung in der Regel nicht öfter als ein Mal. Eine besondere Anhäufung spezifischer Aktivierungsmuster kann nicht beobachtet werden. Vor diesem Hintergrund liegt die Vermutung nahe, dass es sich bei der Aktivierungsentscheidung um eine langfristige, strategische Entscheidung des Managements eines Unternehmens handelt. Als abschlusspolitisches Instrument scheint sie nur bedingt genutzt zu werden. Da die Aktivierungsentscheidung in der Regel für einen längeren Zeitraum beibehalten wird, kann zwar im Jahr von deren erstmaliger Festlegung eine gezielte Beeinflussung von Rechnungslegungsgrößen erfolgen, in den Folgejahren ist das Unternehmen dann aber an diese Entscheidung gebunden. So führt bspw. eine positive Aktivierungsentscheidung in der Regel dauerhaft zu einer höheren Eigenkapitalquote.

Auch bei der **Aktivierungsquote** wurden deutliche Spannbreiten und branchenspezifische Unterschiede festgestellt. Allerdings lassen sich hier keine Trends im Zeitablauf erkennen. Inwiefern die Festlegung der Aktivierungsquote abschlusspolitisch motiviert ist, kann erst im Rahmen der Determinantenanalyse (siehe Abschn. 4 dieser Arbeit) untersucht werden.

Auffällig ist der sprunghafte Anstieg des Aktiviereranteils und der Aktivierungsquote im Jahr der erstmaligen verpflichtenden Konzernabschlusserstellung nach IFRS – vor allem im balanced sample. Hinsichtlich der deutlichen branchenspezifischen Unterschiede im Aktivierungsverhalten ist bemerkenswert, dass kein streng positiver oder negativer Zusammenhang zwischen der F&E-Intensität,

der Aktivierungsentscheidung und der Aktivierungsquote vorliegt. Der Aktivieranteil bei den **Freiwilligen IFRS-Anwendern** liegt signifikant unter demjenigen der Verpflichtenden IFRS-Anwender, während bei der Aktivierungsquote der Aktivierer keine signifikanten Unterschiede zu beobachten sind. Dieser Umstand ändert sich auch nach dem Zeitpunkt der verpflichtenden IFRS-Konzernabschlusserstellung nicht.

Die Analyse zur **Folgebewertung** führte zu dem Ergebnis, dass das Neubewertungsmodell keinerlei praktische Relevanz aufweist. Aktivierte Entwicklungskosten werden mehrheitlich und branchenübergreifend über eine pauschalierte Nutzungsdauer von 5 Jahren abgeschrieben. Ein deutlich längerer Produktlebenszyklus bzw. deutlich längere Nutzungsdauern werden nur in der sehr forschungsintensiven Healthcare & Pharma-Branche (8 Jahre) sowie in der Automobilbranche (7 Jahre) zu Grunde gelegt. Über ein Viertel aller Unternehmen, die Entwicklungskosten aktivieren, nahm im Untersuchungszeitraum eine Wertminderung vor.

Während des Untersuchungszeitraums kam im Schnitt nahezu ein Viertel aller Unternehmen den geforderten Angabepflichten nicht nach. Die häufigste Fehlerquelle stellt die fehlende Überleitungsrechnung für selbst erstellte immaterielle Vermögenswerte dar. Die **DC** nimmt während des Untersuchungszeitraums kontinuierlich zu. Eine deutliche Verbesserung erfolgte zwischen den Jahren 2007 und 2008. Diese könnte im Zusammenhang mit der extensiven DPR-Berichterstattung über identifizierte Problemfelder bei der bilanziellen Abbildung von F&E-Tätigkeiten im Tätigkeitsbericht 2008 stehen. Auffällig ist die statistisch signifikante Zunahme der DC der **Freiwilligen IFRS-Anwender** nach dem Zeitpunkt der verpflichtenden IFRS-Umstellung. Sie ist signifikant höher als diejenige der Verpflichtenden IFRS-Anwender im selben Vergleichszeitraum (2005–2009). Ein möglicher Grund hierfür könnte in einer längeren IFRS-Erfahrung und einer frühzeitigeren Beschäftigung mit den F&E-spezifischen Anhangsangaben sowie dem damit verbundenen Lern- und Verbesserungsprozess seitens der Freiwilligen IFRS-Anwender liegen.

Die derzeitige Ausgestaltung des IAS 38 führt in einigen Fällen zu unkonkreten Aussagen über die F&E-Tätigkeiten eines Unternehmens. Die meisten Unternehmen begnügen sich bei ihrer F&E-Berichterstattung auf ein (fast) wortgetreues Zitieren des IAS 38. Informationen zu individuellen F&E-Tätigkeiten sind nur selten vorhanden. Dadurch sind keine branchenspezifischen Besonderheiten – auch nicht bei der so kritischen Abgrenzung zwischen der Forschungs- und Entwicklungsquase – erkennbar. Einzige Ausnahme hiervon stellt die „Healthcare & Pharma"-Branche dar, in der grundsätzlich die behördliche Zulassung als Abgrenzungskriterium herangezogen wird. Trotz des faktischen Aktivierungswahlrechts kann in manchen Fällen allein aus einer gründlichen Analyse der Geschäftsberichte geschlussfolgert werden, dass die gewählte bilanzielle Abbildungsform nicht regelkonform ist. So wurden beispielsweise hinsichtlich der Aktivierung selbst erstellter Software, deren Relevanz für die Unternehmen branchenunabhängig ist, sehr unterschiedliche Abgrenzungsformen gewählt. Die vollständige erfolgswirksame Erfassung unter Berufung auf ein schlecht organisiertes Rechnungswesen stellt jedoch sicherlich keine zulässige Ermessensausübung dar.

4. Determinanten des Bilanzierungs- und Angabeverhaltens von Forschungs- und Entwicklungskosten

4.1 Forschungsfragen und Vorgehensweise

Aufbauend auf den im Rahmen der normendeskriptiven Analyse gewonnenen Erkenntnissen wird in der nachfolgenden Studie folgende übergeordnete Forschungsfrage untersucht:

F. Durch welche Managementanreize ist das F&E-spezifische Aktivierungs- und Offenlegungsverhalten in der deutschen Rechnungslegungspraxis determiniert?

Ausgehend von den bestehenden Informationsasymmetrien zwischen Eignern und Managern werden als erstes anhand der Prinzipal-Agenten-Theorie die Anreize zu einem opportunistischen F&E-Bilanzierungsverhalten der Manager systematisch dargestellt. Anschließend werden die im Fokus dieser Studie stehenden Anreize in die bisherige Literatur zum F&E-Bilanzierungsverhalten eingeordnet und der wissenschaftliche Beitrag dieser Arbeit herausgestellt. Als nächstes erfolgt die Herleitung der Hypothesen für jeden einzelnen Entscheidungsschritt beim bilanziellen Abbildungsprozess von F&E-Aktivitäten (1. Aktivierungsentscheidung, 2. Festlegung der Aktivierungsquote, 3. Wahl des Offenlegungsverhaltens). Schließlich werden die Hypothesen empirisch getestet und die Ergebnisse interpretiert.

Die vorliegende Studie ist somit unter die von Watts/Zimmermann entschieden geprägte[595] **positive Rechnungslegungsforschung** zu subsumieren, deren Ziel in der Erklärung des beobachteten Bilanzierungsverhaltens sowie in der Prognose künftiger Verhaltensweisen der beteiligten Akteure besteht.[596]

595 Vgl. Haller (1994), S. 597.

596 Vgl. Watts/Zimmermann (1986), S. 2.

4.2 Theorie des Bilanzierungsverhaltens

4.2.1 Vorgehensweise

Ausgangspunkt der nachfolgenden Ausführungen stellt das Verständnis eines Unternehmens als „nexus for a set of contracting relationships among individuals and which is also characterized by the existence of divisible residual claims on the assets and the cash flows of the organization which can generally be sold without permission of the other contracting individuals“[597] dar. Von zentraler Bedeutung für die Theoriebildung ist daher, dass ein Unternehmen als Ganzes keinen eigenständigen Akteur mit eigenen Anreizen, sondern eine rein rechtliche Einheit, darstellt. Die Handlungen eines nach außen als Einheit wahrgenommenen Unternehmens werden von den Anreizen der einzelnen Individuen, die in das Vertragsgeflecht des Unternehmens eingebettet sind, determiniert,[598] wobei als Entscheidungsträger im Wesentlichen die höheren Managementebenen eines Unternehmens (bei AGs v.a. der Vorstand) fungieren.[599] So kann auch das Rechnungslegungsverhalten eines Unternehmens – in der vorliegenden Arbeit das F&E-Bilanzierungsverhalten – nicht losgelöst von den Anreizen der die Entscheidung auslösenden Individuen (im Folgenden Manager genannt) analysiert werden.[600]

Für das Verständnis der Wirkung von Anreizen auf das F&E-Bilanzierungsverhalten ist es unerlässlich, sich mit den Ursachen der Entstehung der Anreize auseinanderzusetzen. Hierzu wird im Folgenden zunächst die Rolle von Rechnungslegungsinformationen innerhalb des Geflechts der am Kapitalmarkt vorhandenen Informationen untersucht. Ausgehend von den bestehenden Informationsasymmetrien zwischen Eignern und Managern werden anhand der Prinzipal-Agenten-Theorie die Anreize zu opportunistischem Verhalten der Manager herausgearbeitet. Darauf aufbauend werden die unterschiedlichen Funktionen der Rechnungslegung resümiert und schließlich die Anreize zu opportunistischem F&E-Bilanzierungsverhalten der Manager systematisch dargestellt.

---

597 Jensen/Meckling (1976), S. 311.

598 Vgl. Jensen/Meckling (1976), S. 311.

599 Zur Differenzierung der einzelnen Managementebenen und der Frage, inwiefern diese Entscheidungen des Unternehmens beeinflussen können, siehe Monsen/Downs (1965), S. 223.

600 Vgl. Watts/Zimmermann (1990), S. 147.

4.2.2 Konzept der Informationseffizienz

Das Konzept der Informationseffizienz gibt Aufschluss über die Wirkungsweise von Rechnungslegungsinformationen. Informationseffizienz ist die Eigenschaft des Kapitalmarkts, „Informationen zu verarbeiten, und die Art, wie die Informationen in die Marktpreise der Finanztitel einfließen."[601] Die Preise spiegeln die Erwartungen der Anleger über die künftige unternehmerische Entwicklung, samt Chancen und Risiken wider. Da die Preise gleichzeitig die Kapitalkosten eines Unternehmens darstellen, bestimmen sie letztlich auch dessen Investitionstätigkeit.[602]

Nach Fama (1970) ist ein Markt dann effizient, wenn die in ihm entstehenden Preise zu jedem Zeitpunkt vollständig alle verfügbaren Informationen widerspiegeln.[603] Diese Definition wurde später insofern konkretisiert, dass der Markt zum Zeitpunkt der Bepreisung der Finanztitel (t-1) alle verfügbaren Informationen richtig weiterverarbeitet.[604] Dazu stellt Fama zwei Dichtefunktionen auf. Die erste Dichtefunktion spiegelt die „wahre" Verteilung der Marktpreise unter Berücksichtigung aller verfügbaren Informationen wider. Die zweite Dichtefunktion beinhaltet die Marktpreise, die sich auf Grundlage aller vom Markt tatsächlich genutzten Informationen herausbilden. Führen beide Dichtefunktionen zum gleichen Ergebnis, so ist ein Markt informationseffizient.[605] Aus dieser in Kapitalmarktmodellen (z.B. dem CAPM) konkretisierten Gleichung folgt, dass in einem informationseffizienten Markt ein Investor durch die individuelle Auswertung der zur Verfügung stehenden Informationen grundsätzlich keine Renditen erzielen kann, die systematisch über den durchschnittlichen Gleichgewichtsrenditen liegt.[606] Notwendige Bedingungen für die Informationseffizienz eines Kapitalmarkts sind die Abwesenheit von Transaktionskosten sowie die kostenlose

601 Wagenhofer/Ewert (2007), S. 88. Zur Definition und Abgrenzung von Informationseffizienz, deren empirischer Messbarkeit sowie den Implikationen des Grades der vorliegenden Informationseffizienz für die Rechnungslegung sein auf den Überblickbeiträge von Kothari (2001) und Brown (1994) verwiesen.

602 Vgl. Wagenhofer/Ewert (2007), S. 88.

603 Vgl. Fama (1970), S. 383.

604 Vgl. Fama (1976), S. 143.

605 Vgl. Fama (1976), S. 143. Kritisch zur von Fama (1976) nicht beantworteten Frage der „wahren" Verteilung sowie zur empirischen Nicht-Messbarkeit dieses Konstrukts der Informationseffizienz siehe Wagenhofer/Ewert (2007), S. 89.

606 Vgl. Wagenhofer/Ewert (2007), S. 90.

Verfügbarkeit und die identische Interpretation sämtlicher Informationen von allen Marktteilnehmern.[607]

In der Realität sind diese Bedingungen regelmäßig nicht vollumfänglich erfüllt. Im Schrifttum wird zwischen drei Graden von Informationseffizienz unterschieden: der starken (strengen), der halbstarken (mittelstrengen) und der schwachen Informationseffizienz.[608] In einem stark effizienten Kapitalmarkt spiegeln die Preise sämtliche existierende Informationen, also auch Insiderinformationen, wider. Bei Vorliegen einer halbstarken Informationseffizienz verkörpern die Preise nur die öffentlich zugänglichen Informationen. Dabei ist die Abgrenzung von Informationen, die als öffentlich zugänglich betrachtet werden, nicht eindeutig. Zweifelsohne sind im elektronischen Bundesanzeiger oder auf der Internetseite eines Unternehmens veröffentlichte Jahresabschlüsse öffentlich zugänglich. Rechnungslegungsinformationen werden daher auch als „Prototyp" von öffentlich verfügbaren Informationen bezeichnet.[609] Problematisch wird die Abgrenzung, sobald die Informationsbeschaffung eines potentiellen Interessenten mit Kosten verbunden ist – etwa bei von einem Börsendienst aufgearbeiteten Informationen.[610] Je höher der Preis der Informationsbeschaffung, desto geringer wird i.d.R. der Investorenkreis sein, der diese Informationen bei seinem Entscheidungskalkül berücksichtigen wird.[611] Im Fall der schwachen Informationseffizienz werden die

607 Vgl. Fama (1970), S. 387. Dabei ist die Annahme, dass sämtliche Anleger rational handeln gar nicht erforderlich. Vgl. Shleifer (2000), S. 2 ff. Selbst wenn einige „noise traders" existieren, die ihre Entscheidungen nicht rational, sondern zufällig treffen, gleichen sich diese nicht systematischen Zufallseinflüsse aus. Selbst bei systematischen Einflüssen würden sich durch die Ausnutzung der entstehenden Arbitragemöglichkeiten durch die anderen Akteure Marktpreise herausbilden, die dem Konzept der Informationseffizienz entsprechen. Vgl. Wagenhofer/Ewert (2007), S. 90.

608 Vgl. stellvertretend Fama (1970), S. 383; Wagenhofer/Ewert (2007), S. 92 ff.

609 Vgl. Wagenhofer/Ewert (2007), S. 94.

610 Vgl. Wagenhofer/Ewert (2007), S. 92.

611 In diesem Zusammenhang sei angemerkt, dass private Anleger öffentlich zugängliche Informationen anders priorisieren und auf eine andere Art und Weise nutzen als institutionelle Investoren. Für Deutschland zeigt eine breit angelegte empirische Studie von Ernst et al. (2009), im Rahmen derer 80.000 Fragebögen von Aktionären der Deutschen Post AG ausgewertet wurden, dass sich private Anleger – bezogen auf den Geschäftsbericht – vornehmlich auf die Bilanz- und die GuV konzentrieren, während die Segmentberichterstattung und die Kapitalflussrechnung eher eine untergeordnete Rolle einnehmen und die Nutzung des Anhangs „erschreckend" gering ist. Institutionelle Anleger fokussieren sich im Gegensatz dazu auf die Kapitalflussrechnung und auf die Segmentberichterstattung. Neben dem Geschäftsbericht ist für sie die direkte

Preise nur durch historische Informationen bestimmt.[612] In der bisherigen empirischen Forschung dominieren Hinweise für das Vorliegen einer halbstarken Informationseffizienz.[613] Daher wird in der vorliegenden Arbeit von einer **halbstarken Informationseffizienz** ausgegangen.

Rechnungslegungsinformationen stellen regelmäßig nur einen Teil aller öffentlich verfügbaren Informationen dar. Daraus folgt zum einen, dass auch einige im Jahresabschluss nicht abgebildete Informationen im Marktpreis Berücksichtigung finden[614] und zum anderen, dass einige im Jahresabschluss abgebildete Informationen dem Markt schon vor Offenlegung des Jahresabschlusses bekannt sind.[615] So erhalten potentielle Investoren durch die Verpflichtung börsennotierter Unternehmen zur Ad-hoc-Publizität, durch freiwillige Zusatzpublizität, Berichte der Finanzanalysten sowie aktuelle Nachrichten über die wirtschaftliche und branchenspezifische Entwicklung stetig Informationen, anhand derer sie – der Prämisse eines halbstark effizienten Kapitalmarkts entsprechend – ihre Erwartungen permanent anpassen. Den Rechnungslegungsinformationen kommt in diesem Fall nur ein konfirmativer Charakter zu[616] und die im Jahresabschluss dargestellte Ergebnisgröße führt nur insofern zu neuen Informationen, als sie von den Erwartungen abweicht.[617] So könnte auch eine signifikante Gewinnsteigerung im Vergleich zur

---

Kommunikation mit dem Unternehmen entscheidend. Unterschiede in der Nutzung von Informationskanälen existieren nicht nur zwischen privaten Anlegern und institutionellen Investoren. Auch länderspezifische Unterschiede scheinen hier einen Einflussfaktor darzustellen. Zu einem Literaturüberblick vgl. Ernst et al. (2009), S. 12.

612 Zu den Arten der Informationseffizienz vgl. ausführlich Fama (1970), S. 383; Jensen (1987), S. 97.

613 Vgl. hierzu ausführlich bereits Fama (1976), Chapter 5 sowie die Überblicksbeiträge von Kothari (2001) und Brown (1994).

614 Vgl. Wagenhofer/Ewert (2007), S. 95.

615 Zur ersten einflussreichen empirischen Studie zu dieser Thematik siehe Ball/Brown (1986).

616 Diesbezügliche empirische Evidenz liefert auch die Studie von Gassen (2008) bei Unternehmen mit einem „reichen" Informationsumfeld. Vgl. Gassen (2008), S. 39.

617 Vgl. hierzu beispielsweise die empirische Studie von Ball/Shivakumar (2008), in der die Autoren die Reaktion des Aktienmarktes auf die Veröffentlichung des Jahresabschlusses und der Quartalsberichte untersuchen. Da der Aktienmarkt nur äußerst moderat auf die veröffentlichten Rechnungslegungsinformationen reagiert, liefert die Studie empirische Evidenz dafür, dass die primäre Rolle von Rechnungslegungsinformationen nicht in der zeitnahen Vermittlung neuer Informationen an den Aktienmarkt, sondern in der Bereitstellung von Informationen für Vertragszwecke und in der Bestätigung schon kursierender Informationen liegt. Zu einem Überblick der

Vorperiode zu einer negativen Kursreaktion führen, wenn anhand anderer Informationsquellen zwischenzeitlich eine höhere Erwartung gebildet wurde.[618]

In einem mittelstark effizienten Kapitalmarkt spiegeln die Marktpreise die öffentlich zugänglichen Informationen in einer „durchschnittlich richtigen" Form wider.[619] Auch „naive" oder weniger fachkundige Anleger können davon ausgehen, dass die am Markt gehandelten Preise eine risikoäquivalente Verzinsung gewährleisten. Es ist nicht erforderlich, dass sie selbst die Implikationen der verfügbaren Informationen auswerten, es ist ausreichend, wenn genügend fachkundige Anleger (z.B. Finanzanalysten oder professionelle Fondsmanager) existieren, die diesen Auswertungsprozess durchführen. In diesem Zusammenhang wird von einem Basisschutz (price protection) „naiver" oder weniger fachkundiger Anleger gesprochen.[620] Aus dem Konzept des Basisschutzes folgt, dass sich ein Standardsetzer keine Gedanken um naive Investoren machen, die Rechnungslegungsnormen also nicht derart ausgestalten muss, dass sie naive Investoren schützen.[621] Auf Grund des Konkurrenz- und Substitutionseffektes mit anderen Rechtsquellen stellt sich die Frage nach der Bedeutung der Publikation von Rechnungslegungsinformationen. Sind die Rechnungslegungsinformationen dem Markt schon zuvor bekannt, haben sie konfirmativen Charakter, stellen also die Zuverlässigkeit der zuvor veröffentlichten Informationen sicher.[622] Handelt es sich bei Rechnungslegungsinformationen um neue Informationen, lässt sich per se keine Aussage über die gesellschaftliche Vorteilhaftigkeit der Bereitstellung dieser Informationen treffen.[623] Führt etwa die Veröffentlichungspflicht von Angaben zu den F&E-Tätigkeiten eines Unternehmens zu negativen Konkurrenzeffekten und daher schon ex ante zu andersartigen oder geringeren F&E-Tätigkeiten, so besagt das Konzept der mittelstarken Informationseffizienz, dass dieser Umstand vom Markt entsprechend eingepreist wird. Ob die Konsequenzen der Offenlegungsverpflichtung jedoch volkswirtschaftlich oder gesellschaftlich sinnvoll sind, bleibt dahingestellt.[624]

---

bisherigen empirischen Studien, in denen die Rolle von Rechnungslegungsinformationen untersucht wird, vgl. Beyer et al. (2010), S. 296 ff.

618 Vgl. Wagenhofer/Ewert (2007), S. 95.

619 Vgl. Wagenhofer/Ewert (2007), S. 95.

620 Vgl. hierzu ausführlich Wagenhofer/Ewert (2007), S. 95.

621 Vgl. Wagenhofer/Ewert (2007), S. 96.

622 Vgl. Wagenhofer/Ewert (2007), S. 96.

623 Vgl. Beaver (1998), S. 148.

624 Rechnungslegungsinformationen werden von sehr heterogenen Rechnungslegungsadressaten (z.B. Investoren, Fremdkapitalgebern, Lieferanten, Arbeitnehmern, dem Fiskus etc.) genutzt. Je nach individueller Zielsetzung der einzelnen Adressaten

In einem mittelstrengen Kapitalmarkt können Anleger aus der Analyse und Auswertung der Jahresabschlüsse auf den ersten Blick keinen Nutzen ziehen, da die Rechnungslegungsinformationen als öffentlich zugängliche Informationen schon in den Kursen berücksichtigt sind. Trotzdem kann die Analyse und Auswertung der Geschäftsberichte jedoch sinnvoll sein, da der Anleger dadurch im Stande ist, sich ein Urteil darüber zu bilden, welche Art von Informationen sich im Aktienkurs widerspiegeln. Dadurch kann er sich eine Meinung über die künftige Unternehmensentwicklung bilden und sein Investitionsportefeuille entsprechend seiner individuellen Risikopräferenz abstecken. Sinvoll ist die Auseinandersetzung mit dem Jahresabschluss auch, weil dies den Anleger in die Lage versetzt, privat zugängliche Informationen bzw. Signale richtig zu interpretieren.[625] An dieser Stelle sei nochmal betont, dass dem Konzept der mittelstarken Informationseffizienz zu Folge die Kurse die dem Kapitalmarkt öffentlich zugänglichen Informationen richtig widerspiegeln, jedoch aus ihnen keinerlei Aussage über die künftige Renditeentwicklung abzulesen ist.[626]

Für das Management impliziert das Konzept der mittelstarken Informationseffizienz auf den ersten Blick, dass Manager abschlusspolitische Maßnahmen nicht dazu nutzen können, um den Unternehmenswert zu ihrem Vorteil zu erhöhen. Geringere Kapitalkosten lassen sich beispielsweise nur durch eine freiwillige Publizität erreichen.[627] Gleichwohl entfalten abschlusspolitische Maßnahmen aus zwei Gründen eine Wirkung. Zum einen werden sie in der Realität gerade nicht immer durchschaut. Die bisherigen empirischen Studien liefern zwar gemischte Ergebnisse. Insgesamt lässt sich aber schlussfolgern, dass abschlusspolitische Maßnahmen zumindest in gewissen Konstellationen nicht vollständig

(z.B. Entlohnung des Managers, Gehaltsforderungen der Angestellten, steuerliche Ansprüche oder regulatorische Konsequenzen des Fiskus etc.) werden Rechnungslegungsinformationen sehr unterschiedlich „weiterverarbeitet". Ein Rechnungslegungssystem, das allen unterschiedlichen Bedürfnissen gerecht wird und für jede Zweckrichtung eine optimale Lösung anbietet, kann praktisch nicht existieren. Dieser Problematik kann entweder durch Marktmechanismen oder durch Regulierung begegnet werden. Die Regulierung der Rechnungslegung führt ex ante immer dann zu einem Wohlfahrtsverlust, wenn von der Existenz effizienter Märkte ausgegangen wird. In diesem Fall bedeutet Regulierung nämlich immer einen Eingriff in effiziente Marktmechanismen. Vgl. hierzu ausführlich Ball (2001), S. 131 ff.

625 Vgl. Wagenhofer/Ewert (2007), S. 97.

626 Vgl. Wagenhofer/Ewert (2007), S. 98.

627 Vgl. hierzu ausführlich Vgl. Wagenhofer/Ewert (2007), S. 321 ff.

durchschaut werden.[628] Ein möglicher Grund hierfür liegt in den Kosten, die dem Abschlussadressaten entstehen, um den Jahresabschluss um abschlusspolitische Maßnahmen zu bereinigen.[629] In diesem Zusammenhang sei auch erwähnt, dass es dem Konzept der (mittelstrengen) Informationseffizienz zu Folge keinen Unterschied machen dürfte, an welcher Stelle die Informationen im Jahresabschluss veröffentlicht werden. Ausschlaggebend ist nur, dass sie öffentlich zugänglich sind.[630] Empirische Studien belegen jedoch, dass Informationen in Bilanz und GuV eine größere Relevanz zukommt als Informationen im Anhang.[631] Eine Erklärung für dieses Phänomen könnte sein, dass die Art der Erfassung von Geschäftsvorfällen mit einem unterschiedlichen Informationsgehalt verbunden ist. So könnten Informationen in Bilanz- und GuV beispielsweise Gegenstand einer umfangreicheren Prüfung sein als dies bei Anhangsangaben der Fall ist oder nur Informationen in Bilanz und GuV (etwa durch die Beeinflussung vereinbarter Leistungsindikatoren wie z.B. von Kennzahlen) Konsequenzen aus Vergütungs- oder Kreditverträgen mit sich ziehen.[632] Der zweite Grund, weshalb abschlusspolitische Maßnahmen eine Wirkung entfalten, liegt in den Informationsasymmetrien zwischen dem besser informierten Management eines Unternehmens, dem regelmäßig auch private Informationen zur Verfügung stehen, und den anderen Rechnungslegungsadressaten, die im Normalfall nur auf öffentlich verfügbare Informationen zurückgreifen können. Eine strukturierte Analyse der aus der asymmetrischen Informationsverteilung resultierenden Problemfelder und einen Erklärungsansatz für die daraus entstehenden Anreize des Managements zum Betreiben von Abschlusspolitik liefert die im folgenden Abschnitt dargestellte Prinzipal-Agenten-Theorie.

628 Zu einem Überblick der diesbezüglichen empirischen Studien und einer Diskussion von deren Implikationen siehe Healy/Wahlen (1999), S. 374 f.

629 Kosten verursacht beispielsweise die Zeit, in der sich der Investor detailliert mit dem Jahresabschluss auseinandersetzt. Vgl. Wagenhofer/Ewert (2007), S. 252.

630 Vgl. Wagenhofer/Ewert (2007), S. 94.

631 Vgl. Michels (2012), Müller et al. (2012), Al Jifri/Citron (2009), Aboody (1996), Imhoff et al. (1995). Zu einem Überblick der bisherigen empirischen Studien, in denen untersucht wird, ob Informationen in Bilanz und GuV eine höhere Relevanz aufweisen als Informationen im Anhang, vgl. Al Jifri/Citron (2009), Bernard/Schipper (1994).

632 Vgl. Wagenhofer/Ewert (2007), S. 94.

4.2.3 Grundzüge der Prinzipal-Agenten-Theorie

Theoretische Grundlage der Prinzipal-Agenten-Theorie bildet die durch Coase (1937) und Williamson (1975) entschieden geprägte **Neue Institutionenökonomik**. In dieser wird die neoklassische Prämisse vollständiger, kostenloser und gleichverteilter Informationen aufgegeben.[633] Die Neue Institutionenökonomik liefert Theorieansätze dafür, weshalb das Handeln einzelner Akteure nicht ausschließlich über den Markt, sondern über zum Teil sehr komplexe Vertragswerke geregelt wird.[634] Untersuchungsgegenstand stellt die Wirkungsweise von Institutionen auf die Handlung einzelner Akteure dar. Ziel ist die effiziente Ausgestaltung der institutionellen Arrangements (z.B. von (Vergütungs)verträgen, Organisationsstrukturen und Kontrollsystemen). Als ein wichtiger Zweig der Neuen Institutionenökonomik hat sich die auf Jensen/Meckling (1976) begründete **Prinzipal-Agenten-Theorie** herausgebildet.[635] Sie stellt das theoretische Fundament der folgenden Analyse des F&E-Bilanzierungsverhaltens dar. Die Prinzipal-Agenten-Theorie soll den Zusammenhang zwischen Informationssystemen (hier: einem Rechnungslegungssystem), Anreizen und dem Verhalten einzelner Akteure (hier: dem F&E-Bilanzierungsverhalten des Agenten) erklären.[636]

Informationsökonomischen Grundsätzen entsprechend werden hierzu Rechnungslegungsinformationen explizit in einen Entscheidungsprozess mit eingebaut. Dabei wird ein Vergleich zwischen dem Rechnungslegungssystem und anderen Informationssystemen unter der Bedingung, dass sie optimal funktionieren, vorgenommen. Rechnungslegungsinformationen sind nur dann sinnvoll, wenn Anreizprobleme nicht anhand anderer Informationen auf eine bessere Art und Weise gelöst werden können. Der Wert einer Rechnungslegungsinformation wird anhand der besseren Entscheidungen (und höheren Profite), die durch die Nutzung der Information entstehen, gemessen.[637]

---

633 Hopf (1983), S. 27 ff.

634 Mögliche Gründe für das Vorhandensein von Verträgen sind z.B. der Informations- und der Monopolzweck. Vgl. Williamson (1985), S. 23 ff.

635 Weitere wichtige Zweige stellen die Transaktionskostentheorie und die Property-Rigths-Theorie dar. Zur Übersicht der wichtigsten Zweige der Neuen Institutionenökonomik siehe ausführlich Picot et al. (2012), S. 56 ff.

636 Vgl. Lambert (2001), S. 5.

637 Vgl. Lambert (2001), S. 5. Daher ist es bei der Entwicklung eines Prinzipal-Agenten-Modells erforderlich, Annahmen über die Zugänglichkeit „anderer" Informationen als der Rechnungslegungsinformationen zu treffen (siehe hierzu die Ausführungen in Abschn. 4.3.2.), und Unsicherheiten sowie Messprobleme zu berücksichtigen.

Im Gegensatz zur traditionellen Informationsökonomik werden Interessenkonflikte zwischen den einzelnen Akteuren explizit berücksichtigt. Bezogen auf das Unternehmensumfeld resultieren Interessenkonflikte im Wesentlichen aus der Arbeitsscheu des Agenten, der Möglichkeit des Agenten, gewisse Unternehmensressourcen für den privaten Konsum zu „missbrauchen", einer unterschiedlichen Risikoaversion zwischen Prinzipal und Agenten sowie unterschiedlichen Zeithorizonten. Während der Prinzipal an der langfristigen Maximierung des Unternehmenswertes interessiert ist, legt der Agenten regelmäßig einen kürzeren Planungszeitraum zu Grunde, da er nicht weiß, wie lange er im Unternehmen verbleiben wird und inwiefern seine Entscheidungen die Beurteilung seiner Fähigkeiten durch Dritte und somit seine in der Zukunft liegende Vergütung beeinflussen werden.[638]

Untersuchungsgegenstand der Prinzipal-Agenten-Theorie ist die arbeitsteilige Beziehung zwischen dem Unternehmenseiger (**Prinzipal**) und dem Manager (**Agenten**). In der vorliegenden Arbeit wird der Prinzipal durch die Aktionäre und der Manager durch den Vorstand der AG verkörpert.[639] Um die Aufgaben nicht selber wahrnehmen zu müssen[640] beauftragt der Prinzipal den Agenten mit der Führung des Unternehmens. Durch die **Trennung von Eigentum und Kontrolle**[641] resultieren diverse Störungen. Diese sind auf zwei Umstände zurückzuführen.

Zum einen stellen sowohl der Prinzipal, als auch der Agent eigenständige nutzenmaximierende, Individuen dar. Beide werden sich stets so verhalten, dass sie ihre individuelle Nutzenfunktion maximieren.[642] Dabei ist ein vom Eigeninteresse

---

638 Vgl. Lambert (2001), S. 5 f.

639 Grund hierfür ist, dass im Rahmen der nachfolgenden empirischen Studien ausschließlich Konzernabschlüsse börsennotierter Unternehmen untersucht werden.

640 Die Delegation von Aufgaben vom Prinzipal an den Agenten könnte auf verschiedene Gründe zurückzuführen sein. Da der Prinzipal zwecks Risikodiversifizierung regelmäßig Beteiligungen an mehreren Unternehmen hält wäre es für ihn unmöglich bzw. ineffizient, alle Entscheidungen selber zu treffen. Ein weiterer Grund könnte in einer mangelhaften fachlichen Expertise oder schlicht in der Faulheit des Prinzipals liegen.

641 In der vorliegenden Arbeit wird das F&E-Bilanzierungsverhalten von börsennotierten Unternehmen untersucht. Bei diesen erfolgt regelmäßig eine Separierung zwischen Eigentum und Kontrolle. Während das Eigentum meist unter verschiedenen Investoren breit gestreut ist, wird die Managementfunktion i.d.R. von Individuen, die – wenn überhaupt – nur einen sehr geringen Anteil am Unternehmen halten, ausgeübt. Vgl. Fama (1980), S. 289; Watts (2007), S. 44. Daher erfolgt in der vorliegenden Arbeit eine Fokussierung auf mögliche Anreize des Berufsmanagers (professional manager). Mögliche Anreize des Eignermanagers (owner manager) werden nicht näher untersucht.

642 Vgl. Watts/Zimmermann (1986), S. 3; Richter/Furubotn (2003), S. 196.

geprägtes, arglistiges Verhalten **(opportunistisches Verhalten)**[643] – etwa durch eine verzerrte Darstellung des eigenen Handelns (seitens des Agenten) oder durch eine entsprechende „Auslegung" der (Vergütungs)verträge (seitens des Prinzipals) – nicht auszuschließen.[644] Die Nutzenfunktion beider Akteure wird als gegeben und stabil betrachtet. Sie beinhaltet sowohl eine monetäre Komponente (z.B. eine fixe und variable Vergütung für den Manager bzw. eine Unternehmenswertsteigerung und Dividendenausschüttung für den Prinzipal) als auch eine nicht-monetäre Komponente (z.B. Macht, Respekt, Selbstverwirklichung, Freizeit).[645]

Zum anderen verfügt der Agent gegenüber dem Prinzipal über einen Informationsvorsprung (**begrenzte Rationalität** des Prinzipals). Je nach Art der vorliegenden **Informationsasymmetrie** resultieren folgende vor- und nachvertragliche Problemfelder:

Vor Vertragsabschluss (**ex ante**) kann der Prinzipal zwar eine Erwartung über die Leistung des potentiellen Agenten anhand öffentlich verfügbarer Informationen (etwa des Universitätsabschlusses des Agenten oder der Performance der früheren Unternehmen, die er geleitet hat) bilden. Gewisse (charakterliche) Eigenschaften (z.B. Arbeitsethos, Führungskompetenzen, etc.) bleiben aber regelmäßig „versteckt" (**hidden characteristics**), also dem Prinzipal vorenthalten. Diese Art der Informationsasymmetrie kann der Agent dazu nutzen, um seine Arbeit zu einem Preis anzubieten, der seine eigentliche Leistung übersteigt. Wenn der Prinzipal nach Vertragsabschluss feststellt, dass er sich in der Einschätzung der Arbeitsleistung des Agenten getäuscht hat, wird er – insbesondere bei wiederholter Täuschung – zur Einsicht gelangen, dass er die tatsächliche Qualität eines Agenten nicht vor Vertragsabschluss feststellen kann. Bei künftigen Verpflichtungen von Agenten wird er ihnen daher einen Vertrag anbieten, der als Arbeitspreis den Durchschnittspreis zwischen dem besten und schlechtesten auf dem Markt verfügbaren Agenten beinhaltet. Handeln alle Prinzipale nach dieser Vorgabe, so werden diejenigen Agenten, deren tatsächlicher Wert oberhalb des Durchschnittspreises liegt, ihre Arbeitsleistung nicht mehr auf dem Arbeitsmarkt anbieten. Dies beobachtend, passen die Prinzipale den angebotenen Arbeitspreis an den Durchschnittswert der noch vorhandenen Agenten an. Dieses Spiel geht im

---

643 Diese Definition erfolgt in Anlehnung an Williamson (1985), der opportunistisches Verhalten als „self-interest seeking with guile" (Williamson (1985), S. 30) bezeichnet.

644 Zu den einzelnen Formen opportunistischen Verhaltens, die von der Verschleierung von Informationen über Täuschung bis hin zu offensichtlichem Betrug reichen können, vgl. ausführlich Williamson (1985), S. 47 f.

645 Vgl. hierzu ausführlich Jensen/Meckling (1976), S. 312 f.

Extremfall so lange weiter, bis nur mehr der schlechteste Agent vorhanden bzw. ein Marktversagen eingetreten ist **(adverse selection)**.[646]

Nach Vertragsabschluss (**ex post**) kann der Prinzipal zwar das Ergebnis des Handelns des Agenten beobachten, in vielen Fällen aber nicht beurteilen, ob das beobachtete Ergebnis ausschließlich auf die Anstrengungen bzw. die Leistung des Agenten oder auf andere exogene Einflussfaktoren zurückzuführen ist. Diesen Umstand kann der Agent zu seinen Gunsten ausnutzen (**moral hazard**). Moral hazard kann durch zwei Arten von Informationsasymmetrien hervorgerufen werden. Erstens, wenn für den Prinzipal nur das Ergebnis der Handlungen des Agenten beobachtbar ist, nicht jedoch die Handlungen an sich (**hidden action**). Zweitens, wenn der Prinzipal die Handlung des Agenten zwar beobachten, sie aber – etwa mangels Hintergrundinformation oder Fachwissens – nicht beurteilen kann (**hidden information**). Ein plastisches moral harzard-Beispiel außerhalb des Beziehungsgeflechts zwischen Anteilseignern und Managern liefert die Versicherungsindustrie. Meldet etwa der Versicherungsnehmer (Agent) nach Vertragsabschluss einen Schadensfall, so ist für den Versicherer (Prinzipal) nicht beobachtbar, inwiefern der Schadensfall auf ein verändertes Verhalten des Agenten seit Vertragsabschluss (etwa einer geringeren Sorgfalt im Straßenverkehr) zurückzuführen ist (hidden action). Meldet ein Agent nach Abschluss einer Hausratsversicherung einen Schadensfall (etwa auf Grund eines Einbruchs), so besteht für ihn bei Meldung des Schadensfalls die Möglichkeit, mehr Sachen als „abhanden" zu deklarieren, als dies den tatsächlichen Verhältnissen entspricht. Der Prinzipal sieht zwar eine detaillierte Liste der vom Agenten geltend gemachten Ansprüche, es entzieht sich aber seinem Kenntnisstand, inwiefern der Agent vor Eintritt des Schadensfalls tatsächlich über all die angegebenen Güter verfügt hat (hidden information).

Ein nachvertragliches Problemfeld kann selbst dann auftreten, wenn der Prinzipal die Handlungen des Agenten beobachten kann und sich aller Hintergrundinformationen, die zum beobachteten Ergebnis geführt haben, bewusst ist. Dies ist dann der Fall, wenn opportunistisches Verhalten des Agenten zwar beobachtbar ist, aber nicht verhindert werden kann. Mangels vertraglicher Ausgestaltung

646 Siehe hierzu ausführlich am Beispiel des Gebrauchtwagenmarktes Akerlof (1970), S. 488 ff. Einen Lösungsansatz zur Überwindung des Problems der adversen Selektion liefert das Signaling (zu entsprechenden Modellen vgl. stellvertretend Spence (1973), Hughes/Schwartz (1988), Spence (2002),Bagnoli/Watts (2005)) und das Screening (vgl. hierzu stellvertretend Rochet/Choné (1998) und Bester (1985) am Beispiel des Anleihenmarktes).

bzw. auf Grund von Vertragslücken ist der Prinzipal nicht dazu im Stande ein Drohpotential aufzubauen, das den Agenten von einem für den Prinzipal schädlichen Handeln abbringen kann (**Hold up**).[647] Da die tatsächlichen Intentionen des Agenten erst nach Vertragsabschluss beobachtbar sind, spricht man im Zusammenhang mit diesem Problemfeld von einer „versteckten Intention" (**hidden intention**) des Agenten. Beispielsweise kann der Agent bei Akquirierung eines Großauftrages oder eines neuen Großkunden beim Prinzipal Gehaltserhöhungen erzwingen, indem er ihm droht, bei Nicht-Erfüllung seiner Forderungen das Unternehmen – samt Kunden – zu verlassen. In diesem Fall war die tatsächliche, erst nach Vertragsabschluss beobachtbare Intention des Agenten dem Prinzipal vorvertraglich nicht bekannt. Da er diese mögliche Handlung des Agenten (die Abwerbung und Betreuung von Kunden nach Verlassen des Unternehmens) vertraglich nicht berücksichtigt hat, bleibt ihm nichts anderes übrig, als den Forderungen des Agenten – zumindest bis zu einer bestimmten Höhe – nachzukommen.

In Kenntnis seiner begrenzten Rationalität und des opportunistischen Verhaltens des Agenten sowie der daraus resultierenden Problemfelder muss der Prinzipal, um die Maximierung seines eigenen Nutzens sicherzustellen, entsprechende Anreizstrukturen schaffen, die den Agenten dazu bewegen sollen, im Sinne des Prinzipals zu handeln. Der Versuch der Gleichrichtung der Interessen des Agenten verursacht diverse Kosten (sog. Agentenkosten, **agency costs**). Diese resultieren zum einen aus den Überwachungskosten des Prinzipals, den Bindungs- bzw. Signalisierungskosten des Agenten sowie einem residualen Wohlfahrtsverlust.[648] Überwachungskosten (**monitoring costs**) nimmt der Prinzipal in Kauf, um sicherzustellen, dass er ein unternehmensschädliches Verhalten des Agenten frühzeitig erkennen und verhindern kann. Sie entstehen beispielsweise durch die Implementierung eines internen Kontrollsystems, Prüfungskosten, Budgetrestriktionen und eine anreizorientierte Vergütung.[649] Bindungskosten (**bonding costs**) resultieren aus der vertraglichen Festlegung von Maßnahmen, anhand derer der Agent dem Prinzipal signalisieren will, dass er in dessen Sinne handelt. Hierunter fallen beispielsweise die Einschränkung der Entscheidungsmacht des Agenten[650], eine vertraglich

647 Zum Hold up-Problem vgl. ausführlich Goldberg (1976), S. 439 ff.

648 Vgl. Jensen/Meckling (1976), S. 310. Die Agentenkosten stellen dabei nur einen Teil der gesamten Vertragskosten dar. Diese umfassen zusätzlich die Kosten der Informationsbeschaffung (sog. Informationskosten), Verhandlungskosten sowie Insolvenzkosten. Vgl. Watts/Zimmermann (1990), S. 135.

649 Jensen/Meckling (1976), S. 323.

650 Diese kann in negative Auswirkungen auf die Profitabilität des Unternehmens haben, also Kosten verursachen, da der besser informierte Agent in gewissen Situationen

festgelegte Prüfungspflicht (unabhängig von der gesetzlich vorgeschriebenen) sowie die Haftungsübernahme des Agenten im Fall eines rechtswidrigen Verhaltens.[651] Die Überwachungs- und Bindungsaktivitäten sollen sicherstellen, dass der Agent im Sinne des Prinzipals handelt. Nicht immer wird jedoch der Agent diejenige Entscheidung treffen, die aus Sicht des Prinzipals optimal wäre. Hierzu wäre nämlich eine vollständige Durchsetzung der Verträge erforderlich. Wollte man diese herbeiführen, ist anzunehmen, dass die daraus entstehenden Kosten den zusätzlich generierten Nutzen übersteigen würden.[652] Die Differenz zwischen dem für den Prinzipal optimalen Nutzen und dem durch das Handeln des Agenten nach Abzug der Überwachungs- und Bindungskosten tatsächlich generierten Nutzens, wird als residualer Wohlfahrtsverlust (**residual loss**) bezeichnet.[653]

Im Sinne einer Unternehmenswertmaximierung liegt es im Interesse des Prinzipals, die Agentenkosten zu minimieren.[654] Genau hierin besteht die Funktion bzw. der „Metazweck" der Rechnungslegung. Durch die Bereitstellung entscheidungsrelevanter und verlässlicher Informationen soll sie zum Abbau von Informationsasymmetrien zwischen dem Rechnungsleger (Agent) und dem Rechnungslegungsadressaten (Prinzipal) beitragen.[655]

4.2.4 Grundmodell

Ausgangspunkt eines einfachen Agentenmodells stellt die Beziehung zwischen zwei Akteuren, einem Prinzipal und einem Agenten in einem einperiodigen Spiel dar.[656] Der zeitliche Ablauf des Informationsflusses und der Aktionen der beiden

---

durch zeitnahes Handeln nicht den größtmöglichen Nutzen für das Unternehmen ziehen kann. Vgl. Jensen/Meckling (1976), S. 325.

651 Vgl. Jensen/Meckling (1976), S. 325.

652 Fama/Jensen (1983 b), S. 327.

653 Vgl. Jensen/Meckling (1976), S. 308.

654 Vgl. Holthausen (1990), S. 207.

655 Vgl. Pellens et al. (2011), S. 4.

656 In komplexeren Modellen kann das Abhängigkeitsverhältnis mehrerer Personen modelliert werden und ein oder mehrere Akteure gleichzeitig die Rolle des Prinzipals und des Agenten einnehmen. Dies ist beispielsweise bei Managern der mittleren Führungsebene eines Unternehmens der Fall. Sie fungieren als Prinzipale gegenüber denjenigen Mitarbeitern, für die sie die Verantwortung tragen, und gleichzeitig als Agenten in ihrem Verhältnis zur höheren Führungsebene. Vgl. Lambert (2001), S. 6. Ebenfalls kann das Modell auf mehrere Perioden ausgeweitet werden. Zu einem Überblick sog. multi-action models vgl. ausführlich Vgl. Lambert (2001), S. 27 ff.

Akteure gestaltet sich dabei wie folgt: Der Prinzipal diktiert ein Vergütungssystem s,[657] in dem die Leistungsindikatoren (bzw. die Informationssignale des Agenten) y festgelegt werden, auf denen die Vergütung des Agenten beruht.[658] Des Weiteren beinhaltet das Vergütungssystem s einen funktionalen Zusammenhang zwischen den Leistungsindikatoren y und der Vergütung des Agenten. Prinzipal und Agent einigen sich auf dieses Vergütungssystem bzw. auf diesen Vertrag. Daraufhin wählt der Agent seine Handlungen a, die operative Entscheidungen, Finanzierungsentscheidungen und Investitionsentscheidungen umfassen.[659] Die vom Agenten getroffenen Handlungen beeinflussen die vereinbarten Leistungsindikatoren y sowie das monetär gemessene Ergebnis x des Unternehmens. In einem einperiodigen Modell entspricht x dem Liquidationserlös.[660]

Abb. 4-1: Zeitlicher Ereignisablauf im Prinzipal-Agenten-Modell

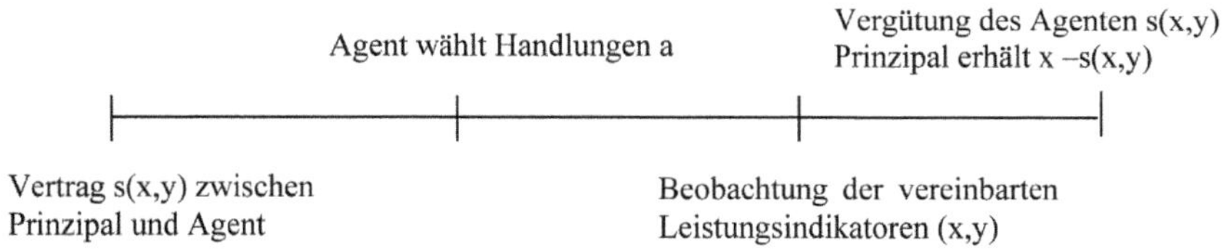

s = Vergütungssystem
y = Vektor der Leistungsindikatoren
a = Vektor der Handlungen des Agenten
x = monetär gemessenes Ergebnis des Unternehmens
Quelle: Lambert (2001), S. 6.

---

657 Da der Prinzipal den Vertrag annahmegemäß diktieren kann, fließen die Vorteile der Vertragsgestaltung ausschließlich ihm zu. Auch in Agency-Modellen, in denen der Agent über die Verhandlungsmacht verfügt, ergeben sich jedoch kaum abweichende Auswirkungen auf die Lösungsstruktur. Vgl. Wagenhofer/Ewert (2007), S. 317.

658 Dabei bieten Rechnungslegungssysteme eine Vielzahl an möglichen Messgrößen für den Unternehmenserfolg und dies auf verschiedenen Ebenen, angefangen bei einzelnen Aufwands- und Ertragsarten über das Jahresergebnis bis hin zu verschiedenen Kennzahlen. Die Frage nach der optimalen Entlohnung ist von zentraler Bedeutung, da traditionelle Vergütungssysteme oft zu einem dysfunktionalen Managementverhalten führen können, und daher zunehmend durch nicht-finanzielle Indikatoren wie z.B. die Qualität, die Kundenzufriedenheit und Messgrößen für die Innovation ersetzt werden. Zu empirischen Ergebnissen, die eine zunehmende Verwendung nicht-finanzieller Leistungsindikatoren belegen, vgl. bereits Ittner et al. (1997).

659 Vgl. Lambert (2001), S. 6.

660 Vgl. Lambert (2001), S. 6.

Dem Prinzipal steht am Ende der Periode das Ergebnis des Unternehmens x abzüglich der Vergütung des Agenten s(x,y) zur Verfügung. Der Agent hat kein anderes Vermögen als dasjenige, das ihm aus dem Vertrag zufließt. Dadurch kann der Prinzipal dem Agenten das von ihm zu tragende Risiko aufzwingen, also den Vertrag diktieren.[661] Das gewählte Vergütungssystem beeinflusst das Vermögen des Prinzipals in zweierlei Hinsicht: Zum einen reduziert die Vergütung des Agenten direkt das Vermögen des Prinzipals. Zum anderen wirkt sich das Vergütungssystem über die Anreize des Agenten auf die Wahrscheinlichkeitsverteilung von x aus.[662]

Um den Vertrag anzunehmen, muss dem Agenten mindestens ein Reservationslohn angeboten werden, der seinen erwarteten Nutzen aus dem nächstbesten Arbeitsvertrag widerspiegelt und gleichzeitig eine Pareto-optimale Situation für beide Akteure darstellt.[663] Je mehr Aktionen a der Agent durchführt, desto höher ist das erwartete Unternehmensergebnis x. Gleichzeitig verursacht das Handeln des Agenten für ihn persönliche Kosten, etwa das Arbeitsleid. Die Nutzenfunktion des Agenten wird nicht nur durch eine monetäre, sondern auch durch eine nicht-monetäre Komponente bestimmt, die etwa Macht, Prestige, oder den Nutzen durch die Inanspruchnahme oder den Konsum von Unternehmensressourcen für private Zwecke widerspiegeln kann.[664] In den meisten Agency-Modellen wird nur der monetäre Nutzen aus dem Unternehmensvertrag modelliert. Somit stellt der Vergütungsvertrag die einzige Anreizquelle für den Agenten dar. In Wirklichkeit existieren jedoch mehrere monetäre Anreize (z.B. die persönliche Wertsteigerung auf dem Arbeitsmarkt und damit einhergehend eine höhere spätere Vergütung) sowie nicht-monetäre Anreize (z.B. die eigene Wertschätzung und Zufriedenheit, die Angst vor gesellschaftlicher Schmach, der gesellschaftliche Aufstieg sowie rechtliche Konsequenzen, die im Extremfall eine Haftstrafe mit sich ziehen).[665]

Der Prinzipal und der Agent weisen im Regelfall eine **unterschiedliche Risikopräferenz** auf. Für den Agenten spielt das individuelle Unternehmensrisiko eine zentrale Rolle. Schließlich ist der Wert seines Humankapitals davon abhängig,

---

661 Auch in Agency-Modellen, in denen der Agent über die Verhandlungsmacht verfügt, ergeben sich jedoch kaum abweichende Auswirkungen auf die Lösungsstruktur. Vgl. Wagenhofer/Ewert (2007), S. 317.

662 Vgl. Lambert (2001), S. 9 f.

663 Vgl. Wagenhofer/Ewert (2007), S. 133.

664 Vgl. Lambert (2001), S. 11.

665 Vgl. Lambert (2001), S. 11.

wogegen er sich regelmäßig nicht absichern kann.[666] Daher dürfte der **Agent** i.d.R. eine **risikoaverse** Einstellung aufweisen. Der Prinzipal hat als Gegenzug zu dem von ihm eingesetzten Kapital einen Residualanspruch am Reinvermögen des Unternehmens.[667] Damit trägt er grundsätzlich das unternehmerische Risiko, also auch das Risiko, dass der Agent für ihn nachteilige Entscheidungen trifft.[668] Durch die Gestaltung individueller Portefeuilles am Kapitalmarkt kann der **Prinzipal** jedoch das Risiko, das für ihn aus seiner Beteiligung an einem einzelnen Unternehmen resultiert, beschränken (Risikodiversifizierung).[669] Bezogen auf seine Beteiligung an einem einzelnen Unternehmen dürfte er daher weniger risikoavers sein als der Agent. Diese unterschiedliche Risikopräferenz kann auf zwei Arten modelliert werden. Erstens kann sowohl dem Prinzipal als auch dem Agenten eine risikoaverse Nutzenfunktion – jedoch mit unterschiedlichen Risikoparametern – zugeschrieben werden. Da ökonomisch gleichbedeutend, kann beim Prinzipal alternativ auch eine **risikoneutrale Nutzenfunktion** unterstellt werden.

Nachfolgende Tabelle fasst die zentralen Annahmen des Prinzipal-Agenten-Theorie -Modells zusammen:

Abb. 4-2: Annahmen des Prinzipal-Agenten-Modells

A 1:	Begrenzte Rationalität
A 2:	Nutzenmaximierung von Prinzipal und Agent
A 3:	Opportunistisches Verhalten
A 4:	Unterschiedliche Risikopräferenzen: Prinzipal risikoneutral, Agent risikoavers
A 5:	Prinzipal diktiert den Vertrag
A 6:	Die Verfügungsrechte am Output des Unternehmens gehören dem Prinzipal. Der Agent hat nicht die Möglichkeit nicht-berichtete Gewinne einzuvernehmen. (Vgl. Lambert (2001), S. 7)

4.2.5 First best und second best Lösungen

Zunächst wird von den typischen Agency-Problemen abstrahiert und angenommen, dass die Handlungen a des Agenten beobachtbar sind und der Vergütungsvertrag

666 Vgl. Smith/Stulz (1985), S. 399 ff; Fama (1980), S. 290 f.; Watts/Zimmermann (1986), S. 193. Zur disziplinierenden Wirkung des Arbeitsmarktes vgl. Watts/Zimmermann (1986), S. 191 ff.

667 Vgl. Wagenhofer/Ewert (2007), S. 223.

668 Vgl. Fama/Jensen (1983 b), S. 328.

669 Vgl. Fama/Jensen (1983 a), S. 309.

direkt an diese Handlungen geknüpft werden kann. In diesem Fall ist die Erzielung der sog. erstbesten Lösung (**first best solution**) möglich, in der keine Agentenkosten anfallen und der Wohlfahrtsgewinn dadurch am höchsten ist. Bei vollständiger Information über die Handlungen des Managers sowie über dessen Handlungsalternativen wird der Prinzipal einen Vertrag schreiben, der den Manager belohnt, wenn er den gleichen Arbeitseinsatz a wählt, den der Prinzipal selbst gewählt hätte und der ihn bestraft, wenn er nicht im Sinne des Prinzipals handelt.[670] Das Unternehmensergebnis oder die Leistungsindikatoren werden nicht berücksichtigt. Für den Agenten bestehen in diesem Fall keine persönlichen Anreize, er verhält sich nicht opportunistisch, sondern kooperativ. Der optimale Vertrag hängt von der Risikopräferenz der beiden Akteure ab. Unter der Annahme eines risikoneutralen Prinzipals und eines risikoaversen Agenten beinhaltet der optimale Vergütungsvertrag die Zahlung einer Konstante k an den Agenten. Sind beide risikoavers, hängt die Risikoübernahme von der Nutzenfunktion der beiden Akteure ab, im Fall negativer exponentieller Nutzenfunktionen verläuft der optimale Risikoverteilungsvertrag linear.[671]

Berücksichtigt man nun die Anreizverträglichkeit des Vertrages als notwendige Nebenbedingung, gestaltet sich die erstbeste Lösung wie folgt. Bei Risikoneutralität von Agent und Prinzipal wird dem Agenten das größtmögliche Risiko aufgezwängt. Idealerweise verpachtet der Prinzipal das Unternehmen an den Agenten (etwa mittels Franchise-Vertrag). Dann erhält er selbst eine fixe Vergütung und der Agent trägt das unternehmerische Risiko, das ihn gleichzeitig dazu motiviert, eine größtmögliche Arbeitsleistung zu erbringen.[672] Bei einer risikoaversen Einstellung des Agenten und beobachtbaren Aktionen a wird die erstbeste Lösung genauso wie bei Ausklammerung der Anreizverträglichkeit erzielt. Der Agent enthält eine fixe Vergütung, wenn er sich entsprechend der erstbesten Lösung verhält und muss eine hohe Strafe hinnehmen, wenn sein Verhalten von der erstbesten Lösung abweicht. Dieselben Lösungen treffen auch auf Situationen zu, in denen die Aktionen a des Agenten zwar nicht direkt beobachtbar sind, aber ein direkter Zusammenhang zwischen ihnen und dem erzielten Unternehmensergebnis x besteht, so dass anhand des Unternehmensergebnisses auf die Aktionen des Agenten geschlossen werden kann. Bei einer ausreichend hohen Strafe ist die Erzielung einer erstbesten

670 Vgl. Wagenhofer/Ewert (2007), S. 133.

671 Siehe hierzu ausführlich Wilson (1968), S. 123 ff.

672 Vgl. Wagenhofer/Ewert (2007), S. 133. In diesem Fall müsste der Agent annahmegemäß genügend Vermögen zur Verfügung haben, um für etwaige Verluste aufzukommen. Vgl. Lambert (2001), S. 14.

Lösung auch dann möglich, wenn nur bei einer Abweichung vom erwarteten Ergebnis, die größer als ein Betrag c ist, mit Sicherheit davon ausgegangen werden kann, dass der Agent nicht im Sinne der first best solution gehandelt hat.[673]

In der sog. zweitbesten Lösung **(second best solution)** sind nur das Ergebnis x, nicht jedoch die Aktionen a des Agenten beobachtbar. In dieser Konstellation haben zusätzliche Informationen einen Wert. Kann man bei der Vertragsgestaltung jedoch nicht direkt die Aktionen des Agenten, sondern nur andere Informationsgrößen, die indirekt Rückschluss über das Verhalten des Agenten geben sollen (wie z.B. das Ergebnis x) berücksichtigen, so entsteht eine Situation, die im Vergleich zur first best solution zu einem **Wohlfahrtsverlust** führt.[674]

Es wird von einem risikoneutralen Prinzipal und von einem risikoaversen Agenten ausgegangen. Annahmegemäß unterscheidet sich die vom Agenten gewählte Aktion ($a \in A$) in der Intensität des Arbeitseinsatzes. Ein größerer Arbeitseinsatz führt sowohl zu einem größeren Ergebnis x als auch zu einem größeren Arbeitsleid oder höheren Opportunitätskosten des Agenten. Analog der first best solution soll der Nutzen des Prinzipals maximiert werden unter der Nebenbedingung, dass dem Agenten ein akzeptabler Nutzenlevel (Reservationslohn) garantiert wird. Als zusätzliche Nebenbedingung wird nun eingeführt, dass der Agent diejenige Aktionen a wählen wird, die auf Grundlage des Vertrags seinen Nutzen maximieren. Er wird seine Aktionen so wählen, dass der Grenznutzen einer zusätzlichen Arbeitseinheit a dem Grenznutzen einer zusätzlichen monetären Einheit entspricht.[675] Bietet der Prinzipal dem Agenten einen Arbeitsvertrag mit einer fixen Vergütung an (wie er dies in der first best solution getan hätte) wählt der Agent seinen Arbeitseinsatz gleich 0. Wählt der Agent einen niedrigen Arbeitseinsatz und verringert sich dadurch das beobachtbare Ergebnis x, so könnte der Prinzipal hierdurch indirekt auf den Arbeitseinsatz des Agenten schließen und sein Verhalten durch entsprechende vertraglich vorgesehene Sanktionen abstrafen. Jedoch kann der Agent als Ursache für ein schlechtes Ergebnis x statt seiner mangelhaften Arbeitsleistung a einen Umwelteinfluss θ anführen. Genau hier besteht das **Anreizproblem**.[676] Daher muss der Prinzipal dem Agenten einen Arbeitsvertrag anbieten, der das

673 Vgl. hierzu ausführlich Lambert (2001), S. 13 ff.

674 Die Differenz zwischen dem Wohlfahrtsgewinn nach der first best und second best Lösung entspricht den Agentenkosten. Vgl. Picot et al. (2012), S. 90 f.

675 Um sicherzustellen, dass es sich bei der optimalen Aktion a des Prinzipals, die aus dieser Prämisse abgeleitet wird, um ein globales und nicht um ein lokales Maximum handelt, muss von einer streng konkaven Nutzenfunktion ausgegangen werden. Vgl. Lambert (2001), S. 16 f. m.w.N.

676 Vgl. Wagenhofer/Ewert (2007), S. 132.

Risiko optimal verteilt. Der Prinzipal hat abzuwägen zwischen dem **Nutzen**, der aus einer **Risikobeteiligung des Agenten** resultiert (also Anreize zu einem höheren Arbeitseinsatz, die c.p. zu einem höheren Ergebnis führen) und den **Kosten**, die durch die Auferlegung von Risiken auf einen risikoaversen Agenten entstehen. Kosten resultieren etwa daraus, dass einem risikoaversen Agenten bei mehr Risiko auf Grund des c.p. geringeren erwarteten Nutzens eine höhere Vergütung angeboten werden muss, um dem Reservationslohn gerecht zu werden. Je nach genauer Ausgestaltung der Nutzenfunktion des Agenten kann es erforderlich sein, die Strafe bei Nicht-Erfüllung der vorgegebenen Ziele zu begrenzen.[677]

Im second best Fall kann es sinnvoll sein, neben dem Ergebnis x **zusätzliche Leistungsindikatoren** y einzuführen, anhand derer Rückschlüsse auf die vom Agenten gewählten Aktionen a gezogen werden können. Dadurch könnten stärkere Anreize gesetzt, eine geeignetere Risikoaufteilung erzielt und letztlich sowohl der Nutzen des Prinzipal als auch des Agenten gesteigert werden. Das Hinzufügen von Leistungsindikatoren ist jedoch nur dann sinnvoll, wenn diese auch wirklich zusätzliche Rückschlüsse über die Aktionen des Agenten liefern.[678]

Einen möglichen Leistungsindikator y, der einen zusätzlichen Einblick in das Handeln des Agenten liefern könnte, stellt die Entscheidung zur Aktivierung von Entwicklungskosten bzw. die Aktivierungsquote dar. Beide Signale sind öffentlich zugänglich, da sie – ein normenkonformes Verhalten des Agenten vorausgesetzt – dem Abschluss entnehmbar sein sollten.[679] Fraglich ist, wie das Signal y einer Aktivierung von Entwicklungskosten bzw. einer hohen Aktivierungsquote zu deuten ist. Nach den IFRS besteht eine Verpflichtung zur Aktivierung von Entwicklungskosten, die mit hinreichender Sicherheit zu einem künftigen Nutzenzufluss für das Unternehmen führen. Die Aktivierungsentscheidung sollte somit in engem Zusammenhang mit den Zukunftserwartungen des Managements stehen. Daher könnte eine Aktivierung c.p. ein Signal für den Erfolg bzw. für ein hohes Erfolgspotential der investierten F&E-Ausgaben darstellen. Gleichzeitig könnte für eine Aktivierung aber auch einfach eine ergebniserhöhende Abschlusspolitik, etwa um Fehlinvestitionen vor den Abschlussadressaten zu verbergen,[680] ursächlich sein. Da die Aktivierungsentscheidung mit umfangreicheren Anhangangabepflichten einhergeht, könnte eine dritte mögliche Deutung einer Nicht-Aktivierung

677 Siehe hierzu ausführlich Lambert (2001), S. 19 f.

678 Vgl. Lambert (2001), S. 20.

679 Schließlich wird unabhängig von der Aktivierungsentscheidung die Offenlegung sämtlicher aufwandswirksam erfassten F&E-Ausgaben gefordert. Vgl. Abschn. 2.3.4.

680 Vgl. Healy et al. (2002), S. 677.

(sowie eines Verstoßes gegen die Disclosure Compliance) auch sein, dass negative Konkurrenzeffekte vermieden werden sollen.[681] Allerdings lässt sich anhand der im IFRS-Regelwerk kodifizierten Angabepflichten letztlich nur auf den Umfang der F&E-Aktivitäten schließen. Detaillierte Informationen zu den einzelnen Projekten, insbesondere technisch verwertbare Details, werden nicht gefordert.[682] Es wird ersichtlich, dass das vom Agenten gesendete Signal y einer Aktivierung von Entwicklungskosten für den Prinzipal nicht eindeutig interpretierbar ist.

4.2.6 Funktionen der Rechnungslegung

Als übergeordneter Zweck der Rechnungslegung ist im Schrifttum die Bereitstellung entscheidungsnützlicher Informationen allgemein anerkannt.[683] Die Zweckrichtung unterscheidet sich jedoch. Es wird unterschieden zwischen bewertungsrelevanten und vertragsrelevanten Informationen.[684] Rechnungslegung erfüllt somit zwei Funktionen. Erstens die Koordinationsfunktion, die die Zahlungsansprüche regeln (Zahlungsbemessungsfunktion) und die sonstigen vertraglichen Ansprüche koordinieren soll (Vertragskoordinationsfunktion). Sie liefert Rechenschaft über das wirtschaftliche Handeln der Vergangenheit. Zweitens die Bewertungsfunktion, die den Adressaten zukunftsgerichtete Informationen zur Verfügung stellen soll, mittels derer die künftige wirtschaftliche Entwicklung des Unternehmens prognostiziert werden kann.[685]

Fraglich ist, inwiefern diese beiden Funktionen miteinander vereinbar sind. Diese Frage ist von zentralem Stellenwert für den Standardsetzer und stets aktuell. Dass Rechnungslegung dem Markt Informationen bereitstellen sollte, die für beide Funktionen relevant sind, wird beispielweise bisher im US-GAAP Framework gefordert, während im Gemeinschaftsprojekt zwischen dem IASB und den US-GAAP die Bewertungs- und die Koordinationsfunktion nicht mehr

---

681 Mögliche Konkurrenzeffekte könnten somit die Kosten der Aktivierung und der Disclosure Compliance darstellen. Vgl. auch Admati/Pfleiderer (2000), S. 484.

682 Vgl. hierzu Abschn. 2.3.4. Die IFRS-Angabepflichten zu den F&E-Tätigkeiten eines Unternehmens können – aus Angst vor negativen Konkurrenzeffekten –schon ex ante zu andersartigen oder geringeren F&E-Tätigkeiten führen. Vgl. Wagenhofer/Ewert (2007), S. 96 f. Untersuchungsgegenstand der vorliegenden Arbeit stellt jedoch nur die buchmäßige Abschlusspolitik dar.

683 Vgl. Gassen (2008), S. 3 m.w.N.

684 Vgl. Christensen/Demski (2003), S. 284 ff; Vgl. auch Gassen (2008), S. 3 m.w.N.

685 Vgl. Pellens et al. (2011), S. 7.

als zwei eigenständige Funktionen wahrgenommen werden, was für heftige Diskussionen gesorgt hat.[686] In theoretisch-analytischen Beiträgen wird die Existenz von zwei unterschiedlichen Zielsetzungen für die Rechnungslegung, nämlich der Bewertungs- und der Koordinationsfunktion, betont und Modelle zur doppelten Funktionsweise herausgearbeitet.[687] Empirische Studien existieren zu dieser – für Standardsetzer sehr relevanten Fragestellung – hingegen eher spärlich.[688] Die empirische Studie von Gassen (2008) liefert Hinweise dafür, dass die Bewertungs- und Koordinationsfunktion zwei unterschiedliche Zielsetzungen verfolgen. In einem „reichen Informationsumfeld", also einem Informationsumfeld, in dem dem Markt verschiedenartige Informationskanäle zur Verfügung stehen, dienen die Rechnungslegungsdaten hauptsächlich dazu, getroffene Entscheidungen zu bestätigen. Hier sind Rechnungslegungsinformationen hauptsächlich für Vertrags- bzw. Koordinationszwecke relevant. Eine bewertungsrelevante Funktion kommt Rechnungslegungsinformationen hauptsächlich dann zu, wenn Investoren nur in sehr begrenztem Ausmaß andere Informationskanäle zur Verfügung stehen.[689] Christensen et al. (2005) kommen in ihrer empirischen Studie zu dem Ergebnis, dass ein effizientes Informationssystem, das für Vertragszwecke verwendet wird, andere Attribute aufweist als ein Informationssystem, das Bewertungszwecke dient.[690]

Die Prinzipal-Agenten-Theorie ermöglicht einen Vergleich zwischen der Art und Weise des Informationsgebrauchs im Zusammenhang mit Anreizproblemen des Managements und dem Informationsgebrauch für Bewertungszwecke. Dabei liefert sie auch einen Erklärungsansatz dafür, weshalb die auf den ersten Blick plausibel erscheinende Annahme, dass eine Koppelung der Managementvergütung an die Aktienpreise anreizoptimal ist, da sie zu einer Gleichrichtung der Interessen führt, nicht haltbar ist.[691] Anhand der Prinzipal-Agenten-Theorie lässt sich begründen, weshalb Rechnungslegungsinformationen für die vertragliche Ausgestaltung der Managementvergütung besser geeignet sind als Aktienkurse.

---

686 Vgl. hierzu ausführlich Gassen (2008), S. 3 ff.

687 Vgl. Lambert (2001); Arya et. al. (2004); Christensen/Demski (2004); Christensen et al. (2005).

688 Zu einem Überblick der bisherigen empirischen Studien vgl. Gassen (2008), S. 8.

689 Vgl. Gassen (2008), S. 39. Daher schlussfolgert der Autor, dass die Aufgabe eines Standardsetzers darin bestehen sollte, einen Ausgleich zwischen den unterschiedlichen Rechnungslegungsfunktionen herbeizuführen. Vgl. ebd.

690 Vgl. Christensen et al. (2005), S. 265 ff.

691 Vgl. Lambert (2001), S. 41 f.

Aktienkurse spiegeln das Ergebnis der Investitionsentscheidungen von Investoren wider, die sie auf Grundlage der ihnen zur Verfügung stehenden Informationen tätigen. Für die Bewertung des Unternehmens ist die einzige interessante Größe der Liquidationserlös bzw. der Barwert aller nach dem Ende der ersten Periode auftretenden Überschüsse x.[692] Ist dieser beobachtbar, entspricht der Aktienkurs genau x (bzw. x abzgl. der Managementvergütung). Andere Informationen sind für Bewertungszwecke nicht erforderlich.

Aus dem Blickwinkel der Koordinationsfunktion der Rechnungslegung interessiert jedoch, wie x zu Stande gekommen ist. Angenommen x wird durch die Aktionen a des Managements sowie durch andere, zufallsverteilte Einflussfaktoren θ bestimmt, also $x = a + \theta$. Dann ist der Prinzipal aus dem Blickwinkel der Koordinationsfunktion sehr wohl an Leistungsindikatoren interessiert, die Aufschluss über die Aktionen a des Agenten geben können, um die Verträge entsprechend anreizkompatibel zu gestalten bzw. den Agenten seinen Leistungen entsprechend zu belohnen oder zu bestrafen.[693]

Ist der Output x nicht beobachtbar,[694] dann muss der Markt die verfügbaren Signale in den Bepreisungsmechanismus einbeziehen. Bei einer risikoneutralen Bewertungsfunktion (entsprechend einem risikoneutralen Prinzipal), normalverteilten Ergebnissen x und Leistungsindikatoren y, ist die Bewertungsfunktion linear. Der sich bildende Preis ist abhängig von den realisierten Leistungsindikatoren $y^{\sim}$ und den gemutmaßten (künftigen) Aktionen $\hat{a}$ des Agenten. Die realisierten Leistungsindikatoren $y^{\sim}$ sind abhängig von den Aktionen a des Agenten sowie den Störtermen ε. Während die Störterme ε zufallsverteilt sind, hängen die Aktionen a des Agenten von den aus dem Vertrag resultierenden Anreizen ab. In klassischen

692 Vgl. Wagenhofer/Ewert (2007), S. 138.

693 Die Korrelation der Leistungsindikatoren y zum Liquidationserlös x ist dabei von untergeordneter Bedeutung. In einem single-action Modell ist der Wert durch die Einführung zusätzlicher Leistungsindikatoren y (wie z.B. dem aus einem Rechnungslegungssystem ermittelten Jahresergebnis) höher, da keine verzerrenden Effekte bestehen. Sowohl die Koppelung des Arbeitsvertrages an den Aktienkurs x als auch an die Leistungsindikatoren y wirken sich positiv auf die Aktivitäten a des Agenten aus, da sie seinen individuellen Nutzen erhöhen. In multi-action-Modellen sind Rechnungslegungsdaten weniger kongruent zu Aktienkursen. Der Prinzipal muss die Kosten der Verzerrung, die aus der Verwendung von Rechnungslegungsdaten resultieren, gegen den Nutzen aus der Risikoreduzierung abwägen. Vgl. Lambert (2001), S. 42.

694 Dies könnte bei langfristigen Konsequenzen, die sich erst nach Beendigung des Arbeitsverhältnisses mit dem Agenten zeigen, der Fall sein. Vgl. Wagenhofer/Ewert (2007), S. 136.

moral hazard Problemen hat der Markt (und der Prinzipal) genügend Informationen über das Unternehmensumfeld und die vertraglichen Anreize des Managers, so dass er die Aktionen des Agenten richtig mutmaßen kann. Im Gleichgewicht werden daher die durchschnittlich von den Agenten gewählten Aktionen a exakt den vom Markt gemutmaßten Aktionen $\hat{a}$ entsprechen. Der Markt „lernt" also von den realisierten Leistungsindikatoren $y^{\sim}$ nichts über das Verhalten des Agenten. Er reagiert bei der Bepreisung des Unternehmens nur auf die in den gesendeten Signalen $y^{\sim}$ enthaltenen Störterme ε. Inwiefern die Signale in der Bepreisungsfunktion berücksichtigt werden, hängt von deren Korrelation zwischen ε und θ ab. Im Extremfall, also bei einer absoluten Unkorreliertheit zwischen dem Störterm des Signals $y^{\sim}$ (ε) und dem externen Einflussfaktoren des Unternehmensergebnisses x (θ), wird das Signal überhaupt nicht bei der Bewertung berücksichtigt.[695]

Im Gegensatz zur Bewertungsfunktion kommt der Sensitivität der Signale y auf die Handlungen des Agenten a bei der Koordinationsfunktion eine zentrale Rolle zu. Die Korrelation zwischen den Leistungsindikatoren y und dem Unternehmenswert x sind hingegen bei der vertraglichen Berücksichtigung von Leistungsindikatoren irrelevant, ebenso wie die Korrelation zwischen ε und θ. Die Signale y werden so gewichtet, dass eine größtmögliche Angleichung zwischen den Sensitivitätsvektoren der Leistungsindikatoren und den Sensitivitätsvektoren des Unternehmensergebnisses mit den Aktivitäten des Agenten entsteht.[696]

Wäre die Managementvergütung nur von den Aktienkursen abhängig, dann würde der Agent die Aktionen a mit einer höheren realen Variabilität wählen, als wenn seine Vergütungsfunktion an die Leistungsindikatoren y gebunden wäre. Die Vergütung anhand der Aktienkursentwicklung könnte auch deshalb negative Konsequenzen für den Prinzipal mit sich ziehen, da der Aktienkurs nicht nur die vom Management schon vollzogenen, sondern auch die künftigen Aktionen widerspiegelt.[697]

---

695 Lambert (2001), S. 43. Berücksichtigung könnte es nur finden, wenn innerhalb des Marktes Unsicherheit über die Aktionen des Agenten oder über seine Talente besteht. In diesem Fall würde der Markt versuchen, anhand der beobachteten Signale y sowohl einen Rückschluss auf die Aktionen des Managers als auch auf die Störterme ε zu schließen. Damit würde eine Annäherung der Art der Informationsaggregation für Bewertungs- und Managemententlohnungszecke erfolgen. Vgl. hierzu ausführlich Lambert (2001), S. 47 ff.

696 Während bei der Bewertungsfunktion die Korrelation zwischen den Störtermen vordergründig ist, stellt also die Hauptrolle der Leistungsindikatoren in den Vergütungsverträgen die Kongruenz der Maßeinheiten dar. Vgl. Lambert (2001), S. 44.

697 Vgl. Lambert (2001), S. 46.

4.2.7 Anreize zur Abschlusspolitik

Anreizgetriebene Abschlusspolitik stellt ein Teilgebiet der positiven Rechnungslegungsforschung dar.[698] Da im Rahmen der nachfolgenden empirischen Studien das F&E-Bilanzierungsverhalten von Unternehmen mit einem „reichen Informationsumfeld" untersucht wird, erfolgt eine Fokussierung auf die aus der Koordinationsfunktion der Rechnungslegung resultierenden Anreize. Diese Anreize können sowohl aus Unternehmensverträgen, in denen gewisse (rechtliche) Konsequenzen an Rechnungslegungsgrößen geknüpft sind,[699] als auch aus dem regulatorischen Umfeld resultieren.[700] Klassische Beispiele für vertragsinduzierte Rechnungslegungspolitik sind die Vergütungsverträge (compensation contracts) und die Kreditvertragsklauseln (debt covenants).[701] Regulierungsinduzierte Rechnungslegungspolitik wird betrieben, wenn Unternehmen Rechnungslegungspolitik dahingehend ausüben, um regulatorische Auflagen nicht zu verletzen oder sich ihnen im Vorfeld zu entziehen.[702] Die Vermeidung etwaiger Forderungen von Arbeitnehmervertretern bzw. Gewerkschaften im Zuge einer deutlichen Verbesserung des Unternehmensergebnisses (sog. politische Kosten) werden ebenfalls unter die anreizinduzierte Abschlusspolitik subsumiert.[703] Steuerliche oder dividendengetriebene Anreize werden im Folgenden nicht näher untersucht, da den Untersuchungsgegenstand der nachfolgenden empirischen Studie IFRS-Konzernabschlüsse von in Deutschland börsennotierten Unternehmen darstellen, denen

698 Vgl. Watts/Zimmermann (1990), S. 133.

699 Unter der Voraussetzung, dass Informationen nur dem Manager vor Offenlegung der Rechnungslegungsinformationen bekannt sind, kann grundsätzlich zwischen drei Fällen unterschieden werden: Erstens: Die unterschiedlichen Anreize vom Prinzipal und vom Agenten können schon vor Offenlegung der Informationen zusammengeführt werden. Zweitens, die vor Offenlegung bestehenden Anreizunterschiede können nach Offenlegung zusammengeführt werden. Drittens, die vor Offenlegung bestehenden Anreizunterschiede können auch nach Offenlegung nicht zusammengeführt werden. Rechnungslegung bzw. die Bereitstellung von Rechnungslegungsinformationen für Vertragszwecke (Koordinationsfunktion) ist nur im zweiten Fall sinnvoll. Vgl. hierzu ausführlich Gassen (2008), S. 10 f. Im Folgenden wird von diesem zweiten Fall ausgegangen.

700 Vgl. Watts/Zimmermann (1990), S. 133.

701 Vgl. Sellhorn (2004), S. 93.

702 Vgl. Sellhorn (2004), S. 103 f.

703 Vgl. Watts/Zimmermann (1978), S. 115. In diesem Fall dürften nämlich Forderungen nach einer Gehaltserhöhung nur schwer zu ignorieren sein. Vgl. Moses (1987), S. 363.

grundsätzlich weder eine Steuerbemessungs- noch eine Ausschüttungsbemessungsfunktion zukommt.[704]

Die Anreize können verschiedene Ursachen haben. Zum einen verursacht die die Arbeitsleistung a des Agenten für ihn einen Disnutzen (z.B. Arbeitsleid oder Opportunitätskosten der Zeit). Ist die Arbeitsleistung a nicht beobachtbar und lässt sich auf sie weder durch das Unternehmensergebnis x – falls beobachtbar – noch durch andere Informationssignale y schließen, so wird er diesen Umstand opportunistisch ausnutzen. Als Ursache für ein schlechtes Ergebnis x wird er statt seiner mangelhaften Arbeitsleistung den Umwelteinfluss θ verantwortlich machen.[705] Genau hier liegt das erste Anreizproblem begründet. Ein zweites Anreizproblem resultiert aus dem Umstand, dass der Agent auch einen nichtpekuniären Nutzen aus den im Unternehmen realisierten Projekten zieht.[706] Während Agenten der nichtpekuniäre Nutzen in voller Höhe zufließt, tragen sie i.d.R. nur einen geringen Teil von dessen Kosten. Somit könnte für sie der Anreiz bestehen, Projekten, die ihren persönlichen nichtpekuniären Nutzen maximieren, den Vorrang zu gewähren gegenüber Projekten, die den Unternehmenswert steigern.[707] Eine theoretische Fundierung dieses Anreizproblems liefert die auf Jensen (1986) zurückzuführende free cash flow-Theorie. Sie geht davon aus, dass Manager einen Anreiz haben könnten, die unter ihrer Kontrolle stehenden Ressourcen zu maximieren. Dabei kommen folgende mögliche Gründe in Betracht: Macht, Prestige und Einfluss, die Steigerung der Unternehmensgröße, da hiermit i.d.R. eine höhere Managementvergütung einhergeht[708] und ausreichend Unternehmenswachstum, um die

---

704 Allerdings könnte den IFRS-Konzernabschlüssen eine faktische Ausschüttungsbemessungsfunktion zukommen, da die Anteilseigner auf Grundlage des im IFRS-Konzernabschluss veröffentlichten Ergebnisses eine Erwartungshaltung über die Höhe der ausgeschütteten Dividende bilden dürften. Vgl. auch Ruhnke (2008), S. 19, der in diesem Zusammenhang von einer „mittelbaren Ausschüttungsbemessungsfunktion" spricht. Im Rahmen einer Befragung börsennotierter Unternehmen von Pellens/Gassen/Richard (2003) konnte nachgewiesen werden, dass dem im IFRS-Konzernabschluss veröffentlichten Ergebnis ein zentraler Stellenwert bei der Bemessung der Dividende zukommt. Vgl. Pellens/Gassen/Richard (2003), S. 318. Von dieser Möglichkeit wird in der nachfolgenden empirischen Studie abstrahiert.

705 Vgl. hierzu die Ausführungen zur second best Lösung.

706 Vgl. Wagenhofer/Ewert (2007), S. 224, die als Beispiel die Nutzung eines Dienstwagens anführen.

707 Vgl. Wagenhofer/Ewert (2007), S. 224.

708 Zu empirischen Beobachtungen vgl. Murphy (1985). Warum dieser Zusammenhang besteht wird indes in der free cash flow-Theorie nicht thematisiert. Vgl. Wagenhofer/Ewert (2007), S. 225.

Anreizversprechen an nachgeordnete Managementebenen (z.B. Beförderungen) einzuhalten.[709] Daraus entsteht für die Unternehmenseigner die Gefahr der Tätigung von Überinvestitionen durch das Management. Diese Gefahr nimmt mit zunehmendem free cash flow des Unternehmens zu. Darunter wird derjenige Teil der Zahlungsüberschüsse verstanden, der den Betrag, der zur Finanzierung aller Projekte mit positivem Barwert erforderlich wäre, übersteigt, verstanden.[710]

Wichtig für das Verständnis ist, dass Anreize zur Bilanzpolitik für Manager auch dann bestehen, wenn der Kapitalmarkt abschlusspolitische Gestaltungsspielräume durchschaut.[711] Dies ist darauf zurückzuführen, dass sich die Adressaten der Abschlusspolitik in einem strategischen Nachteil befinden, da sie nur eingeschränkt auf abschlusspolitische Maßnahmen reagieren können. Sie können entweder abschlusspolitische Maßnahmen ignorieren und damit zwar Kosten sparen aber gleichzeitig auf ggf. entscheidungsrelevante Informationen verzichten oder sie können auf Grund ihrer Vorkenntnisse abschlusspolitische Maßnahmen identifizieren, diese aber nur im Durchschnitt berücksichtigen.[712]

---

709 Vgl. Jensen (1986), S. 323.

710 Vgl. Jensen (1986), S. 323. Zur Abgrenzung der free cash flow-Definition von derjenigen des freien Cashflow vgl. Wagenhofer/Ewert (2007), S. 224.

711 In diesem Zusammenhang sei auf die Arbeit von Goldman/Slezak (2006) verwiesen, in der ein Hidden Action-Problem, nämlich die kostenintensive Störung von Signalen (Leistungsindikatoren) bei Koppelung der Managementvergütung an die Entwicklung der Aktienkurse, modelliert wird. Unterstellt wird ein Kapitalmarkt, in dem die Akteure eine risikoaverse Einstellung und rationale Erwartungen aufweisen. In diesem Setting führt eine Erhöhung der Sensitivität der Vergütung von den Leistungsindikatoren (bzw. den vom Management gesendeten Signalen) gleichzeitig zu einer größeren Arbeitsanreiz sowie zu einem gesteigerten Anreize zur Manipulation der Leistungsindikatoren. Da die Marktteilnehmer das gleichgewichtige Ausmaß manipulativer Maßnahmen vorhersehen können, stellen manipulative Maßnahmen dem Grunde nach eine reine Ressourcenverschwendung dar. Eine Reduktion der Sensitivität der Vergütung von Leistungsindikatoren reduziert sowohl den Arbeitsanreiz als auch den manipulativen Anreiz. Eine Erhöhung der manipulativen Kosten für das Unternehmen führt im Gleichgewicht zu einer Reduzierung sowohl der manipulatorischen Effekte als auch des Unternehmenswertes. Im Gegensatz dazu führt eine Erhöhung der manipulativen Kosten für den Manager im Gleichgewicht zu stärkeren manipulatorischen Effekten und zu einem höheren Unternehmenswert.

712 Vgl. Wagenhofer/Ewert (2007), S. 303. Keine Wirkung entfalten abschlusspolitische Maßnahmen nur, wenn die Bedingungen für die Gültigkeit des Offenlegungsprinzips erfüllt sind. Diese sind eine uneingeschränkte und kostenlose Berichterstattung, eine uneingeschränkte Ausgestaltungsformen des Entlohnungsvertrages sowie eine unbeschränkte Verpflichtungsmöglichkeit des Prinzipals zur Nutzung der vom Agenten

Die Kosten eines opportunistischen Verhaltens des Agenten trägt der Prinzipal.[713] Daher ist es in seinem Interesse, geeignete Anreizsysteme zu schaffen, die den Agenten dazu bewegen, sich im Sinne des Prinzipals zu verhalten. Gleichzeitig will er die damit verbundenen Agentenkosten möglichst gering halten.

Eine Aktivierung von Entwicklungskosten könnte auf verschiedene Anreize zurückzuführen sein. Erstens könnte sich eine mit der Aktivierung einhergehende Erhöhung des Jahresergebnisses positiv auf die Vergütung des Agenten in der betreffenden Periode auswirken. Zweitens könnte durch die korrespondierende Erhöhung der Eigenkapitalquote die Verletzung von Kreditvertragsklauseln verhindert werden. Drittens könnte der Agent dem Arbeitsmarkt signalisieren, dass er ein guter Manager ist, da die von ihm angegangenen Projekte profitabel und zukunftsversprechend sind. Ebenso gut könnte ein Agent jedoch Anreize zu einer erfolgswirksamen Erfassung von F&E-Ausgaben haben. Erstens könnte er im Fall eines Managementwechsels ein big bath accounting anstreben, um das schlechte Ergebnis der aktuellen Periode noch dem alten Management anzulasten und künftige Geschäftsjahre um die bereits aufwandswirksam erfassten Beträge zu entlasten.[714] Zweitens könnte für den Manager eine aufwandswirksame Erfassung der F&E-Ausgaben selbst ohne Managementwechsel vorteilhaft sein, wenn das Jahresergebnis bereits so schlecht ist, das sich selbst eine Aktivierung von Entwicklungskosten nicht positiv auf seine variable Vergütung auswirken würde. In diesem Fall hätte er einen Anreiz, möglichst hohe Aufwendungen in der aktuellen Periode zu erfassen, um die künftigen Jahresergebnisse um ebendiese Aufwendungen zu entlasten. Drittens könnte der Manager in stark regulierten Branchen das Risiko eines Reputationsverlustes, das im Fall einer Aktivierung von Entwicklungskosten

---

bereitgestellten Informationen. Vgl. Arya et al. (1998), S. 10. Bei Erfüllung dieser Bedingungen kann zu jedem Vertrag, der Abschlusspolitik induziert, ein ergebnisäquivalenter Vertrag geschrieben werden kann, der keine Abschlusspolitik induziert. Vgl. Wagenhofer/Ewert (2007), S. 317. Da die Bedingungen des Offenlegungsprinzips in der Realität jedoch nicht erfüllt sein werden, können auch aus „optimalen" Verträgen abschlusspolitische Anreize resultieren, die sich sowohl positiv als auch negativ auf den persönlichen Nutzen des Prinzipals auswirken können. Negativ, da der Informationsgehalt der vertraglich festgelegten Leistungsindikatoren bzw. Beurteilungsgrößen durch abschlusspolitische Maßnahmen schwindet. Positiv, da die Anreize eine Konsumglättung bewirken und die Arbeitsleistung des Agenten erhöhen können. Vgl. hierzu ausführlich Wagenhofer/Ewert (2007), S. 302 ff.

713 Vgl. Wagenhofer/Ewert (2007), S. 224.

714 Zur Definition des Begriffs "big bath accounting" vgl. Wagenhofer/Ewert (2007), S. 226.

bei späterer Versagung der behördlichen Zulassung entstehen könnte, scheuen. Schließlich ist in regulierten Branchen die Vermarktungsfähigkeit des aus den F&E-Tätigkeiten hervorgegangenen Endprodukts nicht nur von dessen technischer Beschaffenheit, sondern auch von einer politisch motivierten behördlichen Entscheidung abhängig. Ein vierter möglicher Grund für eine aufwandswirksame Erfassung der F&E-Ausgaben könnte in der Angst vor negativen Konkurrenzeffekten liegen, da im Fall einer Aktivierung viel umfänglichere Anhangsangaben gefordert werden.[715] Fünftens könnten durch eine Nicht-Aktivierung die im Fall einer Aktivierung zusätzlich anfallenden Kosten für die Bereitstellung und Prüfung von weiterführenden Informationen eingespart sowie das Risiko einer öffentlichkeitswirksamen Fehleraufdeckung durch die DPR minimiert werden. Ein weiterer Grund der gegen eine Entwicklungskostenaktivierung spricht, ist der sog. Earnings Quality-Gedanke, dem zu Folge eine ergebniserhöhende Ausübung von Wahlrechten die Qualität des berichteten Ergebnisses trüben könnte.[716]

Auch hinsichtlich des F&E-spezifischen Offenlegungsverhaltens entfalten die einzelnen Managementanreize eine unterschiedliche Wirkungsweise. So könnten bspw. Manager, die durch eine Entwicklungskostenaktivierung gerade noch die Verletzung von Kreditvertragsklauseln vermieden haben, einen Anreiz haben, diesen Umstand vor den Abschlussadressaten zu verbergen. Ebenso könnten sie sich aus Angst vor negativen Konkurrenzeffekten zu einem den gesetzlichen Anforderungen nicht gerecht werdenden Angabeverhalten entscheiden. Im Gegensatz dazu könnten sich die Angst vor einem Reputationsverlust und privatrechtlicher Konsequenzen im Fall einer Fehleraufdeckung durch die DPR (Sanktionsmechanismus) und die Vermeidung von den mit Informationsasymmetrien verbundenen Kosten positiv auf die auswirken.

Auf Grund der Pluralität und der unterschiedlichen Wirkungsweise der Managementanreize ist eine modellanalytische Prognose des F&E-Bilanzierungsverhaltens nicht möglich. Daher erfolgt die Hypothesenherleitung anhand einer systematischen Gegenüberstellung der unterschiedlichen und teilweise konkurrierenden Anreize. Da die Hypothesen jedoch anschließend empirisch getestet werden, erfolgt deren Herleitung aus Gründen der Übersichtlichkeit nicht nach Anreizen, sondern nach den empirisch testbaren abhängigen Variablen, die in den Regressionen Berücksichtigung finden. Um den „roten Faden“ zwischen den im bisherigen Verlauf der Arbeit herausgearbeiteten Managementanreizen und der

715 Zu den negativen Auswirkungen der Angst vor Konkurrenzeffekten auf den Umfang der Anhangsangaben vgl. Admati/Pfleiderer (2000), S. 484.

716 Im Zusammenhang mit F&E vgl. Aboody/Lev (1998), S. 168 f.

Hypothesenherleitung nach empirischen Messgrößen zu verdeutlichen, wird im Anschluss nochmal die Wirkungsweise der einzelnen Managementanreize auf die empirischen Messgrößen strukturiert dargestellt. Anschließend werden die Hypothesen empirisch getestet. Vor diesen beiden Schritten werden die bisherigen empirischen Studien zum F&E-Bilanzierungsverhalten skizziert und die eigene Studie in die Forschungsliteratur eingeordnet.

4.3 Einordnung der Studie in die bisherige Literatur zum F&E-Bilanzierungsverhalten

4.3.1 Vorgehensweise

Im Folgenden werden die wichtigsten Hypothesen testenden empirischen Studien zum F&E-Bilanzierungsverhalten vorgestellt.[717] Diese werden in Real Earnings Management-Studien, Wertrelevanz-Studien, und Determinantenstudien unterteilt, wobei manche Studien auch mehrere Forschungsrichtungen verfolgen.[718] Das Kapitel schließt mit einer Einordnung der eigenen empirischen Studie in den derzeitigen Forschungsstand und erläutert deren Erkenntnisgewinn.

4.3.2 Real Earnings Management-Studien

In den weniger stark verbreiten **Real Earnings Management-Studien** werden die Auswirkungen einer Rechnungslegungsvorschrift auf das operative Handeln des Management untersucht (reale Abschlusspolitik). Im Zusammenhang mit dem grundsätzlichen Aktivierungsverbot von F&E-Ausgaben nach US-GAAP liefern Horwitz/Kolodny (1980), Elliot et al. (1984), Baber et al. (1991), Perry/Grinaker (1994) und Bushee (1998) empirische Hinweise dafür, dass Unternehmen ihre F&E-Ausgaben reduzieren, um ein festgelegtes Ergebnisziel zu erreichen. Durch die Möglichkeit der Aktivierung von Entwicklungskosten könnte dieser kurzsichtigen

717 Ein Überblick der deskriptiv-empirischen Studien zum F&E-Bilanzierungsverhalten in Deutschland findet sich in Abschn. 3.2. Auf die grundlegenden Studien zu den Determinanten der Disclosure Compliance sowie zum Einfluss des Enforcementverfahrens und des Abschlussprüfers auf die Umsetzung von Rechnungslegungsvorschriften wird im Rahmen der Hypothesenbildung (Abschn. 4.4.) eingegangen.

718 So untersuchen bspw. Abbody/Lev (1998) und Oswald (2008) sowohl die Determinanten als auch die Wertrelevanz der Aktivierung von Entwicklungskosten.

F&E-Investitionsentscheidung entgegengewirkt und eine bessere Positionierung US-amerikanischer Unternehmen im internationalen Forschungsvergleich erreicht werden.[719] Mande et al. (2000) und García Osma/Young (2009) kommen zum Ergebnis, dass auch japanische bzw. britische Unternehmen reale F&E-Abschlusspolitik betreiben. Diese Ergebnisse sind insofern interessant, als sowohl nach britischen als auch nach japanischen Rechnungslegungsvorschriften ein Aktivierungswahlrecht für Entwicklungskosten besteht. Die Aktivierungsmöglichkeit von Entwicklungskosten vermag einer realen Verschiebung von F&E-Tätigkeiten offensichtlich nur bedingt entgegenzuwirken. Da reale Abschlusspolitik nicht Untersuchungsgegenstand der vorliegenden Arbeit darstellt, wird an dieser Stelle auf weitere Ausführungen verzichtet.

4.3.3 Wertrelevanz-Studien

Am weitesten verbreitet sind die **Wertrelevanz-Studien**, in denen untersucht wird, inwiefern eine Rechnungslegungsvorschrift der Bewertungsfunktion der Rechnungslegung gerecht wird. Dabei stützt sich die Wertrelevanz-Literatur auf den Zusammenhang zwischen den im Jahresabschluss bereitgestellten Rechnungslegungsinformationen und der Aktienkursentwicklung. Eine Rechnungslegungsinformation gilt als wertrelevant, wenn sie auf die prognostizierte Art und Weise mit dem Marktwert des Eigenkapitals assoziiert ist.[720] Notwendige Voraussetzung für die Wertrelevanz einer Rechnungslegungsinformation ist deren Relevanz und Verlässlichkeit.[721] Sind beide Bedingungen erfüllt, wird von der Entscheidungsnützlichkeit einer Rechnungslegungsinformation gesprochen.[722] Die Methodik der Wertrelevanz-Studien wird vom Schrifttum kontrovers diskutiert. Hauptkritikpunkt ist die Fokussierung auf statistische Zusammenhänge zwischen der Rechnungslegungsinformation und der Aktienpreisentwicklung ohne eine fundierte Theorie über den Kausalzusammenhang.[723] Anhänger der Wertrelevanz-Literatur verteidigen ihre methodische Vorgehensweise mit dem Argument, dass der von ihnen untersuchte statistische Zusammenhang gerade

---

719 Vgl. Baber et al. (1991), S. 819.

720 Vgl. Barth et al. (2001), S. 79.

721 Vgl. Barth et al. (2001), S. 80.

722 Zum Begriff der Entscheidungsnützlichkeit vgl. IASB F.OB1 ff;. Kuhner (2001), S. 533.

723 Vgl. ausführlich Holthausen/Watts (2001), S. 3 ff.

zeige, ob der von den Standardsetzern (vornehmlich dem IASB und dem FASB) festgelegten übergeordneten Zielsetzung, der Vermittlung entscheidungsrelevanter Informationen, durch die aktuellen Regelungen nachgekommen wird, weshalb präskriptive Implikationen gerade sinnvoll seien.[724]

Bei Wertrelevanz der bilanziellen Abbildung von Entwicklungskosten müsste der Aktienmarkt auf die Bilanzierungsentscheidung reagieren. Wird eine Aktivierungsentscheidung vom Kapitalmarkt als Signal für die Erfolgsaussicht der F&E-Tätigkeiten interpretiert, müsste ein positiver Zusammenhang zwischen der Entwicklungskostenaktivierung und der Aktienkursentwicklung bestehen.[725]

Die erste einflussreiche F&E-spezifische Wertrelevanz-Studie stammt von Lev/Sougiannis (1996). Anhand einer Stichprobe von an der NYSE gelisteten Unternehmen untersuchen die Autoren die Entwicklung der Wertrelevanz von F&E-Ausgaben im Zeitraum von 1975–1991. Dazu schätzen sie bei forschungsintensiven Unternehmen den Zusammenhang zwischen den F&E-Ausgaben und späteren Gewinnen. Auf Grundlage dieser Schätzung wird unternehmensindividuell ein fiktiver F&E-Bilanzposten ermittelt, der über eine – ebenfalls fiktive – Nutzungsdauer abgeschrieben wird. Die Jahresergebnisse und der Buchwert des Eigenkapitals werden entsprechend angepasst. Die Autoren finden einen statistisch signifikanten Zusammenhang zwischen den angepassten Größen und der Aktienkursentwicklung. Daraus schließen sie auf die Wertrelevanz einer Aktivierung von Entwicklungskosten. Sie kritisieren die nach US-GAAP existierende Verpflichtung zur erfolgswirksamen Erfassung von F&E-Ausgaben, die gerade auf die Annahme gestützt ist, dass eine Aktivierung von F&E-Ausgaben keine Wertrelevanz aufweist. In einer Folgestudie untersuchen Lev/Sougiannis (1999), inwiefern die aufwandswirksame Erfassung von F&E-Ausgaben eine Erklärung für das Markt-Buchwert-Verhältnis darstellt. Ihren empirischen Ergebnissen zu Folge ist das Markt-Buchwert-Verhältnis umso größer, je höher die F&E-Investitionen eines Unternehmens sind. Daraus schließen die Autoren auf die Wertrelevanz einer Aktivierung von F&E-Ausgaben und kritisieren das nach US-GAAP bestehende Aktivierungsverbot erneut. Ferner untersuchen sie, inwiefern das Risiko des F&E-Erfolges in die Bildung des Marktpreises einfließt. Dazu unterteilen sie ihre Stichprobe zum einen danach, ob ein Unternehmen unter guten oder

724 Vgl. Barth et al. (2001), S. 77 ff; Barth (2006), S. 7 ff. Zur Einordnung der Wertrelevanzliteratur in die positive Rechnungslegungsforschung vgl. auch Fülbier/Weller (2008), S. 366.

725 Vgl. auch Tran (2011), S. 540.

schlechten wirtschaftlichen Rahmenbedingungen operativ tätig ist[726] und zum anderen danach, ob der überwiegende Anteil der F&E-Aktivitäten eines Unternehmens der Grundlagenforschung oder Entwicklungstätigkeit zuzuordnen ist. Die Autoren finden empirische Anhaltspunkte dafür, dass der Risikoabschlag bei Unternehmen, die unter schlechten wirtschaftlichen Rahmenbedingungen operativ tätig sind und/oder Grundlagenforschung betreiben höher ist als bei den restlichen Unternehmen.

In beiden Studien wird ein statistisch positiver Zusammenhang zwischen der F&E-Intensität und darauffolgenden Aktienrenditen nachgewiesen. Anhaltspunkte für die Existenz dieses sog. F&E-Intensitätseffekts (**R&D intensity effect**) liefern auch die nachfolgenden Studien von Chan et al. (2001), Chambers et al. (2002), Penman/Zhang (2002) und Eberhard et al. (2004). Als mögliche Gründe für diesen Effekt werden die Fehlbewertung der F&E-Aktivitäten[727] sowie Argumente, die mit der Risikoprämie im Zusammenhang stehen,[728] angeführt.

Lev/Zarowin (1999) liefern empirische Evidenz für die Abnahme der Entscheidungsnützlichkeit von den im Jahresabschluss dargestellten Informationsgrößen „Jahresergebnis", „Cash-Flows" und „Buchwert des Eigenkapital" während des von ihnen untersuchten zwanzigjährigen Zeitraums. Dabei wird die Entscheidungsnützlichkeit als statistischer Zusammenhang zwischen den drei genannten Informationsgrößen und der Aktienkursentwicklung gemessen. In einem ersten Schritt weisen die Autoren nach, dass unternehmerische Veränderungen in immer kürzeren Abständen auftreten. In einem zweiten Schritt wird der Zusammenhang zwischen den immer kürzeren Innovationszyklen bzw. Veränderungszeiträumen und der Entscheidungsnützlichkeit der bereitgestellten Informationen herausgearbeitet. Die Autoren kommen zu dem Ergebnis, dass die Entscheidungsnützlichkeit der Rechnungslegungsinformationen während des Untersuchungszeitraums kontinuierlich abnimmt und kritisieren, dass Veränderungen in den unternehmerischen Tätigkeiten und den wirtschaftlichen Rahmenbedingungen durch die geltenden US-amerikanischen Rechnungslegungsnormen nicht (mehr) sachgerecht widergespiegelt würden. Vor allem die aufwandswirksame Erfassung sämtlicher F&E-Ausgaben führe zur Missachtung des matching principle und habe negative Auswirkungen

---

726 Die Unterteilung in gute und schlechte wirtschaftliche Rahmenbedingungen erfolgt anhand von zwei Kriterien. Das erste Kriterium ist die Entwicklung des Bruttosozialprodukts (Wirtschaftswachstum oder Rezession). Das zweite Kriterium ist die Entwicklung des Aktienmarktes (positiv oder negativ).

727 Vgl. Chan et al. (2001); Eberhard et al. (2004).

728 Vgl. Chambers et al. (2002).

auf die realen F&E-Aktivitäten eines Unternehmens. Gerade bei technologischen Wechseln sei eine reale Verschiebung der F&E-Aktivitäten zu beobachten, womit adverse Konsequenzen der Informationsvermittlung verbunden seien.

Healy et al. (2002) kommen anhand eines Simulationsmodells in der Pharmabranche zu dem Ergebnis, dass eine vollständig aufwandswirksame Erfassung der F&E-Ausgaben weniger wertrelevant ist als eine Aktivierung der erfolgreichen F&E-Projekte. Die **Aktivierung** sei ein **wichtiges Signal für den künftigen Erfolg von F&E-Projekten**, ebenso wie die **Folgebewertung** – insbesondere außerplanmäßige Abschreibungen – über den **Misserfolg** informierten.[729]

Lev et al. (2005) modellieren das F&E-Bilanzierungsverhalten als Entscheidung, die zum einen von dem Verhältnis zwischen dem F&E-Wachstum und dem Ergebniswachstum und zum anderen von dem Verhältnis zwischen dem F&E-Wachstum und der Eigenkapitalrentabilität abhängt. Die Autoren kommen zu dem Ergebnis, dass Unternehmen, die gemessen an ihrer Profitabilität eine hohe F&E-Wachstumsrate aufweisen, zu einer vorsichtigen Bilanzierung (aufwandswirksame Erfassung) und Unternehmen mit niedrigen F&E-Wachstumsraten zu einer aggressiveren Bilanzierung (Aktivierung) der F&E-Aktivitäten neigen. Der Markt tendiert dazu, aggressiv bilanzierende Unternehmen zu überschätzen, während vorsichtig bilanzierende Unternehmen unterschätzt werden. Da ein Unternehmen eine Bilanzierungsmethode nicht über die Totalperiode beibehalten kann, kehrt sich der Effekt einer vorsichtigen oder aggressiven bilanziellen Abbildung der F&E-Tätigkeiten (die korrespondierende Über- oder Unterschätzung der F&E-Tätigkeiten durch den Kapitalmarkt) im Laufe der Totalperiode wieder um. Problematisch daran ist, dass Unternehmen nicht mit sachgerechten Kapitalkosten belastet werden und es auf Grund dieser volkswirtschaftlich suboptimalen Kapitalkostenakkumulation zu einem Wohlfahrtsverlust kommt. Die Ergebnisse dieser Studie sind – ebenso wie diejenigen der US-amerikanischen Vorgängerstudien – insofern als kritisch zu betrachten, als die Marktrelevanz der F&E-Aktivitäten aufgrund des nach US-GAAP bestehenden Aktivierungsverbotes methodisch anhand einer **fiktiven Nachaktivierung von Entwicklungskosten** getestet wird, die Marktreaktionen auf einem mittelstreng effizienten Kapitalmarkt jedoch nicht nachempfunden werden können.[730]

Einen Spezialfall innerhalb der US-amerikanischen, F&E-spezifischen Wertrelevanz-Studien stellen die Softwareentwicklungskosten dar. Im Gegensatz zu allen übrigen F&E-Ausgaben besteht für sie gem. SFAS No. 86 eine Aktivierungspflicht

729 Vgl. Healy et al. (2002), S. 695 ff.
730 Vgl. hierzu auch Otto (2011), S. 21.

des in der Entwicklungsphase anfallenden Kostenanteils.[731] Daher kann bei der Prüfung der Wertrelevanz von Softwareentwicklungskosten von einer fiktiven Aktivierung abgesehen werden. Aboody/Lev (1998) untersuchen anhand von 163 Unternehmen, die im Zeitraum von 1987 bis 1995 an der NYSE gelistet sind, die Relevanz der Aktivierung von Softwarekosten für den Kapitalmarkt, indem sie den Zusammenhang zwischen der Rechnungslegungsinformation und den Aktienkursen sowie der Genauigkeit künftiger Gewinnprognosen testen. Sie kommen zu dem Schluss, dass eine Aktivierung von Entwicklungskosten mit einem höheren Aktienkurs und höheren künftigen Ergebnissen einhergeht. Mohd (2005) kommt zu dem Ergebnis, dass die nach SFAS No. 86 zulässige Aktivierung von Entwicklungskosten zum Abbau von Informationsasymmetrien beiträgt. Als Annäherungsvariable für Informationsasymmetrien werden Geld-Brief-Spannen und Handelsvolumina verwendet. Bei F&E-intensiven Unternehmen der Softwarebranche, die Entwicklungskosten aktivieren, sind die so gemessenen Informationsasymmetrien wesentlich geringer als bei Unternehmen, die sämtliche F&E-Ausgaben aufwandswirksam erfassen.

Ein beliebtes Setting für die Prüfung der Wertrelevanz von Entwicklungskosten stellt der australische Kapitalmarkt dar. In Australien war bis einschließlich 2004 eine selektive, dem Urteilsvermögen des Managers (managerial judgement) unterliegende F&E-Aktivierung möglich. Dadurch konnten die australischen Wertrelevanz-Studien – im Gegensatz zu den US-amerikanischen Vorgängerstudien – anhand tatsächlich vorhandener Abschlussdaten durchgeführt werden. Abrahams/Sidhu (1998) kommen zu dem Ergebnis, dass F&E-Accruals einen höheren Erklärungsgehalt aufweisen als eine vollständig aufwandswirksame Erfassung. Auch die nachfolgenden Studien von Goodwill/Ahmed (2006), Ahmed/Falk (2006) und Matolcsy/Wyatt (2006) liefern empirische Anhaltspunkte für die Wertrelevanz einer selektiven Aktivierung immaterieller Vermögenswerte. Eine **Aktivierung** wird als **glaubwürdiges Signal für die Erfolgsaussichten der F&E-Projekte** interpretiert und **reduziert die Prognosefehler von Analysten** im Vergleich zu Unternehmen, die weniger F&E-Ausgaben aktivieren.[732] Analoge empirische

731 Eine Aktivierungspflicht besteht jedoch nur für F&E-Tätigkeiten, die für den externen Gebrauch bzw. Verkauf bestimmt sind. Softwareentwicklung für den eigenen Gebrauch ist nach SFAS 86 ebenso von einer Aktivierung ausgeschlossen wie Softwareentwicklung, die auf Grundlage eines Vertrages speziell für ein anderes Unternehmen durchgeführt wird. Der Aktivierungsbeginn liegt bei der technischen Durchführbarkeit (technological feasibility) eines F&E-Projektes, womit die Regelung vergleichbar zur Entwicklungsphase nach den IFRS ist.

732 Vgl. Matolcsy/Wyatt (2006), S. 477 f.

Ergebnisse und Schlussfolgerungen finden sich in der Studie von Tsoligkas/ Tsalavoutas (2011) bezogen auf den britischen Kapitalmarkt.

Oswald/Zarowin (2007) kommen zu dem Ergebnis, dass eine selektive Aktivierung von Entwicklungskosten einen Erklärungsgehalt für den Marktpreis des Unternehmens aufweist. Gleichzeitig hängt die Entscheidung zur Aktivierung von Entwicklungskosten von der Branche und der Unternehmenslebenszyklusphase ab.[733] Bezogen auf die Öl- und Gasindustrie liefert die empirische Studie von Bryant (2003) Anhaltspunkte für eine höhere Wertrelevanz einer vollständigen Aktivierung von F&E-Ausgaben als einer selektiven Aktivierung. Amir et al. (2003) liefern empirische Anhaltspunkte dafür, dass in einem Rechnungslegungssystem, das für den Großteil immaterieller Werte eine zwingend erfolgswirksame Ausgabenerfassung vorsieht,[734] die Analysten-Schätzungen dazu geeignet sind, dem durch die aufwandswirksame Ausgabenerfassung und die mangelnden Anhangsangaben entstehenden Informationsdefizit teilweise entgegenzuwirken. Die Analysten-Schätzungen sind jedoch umso unpräziser, je größer die F&E-Intensität der untersuchten Unternehmen ist. Dies deutet darauf hin, dass fehlenden Informationen zu den F&E-Tätigkeiten im Jahresabschluss nur in sehr geringem Umfang durch Analysteninformationen entgegengewirkt werden kann. Analysteninformationen können die Investoren nicht ausreichend vor Fehlentscheidungen schützen. Diese Ergebnisse werden als weiteres Indiz für die Wertrelevanz von F&E-Ausgaben betrachtet.

Angezweifelt wird die Wertrelevanz von F&E-Ausgaben in den Studien von Francis/Schipper (1999) und Callen/Morel (2005). In einer Replik der Studie von Abrahams/Sidhu (1998) kommen Cazavan-Jeny/Jeanjean (2006) bezogen auf den französischen Kapitalmarkt zu dem Ergebnis, dass die Aktivierung von F&E-Ausgaben einen geringeren Erklärungsgehalt aufweist als deren aufwandswirksame Erfassung. Als möglichen Grund für das gegensätzliche Ergebnis führen sie ein schwächeres legal enforcement in Frankreich an. Auch Oswald (2008) kommt anhand einer umfangreichen Stichprobe britischer Unternehmen zu dem Ergebnis, dass die bilanzielle Abbildung von F&E-Ausgaben keine Wertrelevanz aufweist. Dabei untersucht er das Verhältnis zwischen den im Jahresabschluss veröffentlichten Informationsgrößen „operatives Ergebnis“ und „Buchwert des Eigenkapitals“ und dem Aktienkurs und vergleicht, inwiefern ein operatives Ergebnis und ein Buchwert des Eigenkapitals, die bei einer gegensätzlichen bilanziellen Abbildung der F&E-Ausgaben erzielt würden, besser zur Erklärung des Aktienkurses geeignet wären.

733 Zum sog. Selektionsmechanismus vgl. ausführlich Oswald/Zarowin (2007), S. 714.

734 Im Fokus der Studie stehen die US-amerikanischen Rechnungslegungsvorschriften.

Nicht zuletzt aufgrund der Vielzahl bereits existierender und methodisch sehr ähnlicher F&E-spezifischer Wertrelevanz-Studien[735] erfolgt im Rahmen dieser Arbeit eine Fokussierung auf die Koordinationsfunktion der Rechnungslegung und auf die Determinanten der bilanziellen Abbildung von F&E-Tätigkeiten. In der Determinantenanalyse berücksichtigt wird jedoch die empirisch mehrheitlich belegte Erkenntnis, dass die bilanzielle Abbildung von F&E-Ausgaben wertrelevant ist und eine **Aktivierung von Entwicklungskosten** ein **glaubwürdiges Signal für die Erfolgsaussichten der F&E-Projekte** darstellt.

4.3.4 Determinantenstudien

Bei den **Determinantenstudien** wird vor dem Hintergrund eines expliziten oder impliziten Aktivierungswahlrechts von Entwicklungskosten untersucht, durch welche Managementanreize die Auslegung des abschlusspolitischen Ermessensspielraums determiniert werden.

Die erste international einflussreiche Studie stammt von Daley/Vigeland (1983). Sie entstand vor dem Hintergrund der Billigung des Statement No. 2 durch das FASB (SFAS No. 2), wodurch das bis 1974 bestehende Aktivierungswahlrecht für Entwicklungskosten abgeschafft wurde.[736] Die Autoren untersuchen die Determinanten der Aktivierung von Entwicklungskosten anhand einer Auswertung der Jahresabschlüsse von 843 Unternehmen, die im Jahr 1972 in den USA börsennotiert waren. Die Wahl des Jahres 1972 erfolgte vor dem Hintergrund, dass es das letzte Jahr vor Konkretisierung der geplanten Normänderung durch das FASB darstellt und somit eine von aktuellen oder künftigen Rechtsänderungen unbeeinflusste Analyse ermöglicht.[737] Die Autoren testen empirisch, inwiefern die

---

735 Bei den bisher skizzierten F&E-spezifischen Wertrelevanz-Studien handelt es sich um keine abschließende Aufzählung, sondern um die nach Ansicht des Verfassers einflussreichsten Studien. Da die Bewertungsfunktion der Rechnungslegung nicht Untersuchungsgegenstand der eigenen empirischen Studie darstellt, würde eine detailliertere Aufzählung den Rahmen dieser Arbeit sprengen. Zu einer Übersicht weiterer F&E-spezifischer Kapitalmarktstudien vgl. Otto (2011), S. 18 ff. Zu einer strukturierten Übersicht von Wertrelevanz-Studien zu immateriellen Vermögenswerten vor dem Hintergrund der Frage, welche Arten von finanziellen und nicht-finanziellen Informationen wertrelevant sind, vgl. Wyatt (2008), S. 217 ff. Zur Wertrelevanz einer Aktivierung von F&E-Ausgaben, die im Zusammenhang mit einem Unternehmenszusammenschluss erworben wurden, vgl. Deng/Lev (2006).

736 Vgl. Daley/Vigeland (1983), S. 195.

737 Vgl. Daley/Vigeland (1983), S. 198.

Aktivierungsentscheidung durch den Anreiz, die Fremdkapitalkosten möglichst gering zu halten bzw. eine Verletzung von Kreditvertragsklauseln zu vermeiden (Verschuldungsgradhypothese) und/oder durch den Anreiz der Vermeidung sog. politischer Kosten (Politische Kosten-Hypothese) determiniert wird. Die empirischen Ergebnisse stützen beide Hypothesen.[738]

Die nachfolgende Studie von Abbody/Lev (1998) entstand als Reaktion auf die damalige Petition von Softwareherstellern, die in SFAS 86 kodifizierte Aktivierungspflicht von Software-Entwicklungskosten abzuschaffen. Die Autoren untersuchen die Abhängigkeit der Aktivierungsquote von der Unternehmensgröße (gemessen als Marktkapitalisierung des Eigenkapitals drei Monate nach Geschäftsjahresende), der F&E-Intensität (gemessen als F&E-Ausgaben im Verhältnis zu den Umsatzerlösen), der Profitabilität (gemessen als operatives Ergebnis bereinigt um die Entscheidung zur Aktivierung von Entwicklungskosten, also unter der Fiktion einer aufwandswirksamen Erfassung sämtlicher F&E-Ausgaben), des Verschuldungsgrades (gemessen als Quotient aus den langfristigen Schulden und dem Buchwert des um die aktivierten Softwareentwicklungskosten geminderten Eigenkapitals) und dem systematischen Risiko, das in Abhängigkeit davon, ob Unternehmen vornehmlich in der Grundlagenforschung oder in der Produktentwicklung tätig sind, gemessen wird.[739] Die Autoren prognostizieren einen negativen Zusammenhang zwischen der Aktivierungsentscheidung und der Unternehmensgröße, da größere Unternehmen relativ mehr für Grundlagenforschung sowie die Aufrechterhaltung und das Upgrade ihrer Produkte ausgeben, als kleinere Unternehmen.[740] Auf Grund von Größeneffekten (economies of scale) und der zunehmenden Qualität bzw. Erfolgsquote von F&E-Tätigkeiten, die mit steigenden F&E-Ausgaben verbunden ist, wird erwartet, dass die Aktivierung mit zunehmender F&E-Intensität ansteigt.[741] Des Weiteren wird ein negativer Zusammenhang zwischen der Profitabilität und der Aktivierungsentscheidung prognostiziert. Hintergrund ist der sog. „Earnings-Quality-Gedanke", dem zu Folge eine Aktivierung von Entwicklungskosten bei Finanzanalysten negative Rückschlüsse auf die Qualität des berichteten Ergebnisses bewirken könnte.[742] Ferner prüfen die Autoren die Verschuldungsgradhypothese (debt hypothesis), der zu Folge Unternehmen, die kurz vor der Verletzung von Kreditvertragsklauseln

738 Vgl. Daley/Vigeland (1983), S. 204 f.
739 Vgl. Aboody/Lev (1998), S. 168 f.
740 Vgl. Aboody/Lev (1998), S. 168.
741 Vgl. Aboody/Lev (1998), S. 168.
742 Vgl. Aboody/Lev (1998), S. 168 f.

stehen (approximiert durch einen hohen Verschuldungsgrad), einen Anreiz zur Aktivierung von Entwicklungskosten haben.[743] Schließlich wird erwartet, dass die Aktivierungsquote umso geringer ist, je größer der Umfang der von den Unternehmen betriebenen Grundlagenforschung (bzw. das Risiko) ist.[744] Die empirischen Ergebnisse stützen die formulierten Hypothesen. Alle abhängigen Variablen weisen mit Ausnahme des Verschuldungsgrades, der auf einem 5%-Niveau signifikant ist, ein 1%-Signifikanzniveau auf.[745] Mögliche Unterschiede in der Produktionsfunktion (z.B. eine unterschiedliche Länge des Produktlebenszyklus) werden als Kontrollvariablen berücksichtigt. Dabei liegen keine statistisch signifikanten Unterschiede beim Aktivierungsverhalten in Abhängigkeit der verschiedenen hergestellten Produkte vor.[746]

Inoue/Thomas (1996) untersuchen anhand einer Stichprobe japanischer Unternehmen und unter Anwendung sowohl eines binären als auch eines geordneten Probit-Modells die Determinanten einer gewählten Bilanzierungsstrategie (gewinnerhöhend oder gewinnmindernd). Als abhängige Variablen fungieren die Abschreibungsmethode, die Bewertung der betrieblichen Pensionszusagen und der gängigen Wertpapiere sowie die Bilanzierung anfallender F&E-Ausgaben.[747] Als „klassische“ unabhängige Variablen werden die Unternehmensgröße (gemessen als natürlicher Logarithmus der Nettoumsatzerlöse), der Verschuldungsgrad (gemessen als Quotient aus den langfristigen Schulden und dem Buchwert des Eigenkapitals) und die variable Managementvergütung (gemessen als Quotient aus der

---

743 Vgl. Aboody/Lev (1998), S. 169.

744 Vgl. Aboody/Lev (1998), S. 169.

745 Vgl. Aboody/Lev (1998), S. 169. Dabei kommen die Autoren zu ähnlichen Ergebnissen, wenn die Aktivierungsquote als abhängige Variable um die Umsatzerlöse skaliert, oder durch eine 0/1-Aktivierungsentscheidung (logistische Regression) approximiert wird. Vgl. ebd.

746 Vgl. Abbody/Lev (1998), S. 167.

747 Nach den japanischen Rechnungslegungsnormen besteht hinsichtlich der planmäßigen Abschreibungen ein Wahlrecht zwischen der linearen und der degressiven Abschreibungsmethode. Betriebliche Pensionszusagen dürfen in einer Spannbreite zwischen 40%–100% der zum Bilanzstichtag bei sofortiger Beendigung des Arbeitsverhältnisses durch alle Mitarbeiter bestehenden Schuld passiviert werden. Gängige Wertpapiere dürfen entweder zur nach der Cost-Method oder zum niedrigeren Wert, der sich aus Anwendung der Cost-Method und der Market Value Method ergibt, angesetzt werden. Für F&E-Ausgaben besteht – unabhängig von der Zurechnung zur Forschungs- oder Entwicklungsphase – ein Aktivierungswahlrecht, wobei sich der Amortisationszeitraum im Fall einer Aktivierung maximal fünf Jahre betragen darf. Vgl. Inoue/Thomas (1996), S. 9.

variablen Vorstandsvergütung und dem operativen Ergebnis) berücksichtigt. Zusätzlich werden – quasi als wirtschaftliche, institutionelle und kulturelle Besonderheiten des japanischen Umfeldes –[748] die Abhängigkeit der Bilanzierungsentscheidung vom effektiven Steuersatz (gemessen als Quotient aus der tatsächlich zu entrichtenden Einkommensteuer und dem Summanden aus dem Ergebnis vor Steuern und den Abschreibungen), von der Fähigkeit der internen Projektfinanzierung (gemessen als Quotient aus den Gewinnrücklagen und den Nettovermögenswerten) und von den auslandsbezogenen politischen Kosten (gemessen als Quotient aus den ausländischen Umsatzerlösen und den gesamten Umsatzerlösen) untersucht. Die empirischen Ergebnisse stützen bezüglich sämtlicher Bilanzierungsentscheidungen – also auch der im Fokus dieser Arbeit stehenden bilanziellen Abbildung der F&E-Aktivitäten – die Größen-Hypothese (size hypothesis) und die Verschuldungsgradhypothese (debt hypothesis), während die Bonusplan-Hypothese verworfen wird.[749]

Landra/Callimaci (2003) kommen anhand einer Stichprobe kanadischer Unternehmen zu dem Ergebnis, dass die Wahrscheinlichkeit einer Aktivierung von Entwicklungskosten um so größer ist, je höher der Verschuldungsgrad, je älter das Unternehmen, je höher der Cash Flow aus der operativen Tätigkeit, je kleiner das Unternehmen, je geringer die Profitabilität und je breitgestreuter der Aktienbesitz ist. Die Wahrscheinlichkeit einer Aktivierung nimmt ab, wenn kanadische Unternehmen gleichzeitig auch in den USA gelistet sind. Dieser Umstand sei nach Ansicht der Autoren darauf zurückzuführen, dass kanadische Unternehmen das Bilanzierungsverhalten der US-Unternehmen nachahmen wollen.[750]

Die im Folgenden etwas ausführlicher vorgestellte Studie von Wyatt (2005) hebt sich von den Vorgängerstudien insofern ab, als die Autorin in Frage stellt, dass das **Bilanzierungsverhalten anreizgetrieben** sein muss. Sie prüft, inwiefern das uneigennützige Bestreben des Managements, private Informationen bzw. die **tatsächlichen Einsichten in die ökonomischen Verhältnisse** an die Abschlussadressaten weiterzugeben, etwaige vertrags- oder signaling-induzierte Anreize überwiegt.[751]

---

748 Vgl. Inoue/Thomas (1996), S. 1.

749 Vgl. Inoue/Thomas (1996), S. 11 ff.

750 Vgl. Landra/Callimaci (2003), S. 146

751 Vgl. Wyatt (2005), S. 968. Dabei ist diese Idee nicht ganz neu. Bereits Aboody/Lev (1998) berücksichtigen mögliche Unterschiede in der Produktionsfunktion (z.B. die Länge des Produktlebenszyklus) in ihrer Regressionsanalyse – allerdings als Kontrollvariablen. Vgl. Abbody/Lev (1998), S. 167. Die Ergebnisse der Autoren lassen jedoch – im Gegensatz zu Wyatt (2005) – keine signifikanten Unterschiede beim

Die Autorin untersucht in einem australischen Setting[752] die Determinanten der Aktivierung von Entwicklungskosten, vom Geschäfts- oder Firmenwert und von anderen diskretionären immateriellen Vermögenswerten, für die nach den australischen Rechnungslegungsvorschriften ein Aktivierungswahlrecht besteht. Dabei werden die „tatsächlichen ökonomischen Verhältnisse" durch die technologische Stärke, den Produktlebenszyklus und die Kontrollierbarkeit der immateriellen Vermögenswerte durch das bilanzierende Unternehmen approximiert. Als abhängige Variable wird der Anteil der immateriellen Vermögenswerte an der Bilanzsumme herangezogen.[753] Die **Stärke einer vom Unternehmen entwickelten Technologie** wird in Anlehnung an Narin (1995) und Grenadier/Weiss (1997) anhand des technologischen Fortschritts und des Wissens innerhalb eines technologisch abgrenzbaren Gebietes gemessen.[754] Auf Grund unterschiedlicher Investitionsmöglichkeiten und unterschiedlicher Erwartungen über deren Wert wird es zu jedem Zeitpunkt Unterschiede in dem Profitabilitätspotential der einzelnen technologischen Gebiete geben.[755] Unternehmen, die in einer Branche tätig sind, in der technologische Entwicklungen eine hohe Profitabilität und somit eine größere Bedeutung aufweisen, werden mit einer höheren Wahrscheinlichkeit Investitionsmöglichkeiten wahrnehmen, als Unternehmen, in deren Branche F&E-Aktivitäten einen geringeren Einfluss haben, da letztere eher warten werden bis sich die bestehende Unsicherheit auflöst.[756] Daher stellt Wyatt (2005) die Hypothese auf, dass Unternehmen, die in F&E-bedeutsamen Branchen tätig sind, mehr immaterielle Vermögenswerte erfassen werden als Unternehmen, die in weniger F&E-bedeutsamen Branchen tätig sind.[757] Für den Verfasser dieser Arbeit ist schwer nachvollziehbar, inwiefern das

---

Aktivierungsverhalten in Abhängigkeit der Merkmale der hergestellten Produkte erkennen. Vgl. Abbody/Lev (1998), S. 168.

752 Untersuchungsgegenstand stellen – teilweise manuell erhobene – Jahresabschlussdaten von Unternehmen, die im Zeitraum zwischen 1993–1997 in Australien börsennotiert sind (zwischen 225 und 296 Unternehmen pro Jahr, insgesamt 1.336 Beobachtungen), dar. Der Untersuchungszeitraum wurde vor dem Hintergrund gewählt, dass er weitestgehend frei von regulatorischen Veränderungen ist. Zur genauen Zusammensetzung der Stichprobe vgl. Wyatt (2005), S. 975.

753 Vgl. Wyatt (2005), S. 983

754 Ein technologisch abgrenzbares Gebiet wird in Anlehnung an Dosi (1988) durch die technischen und wissenschaftlichen Aktivitäten, die aus den kumulativen Aktivitäten ökonomischer Akteure hervorgehen, bestimmt.

755 Vgl. Wyatt (2005), S. 970.

756 Dabei beruft sich Wyatt auf Grenadier/Weiss (1997). Vgl. Wyatt (2005), S. 972.

757 Empirisch gemessen wird die technologische Stärke als Produkt aus der Anzahl der in einer Branche durchschnittlich angemeldeten Patente und dem Einflussfaktor der

empirische Testen dieser Hypothese Aufschluss über das Bilanzierungsverhaltens immaterieller Vermögenswerte geben soll. Dass Unternehmen, die in einer F&E-bedeutsamen Branche tätig sind, tendenziell mehr immaterielle Vermögenswerte aufweisen als Unternehmen, die aufgrund von deren Geschäftstätigkeit gar keine immateriellen Vermögenswerte generieren können, liegt in der Natur der Sache. Ein näherer Einblick in das Bilanzierungsverhalten könnte vielmehr durch einen Vergleich der Aktivierungsentscheidung oder der Aktivierungsquote von Unternehmen, bei denen die F&E-Aktivitäten einen ähnlich hohen Stellenwert einnehmen, gewonnen werden. Der **Produktlebenszyklus** wird unter Berufung auf Narin (1995) als durchschnittliche Zeit, in der eine Technologie in vermarktbaren Produkten verkörpert ist, definiert.[758] Ein kürzerer Produktlebenszyklus führt c.p. zu einem schnelleren Zahlungsmittelrückfluss der getätigten Investitionen, wodurch letztere einen höheren Barwert, ein geringeres Risiko der Veralterung und somit des künftigen wirtschaftlichen Nutzens aufweisen. Daher stellt Wyatt (2005) die Hypothese auf, dass umso weniger immaterielle Vermögenswerte aktiviert werden, je länger der Produktlebenszyklus ist.[759] Auch diese Argumentation kann vom Verfasser dieser Arbeit nicht nachvollzogen werden. Schließlich könnte gerade bei einem langen Zeitraum bis zur „Sichtung" des Erfolgs der Anreiz bestehen, das Erfolgsversprechen der getätigten F&E-Aktivitäten an den Prinzipal zu signalisieren, eine höhere Vergütung zu erlangen oder günstigere Kreditvergabekonditionen zu erzielen. Ferner stellt Wyatt die Hypothese auf, dass umso mehr immaterielle Vermögenswerte aktiviert werden, je größer deren Kontrollmöglichkeit durch das Unternehmen ist. Dabei wird die **Kontrollierbarkeit immaterieller Vermögenswerte** anhand ihres Wissenschaftsbezugs, des Informationsumfeldes sowie des Innovations- und Erlöserzielungsbestrebens der Unternehmen gemessen. Je größer der Wissenschaftsbezug, desto schwieriger ist die Imitation der Technologie durch die Konkurrenz und desto höher sind die Informationsasymmetrien zwischen dem Management und den Investoren. Die Informationsasymmetrien sollen laut Wyatt zu einem Anreiz des Managements führen, die wissentlich schlechter informierten Investoren mit

---

Patente, der die durchschnittliche Häufigkeit der Zitation der einzelnen Patente in den letzten 5 Jahren darstellt. Die Autorin greift hierbei auf USPTO-Daten, die von der CHI Research Inc.-Datenbank bereitgestellt werden, zurück. Vgl. Wyatt (2005), S. 981.

758 Determiniert wird der Lebenszyklus in Anlehnung an Dosi (1988) und Agarwal/ Audretsch (2001) durch die spezifische Wissensbasis des technologischen Bereichs, der Nachfrage nach der Technologie und deren Verfallszeit. Vgl. Wyatt (2005), S. 972.

759 Vgl. Wyatt (2005), S. 972. Dabei wird der Produktlebenszyklus gemessen als Median der Zeit, die von der Erteilung des letzten Patentes, auf dem das aktuelle aufbaut, verstrichen ist. Vgl. Wyatt (2005), S. 981.

Informationen zu versorgen.[760] Hier wird erstmals der Begriff „Anreiz" (incentive) verwendet, obwohl ja eigentlich gerade untersucht werden soll, inwiefern die wahren Einsichten des Managers in die ökonomische Realität und nicht dessen Anreize das Bilanzierungsverhalten bestimmen. Woraus der von Wyatt beschriebene Anreiz resultieren soll, wird von der Autorin nicht näher begründet. Hinsichtlich des Informationsumfelds stellt Wyatt die Hypothese auf, dass etablierte Unternehmen[761] mehr immaterielle Vermögenswerte aktivieren als nicht-etablierte Unternehmen, da sie eher im Stande sind, über diese Vermögenswerte Kontrolle auszuüben und einen größeren Anreiz haben, die Kapitalkosten gering zu halten. Warum weniger etablierte Unternehmen nicht einen ebenso großen Anreiz zu möglichst niedrigen Kapitalkosten haben sollen, wird von Wyatt nicht näher erläutert. Des Weiteren erwartet Wyatt, dass umso mehr immaterielle Vermögenswerte aktiviert werden, je größer der Projektfortschritt[762] ist, da die immateriellen Vermögenswerte immer stärker mit anderen Vermögenswerten zu Kontrollrechten gebündelt werden und dadurch das Risiko eines Kontrollrechtsverlusts geringer wird. Ferner prognostiziert die Autorin einen positiven Zusammenhang zwischen dem durch die F&E-Intensität[763] und die Komplexität einer Entwicklung[764] approximierten Innovations- und Erlöserzielungsbestrebens[765] und den aktivierten immateriellen Vermögenswerten.

760 Vgl. Wyatt (2005), S. 973. Dabei wird der Wissenschaftsbezug anhand der Anzahl wissenschaftlicher Beiträge, auf die durchschnittlich bei der Patentanmeldung innerhalb einer Branche verwiesen wird, gemessen. Vgl. Wyatt (2005), S. 981.

761 Die Unterscheidung in etablierte und nicht-etablierte Unternehmen erfolgt anhand des Marktwertes des Eigenkapitals, der um den Marktwert des Eigenkapitals deflatierten Umsatzerlöse und der Anzahl der Jahre, die das Unternehmen bereits an der Börse notiert ist. Vgl. Wyatt (2005), S. 981 f.

762 Der Projektfortschritt wird anhand der um den Marktwert des Eigenkapitals deflatierten Kapitalzusagen approximiert. Vgl. Wyatt (2005), S. 982 f.

763 Dabei wird die F&E-Intensität mangels einer umfassenden Offenlegung der F&E-Ausgaben durch australische Unternehmen mit branchenspezifischen Mittelwerten approximiert. Vgl. Wyatt (2005), S. 981.

764 Die Komplexität einer Entwicklung wird als Differenz zwischen dem Marktwert des Eigenkapitals und dem Buchwert der immateriellen Vermögenswerte gemessen. Vgl. Wyatt (2005), S. 981.

765 Offensichtlich kommt dem von Wyatt (2005) verwendeten Begriff „rent seeking" eine andere Bedeutung zu als dem volkswirtschaftlich gebräuchlichen. Letzterer beschreibt die Einflussnahme von Unternehmen auf das soziale oder politische Umfeld mit dem Ziel einer Maximierung der erwirtschafteten Renten, während die eigenen ökonomischen Aktivitäten eher eine untergeordnete Rolle spielen. Zu Definition des „rent-seeking" und dessen gesellschaftlichen Auswirkungen vgl. ausführlich Krueger (1974), S. 291 ff.

Der mit kontinuierlichen Investitionen in hochwertige Ressourcen einhergehende Innovationsprozess soll gewährleisten, dass Unternehmen den Konkurrenten immer einen Schritt voraus sind und dadurch eine Art Monopolstellung aufbauen.

Als mögliche vertragsinduzierte Anreize werden die Verschuldungsgradhypothese und ein nicht näher begründeter Zusammenhang zur Unternehmensleistung untersucht. Es wird ein positiver Zusammenhang zwischen den aktivierten Beträgen und dem Verschuldungsgrad erwartet,[766] wobei der Verschuldungsgrad als Quotient aus den Schulden und der Summe aus dem zum Marktwert bewerteten Eigenkapital zuzüglich der Schulden ermittelt wird.[767] Hinsichtlich der Unternehmensleistung wird davon ausgegangen, dass Manager einen Anreiz zur Aktivierung von immateriellen Vermögenswerten haben, wenn diese zu einem höheren Unternehmensergebnis in künftigen Perioden führen. Da diese Unternehmen mit langlebigen (maturing) immateriellen Vermögenswerten normalerweise geringere Cash Flows und ein geringeres operatives Ergebnis aufweisen, erwartet Wyatt einen negativen Zusammenhang zwischen den aktivierten immateriellen Vermögenswerten und einem cashflowbasierten sowie einem ergebnisorientierten Leistungsindikator.[768] Vom Verfasser dieser Arbeit kann nicht nachvollzogen werden, weshalb ein Manager nur dann einen vertragsinduzierten Anreiz zur Aktivierung von Entwicklungskosten haben sollte, wenn die F&E-Projekte erfolgsversprechend sind. Dieser entsteht vielmehr immer dann, wenn eine Aktivierung unter Berücksichtigung der Auswirkungen auf künftige Perioden zu einer Maximierung der Managementvergütung führt. Äußerst fragwürdig erscheint auch, weshalb Unternehmen mit langlebigen immateriellen Vermögenswerten einen geringen Cash Flow und ein geringes Ergebnis aufweisen sollten. Eine Aktivierung führt ja gerade zu einem Matching der getätigten F&E-Ausgaben mit den korrespondierenden künftigen Erlösen. Insbesondere bei erfolgreichen F&E-Investitionen, die dazu führen, dass das betreffende Unternehmen der Konkurrenz immer einen Schritt voraus ist, erscheint ein niedriges Periodenergebnis nicht plausibel. Abschließend untersucht Wyatt, inwiefern das Bilanzierungsverhalten Signaling-induziert ist. Unternehmen könnten den Anreiz haben, das erwartete Wachstum zu signalisieren und somit Investoren dabei zu helfen, das eigene Unternehmen von Unternehmen

766 Vgl. Wyatt (2005), S. 974.

767 Vgl. Wyatt (2005), S. 982.

768 Vgl. Wyatt (2005), S. 974.Approximiert wird der cashflowbasierte Leistungsindikator als Quotient zwischen den operativen Cash Flows und den materiellen Vermögenswerten, der ergebnisorientierte Leistungsindikator als Quotient aus dem Ergebnis je Aktie und dem Aktienkurs. Vgl. Wyatt (2005), S. 982.

geringerer Qualität zu unterscheiden.[769] Dieser Anreiz bestehe insbesondere dann, wenn Unternehmen an geringen Kapitalkosten interessiert sind, was vor allem bei einem erstmaligen Börsengang, einer Eigenkapitalerhöhung oder einer Aufnahme von Fremdkapital der Fall sei. Entsprechend wird ein positiver Zusammenhang zwischen dem Kapitalbeschaffungsbedarf und der Aktivierung immaterieller Vermögenswerte prognostiziert.

Die empirischen Ergebnisse von Wyatt (2005) sprechen dafür, dass die Einsichten des Managements in die tatsächlichen ökonomischen Verhältnisse eher dazu geeignet sind, das Bilanzierungsverhalten immaterieller Vermögenswerte zu erklären als vertrags- oder Signaling-induzierte Anreize.[770] Allerdings weist die Studie diverse Schwachstellen auf, die diese Kernaussage als fragwürdig erscheinen lassen. Einige von ihnen wurden in den bisherigen Ausführungen herausgearbeitet. Besonders problematisch ist nach Ansicht des Verfassers, dass die Hypothesen nicht aus einem in sich konsistenten theoretischen Fundament abgeleitet werden. Wie in Abschn. 4.2.3. herausgearbeitet ist für eine theoretische Fundierung des Bilanzierungsverhaltens und für eine Erklärung der bestehenden Anreize die Annahme, dass jedes Individuum als persönlicher Nutzenmaximierer agiert, unerlässlich. Einige von Wyatt aufgestellte Hypothesen suggerieren jedoch, dass ein Manager abschlusspolitische Gestaltungsspielräume im Sinne einer bestmöglichen Informierung der Investoren ausübt, ohne daraus einen persönlichen Nutzen zu ziehen. Gleichzeitig werden aber bei ebendiesen Hypothesen plötzlich irgendwelche Anreize erwähnt – auch dies ohne nähere Begründung oder Einordnung in einen Gesamtzusammenhang. Kritisch zu betrachten ist auch der Umstand, dass nicht ausreichend auf branchenbedingte Besonderheiten eingegangen wird.

Oswald (2008) untersucht anhand von 3.229 Beobachtungen von Unternehmen, die im Zeitraum von 1996–2004 in Großbritannien börsennotiert sind, welche Faktoren Aktivierer von F&E-Ausgaben von Nicht-Aktivierern unterscheiden.[771] Methodisch bedient er sich einer Rangregressionsanalyse. Abhängige Variable

---

769 Vgl. Wyatt (2005), S. 974, die an dieser Stelle auf Leland/Pyle (1977) und Hughes (1986) verweist.

770 Vgl. Wyatt (2005), S. 999. Allerdings trifft dieses Ergebnis vor allem auf die diskretionären immateriellen Vermögenswerte zu. Hinsichtlich der bilanziellen Abbildung von F&E-Aktivitäten, sowie des Geschäfts- oder Firmenwertes wird ein geringerer Zusammenhang zu den Einsichten des Managements in die wahren ökonomischen Verhältnisse festgestellt.

771 Nach UK-GAAP besteht ein explizites Aktivierungswahlrecht von Entwicklungskosten, das an ähnliche Kriterien geknüpft ist wie im IFRS-Regelwerk. Vgl. Oswald (2008), S. 2.

ist die Aktivierungsentscheidung (0/1-Variable). Oswald geht davon aus, dass der Hauptnutzen, der einem Manager aus einer Aktivierung zufließen könnte, in der Kommunikation wertrelevanter Informationen an den Kapitalmarkt liegt.[772] Diesem wohl Signaling-induzierten Aktivierungsanreiz stehen drei Kostenblöcke gegenüber. Erstens bevorzugen Analysten eine aufwandswirksame Erfassung von F&E-Ausgaben.[773] Ein Abweichen von deren Präferenzen verursacht Kosten. Zweitens könnte eine Aktivierung Zweifel an der Qualität der berichteten Ergebnisse aufkommen lassen, vor allem dann, wenn sich aktivierte F&E-Projekte in den Folgejahren als erfolglos erweisen sollten. Drittens sind mit einer Aktivierung zusätzliche Kosten der Berichterstattung und der Bewertung verbunden.[774] Als zweiten möglichen Nutzen einer Aktivierung zieht Oswald ein höheres operatives Ergebnis und einen höherer Buchwert des Eigenkapitals in Betracht.[775] Hinsichtlich des operativen Ergebnisses stellt der Autor zwei Hypothesen auf. Erstens aktivieren Unternehmen mit zunehmender Einkommensvariabilität mehr F&E-Ausgaben, da dies der effektivste Weg ist, um das Erfolgsversprechen ihrer F&E-Projekte zu signalisieren. Zweitens sinkt die Aktivierungsquote mit zunehmender Profitabilität. Dies wiederum hat zwei Gründe. Zum einen wollen profitable Unternehmen durch eine aufwandswirksame Erfassung der F&E-Ausgaben ihre gesunde Finanzlage signalisieren. Zum anderen werden Unternehmen mit geringer Profitabilität eine Aktivierung anstreben, um kein allzu schlechtes Jahresergebnis auszuweisen. Als weiteren möglichen Aktivierungsanreiz untersucht Oswald die Vermeidung der Verletzung von Kreditvertragsklauseln. Aufgrund der Ungewissheit, inwiefern immaterielle Vermögenswerte im Rahmen von Kreditvertragsklauseln bei den von ihm untersuchten Unternehmen Berücksichtigung finden, erfolgt jedoch keine Erwartungsbildung hinsichtlich des Zusammenhangs zwischen dem Verschuldungsgrad und der Aktivierungsentscheidung.[776] Oswald stellt die Hypothese auf, dass Unternehmen mit einem konstanten Umfang an F&E-Aktivitäten (sog. „steady state firms")[777] aus Kostengründen keine Aktivierung vornehmen. Nicht nachvollziehbar ist für den Verfasser dieser Arbeit die Vereinbarkeit dieser Hypothese mit dem zuvor beschriebenen, Signaling-induzierten Aktivierungsanreiz. Ferner ergeben

772 Vgl. Oswald (2008), S. 4.

773 Vgl. hierzu ausführlich Goodacre (1991), S. 78 f.

774 Vgl. Oswald (2008), S. 4.

775 Vgl. Oswald (2008), S. 4.

776 Vgl. Oswald (2008), S. 5, der sich an dieser Stelle auf die gegenläufigen Ergebnisse von Goodacre (1991) und Citron (1992) beruft.

777 Bei den sog. „steady state firms" würden im Fall einer Aktivierung den Aktivierungsbeträgen gleich hohe Abschreibungen gegenüberstehen.

sich bei der empirischen Prüfung der Hypothese diverse Messprobleme, da Nicht-Aktivierer den in den F&E-Ausgaben beinhalteten Teil der Entwicklungskosten nicht separat offenlegen und dieser geschätzt werden muss.[778] Als weitere erklärende Variable wird von Oswald die F&E-Intensität berücksichtigt. Ein Zusammenhang zwischen der F&E-Intensität und der Aktivierungsentscheidung wird jedoch nicht prognostiziert. Für einen positiven Zusammenhang spricht das Bestreben von Unternehmen mit hoher F&E-Intensität, den Erfolg der F&E-Projekte zu signalisieren. Diesen Erfolg signalisieren sie vorzugsweise durch eine Aktivierung von Entwicklungskosten. Für Unternehmen mit geringer F&E-Intensität sind die Kosten einer Aktivierung jedoch zu hoch. Sie präferieren eine andere Art der Kommunikation (z.B. mittels Anhang oder in Form direkter Kommunikation mit dem Markt). Auf der anderen Seite könnten F&E-intensive Unternehmen eine Kommunikation ihrer F&E-Tätigkeiten über sog. summary-statistics bevorzugen anstatt eine Aktivierung vorzunehmen.[779] Keine Prognose wird auch hinsichtlich des künftigen Erfolges der F&E-Aktivitäten, gemessen als Marktwert-Buchwert-Differenz des Eigenkapitals im Verhältnis zu den F&E-Ausgaben, vorgenommen.[780] Schließlich untersucht Oswald noch den Einfluss branchen- und unternehmensspezifischer Faktoren auf den wirtschaftlichen Wert und die Lebensdauer immaterieller Vermögenswerte. In diesem Zusammenhang erwartet er beispielsweise – im Gegensatz zu Wyatt (2005) –, dass die Aktivierung von Entwicklungskosten bei einem längeren Produktlebenszyklus wahrscheinlicher ist.[781]

Die empirischen Ergebnisse von Oswald (2008) deuten darauf hin, dass umso mehr F&E-Ausgaben aktiviert werden, je höher die Einkommensvariabilität, je schlechter das Jahresergebnis, je kleiner die Unternehmen, je geringer die F&E-Intensität, je höher der Verschuldungsgrad und je geringer der F&E-Erfolg ist. Sog. steady-state-Unternehmen aktivieren weniger als Unternehmen sinkenden oder steigenden F&E-Ausgaben.

Insgesamt ist an der Studie von Oswald (2008) zu kritisieren, dass deren theoretisches Fundament unterentwickelt bleibt. Ferner enthält sie nur einen unvollständigen Überblick des Forschungsstandes; der einflussreiche Beitrag von Wyatt (2005) wird erst gar nicht erwähnt.

Markarian et al. (2008) kommen in ihrer Studie zum F&E-Bilanzierungsverhalten italienischer Unternehmen zu dem Ergebnis, dass das nach italienischem

778 Vgl. Oswald (2008), S. 6.
779 Vgl. Oswald (2008), S. 5.
780 Vgl. Oswald (2008), S. 7.
781 Vgl. Oswald (2008), S. 5.

Recht vorgesehene Aktivierungswahlrecht von Entwicklungskosten[782] zur Ergebnisglättung genutzt wird. Eine Aktivierung zur Vermeidung der Verletzung von Kreditvertragsklauseln wird empirisch nicht gestützt. Die Bonusplanhypothese wird mangels Informationen in den italienischen Jahresabschlüssen nicht geprüft.

4.3.5 Wissenschaftlicher Beitrag der eigenen empirischen Studie

Im Rahmen der nachfolgenden empirischen Studie wird untersucht, durch welche Anreize die bilanzielle Abbildung von F&E-Aktivitäten nach IAS 38 in der deutschen Rechnungslegungspraxis determiniert ist. Die Determinantenanalyse grenzt sich von den Vorgängerstudien in folgenden Punkten ab:

1) Es handelt sich um die erste Hypothesen testende empirische Studie, die das F&E-Bilanzierungsverhalten von Unternehmen, die in Deutschland börsennotiert sind, analysiert. Durch die Fokussierung auf die in Deutschland vorherrschenden institutionellen Rahmenbedingungen kann erstmals der Einfluss des Enforcement-Verfahrens sowie des regulatorischen Umfeldes auf das F&E-Bilanzierungsverhalten untersucht werden.
2) Erstmals wird die bilanzielle Abbildung der F&E-Ausgaben als dreistufiger Entscheidungsprozess (1. Aktivierungsentscheidung, 2. Festlegung der Aktivierungsquote, 3. Wahl des Offenlegungsverhaltens) dargestellt und die in den einzelnen Entscheidungsschritten wirkenden Anreize empirisch sowohl einzeln als auch aggregiert getestet.
3) Die in den Vorgängerstudien untersuchten Managementanreize werden um weitere Anreize ergänzt (siehe Abb. 4-4).
4) Eine empirische Untersuchung der Determinanten der Disclosure Compliance im Zusammenhang mit der bilanziellen Abbildung von F&E-Aktivitäten nach IAS 38 existiert nach Kenntnis des Autors noch nicht.[783] Daher blieb in der

---

782 Das Aktivierungswahlrecht ist zwar explizit formuliert, bei seinen Anwendungsvoraussetzungen jedoch eng an die Formulierungen des IAS 38 angelehnt. Vgl. Markarian et al. (2008), S. 248 f.

783 Die einzige dem Autor bekannte empirische Studie, die sich mit den Determinanten der F&E-spezifischen Anhangsberichterstattung auseinandersetzt, stammt von Percy (2000). Allerdings umfasst ihre Stichprobe nicht nach IFRS, sondern nach Australian GAAP bilanzierenden Unternehmen und die Autorin untersucht nicht die gesetzlich geforderten, sondern die freiwilligen Zusatzangaben. Die Autorin kommt zu dem

bisherigen Rechnungslegungsforschung ein wesentlicher Teil des bilanziellen Abbildungsprozesses von F&E-Aktivitäten unberücksichtigt. Dies ist umso erstaunlicher, als die Informationsvermittlung mittels Anhangsangaben für die Funktionsweise eines effizienten Kapitalmarkts von zentraler Bedeutung ist, da die bereitgestellten Informationen entscheidend zum Abbau von Informationsasymmetrien und Agentenkonflikten beitragen.[784] Diese Forschungslücke wird durch die vorliegende Studie geschlossen. Ein weiterer Beitrag der Studie besteht – unabhängig von den F&E-Spezifika – darin, dass die Determinanten der Compliance mit den *verpflichtend* vorzunehmenden Angabepflichten untersucht werden. Die bisherigen Determinantenstudien zur Anhangsberichterstattung befassen sich im Gegensatz dazu mit den *freiwilligen* Zusatzangaben.[785]

4.4 Hypothesenbildung

Ausgangspunkt für die Hypothesenbildung ist die strukturierte Darstellung der bilanziellen Abbildung von F&E-Aktivitäten im **zeitlichen Ablauf**. Hier ist das Management mit einem **dreistufigen Entscheidungsprozess** konfrontiert.

Ergebnis, dass die F&E-Intensität und die Finanzierungsform der F&E-Aktivitäten einen signifikanten Einfluss auf das Angabeverhalten haben. Bei den übrigen Studien ist bemerkenswert, dass selbst bei Verwendung des Begriffs „disclosure“ nur auf die Wahl zwischen einer aufwandswirksamen Erfassung oder einer Aktivierung der F&E-Ausgaben eingegangen wird. Vgl. bspw. Lev (1999), S. 23. I.A. existieren nur wenige empirische Studien, in denen die Determinanten der *verpflichtenden* Disclosure Compliance untersucht werden, wie z.B. Glaum et al. (2012) im Zusammenhang mit den nach IFRS 3 und IAS 36 geforderten Angabepflichten und Bischof et al. (2012) im Zusammenhang mit den nach IFRS 7 geforderten Angabepflichten.

784 Vgl. Healy/Palepu (2001), S. 406. Zur Frage, ob Informationen, die in der Bilanz oder in der GuV veröffentlicht werden, eine höhere Relevanz zukommt als Informationen, die im Anhang oder im Lagebericht offengelegt werden, existieren gemischte empirische Ergebnisse. Zu einem Überblick der bisherigen einschlägigen Studien siehe Al Jifri/Citron (2009), S. 123 ff. Zu aktuellen Erkenntnissen aus dem US-amerikanischen bzw. dem europäischen Umfeld siehe die empirischen Studien von Michels (2012) bzw. Müller et al. (2012).

785 Dabei werden als vertragsinduzierte Determinanten der Offenlegungsentscheidung vor allem die Managemententlohnung, Kreditvertragsklauseln und politische Kosten untersucht und deren Einfluss auf das Offenlegungsverhalten mehrheitlich empirisch bestätigt. Vgl. Healy/Palepu (2001), S. 419 ff. Zu einem Überblick der Disclosure Literatur vgl. Core (2001) und Healy/Palepu (2001).

In einem **ersten Schritt** entscheidet der Manager, ob Entwicklungskosten generell aktiviert oder aufwandswirksam erfasst werden (**Aktivierungsentscheidung**). Im Fall einer Aktivierung wird an den Prinzipal ein **Signal des wahrscheinlichen Erfolges** der F&E-Tätigkeiten gesendet. Es informiert darüber, dass die Grundlagenforschung (zumindest eines F&E-Projektes) beendet ist und aus den nun aufgenommenen Entwicklungstätigkeiten aller Voraussicht nach ein vermarktungsfähiges und Zahlungsmittelrückflüsse generierendes Produkt entstehen wird. Dieses Signal verursacht **Kosten**, da eine Entwicklungskostenaktivierung viel umfangreichere Angabepflichten mit sich zieht als eine aufwandswirksame Erfassung aller F&E-Ausgaben. Die höheren Kosten resultieren zum einen aus dem Informationsaufarbeitungsaufwand und zum anderen aus etwaigen negativen Konkurrenzeffekten.

Im Fall einer positiven Aktivierungsentscheidung wird in einem **zweiten Schritt** die **Aktivierungsquote** festgelegt. Im Gegensatz zur Aktivierungsentscheidung ist die Höhe der Aktivierungsquote nur bedingt als Signal für den wahrscheinlichen Erfolg der F&E-Tätigkeiten geeignet. Dies gilt insbesondere für F&E-Prozesse, die sich über mehrere Berichtsperioden erstrecken. Sind die spezifischen Ansatzkriterien nach IAS 38.57 erst gegen Ende der ersten Berichtsperiode (t_0) erfüllt, so wird die Aktivierungsquote in t_0 deutlich geringer sein als in der Folgeperiode (t_1). Aus diesen unterschiedlichen Signalen kann jedoch nicht geschlussfolgert werden, dass die F&E-Aktivitäten in t_0 weniger erfolgreich waren als in t_1. Die in t_0 betriebene Grundlagenforschung war vielmehr notwendige Voraussetzung für die im Anschluss betriebenen Entwicklungstätigkeiten und die künftige Vermarktungsfähigkeit des selbst erstellten Produktes.

Die Höhe der Aktivierungsquote könnte jedoch durch **vertragsinduzierte Anreize** determiniert sein. So könnte bspw. durch eine entsprechende „Auslegung" der spezifischen Ansatzkriterien des IAS 38.57 ein für die Managementvergütung „optimales" operatives Ergebnis erzielt oder durch eine aktivierungsbedingte Erhöhung des Eigenkapitals die Verletzung von Kreditvertragsklauseln vermieden werden.

In einem **dritten Schritt** entscheidet der Manager, in welchem Umfang über die F&E-Aktivitäten berichtet bzw. inwiefern den gesetzlich geforderten **Angabepflichten** nachgekommen wird. Dabei wägt er den aus einer Missachtung der gesetzlichen Angabepflichten resultierenden Nutzen mit den korrespondierenden Kosten ab. Ein Nutzen könnte bspw. aus der Verschleierung des Einflusses einer Entwicklungskostenaktivierung auf das Periodenergebnis resultieren. Für den Prinzipal wäre in diesem Fall nicht ersichtlich, in welchem Ausmaß die abschlusspolitische Maßnahme zur Erzielung einer höheren Managemententlohnung oder zur Vermeidung der Verletzung von Kreditvertragsklauseln geführt hat. Ebenfalls nutzenstiftend könnte aus Sicht des Managers die Vermeidung von Konkurrenzeffekten sein. Kosten könnten aus dem erforderlichen „Konsultationsprozess" mit den Wirtschaftsprüfern (teurere Honorare) entstehen und im Extremfall (bei Einschätzung der unterlassenen Angabepflichten als wesentliche Fehldarstellung des Jahresabschlusses) zu einer Versagung des Bestätigungsvermerks führen. Kosten könnten ferner aus der Aufdeckung einer rechtswidrigen Berichterstattung durch die DPR und der Aufforderung zur Fehlerberichtigung und -bekanntgabe resultieren. In beiden Fällen würde ein negatives Signal an den Prinzipal gesendet. Im Extremfall sind auch privatrechtliche Konsequenzen für den Manager denkbar.

Obwohl die bilanzielle Abbildung der F&E-Aktivitäten als dreistufiger Entscheidungsprozess verstanden wird, weisen alle Entscheidungen eine hohe Interdependenz auf. Will ein Manager bspw. eine Kreditvertragsverletzung durch die Wahl einer möglichst hohen Aktivierungsquote vermeiden (vertragsinduzierter Anreiz), muss er im Schritt zuvor auch eine positive Aktivierungsentscheidung getroffen haben, wodurch an den Prinzipal ein positives Signal über das Erfolgsversprechen eines F&E-Projektes gesendet wird. Die Verfolgung eines vertragsinduzierten Anreizes mit dem Ziel der Ergebniserhöhung ist also nicht möglich, ohne gleichzeitig einen Signaling-Effekt zu bewirken. Ebenso wenig ist eine Differenzierung der Anreize nach den mit ihnen im Zusammenhang stehenden Kosten möglich. Die mit einer Entwicklungskostenaktivierung verbundenen Kosten (Informationsaufarbeitungsaufwand der zusätzlich vorzunehmenden Anhangsangaben und daraus etwaig resultierende negative Konkurrenzeffekte) entstehen nämlich schon mit einer positiven Aktivierungsentscheidung. Von der Höhe der Aktivierungsquote sind sie unbeeinflusst. Auch das Offenlegungsverhalten wird in der Regel nicht losgelöst von dem Aktivierungsverhalten erfolgen, sondern vielmehr Teil eines „Gesamtentscheidungspakets" darstellen, d.h., dass schon bei der Aktivierungsentscheidung der Umgang mit den damit verbundenen Angabepflichten festgelegt wird.

Aufgrund der soeben beschriebenen Interdependenzen werden die Hypothesen für alle Entscheidungsschritte im selben Abschnitt hergeleitet. Empirisch erfolgt sowohl eine aggregierte als auch eine getrennte Analyse der in den einzelnen Entscheidungsschritten wirkenden Anreize.

GRÖSSE

Der „klassischen" Accounting Choice Theorie zu Folge stehen größere Unternehmen stärker im Blickfeld der Öffentlichkeit und sind daher mit höheren politischen

Kosten konfrontiert als kleinere Unternehmen.[786] Daher haben sie einen Anreiz zur erfolgswirksamen Erfassung der F&E-Aktivitäten.[787] Daley/Vigeland (1983) finden empirische Anhaltspunkte für die Gültigkeit der Politische Kosten-Hypothese für den US-amerikanischen Kapitalmarkt, Landry/Callimaci (2003) für kanadische Unternehmen, Oswald (2008) für britische und Inoue/Thomas(1996) sowie Mande et al. (2000) für japanische Firmen.

Da das Konzept der politischen Kosten vornehmlich aus dem angelsächsischen Raum stammt, ist dessen Übertragbarkeit auf deutsche Unternehmen nach Ansicht des Verfassers fraglich. Es ist nicht nachvollziehbar, weshalb große Unternehmen negative Konsequenzen zu befürchten haben sollten, wenn sie die Erfolgsaussicht ihrer F&E-Projekte signalisieren. Da Manager großer Unternehmen einen ebenso großen Anreiz haben, das Erfolgsversprechen ihrer F&E-Tätigkeiten zu signalisieren oder ihre variable Vergütung zu erhöhen, wie Manager kleiner Unternehmen, ist eine Prognose der Auswirkungen der Unternehmensgröße auf das Aktivierungsverhalten nicht möglich. Hierfür spricht auch das von Teilen der Accounting Choice Literatur seit den 1980er Jahren vorgebrachte Argument, dass Manager von großen Unternehmen auf Grund ihrer proportional stärkeren aktienbasierten Entlohnung zu Investitionen in risikoreichere Projekte bereit sind als Manager von kleinen Unternehmen.[788] Entsprechend könnten sie auch zu einer risikoreicheren Bilanzierung, also zu einer Aktivierung von Entwicklungskosten, tendieren.

Für einen negativen Zusammenhang zwischen der Unternehmensgröße und dem Aktivierungsverhalten spricht jedoch der Umstand, dass große Unternehmen proportional mehr für Grundlagenforschung ausgeben als kleine Unternehmen.[789] In der vorliegenden Studie wird ein entsprechender Zusammenhang prognostiziert.

Hinsichtlich der Disclosure Compliance wird aus drei Gründen ein positiver Einfluss der Unternehmensgröße erwartet. Erstens ist die Bereitstellung von Informationen für größere Unternehmen weniger kostenintensiv als für kleinere Unternehmen.[790] Bei großen Unternehmen ist davon auszugehen, dass die im Fall einer Aktivierung geforderten Informationen größtenteils ohnehin schon für Controllingzwecke und für ein funktionsfähiges Managementsystem vorliegen.[791] Das

786 Vgl. hierzu ausführlich Watts/Zimmermann (1986), S. 222 ff.
787 Vgl. Landry/Callimaci (2003), S. 138.
788 Vgl. hierzu ausführlich Daves et al. (2000), S. 65 ff.
789 Vgl. in diesem Zusammenhang am Beispiel der Softwarebranche Aboody/Lev (1998), S. 168.
790 Vgl. Firth (1979), S. 273; Meek et al. (1995), S. 558.
791 Vgl. Firth (1979), S. 273.

Kostenargument dürfte nach Ansicht des Verfassers insbesondere auf komplexe Informationen, für deren Aufbereitung kleinere Unternehmen gar nicht über die notwendigen Kapazitäten verfügen, zutreffen. Komplex gestaltet sich die Aufarbeitung der Informationen im Fall einer Aktivierung von Entwicklungskosten. Neben der für Prüfungszwecke nachzuweisenden Erfüllung der projektspezifischen Meilensteine stellen die mit einer Aktivierung einhergehenden Angabepflichten eine deutlich größere Herausforderung für das Rechnungswesen dar als im Fall einer aufwandswirksamen Erfassung sämtlicher F&E-Ausgaben. Zweitens müssen große Unternehmen weniger starke Bedenken bzgl. negativer Konkurrenzeffekte haben als kleine Unternehmen. Das Kopieren fremder Technologien fällt großen Unternehmen nämlich leichter und sie können sich ihrerseits besser gegen eine Kopie ihrer eigenen Technologien schützen als kleinen Unternehmen.[792] Drittens sind große Unternehmen stärker im Blickfeld der Öffentlichkeit und daher mit einem höheren Risiko der Fehleraufdeckung konfrontiert als kleine Unternehmen.[793] Entsprechend diesen Argumenten wird in den bisherigen empirischen Studien zur freiwilligen Anhangsberichterstattung ein positiver Zusammenhang zwischen der Größe eines Unternehmens und dem Umfang der Anhangsberichterstattung nachgewiesen.[794]

H. 1.1: Die Wahrscheinlichkeit einer positiven Aktivierungsentscheidung ist umso größer, je kleiner ein Unternehmen ist.
H. 2.1: Die Aktivierungsquote ist umso größer, je kleiner ein Unternehmen ist.
H. 3.1: Die Wahrscheinlichkeit einer Disclosure Compliance ist umso größer, je größer ein Unternehmen ist.

REGULIERUNG

Die „regulierten Unternehmen“ umfassen in dieser Arbeit zwei Kategorien von Unternehmen.[795] Die erste Kategorie bilden Unternehmen aus der Pharma- und Healthcarebranche. Bei diesen Unternehmen hängt die Vermarktungsfähigkeit des aus den F&E-Tätigkeiten hervorgehenden Endproduktes (z.B. eines neu entwickelten

792 Vgl. Firth (1979), S. 274; Meek et al. (1995), S. 558.
793 Vgl. hierzu ausführlich Watts/Zimmermann (1986), S. 222 ff.
794 Vgl. Meek et al. (1995); Ashbaugh (2001); Cuijpers/Buijink (2005).
795 Somit ist der in dieser Arbeit verwendete Begriff „Regulierung“ nicht vergleichbar mit dem in der Accounting Choice Literatur verwendeten, dem zu Folge Unternehmen abschlusspolitische Anreize dahingehend ausüben, dass regulatorische Auflagen nicht verletzt werden oder man sich ihnen im Vorfeld entziehen kann (vgl. Abschn. 4.2.7.).

Medikamentes oder Behandlungsverfahrens) von dessen behördlicher Zulassung ab. Somit besteht im Fall einer Aktivierung selbst bei erfolgreicher Absolvierung der Testphasen bis zum Fertigstellungszeitpunkt des Produkts das Risiko einer mangelhaften Werthaltigkeit, dem nur in sehr begrenztem Umfang durch unternehmerisches Handeln entgegengewirkt werden kann. Ein Manager, der sich vor behördlicher Zulassung zur Aktivierung von Entwicklungskosten entscheidet, geht somit ein hohes Risiko ein, zu einem späteren Zeitpunkt dem Prinzipal ein negatives Signal über den Erfolg seines Handelns zu senden. Der fachkundige Prinzipal wird daher i.d.R. gar keine Aktivierung von Entwicklungskosten erwarten. Letztere dürfte er eher als Signal einer risikofreudigen Bilanzierung interpretieren, das auch negative Auswirkungen auf die Beurteilung der Qualität des berichteten Ergebnisses (earnings quality) haben könnte. Daher wird erwartet, dass bei Unternehmen aus der Pharma- und Healthcarebranche die Wahrscheinlichkeit einer positiven Aktivierungsentscheidung signifikant niedriger ist als bei den restlichen Unternehmen. Falls sich diese Unternehmen doch zu einer Aktivierung entscheiden, dann erst bei der – auf Erfahrungen der Vergangenheit oder bisherige Gespräche mit der Behörde gestützten – Vermutung, dass eine behördliche Zulassung mit an Sicherheit grenzender Wahrscheinlichkeit erteilt wird. Da dies i.d.R. erst am Ende des F&E-Prozesses der Fall sein dürfte, wird bei Unternehmen aus der Pharma- und Healthcarebranche mit einer positiven Aktivierungsentscheidung eine geringere Aktivierungsquote erwartet als bei den restlichen Unternehmen.

Die zweite Kategorie regulierter Unternehmen stellen die Energieversorgungsunternehmen (EVUs) dar. Bei diesen ist die Zulassung des durch die F&E-Tätigkeiten erzeugten Endprodukts zwar nicht von einer behördlichen Zulassung abhängig, jedoch unterliegen die erzielbaren Erlöse der Anreizregulierungsverordnung (ARegV). Im HGB-Abschluss, der den Ausgangspunkt für die Genehmigung der Erlösobergrenze durch die Bundesnetzagentur (BNetzA) darstellt, könnte auf den ersten Blick ein Anreiz zur Aktivierung bestehen, da hierdurch unter Umständen über ein höheres betriebsnotwendiges Eigenkapital eine höhere Eigenkapitalverzinsung erzielt werden könnte. Allerdings ist fraglich, inwiefern solche Kosten als dauerhaft nicht beeinflussbare Kosten durch die Bundesnetzagentur (BNetzA) anerkannt würden. Bei IFRS-Abschlüssen, die im Rahmen der vorliegenden empirischen Studie untersucht werden, besteht der beschriebene Anreiz nicht. Hier dürfte eher ein Anreiz zu einer erfolgswirksamen Erfassung der F&E-Ausgaben bestehen. Auf Grund der Öffentlichkeitswirksamkeit bzw. der medienwirksamen Kritik an den hohen Strompreisen dürften EVUs nämlich daran interessiert sein, das Jahresergebnis nicht noch weiter zu erhöhen. Eine Aktivierung werden sie nur vornehmen, wenn die Vereinbarkeit einer aufwandswirksamen Erfassung mit den IFRS-Grundsätzen äußerst fraglich wäre. Selbst dann würden sie versuchen, den Zeitpunkt der Erfüllung der Ansatzkriterien nach IAS 38.57 möglichst spät zu „identifizieren". Daher wird im Fall einer Aktivierung von einer geringen Aktivierungsquote ausgegangen.

Bei Unternehmen, die einer regulierten Branche angehören, wird nicht erwartet, dass sich ihr Angabeverhalten von demjenigen anderer Unternehmen unterscheidet. Schließlich wird die behördliche Zulassung eines Produkts im Pharma- und Healthcarebereich nicht auf Grundlage der Anhangsangaben erteilt. Beim Jahresabschluss eines EVU sind die Adressaten im Regelfall nicht an den F&E-Aktivitäten, sondern vielmehr an den energiespezifischen Tätigkeiten und dem operativen Ergebnis interessiert. Daher dürfte auch hier kein Anreiz zu einer höheren oder geringeren Disclosure Compliance als bei den restlichen Unternehmen bestehen.

H 1.2.: Die Wahrscheinlichkeit einer positiven Aktivierungsentscheidung ist bei Unternehmen, die einer regulierten Branche angehören, geringer als bei Unternehmen, die keiner regulierten Branche angehören.

H 2.2.: Die Aktivierungsquote ist bei Unternehmen, die einer regulierten Branche angehören, geringer als bei Unternehmen, die keiner regulierten Branche angehören.

KREDITVERTRAGSVERLETZUNG

Unternehmen, die sich über Bankdarlehen finanzieren, könnten einen Anreiz zur Aktivierung von Entwicklungskosten haben, wenn dadurch eine Verletzung von mit dem Darlehensgeber vereinbarten Kreditvertragsklauseln umgangen werden kann. Dieser Anreiz resultiert aus der Möglichkeit zur Vermeidung derjenigen Kosten, die mit einer Verletzung einzelner Kreditvertragsklauseln (technical default) im Regelfall verbunden sind, selbst wenn kein Zahlungsverzug (payment default) vorliegt.[796] Die Kosten resultieren zum einen aus den Folgen der Nachverhandlung

796 Der Umstand, dass nicht nur bei einem sog. „payment default", sondern auch bei einem sog. „technical default" Kosten entstehen, ist für die vorliegende Arbeit insofern von Bedeutung, als die bilanzielle Abbildung von Entwicklungskosten keine unmittelbaren Auswirkungen auf die Zahlungsfähigkeit des Unternehmens hat. Den Anreiz zu einer ergebniserhöhenden Abschlusspolitik bei Unternehmen mit einem hohen Verschuldungsgrad untersuchten bereits Jensen/Meckling (1976) und Watts/Zimmermann (1986). Sie führen diesen Anreiz auf die mit einem hohen Verschuldungsgrad verbundenen Agentenkosten zurück. Vgl. hierzu ausführlich Jensen/Meckling (1976), S. 333 ff., Watts/Zimmermann (1986), S. 216.

der Kreditverträge, wie z.B. höheren Zinssätzen und geringeren Darlehensbeträgen.[797] Zum anderen resultieren Kosten aus dem teilweisen Kontrollübergang zum Darlehensgeber bzw. dessen Einflussnahmemöglichkeit auf die künftigen Investitions- und Finanzierungsentscheidungen des Unternehmens.[798]

In der einschlägigen Forschungsliteratur werden die in Kreditverträgen üblicher Weise vorzufindenden Klauseln in drei Kategorien unterteilt: 1) an Rechnungslegungsdaten geknüpfte Klauseln (i.d.R. Festlegung bestimmter Liquiditäts- und Leistungs-Kennzahlen wie z.B. des Verschuldungsgrades oder der Zinsdeckungsquote), 2) Finanzierungsklauseln (i.d.R. Begrenzung der Auszahlungen wie z.B. der Dividendenausschüttungen) und 3) generelle Klauseln (z.B. Verbot von Unternehmensakquisitionen oder zur Aufnahme weiterer Darlehen).[799] Die bilanzielle Abbildung von Entwicklungskosten hat keine Auswirkungen auf Finanzierungsklauseln und generelle Klauseln. Fraglich ist, ob durch eine Aktivierung von Entwicklungskosten eine Beeinflussung der an Rechnungslegungsdaten geknüpften Klauseln erfolgen könnte. Dazu müsste die Aktivierungsentscheidung Auswirkungen auf die in der Praxis tatsächlich vorherrschenden Kreditvertragsklauseln haben.

In den bisherigen empirischen Studien, in denen tatsächliche Kreditverträge untersucht werden, werden am häufigsten Mindest- oder Höchstwerte folgender Kategorien von an Rechnungslegungsdaten geknüpften Kennzahlen identifiziert:[800]

---

797 Vgl. hierzu die empirischen Ergebnisse der Studien von Dichev/Skinner (2002) und Beneish/Press (1993).

798 Vgl. Demiroglu/James (2010), S. 3700, Aghion/Bolton (1992), S.473 ff. In der Regel führt dieser teilweise Kontrollübergang zu deutlich geringeren künftigen Investitionsmöglichkeiten des betreffenden Unternehmens. Zu diesbezüglichen empirischen Ergebnissen vgl. Nini et al. (2009), Chava/Roberts (2008).

799 Vgl. Graham et al. (2008), S. 55.

800 Die wohl umfangreichste und aktuellste Studie zu Kreditvertragsklauseln stammt von Christensen/Nikolaev (2012). Die Autoren untersuchen mit Hilfe der von Thomson Reuters betriebenen DealScan Datenbank 22.800 Kreditverträge im Zeitraum 1993 bis 2010. Dabei unterteilen sie die identifizierten Kreditvertragsklauseln in leistungsabhängige Klauseln (performance covenants) und kapitalstrukturabhängige Klauseln (capital covenants) und untersuchen, unter welchen Umständen welcher Art von Klauseln eine dominantere Stellung in einem Kreditvertrag zukommt. Zu einer detaillierten Auflistung der einzelnen in der Praxis anzutreffenden Kreditvertragsklauseln vgl. Christensen/Nikolaev (2012), S. 106. Demiroglu/James (2010) zufolge stellen die Liquidität 3. Grades und das Verhältnis zwischen Schulden und EBITDA die am häufigsten anzutreffenden Kreditvertragsklauseln dar. Vgl. Demiroglu/James (2010), S. 3708. Für eine umfangreiche Untersuchung von Kreditverträgen im Zeitraum 1989

- Zins- und Schuldendeckungsfähigkeit durch das operative Ergebnis (meist Zinsdeckungsquote und Verhältnis zwischen Schulden und operativem Ergebnis)
- Verschuldungsgrad (meist langfristiger Verschuldungsgrad und Gesamtverschuldungsgrad)
- Liquidität (meist Liquidität 3. Grades)
- Anlagenintensität

Die Aktivierung von Entwicklungskosten hat ein höheres Periodenergebnis und somit ein höheres Eigenkapital zur Folge. Ferner führt sie zu einem höheren Anlagevermögen. Daher hat die bilanzielle Abbildung der F&E-Aktivitäten – mit

---

bis 1999 vgl. Dichev/Skinner (2002). Anhand von 8004 Kreditverträgen (auch diese Autoren greifen auf die Daten der von Thomson Reuters betriebenen DealScan Datenbank zurück) finden die Autoren empirische Evidenz für die Gültigkeit der sog. debt covenant hypothesis. Eine Verletzung von Kreditvertragsklauseln kommt häufig vor (in ca. 30% der Fälle) und ist mit Kosten für den Darlehensnehmer (z.B. höheren Kreditzinsen und geringeren Darlehensbeträgen) verbunden. Die Autoren kommen zu dem Ergebnis, dass der Verschuldungsgrad keine gute Messvariable für die Verletzung von Kreditvertragsklauseln darstellt. Vgl. Dichev/Skinner (2002), S. 1094. Liquiditäts- und Nettovermögensanforderungen seien wesentlich verbreiteter und klarer definiert. Vgl. Dichev/Skinner (2002), S. 1101. Ähnlich kommen bereits Sweeney (1994), Beneish/Press (1993) und Chen/Wei (1993) zu dem Ergebnis, dass der Verschuldungsgrad nur eine von mehreren Kreditvertragsklauseln darstellt und die häufigste Verletzung von Kreditvertragsklauseln bei Mindestanforderungen zum Nettovermögen und dem Liquiditätsgrad stattfindet.
Die soeben aufgeführten empirische Studien stammen aus dem US-amerikanischen Raum. Nach Kenntnis des Verfassers existieren für den deutschsprachigen Raum keine vergleichbaren empirischen Studien, in denen tatsächliche Kreditverträge untersucht werden. Dies liegt aller Voraussicht nach an dem hohen Grad an Vertraulichkeit, mit dem Kreditverträge im deutschsprachigen Raum behaftet sind, und dem damit verbundenen äußerst restriktiven Datenzugang. Im Gegensatz dazu besteht in den USA für börsennotierte Unternehmen seit die Verpflichtung, sämtliche Informationen zu neu aufgenommenen Darlehen und Bonds auf der SEC-Homepage offenzulegen. Vgl. Bharath et al. (2008), S. 7. Die empirische Forschung wird dort zusätzlich dadurch erleichtert, dass die wesentlichen Eckdaten der einzelnen Darlehen und Bonds in der von Thomson Reuters betriebenen DealScan-Datenbank abrufbar sind.
Mangels Datenzugänglichkeit im deutschsprachigen und europäischen Raum wird in der empirischen Rechnungslegungsforschung üblicher Weise auch bei europäischen Stichproben auf die Erkenntnisse aus dem US-amerikanischen Raum zurückgegriffen. Vgl. aktuell bspw. Florou/Kosi (2013), Florou et al. (2012). Vor dem Hintergrund der zunehmenden Globalisierung – auch des Finanzmarktes – wird dieser Vorgehensweise in der vorliegenden Arbeit gefolgt.

Ausnahme der Liquiditätskennzahlen – auf sämtliche obig angeführte Kategorien von Kreditvertragsklauseln Auswirkungen.

Obwohl durch eine Entwicklungskostenaktivierung also eine Verletzung von Kreditvertragsklauseln vermieden werden könnte, besteht aber nur dann ein Aktivierungsanreiz, wenn die Auswirkungen einer Entwicklungskostenaktivierung nicht in Kreditverträgen antizipiert werden. Ansonsten wäre das Unternehmen nicht bereit, die mit einer Aktivierung im Zusammenhang stehenden höheren Kosten[801] auf sich zu nehmen. Die Auswirkungen von (faktischen) Bilanzierungswahlrechten dürften jedoch bei der Festlegung von Kreditvertragsklauseln in der Regel keine Berücksichtigung finden, da dies mit unverhältnismäßig hohen (Überwachungs)kosten verbunden wäre.[802] Für Banken ist es effizienter, sich vor dem Risiko einer durch abschlusspolitische Maßnahmen erwirkten Umgehung der Verletzung von Kreditvertragsklauseln durch höhere Kreditzinsen zu schützen.[803] Ebenso sind die Kreditnehmer zur Zahlung eines höheren Zinssatzes bereit, wenn mögliche Auswirkungen von Wahlrechtsausübungen nicht im Kreditvertrag berücksichtigt werden. Durch diese Flexibilität können nämlich zwei Kostenblöcke vermieden werden: Zum einen die mit einer Vertragsverletzung üblicher Weise verbundenen Kosten – sofern der auf Grund der Wahlrechtsgewährung bestehende abschlusspolitische Gestaltungsspielraum zur Vermeidung eines „technical default“ ausreicht.[804] Zum anderen die laufenden Kosten für die doppelten Aufzeichnungspflichten.[805] Im Ergebnis bleibt also festzuhalten, dass in Kreditverträgen im Regelfall keine Berücksichtigung der Auswirkung von Bilanzierungswahlrechten auf einzelne Klauseln erfolgen dürfte.

Insgesamt wird daher erwartet, dass sowohl die Wahrscheinlichkeit einer positiven Aktivierungsentscheidung als auch einer hohen Aktivierungsquote umso größer ist, je stärker ein Unternehmen von einer Vertragsverletzung bedroht ist.

Bisherige Studien zum F&E-spezifischen Bilanzierungsverhalten untersuchen den Zusammenhang zwischen der Aktivierungsentscheidung oder –quote und dem Verschuldungsgrad. Empirische Evidenz für die Gültigkeit der Verschuldungsgradhypothese liefern Daley/Vigeland (1983) und Abbody/Lev (1998) für

---

801 Siehe hierzu die Ausführungen im ersten Absatz von Abschn. 4.4.

802 Vgl. schon Jensen/Meckling (1976), S. 333 ff.

803 Vgl. Beatty et al. (2002), S. 206.

804 Zu den Kosten, die im Fall der Verletzung von Kreditvertragsklauseln üblicher Weide entstehen, sei auf den ersten Absatz dieses Abschnitts verwiesen.

805 Neben den für Jahresabschlusszwecke geführten Büchern müsste sonst nämlich eine parallele Buchhaltung für Kreditvertragszwecke erfolgen. Vgl. ausführlich Beatty et al. (2002), S. 206 ff. mit entsprechender empirischer Evidenz zu höheren Zinssätzen bei zunehmender Flexibilität der Verträge.

US-amerikanische Unternehmen, Landry/Callimaci (2003) für kanadische Unternehmen, Oswald (2008) für britische Unternehmen sowie Inoue/Thomas (1996) und Mande et al. (2000) für japanische Unternehmen. Im Gegensatz dazu finden Markarian et al. (2008) keinen signifikanten Einfluss des Verschuldungsgrades auf das Aktivierungsverhalten.

Im Gegensatz zu den bisherigen empirischen Studien zum F&E-spezifischen Bilanzierungsvergalten wird die Wahrscheinlichkeit einer Verletzung von Kreditvertragsklauseln in der vorliegenden Arbeit nicht durch den Verschuldungsgrad approximiert. Stattdessen wird auf die obig skizzierten Erkenntnisse aktueller empirischer Studien zurückgegriffen, in denen die Klauseln tatsächlicher Kreditverträge untersucht werden, und eine kombinierte Messvariable aus denjenigen Kennzahlen gebildet, die am häufigsten identifiziert wurden. Ausgeschlossen wurden diejenigen Kennzahlen, auf die die bilanzielle Abbildung von Entwicklungskosten keinen Einfluss hat (z.B. Liquiditätskennzahlen), und Kennzahlen, die nur anhand der im Jahresabschluss veröffentlichten Daten nicht ermittelbar sind (z.B. sämtliche Kennzahlen, in deren Berechnung nur die vorrangigen Verbindlichkeiten miteinfließen).

Die kombinierte Messvariable ist der gleichgewichtete Durchschnitt aus folgenden fünf Kennzahlen: 1) der Zinsdeckungsquote, 2) dem Verhältnis der Schulden zum operativen Ergebnis, 3) der Anlagenintensität, 4) der langfristigen Verschuldungsquote und 5) der Gesamtverschuldungsquote. Jede Kennzahl ist in fünf Perzentilen gerankt, wobei Unternehmen mit einer 1 die schlechteste Ausprägungsform der Kennzahl aufweisen und Unternehmen mit einer 5 die beste. Durch die vom Verfasser gewählte Vorgehensweise soll die „Nähe" eines Unternehmens zur Kreditvertragsverletzung und die Möglichkeit zur Vermeidung letzterer durch eine (möglichst hohe) Entwicklungskostenaktivierung besser approximiert werden, als in den bisherigen empirischen Studien. Zudem gewährleistet die vom Verfasser gebildete kombinierte Messvariable, dass sowohl leistungsabhängige Klauseln (performance covenants) als auch kapitalstrukturabhängige Klauseln (capital covenants) Berücksichtigung finden.[806]

Wie in Abschn. 4.3.5. bereits dargestellt, ist nach Kenntnis des Verfassers in der bisherigen Forschungsliteratur die Determinantenanalyse des F&E-spezifischen

---

806 Bei der Zinsdeckungsquote (1) und dem Verhältnis der Schulden zum operativen Ergebnis (2) handelt es sich um leistungsabhängige Klauseln. Die Anlagenintensität (3), die langfristige Verschuldungsquote (4) und die Gesamtverschuldungsquote (5) stellen kapitalstrukturabhängige Klauseln dar. Zu dieser Unterteilung der Kreditvertragsklauseln und der Frage, unter welchen Umständen welcher Art von Klauseln eine dominantere Stellung in Kreditverträgen zukommt, vgl. Christensen/Nikolaev (2012).

Angabeverhaltens unberücksichtigt. In der Disclosure Compliance Literatur sind die Auswirkungen eines hohen Verschuldungsgrades auf das Angabeverhalten unklar.[807] Einerseits könnte ein hoher Verschuldungsrad ein möglichst ausführliches Angabeverhalten mit sich ziehen, um die mit ihm verbundenen Agentenkosten gering zu halten.[808] Andererseits stehen den Fremdkapitalgebern – insbesondere in Ländern, in denen eine starke Bankenfinanzierung üblich ist – i.d.R. auch andere Informationskanäle als der Jahresabschluss zur Verfügung.[809] Da die Banken durch dieses Insiderwissen nicht auf den Jahresabschluss angewiesen sind, wird ein Unternehmen für die anderen Gruppen von Abschlussadressaten nicht unbedingt Angaben tätigen wollen, aus denen hervorgeht, inwiefern abschlusspolitische Maßnahmen dazu beigetragen haben, gerade noch eine bestimmte EK-Quote aufrecht zu erhalten.

Der Verfasser schließt sich hinsichtlich des F&E-spezifischen Angabeverhaltens letzterem Argumentationsstrang an. Unternehmen, die unmittelbar vor einer Kreditvertragsverletzung stehen und letztere womöglich durch eine Entwicklungskostenaktivierung gerade noch vermeiden konnten, haben einen Anreiz, den durch ihr abschlusspolitisches Handeln erzielten Effekt vor dem Prinzipal geheim zu halten. Im Gegensatz zu den bisherigen Studien wird die Nähe eines Unternehmens zur Verletzung von Kreditvertragsklauseln nicht mit dem Verschuldungsgrad, sondern obig vorgestellter kombinierter Messvariable approximiert. Es wird ein negativer Zusammenhang zwischen der Nähe zur Kreditvertragsverletzung und der Disclosure Compliance erwartet.

H. 1.3: Die Wahrscheinlichkeit einer positiven Aktivierungsentscheidung ist umso größer, je näher ein Unternehmen an der Verletzung von Kreditvertragsklauseln ist.
H. 2.3: Die Aktivierungsquote ist umso größer, je näher ein Unternehmen an der Verletzung von Kreditvertragsklauseln ist.
H. 3.3: Die Wahrscheinlichkeit einer Disclosure Compliance ist umso geringer, je näher ein Unternehmen an der Verletzung von Kreditvertragsklauseln ist.

---

807 Auch die empirischen Ergebnisse deuten in unterschiedliche Richtungen. Chow/Wong-Boren (1987) finden einen statistisch signifikanten Zusammenhang zwischen freiwilligen Anhangsangaben und dem Verschuldungsgrad. Im Gegensatz dazu finden Eng/Mak (2003) keine empirischen Anhaltspunkte dafür, dass die freiwilligen Angabepflichten mit sinkendem Verschuldungsgrad zunehmen.

808 Vgl. schon Jensen/Meckling (1976), S. 333 ff.

809 Vgl. Zarzeski (1996), S. 18 ff.

PROFITABILITÄT

Der klassischen Bonushypothese zu Folge besteht für einen Manager, der in Abhängigkeit vom Unternehmensergebnis entlohnt wird, ein Anreiz zu einer ergebniserhöhenden Abschlusspolitik.[810] In der Regel sind Managemententlohnungssysteme jedoch nicht linear, sondern durch einen Mindestlohn (L) und eine Maximalvergütung (H) gekennzeichnet.[811] Deshalb können Manager auch einen Anreiz zu einer ergebnismindernden Abschlusspolitik haben. Grundsätzlich sind drei Fälle zu unterscheiden. Im ersten Fall liegt das Unternehmensergebnis vor Festlegung der abschlusspolitischen Maßnahmen auf einem Niveau, aus dem eine Managementvergütung resultiert, die über L aber unter H liegt. In diesem Fall wird der Manager eine Aktivierung von Entwicklungskosten in solch einem Umfang vornehmen, dass genau H erreicht wird. Im zweiten Fall ist das Unternehmensergebnis schon vor Tätigung abschlusspolitischer Maßnahmen so hoch, dass eine Vergütung in Höhe von H erzielt wird. In diesem Fall hat der Manager einen Anreiz, so viele F&E-Ausgaben aufwandswirksam zu erfassen, dass gerade noch H erreicht wird. Das restliche „Ergebniserhöhungspotential" spart er sich für die Folgeperiode(n) auf. Im dritten Fall liegt das Ergebnis auf einem Niveau, dem zu Folge sich die Vergütung nur auf L belaufen würde. Könnte selbst durch eine vollumfängliche Aktivierung von Entwicklungskosten nur eine Vergütung in Höhe von L erzielt werden, dann hat der Manager einen Anreiz, sämtliche F&E-Ausgaben aufwandswirksam zu erfassen (big bath accounting), um die Chance auf einen Bonus in den Folgeperioden zu erhöhen. Könnte durch eine Entwicklungskostenaktivierung L überschritten werden, hängt die Aktivierungsentscheidung von der genauen Höhe des Jahresergebnisses in t_0, den Erwartungen über das Jahresergebnis in t_1, der Zeitpräferenz und der Sicherheitspräferenz des Managers ab.[812] Auf Grund dieser unterschiedlichen Konstellationsmöglichkeiten ist nach Ansicht des Verfassers ohne Analyse der Vergütungsverträge kein Zusammenhang zwischen der Profitabilität und dem Aktivierungsverhalten prognostizierbar. Den in der Forschungsliteratur vorzufindenden Versuchen, sich den unterschiedlichen Fallkonstellationen durch einen unterschiedlichen Profitabilitätsgrad anzunähern,[813] wird

---

810 Vgl. Watts/Zimmermann (1986), S. 208.

811 Vgl. Wagenhofer/Ewert (2007), S. 259.

812 Zur sog. Upper-/Lower Bound Hypothesis vgl. Healy (1985), S. 85 ff.

813 So unterteilen bspw. Landry/Callimaci (2003) ihre Stichprobe in vier Kategorien von Unternehmen. Solche mit einer sehr negativen (ROE < –0,15), einer negativen (–0,15 <= ROE < 0), einer positiven (0 <= ROE < 0,15) und einer sehr positiven (ROE > 0,15) Eigenkapitalrentabilität. Unternehmen mit einer sehr negativen Eigenkapitalrentabilität

in dieser Studie nicht gefolgt, da eine Festlegung von Grenzen nicht ohne Willkürfreiheit möglich ist.

Ein weiterer Aspekt, der mit der Profitabilität im Zusammenhang steht, ist der sog. Earnings-Quality-Gedanke, dem zu Folge eine ergebniserhöhende Ausübung von expliziten oder Auslegung von impliziten Wahlrechten in den Augen der Abschlussadressaten negative Auswirkungen auf die Qualität des berichteten Jahresergebnisses hat. Vor diesem Hintergrund dürften sich insbesondere profitable Unternehmen davor scheuen, die Qualität ihres Ergebnisses durch eine Entwicklungskostenaktivierung in den Augen der Analysten zu trüben.[814] Durch eine aufwandswirksame Erfassung der F&E-Ausgaben könnten sie eine gesunde Finanzlage signalisieren.[815] Dementsprechend wird erwartet, dass die Wahrscheinlichkeit einer positiven Aktivierungsentscheidung und die Aktivierungsquote umso geringer sind, je profitabler ein Unternehmen ist. Empirische Anhaltspunkte hierfür liefern die Studien von Oswald (2008), Landry/Callimaci (2003) und Aboody/Lev (1998).

Die Auswirkungen der Profitabilität auf das Angabeverhalten sind auf Grund gegenläufiger Anreize nicht prognostizierbar. Einerseits könnten gerade profitable Unternehmen daran interessiert sein, durch hochwertige Anhangsangaben auf sich aufmerksam zu machen und potentielle Investoren für sich zu gewinnen. Andererseits könnten ausführliche Anhangsangaben zu negativen Konkurrenzeffekten und zu einer geringeren Verhandlungsmacht führen[816] und gerade bei erfolgreichen Unternehmen künftige Einbußen ihrer Profitabilität mit sich ziehen. Entsprechend sind auch die bisherigen empirischen Ergebnisse kontrovers. Während Singhvi/

---

hätten auch durch eine Aktivierung keine Chance auf ein positives Ergebnis. Ferner ist fraglich, inwiefern sie überhaupt die Ansatzkriterien für selbst erstellte immaterielle Vermögenswerte erfüllen. Daher werden sie i.d.R. eher eine aufwandswirksame Erfassung der F&E-Ausgaben bevorzugen. Unternehmen mit einer negativen Eigenkapitalrentabilität könnten entweder einen Aktivierungsanreiz haben, um gerade noch ein positives Ergebnis zu erreichen, oder sie könnten sich das ergebniserhöhende Potential für künftige Perioden „aufsparen" und eine Art big bath accounting betreiben. Unternehmen mit einer positiven Eigenkapitalrentabilität haben einen Aktivierungsanreiz, um noch profitabler zu erscheinen. Unternehmen mit einer sehr positiven Eigenkapitalrentabilität werden eine ergebnismindernde Abschlusspolitik betreiben, um die politischen Kosten gering zu halten und in den Augen der Abschlussadressaten eine höhere Qualität der Ergebnisse zu erzielen. Vgl. Landry/Callimaci (2003), S. 138 f. und S. 146.

814 Vgl. Aboody/Lev (1998), S. 168; Landry/Callimaci (2003), S. 139; Oswald (2008), S. 4. Zur Bevorzugung einer aufwandswirksamen Erfassung der F&E-Ausgaben durch Analysten vgl. ausführlich Goodcare (1991), S. 78 f.

815 Oswald (2008), S. 4.

816 Vgl. Admati/Pfleiderer (2000), S. 484.

Desai (1971) und Wallace/Naser (1995) empirische Evidenz dafür ableiten, dass sich die Profitabilität positiv auf die Anhangsberichterstattung auswirkt, finden Dumontier/Raffournier (1998) und Cormier et al. (2005) keinen Zusammenhang zwischen der Profitabilität und der Anhangsberichterstattung.

H. 1.4: Die Wahrscheinlichkeit einer positiven Aktivierungsentscheidung ist umso größer, je geringer die Profitabilität ist.
H. 2.4: Die Aktivierungsquote ist umso größer, je geringer die Profitabilität ist.

EIGENTÜMERSTRUKTUR

Dominante Investoren üben eine stärkere Kontrolle über das Unternehmen aus als Kleinaktionäre. In einigen Fällen nehmen ihre Interessenvertreter sogar selbst Funktionen im Management oder im Aufsichtsrat wahr.[817] Daher ist davon auszugehen, dass Manager ihre eigenen Interessen besser, da unkontrollierter, durchsetzen können, wenn kein dominanter Investor am Unternehmen beteiligt ist bzw. je breitgestreuter der Aktienbesitz ist. Smith (1976) liefert theoretische und empirische Anhaltspunkte dafür, dass Manager einen Anreiz zur Ergebnisglättung oder zu einer Abschlusspolitikpolitik, die zur Erreichung einer vereinbarten Zielsetzung führt, haben und dass dieses Phänomen bei Unternehmen mit breitgestreutem Aktienbesitz (manager firms) signifikant häufiger auftritt als bei Unternehmen, an denen ein dominanter Investor beteiligt ist (owner firms). Daraus schlussfolgern Landry/Callimaci (2003) hinsichtlich des F&E-Aktivierungsverhaltens, dass die Wahrscheinlichkeit einer Aktivierung und einer hohen Aktivierungsquote umso höher ist, je breitgestreuter der Aktienbesitz ist.[818] Diese nicht näher begründete Schlussfolgerung kann vom Autor nicht nachvollzogen werden, da ein Anreiz zur Ergebnisglättung oder zur Erreichung einer individuellen Zielsetzung nicht automatisch eine ergebniserhöhende Abschlusspolitik mit sich ziehen muss. Gleichwohl wird auch in der vorliegenden Studie erwartet, dass die Wahrscheinlichkeit einer Aktivierung und einer hohen Aktivierungsquote umso höher ist, je breitgestreuter der Aktienbesitz ist. Dies hängt damit zusammen, dass eine Aktivierung durch die damit einhergehenden zusätzlichen Angabepflichten Kosten verursacht.[819] Diese Kosten nimmt ein Manager nur auf sich, wenn ihnen ein höherer

817 Vgl. Landry/Callimaci (2003), S. 140.
818 Vgl. Landry/Callimaci (2003), S. 140.
819 Die höheren Kosten resultieren – wie schon am Anfang dieses Abschnitts dargestellt – zum einen aus dem Informationsaufarbeitungsaufwand und zum anderen aus etwaigen negativen Konkurrenzeffekten.

individueller Nutzen gegenübersteht. Dieser könnte aus einer höheren Vergütung oder der Vermeidung der Verletzung von Kreditvertragsklauseln resultieren. Wenn der Prinzipal jedoch auf Grund des Zugangs zu anderen Informationskanälen als dem Jahresabschluss die ergebniserhöhende Abschlusspolitik durchschaut, wird er diesen Umstand in seinem Verhältnis zum Prinzipal berücksichtigen. Falls eine Anpassung der Vergütungshöhe oder der Kreditkonditionen auf Grundlage des aktuellen Vertragswerks nicht möglich ist, wird er in künftigen Verträgen einen entsprechenden Abschlag aufnehmen. In diesem Fall würde der Manager durch eine Entwicklungskostenaktivierung folglich nicht nur höhere Kosten, sondern auch einen geringeren Nutzen erzeugen. Da solch ein Verhalten nicht rational wäre, ist davon auszugehen, dass ein Manager einer sog. owner firm eine aufwandswirksame Erfassung der F&E-Ausgaben bevorzugt.

Eine ähnliche Argumentation wird auch für die Prognose der Disclosure Compliance zu Grunde gelegt. Im Gegensatz zu den Kleinaktionären stehen dominanten Investoren i.d.R. auch andere Informationskanäle als der Jahresabschluss zur Verfügung. Daher dürften die Informationsasymmetrien zwischen dem Manager und dem Prinzipal, sowie die daraus resultierenden Agentenprobleme und Agentenkosten geringer sein, wenn der Prinzipal ein dominanter Investor ist.[820] Informationsasymmetrien verursachen Agentenkosten, die sich auch negativ auf den Nutzen des Managers auswirken. Um diese möglichst gering zu halten, liegt es im Interesse des Managers, dem Prinzipal zu signalisieren, dass er in dessen Sinne handelt.[821] Der Anhang ist ein Informationsinstrument, über das dieses Signal vermittelt werden kann. Daher wird erwartet, dass die Disclosure Compliance umso größer ist, je breitgestreuter der Aktienbesitz ist.[822]

H. 1.5: Die Wahrscheinlichkeit einer positiven Aktivierungsentscheidung ist umso größer, je breitgestreuter der Aktienbesitz ist.
H. 2.5: Die Aktivierungsquote ist umso größer, je breitgestreuter der Aktienbesitz ist.
H. 3.5: Die Wahrscheinlichkeit einer Disclosure Compliance ist umso größer, je breitgestreuter der Aktienbesitz ist.

---

820 Vgl. Eng/Mak (2003), S. 330.

821 Vgl. Abschn. X.

822 Vgl. Auch Eng/Mak (2003), S. 330; Ruland et al. (1990), S. 713; Cuijpers/Buijink (2005), S. 497 f. Zu einem ausführlichen Überblick der bisherigen empirischen Studien, in denen die Auswirkungen der Eigentümerstruktur auf das Angabeverhalten untersucht werden, vgl. Eng/Mak (2003), S. 328 f.

F&E-INTENSITÄT

Die bisherigen theoretischen Erklärungsansätze und empirischen Ergebnisse zum Einfluss der F&E-Intensität auf das Aktivierungsverhalten sind gemischt. Abbody/ Lev (1998) gehen hinsichtlich der Softwarebranche davon aus, dass auf Grund von Größeneffekten (economies of scale) eine zunehmende F&E-Intensität mit einer höheren Qualität und somit einer größeren Erfolgswahrscheinlichkeit der durchgeführten F&E-Aktivitäten verbunden ist. Daher erwarten die Autoren einen positiven Zusammenhang zwischen der F&E-Intensität und der Aktivierungsquote.[823] Dieser Zusammenhang wird empirisch auf einem 1%-igen Signifikanzniveau bestätigt.[824] Wyatt (2005) berücksichtigt die F&E-Intensität als eine von zwei Annäherungsvariablen für das Innovations- und Erlöserzielungsbestreben eines Unternehmens und erwartet ebenfalls einen positiven Zusammenhang zwischen der F&E-Intensität und der Aktivierungsentscheidung,[825] für den sie empirische Anhaltspunkte findet.[826] Auf Grund gegenläufiger Anreize prognostiziert Oswald (2008) keinen Zusammenhang zwischen der F&E-Intensität und der Aktivierungsentscheidung. Für einen positiven Zusammenhang spricht der Anreiz von Unternehmen mit einer hohen F&E-Intensität, den Erfolg der F&E-Projekte zu signalisieren. Dies geschieht vorzugsweise durch eine Aktivierung von Entwicklungskosten. Für Unternehmen mit einer geringen F&E-Intensität sind die Kosten einer Aktivierung jedoch zu hoch. Sie präferieren eine andere Art der Kommunikation (z.B. mittels Anhang oder in Form einer direkten Kommunikation mit dem Markt). Gleichzeitig könnten jedoch auch F&E-intensive Unternehmen eine Kommunikation ihrer F&E-Tätigkeiten über sog. summary-statistics bevorzugen anstatt eine Aktivierung vorzunehmen.[827] Die Ergebnisse von Oswald (2008) liefern im Gegensatz zu den Vorgängerstudien empirische Evidenz für einen negativen Zusammenhang zwischen der F&E-Intensität und der Aktivierungsentscheidung.[828]

In der vorliegenden Arbeit wird eine andere Argumentationslinie gewählt. Manager von F&E-intensiven Unternehmen könnten einen verstärkten Anreiz haben, das Erfolgsversprechen ihrer F&E-Projekte zu signalisieren, da F&E für sie eine wichtigere Rolle bei der individuellen Leistungsbeurteilung und für ihre Reputation spielen dürfte. Allerdings sind Manager F&E-intensiver Unternehmen

823 Vgl. Abbody/Lev (1998), S. 168.
824 Vgl. Aboody/Lev (1998), S. 169.
825 Vgl. Wyatt (2005), S. 981.
826 Vgl. Wyatt (2005), S. 995.
827 Vgl. Oswald (2008), S. 5.
828 Vgl. Oswald (2008), S. 13.

nach einer positiven Aktivierungsentscheidung mit einem größeren Risiko eines Reputationsverlustes im Fall einer späteren Erfolglosigkeit der F&E-Aktivitäten konfrontiert. Im Gegensatz zum Prinzipal, der durch die Gestaltung individueller Portefeuilles am Kapitalmarkt eine Risikodiversifizierung vornehmen wird, kann sich der Manager gegen das Risiko negativer Auswirkungen auf seinen Humankapitalwert nicht absichern. Daher weist er eine risikoaverse Einstellung auf.[829] Hinsichtlich des Aktivierungsverhaltens wird er folglich – je nach Grad seiner Risikoaversion – eine von folgenden beiden Strategien wählen. Erstens könnte er gänzlich auf eine Entwicklungskostenaktivierung verzichten, um dem Risiko eines Reputationsverlustes vollständig zu entgehen. Zweitens könnte er sich für eine Entwicklungskostenaktivierung bei gleichzeitiger Wahl einer sehr geringen Aktivierungsquote entscheiden. In diesem Fall könnte er durch die Aktivierung ein positives Signal über das Erfolgsversprechen der F&E-Aktivitäten an den Kapitalmarkt senden und durch die Wahl einer geringen Aktivierungsquote gleichzeitig sicherstellen, dass im Fall einer späteren Erfolgslosigkeit des F&E-Projektes der zu erfassende Wertminderungsaufwand und gleichsam das Risiko eines Reputationsverlustes von untergeordneter Bedeutung sind.

Hinsichtlich der Disclosure Compliance ist von einem positiven Einfluss der F&E-Intensität auszugehen. Je größer die Bedeutung von F&E für ein Unternehmen ist, desto genauer werden die Abschlussadressaten an Informationen zu den F&E-Tätigkeiten interessiert sein. Werden nun gar die gesetzlich geforderten Pflichtangaben weggelassen oder unsachgerecht dargestellt, dürfte dies bei den Adressaten zu Zweifeln und Unsicherheiten hinsichtlich der Kompetenz des Managers und über einen höheren Risikoabschlag letztlich zu höheren Kapitalkosten führen.

Leider ist jedoch aus rein technischen Gründen eine Berücksichtigung der F&E-Intensität als unabhängige Variable nicht möglich. Dies liegt daran, dass viele Unternehmen, die gegen die Pflichtangaben verstoßen, gerade die F&E-Ausgaben nicht offenlegen. Auf diese kann auch nicht aus einem Schnitt der anderen Jahre geschlossen werden, da im Fall eines Verstoßes die Angabepflicht meist in keinem der beobachteten Jahre erfüllt ist. Die Verwendung eines Branchenschnitts als Annäherungsgröße wäre nicht zweckmäßig, da innerhalb der einzelnen Branchen jeweils eine große Spannbreite in der F&E-Intensität existiert.[830]

829 Vgl. hierzu ausführlich Abschn. 4.2.4.
830 Vgl. Abschn. 3.5.

H. 1.6: Die Wahrscheinlichkeit einer positiven Aktivierungsentscheidung ist umso größer, je geringer die F&E-Intensität eines Unternehmens ist.

H. 2.6: Die Aktivierungsquote ist umso größer, je geringer die F&E-Intensität eines Unternehmens ist.

Markt-Buchwert-Verhältnis (MBV)

Das künftige Wachstumspotential und die künftigen Investitionsmöglichkeiten eines Unternehmens werden in der Accounting Choice Literatur durch das Markt-Buchwert-Verhältnis widergespiegelt.[831] Wachstumsunternehmen haben einen höheren Finanzierungsbedarf als die restlichen Unternehmen.[832] Daher sind für sie möglichst geringe Kapitalkosten von zentraler Bedeutung. Die Kapitalkosten sind c.p. umso geringer, je höher die Eigenkapitalquote ist. Daher wird erwartet, dass bei Wachstumsunternehmen sowohl die Wahrscheinlichkeit einer positiven Aktivierungsentscheidung als auch einer hohen Aktivierungsquote größer ist als bei den restlichen Unternehmen.

Bei Unternehmen mit einem großen Wachstumspotential bestehen größere Informationsasymmetrien zwischen dem Manager und dem Prinzipal, da der Manager eine bessere Einsicht in die Investitionsmöglichkeiten und in deren Erfolgsversprechen hat.[833] Um die mit den höheren Informationsasymmetrien verbundenen Kosten zu minimieren, könnte der Manager einen Anreiz zu einer ausführlicheren Anhangsberichterstattung haben.[834] Ein weiterer Anreiz zur Disclosure Compliance von Wachstumsunternehmen könnte aus deren erhöhtem Finanzierungsbedarf resultieren. Durch qualitativ hochwertige Informationen könnten die Kapitalkosten der benötigten finanziellen Mittel möglichst gering gehalten werden.[835]

Auf der anderen Seite wird in der Accounting Choice Literatur auch argumentiert, dass Unternehmen mit einem großen Wachstumspotential verstärkt in Akquisitionstätigkeiten involviert sind, wodurch die Kapazitäten des Rechnungswesens

831 Vgl. stellvertretend die empirischen Studien von Chung/Charoenwong (1991), Collins/Kothari (1989), Graham/Rogers (2002) und Lewellen et al. (1987).

832 Vgl. Glaum/Street (2003), S. 73.

833 Vgl. Smith/Watts (1992), S. 272 m.w.N.

834 Allerdings dürfte nur bei Unternehmen ohne Wachstumspotential durch die reine Einhaltung der verpflichtenden Anhangsangaben ein Abbau der Informationsasymmetrien gelingen. Bei Unternehmen mit hohem Wachstumspotential wären darüber hinaus freiwillige Zusatzangaben erforderlich. Vgl. Core (2001), S. 443.

835 Vgl. Glaum/Street (2003), S. 73.

schon voll ausgelastet sind und die restlichen Angaben etwas vernachlässigt werden.[836] Dieses Argument würde auf negative Auswirkungen des MBV auf die Disclosure Compliance hindeuten.

Hinsichtlich der F&E-spezifischen Disclosure Compliance wird erwartet, dass die beiden zuerst genannten Argumente das zuletzt genannte überwiegen. Insbesondere die F&E-Tätigkeiten sind schließlich ein wesentlicher Faktor bei der Realisierung von künftigem Wachstum und Investitionsmöglichkeiten. Daher werden Wachstumsunternehmen den F&E-spezifischen Anhangsangaben einen hohen Stellenwert beimessen.

H. 1.7: Die Wahrscheinlichkeit einer positiven Aktivierungsentscheidung ist umso größer, je größer das Wachstumspotential eines Unternehmens ist.
H. 2.7: Die Aktivierungsquote ist umso größer, je größer das Wachstumspotential eines Unternehmens ist.
H. 3.7: Die Wahrscheinlichkeit einer Disclosure Compliance ist umso größer, je größer das Wachstumspotential eines Unternehmens ist.

BIG 4

Die den Wirtschaftsprüfermarkt dominierenden Gesellschaften (im Folgenden „BIG 4")[837] weisen grundsätzlich eine größere Unabhängigkeit von ihren Mandanten auf als kleinere Prüfungsgesellschaften.[838] Grund hierfür ist, dass der Verlust eines einzelnen Prüfungsmandats geringere Auswirkungen auf den Gesamtunternehmenserfolg hätte als bei kleinen Prüfungsgesellschaften. Dadurch haben BIG 4 eine stärkere Verhandlungsmacht gegenüber dem Mandanten im Rahmen des sog. „Opinion-Shopping". Hierbei versucht der Manager, den Wirtschaftsprüfer durch die Zusicherung eines höheren Abschlusshonorars oder der Verlängerung des Abschlussmandats dazu zu bewegen, eine abschlusspolitisch motivierte Bilanzierungsweise, die an die Grenzen des rechtlich vertretbaren Rahmens stößt, nicht zu beanstanden.[839] Eine Prüfungsgesellschaft wägt den Grenznutzen eines weiteren Prüfungsauftrags oder eines erhöhten Abrechnungshonorars gegen die Grenzkosten, die aus der monetären Haftung und dem

836 Vgl. Glaum/Street (2003), S. 73.
837 Dies sind PwC, KPMG, E&Y und Deloitte.
838 Vgl. hierzu ausführlich DeAngelo (1981), S. 183 ff.
839 Zu ähnlichen Definitionen des Begriffs „opinion shopping" sowie zu einem Überblick der diesbezüglichen Forschungsliteratur vgl. Lennox (2000), S. 322.

Reputationsverlust bei Aufdeckung einer grenzwertig vertretbaren Bilanzierungsweise entstehen könnten, ab.[840]

Bei den BIG 4 ist der Grenznutzen eines zusätzlichen Auftrags auf Grund der Vielzahl an Abschlussmandaten geringer als bei kleinen Prüfungsgesellschaften. Gleichzeitig sind die Grenzkosten, die aus einem Reputationsverlust entstehen könnten, bei den BIG 4 größer als bei den kleinen Wirtschaftsprüfungsgesellschaften.[841] Dies hat drei Gründe. Erstens ist das Risiko eines Reputationsverlustes bei kleinen Prüfungsgesellschaften geringer, da sie meistens Mandanten betreuen, bei denen selbst die Aufdeckung mehrerer zweifelhafter Bilanzierungssachverhalte nicht medienwirksam wäre. Zweitens hätte ein Reputationsverlust zur Folge, dass eine große Wirtschaftsprüfungsgesellschaft bei den kommenden Ausschreibungen von großen Unternehmen, deren Prüfung auf Grund von deren Komplexität und Umfang de facto nur durch eine BIG 4-Gesellschaft abgewickelt werden kann, für einen gewissen „Rehabilitationszeitraum“ nachrangig behandelt würde. Dies liegt darin begründet, dass große Unternehmen ihrerseits stärker im Rampenlicht der Öffentlichkeit stehen und daher die Wahl eines gerade mit einem schlechten Image behafteten Abschlussprüfers negative Kapitalmarktreaktionen hervorrufen könnte.[842] Drittens ist bei den BIG 4-Gesellschaften aus Angst vor einem Reputationsverlust ein stärkerer interner Monitoring-Prozess implementiert, da durch ein unsachgerechtes Verhalten eines Wirtschaftsprüfers ein viel größerer Personenkreis, nämlich alle an der Gesellschaft beteiligten Partner, einen Schaden erleiden könnten.[843]

Ein Reputationsverlust entsteht vor allem bei der Aufdeckung kreativer Bilanzierungsmethoden, die ergebniserhöhend wirken. Ergebnismindernde Maßnahmen dürften i.d.R. keinen Reputationsverlust mit sich ziehen. Aus diesem Grund ist bei einer unklaren Trennbarkeit von der Forschungs- und Entwicklungsphase bzw. bei nicht eindeutiger Erfüllung der Ansatzkriterien des IAS 38.57 eine BIG 4-Gesellschaft schwieriger davon zu „überzeugen“, eine Aktivierung von Entwicklungskosten mitzutragen, als eine kleinere Prüfungsgesellschaft.

---

840 Ein Reputationsverlust könnte bspw. entstehen, wenn nach Erteilung eines uneingeschränkten Bestätigungsvermerks ein Verstoß gegen Rechnungslegungsvorschriften durch den Kapitalmarkt entdeckt wird. Der Reputationsverlust würde dazu führen, dass die Leistungen der betroffenen Prüfungsgesellschaft weniger stark und zu einem geringeren Preis nachgefragt würden. Vgl. Watts/Zimmermann (1986), S. 315 f., ähnlich Hossain et al. (1995), S. 74.

841 Die Haftungssumme dürfte nicht nach Prüfungsgesellschaft variieren.

842 Zur Signalwirkung, der Wahl einer Prüfungsgesellschaft vgl. Craswell/Taylor (1992), S. 300 m.w.N.

843 Vgl. Watts/Zimmermann (1986), S. 317 f.

Es ist davon auszugehen, dass sich ein Wirtschaftsprüfer ein umfassendes Bild über die Struktur des F&E-Prozesses macht und zu einem eindeutigen Urteil über die generelle Aktivierungsfähigkeit in Abhängigkeit vom F&E-Prozessablauf (sequenziell, alternierend oder iterativ) gelangt. Daher wird erwartet, dass die Wahrscheinlichkeit einer positiven Aktivierungsentscheidung geringer ist, wenn das Unternehmen durch eine BIG 4-Gesellschaft geprüft wird. Hinsichtlich der Aktivierungsquote wird sich der Prüfer hingegen im Regelfall auf die vom Controlling-Bereich zur Verfügung gestellten Unterlagen verlassen. Hier dürfte es dem bilanzierenden Unternehmen leichter fallen, den Zeitpunkt der Erfüllung der F&E-spezifischen Ansatzkriterien eines Projektes „flexibel" zu gestalten. Daher dürfte die Wahl des Abschlussprüfers keinen entscheidenden Einfluss auf die Aktivierungsquote ausüben.

Die Angst vor einem Reputationsverlust fungiert auch im Rahmen der Anhangsberichterstattung als Sanktionmechanismus bzw. negativer Anreiz bei Wirtschaftsprüfern, ihre Mandanten zu einer Compliance mit den gesetzlichen Angabepflichten zu zwingen.[844] Entsprechend wird in der bisherigen empirischen Rechnungslegungsforschung unabhängig von den institutionellen Rahmenbedingungen mehrheitlich ein signifikant positiver Einfluss einer dominanten Wirtschaftsprüfungsgesellschaft[845] auf die Qualität der Anhangsberichterstattung festgestellt.[846]

Analog wird in der vorliegenden Studie davon ausgegangen, dass sich die Prüfung durch eine BIG 4-Gesellschaft positiv auf die Einhaltung der gesetzlichen F&E-Angabepflichten auswirkt. Ein weiterer Grund für den erwarteten Zusammenhang ist das i.d.R. besser ausgeprägte fachliche Know-How einer BIG 4-Gesellschaft.

---

844 Zur Angst vor einem Reputationsverlust und dem damit verbundenen Druck des Wirtschaftsprüfers auf den Mandanten zur ausführlichen Anhangsberichterstattung vgl. Craswell/Taylor (1992), S. 300.

845 Als dominante Wirtschaftsprüfungsgesellschaften werden in den zitierten Studien bis zu acht Gesellschaften kategorisiert. Shingvi/Desai (1971) zählen bspw. folgende Unternehmen zu den führenden Wirtschaftsprüfungsgesellschaften: Peat Marwick Mitchell and Company, Arthur Andersen and Company, Ernst and Ernst, Price Waterhouse and Company, Haskins & Sells, Lybrand, Ross Bros.and Montgomery, Arthur Young and Company, and, Touche Ross & Company (ehemals Touche, Ross, Bailey and Smart). Vgl. Shingvi/Desai (1971), S. 134.

846 Vgl. Singhvi/Desai (1971), Craswell/Taylor (1992), Inchausti (1997); Raffournier (1995), Dumontier/Raffournier (1998) und Street/Gray (2001). Im Gegensatz dazu finden Hossain et al. (1995) keinen signifikanten und Wallace/Naser (1995) sogar einen negativen Zusammenhang.

Dieses ist hauptsächlich auf die Existenz von Fachabteilungen, auf ein breitgefächertes Schulungsangebot für die Mitarbeiter sowie auf arbeitsteilige Prozesse zurückzuführen.[847] So dürften die Angabepflichten im Zusammenhang mit den F&E-Aktivitäten eines Unternehmens im Regelfall anhand einer standardisierten Anhangcheckliste von einem hierauf spezialisierten „Experten" geprüft werden. Diese Standardisierung und Arbeitsteilung dürfte mit einer größeren Prüfungsqualität einhergehen.

H. 1.8: Die Wahrscheinlichkeit einer positiven Aktivierungsentscheidung ist geringer, wenn ein Unternehmen von einer BIG 4-Gesellschaft geprüft wird.

Hinsichtlich der Aktivierungsquote wird kein signifikanter Einfluss des Abschlussprüfers erwartet. Die Variable wird lediglich als Kontrollgröße berücksichtigt.

H. 3.8: Die Wahrscheinlichkeit einer Disclosure Compliance ist größer, wenn ein Unternehmen durch eine BIG 4-Gesellschaft geprüft wird.

ENFORCEMENT

Sowohl Manager als auch Wirtschaftsprüfer haben im Fall einer Fehlerfeststellung durch die DPR auf Grund der damit einhergehenden Verpflichtung zur Fehlerveröffentlichung einen Imageschaden zu befürchten. Darüber hinaus könnten sich für beide Parteien negative rechtliche Konsequenzen ergeben.[848] Das Enforcementverfahren wirkt somit als Sanktionsmechanismus bzw. als negativer Anreiz bei der Entscheidung zur bilanziellen Abbildung der F&E-Aktivitäten. Das Aufdeckungsrisiko einer grenzwertig vertretbaren Bilanzierungsweise durch die DPR berücksichtigen Manager und Wirtschaftsprüfer im Rahmen ihrer Kosten-Nutzen-Abwägung unabhängig von ihrer individuellen Risikoeinstellung.

Im DPR-Tätigkeitsbericht des Jahres 2008 (Prüfung der Jahresabschlüsse 2007) zählte die fehlerhafte bilanzielle Abbildung der F&E-Ausgaben zu den häufigsten Hinweisen an die geprüften Unternehmen.[849] Ihr wurde sogar als einziger Fehlerquelle eine gesonderte Seite im Tätigkeitsbericht gewidmet.[850] In den

---

847 Ähnlich Dumontier/Raffournier (1998), S. 225.

848 Vgl. hierzu ausführlich Abschn. 2.5.3.

849 Siehe DPR (2009 a), Anlage zum Tätigkeitsbericht 2008, S. 10. Insgesamt kam es bei fünf Unternehmen zu Beanstandungen.

850 Siehe DPR (2009 a), Anlage zum Tätigkeitsbericht 2008, S. 8.

Vorjahren wurde der bilanziellen Abbildung der F&E-Tätigkeiten kein besonderer Stellenwert beigemessen. Deshalb ist anzunehmen, dass Manager und Wirtschaftsprüfer das Risiko einer Sanktion durch die DPR auf Grund einer fehlerhaften bilanziellen Abbildung der F&E-Tätigkeiten in ihrem Entscheidungskalkül stärker in denjenigen Geschäftsjahren berücksichtigen, die nach dem 31.12.2007 beginnen.

Wie in Abschn. 2.5.3. dargestellt, wird in den rechtlichen Grundlagen für das Enforcement-Verfahren (§ 342b HGB und §§ 37n-u WpHG) nicht genau festgelegt, unter welchen Voraussetzungen ein Abschluss durch die DPR als fehlerhaft einzustufen ist.[851] Ein Fehler liegt grundsätzlich vor, wenn gegen Rechnungslegungsvorschriften verstoßen wird. Daher richtet sich das Vorliegen eines Fehlers bzw. Verstoßes an das jeweils angewandte Rechnungslegungssystem. Nach den IFRS-Vorschriften ist ein Abschluss als fehlerhaft einzustufen, wenn ein Fehler i.S.v. IAS 8.5. vorliegt, der wesentlich ist oder mit Vorsatz begangen wurde.[852] Bei Wesentlichkeit der F&E-Aktivitäten könnte durch die DPR theoretisch auf allen drei Ebenen des bilanziellen Abbildungsprozesses (Aktivierungsentscheidung, Aktivierungsquote und Angabepflichten) ein Fehler festgestellt werden.

Allerdings geht der Verfasser dieser Arbeit davon aus, dass sich die DPR nur auf zwei Ebenen des bilanziellen Abbildungsprozesses in absteigender Priorisierung konzentriert. In erster Linie auf die Einhaltung der gesetzlich geforderten Angabepflichten und in zweiter Linie auf die generelle Aktivierungsentscheidung. Dies liegt darin begründet, dass die DPR im Rahmen ihrer Prüfungshandlungen primär auf den testierten Jahresabschluss und den Bericht des Wirtschaftsprüfers zurückgreift.[853] Aus diesen Unterlagen ist klar ersichtlich, inwiefern ein Unternehmen, das eigenständige F&E betreibt, den verpflichtenden Anhangsangaben nachkommt. Schon bedeutend schwieriger ist eine sachgerechte Beurteilung der Aktivierungsentscheidung, da im Geschäftsbericht nur in seltenen Fällen die Struktur des F&E-Prozesses beschrieben wird. Zweifel an der Sachmäßigkeit der Aktivierungsentscheidung kann die DPR anhand der verwendeten Unterlagen

---

851 Siehe Von Keitz/Stolle (2008), S. 214.

852 Zur Anwendung des Fehlerbegriffs i.S.v. IAS 8 im Rahmen der Enforcementprüfung von IFRS-Abschlüssen siehe Küting et al. (2007).

853 Siehe http://www.frep.info/docs/pruefverfahren/Informationen%20zum%20Ablauf%20 eines% 20Pr%C3%BCfverfahrens.pdf, zuletzt abgerufen am 15.09.2012.

nur bei einer vollständig aufwandswirksamen Erfassung der F&E-Ausgaben in folgenden drei Fällen hegen. Erstens, bei Abweichung der unternehmensindividuellen Bilanzierungsweise vom branchenüblichen Bilanzierungsverhalten. Zweitens, bei zweifelhafter Vereinbarkeit eines branchenüblichen Bilanzierungsverhaltens mit den Grundsätzen des IAS 38. Dies ist beispielsweise im Pharma- und Healthcarebereich der Fall, da die spezifischen Ansatzkriterien des IAS 38.57 regelmäßig schon vor Erteilung der behördlichen Zulassung erfüllt sein dürften.[854] Drittens, bei eindeutigen Hinweisen im Lagebericht, dass sich einige F&E-Projekte schon in der Entwicklungsphase befinden. Nicht möglich ist nach Ansicht des Verfassers die Beurteilung der Frage, inwiefern aktivierte Entwicklungskosten die Ansatzkriterien des IAS 38.57 erfüllen, da regelmäßig mehrere F&E-Projekte im Aktivposten zusammengefasst dargestellt sind. Gänzlich unmöglich ist anhand des Jahresabschlusses und des Prüfungsberichts eine Plausibilisierung der Aktivierungsquote. Hierzu wäre eine detaillierte Einsicht in die Controlling-Unterlagen erforderlich. Diese dürften jedoch erst bei einem konkreten Verdachtsmoment angefordert werden.

H. 1.9: Die Wahrscheinlichkeit einer positiven Aktivierungsentscheidung ist größer in Geschäftsjahren, die nach dem 31.12.2007 beginnen (erhöhtes Prüfungsrisiko der F&E-Aktivitäten durch die DPR).

Ein Kausalzusammenhang zwischen der Aktivierungsquote und dem Prüfungsrisiko durch die DPR ist nicht begründbar. Daher unterbleibt ein entsprechender Test.

H. 3.9: Die Wahrscheinlichkeit einer Disclosure Compliance ist größer in Geschäftsjahren, die nach dem 31.12.2007 beginnen (erhöhtes Prüfungsrisiko der F&E-Aktivitäten durch die DPR).

Wie schon am Ende von Abschn. 4.2.7. erläutert, erfolgte die Hypothesenbildung aus Gründen der Übersichtlichkeit nach empirischen Messgrößen. Im Folgenden wird nochmal der Zusammenhang zwischen den Managementanreizen, deren empirischer Messung und den Hypothesen graphisch dargestellt.

In Abb. 4-3 sind die an früherer Stelle herausgearbeiteten Managementanreize dargestellt. Abb. 4-4 zeigt, durch welche Messgrößen die Wirkungsweise dieser

854 Vgl. hierzu ausführlich Abschn. 2.3.2.5.

Anreize in der deutschen Rechnungslegungspraxis empirisch getestet wird. Das Vorzeichen hinter den Messgrößen gibt an, in welcher Richtung deren Beeinflussung durch die jeweiligen Managementanreize erwartet wird. Auffällig ist, dass einige Messgrößen zum Testen mehrerer möglicher Managementanreize herangezogen werden und dass teilweise eine entgegengesetzte Wirkungsweise erwartet wird. So haben bspw. insbesondere Manager forschungsintensiver Unternehmen einen Anreiz, die positiven Erfolgsaussichten der durchgeführten F&E-Aktivitäten durch eine positive Aktivierungsentscheidung und die Wahl einer hohen Aktivierungsquote zu signalisieren, da deren Reputation stärker von dem Erfolg der F&E-Aktivitäten abhängt als bei Managern von Unternehmen, bei denen F&E eine untergeordnete Rolle spielt. Gleichzeitig gehen Manager forschungsintensiver Unternehmen jedoch bei einer positiven Aktivierungsentscheidung und der Wahl einer hohen Aktivierungsquote ein viel größeres Risiko ein, im Fall eines späteren Wertminderungsbedarfs aktivierter Entwicklungskosten einen gravierenden Reputationsverlust zu erleiden. Aus Abb. 4-6 wird ersichtlich, wie unter Berücksichtigung dieser unterschiedlichen Wirkungsweisen der Managementanreize für jede Messgröße und für jeden der drei Schritte des bilanziellen Abbildungsprozesses von F&E-Aktivitäten separat die Hypothesenbildung erfolgte.

Die einzelnen Hypothesen sind in erster Linie auf theoretisch fundierte Managementanreize zurückzuführen. Zusätzlich wurden jedoch auch rein „technische" Zusammenhänge berücksichtigt (vgl. Abb. 4-5), die in diesem Abschn. an früherer Stelle herausgearbeitet wurden. So haben bspw. große Unternehmen ein besser ausgestattetes Rechnungswesen als kleine Unternehmen. Einige F&E-spezifische Angabepflichten werden bei großen Unternehmen zudem ohnehin schon für Controllingzwecke benötigt. Daher entstehen geringere Informationsaufbearbeitungskosten als bei kleinen Unternehmen, was sich positiv auf die Disclosure Compliance auswirkt.

Im Gegensatz zu gewöhnlichen Investoren stehen dominanten Investoren neben den öffentlich zugänglichen Informationen auch private Informationskanäle zur Verfügung. Daher sind die Informationsasymmetrien zwischen Manager und Prinzipal umso größer, je breitgestreuter der Aktienbesitz ist. Daraus resultieren unterschiedliche Anreizstrukturen zwischen dem Manager eines Unternehmens mit breitgestreutem Aktienbesitz und dem Manager eines Unternehmens mit konzentriertem Aktienbesitz. Folglich könnte die **Eigentümerstruktur** eine **allgemein moderierende Variable** darstellen. Insbesondere könnte sie einen Einfluss auf folgende andere Einflussvariablen ausüben:

Abb. 4-3: Managementanreize bei der bilanziellen Abbildung von F&E-Aktivitäten

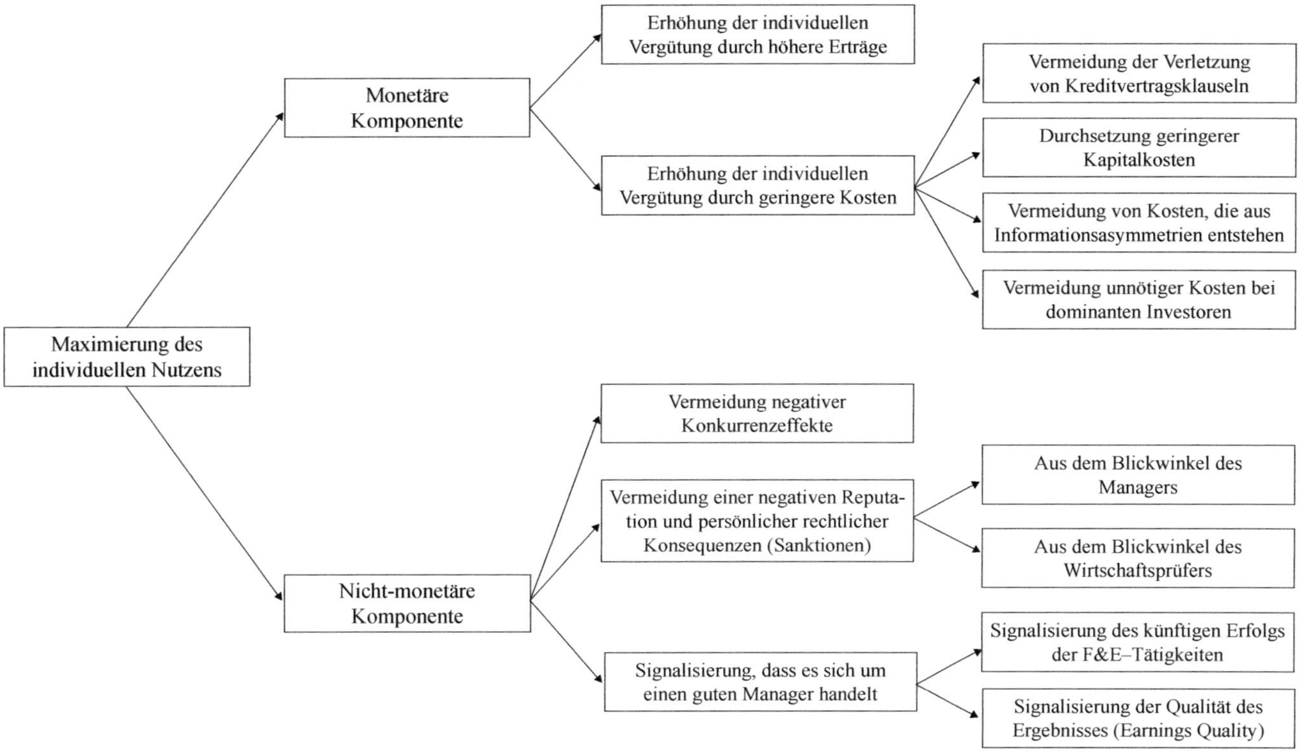

Abb. 4-4: Empirische Messung der Anreize

<table>
<tr><th rowspan="2">ANREIZE</th><th colspan="3">EMPIRISCHE MESSUNG DER ANREIZE</th></tr>
<tr><th>AKTIVIERUNGSENTSCHEIDUNG</th><th>AKTIVIERUNGSQUOTE</th><th>DISCLOSURE COMPLIANCE</th></tr>
<tr><td>Erhöhung der individuellen Vergütung durch höhere Erträge</td><td colspan="2">PROFITABILITÄT +/-</td><td></td></tr>
<tr><td>Vermeidung der Verletzung von Kreditvertragsklauseln</td><td colspan="2">KREDITVERTRAGSVERLETZUNG +</td><td>KREDITVERTRAGS-VERLETZUNG -</td></tr>
<tr><td>Durchsetzung geringerer Kapitalkosten bei Wachstumsunternehmen</td><td colspan="3">MBV +</td></tr>
<tr><td>Vermeidung unnötiger Kosten bei dominanten Investoren</td><td colspan="3">EIGENTÜMERSTRUKTUR +</td></tr>
<tr><td rowspan="3">Vermeidung einer negativen Reputation und persönlicher rechtlicher Konsequenzen (Sanktionen) aus dem Blickwinkel des Managers</td><td>ENFORCEMENT +</td><td></td><td>ENFORCEMENT +</td></tr>
<tr><td colspan="2">F&E-INTENSITÄT -</td><td></td></tr>
<tr><td>REGULIERUNG -</td><td></td><td></td></tr>
<tr><td>Vermeidung einer negativen Reputation und persönlicher rechtlicher Konsequenzen (Sanktionen) aus dem Blickwinkel des Wirtschaftsprüfers</td><td>BIG 4 -</td><td></td><td>BIG 4 +</td></tr>
<tr><td>Signalisierung des Künftigen Erfolgs der F&E-Tätigkeiten</td><td>F&E-INTENSITÄT +</td><td></td><td></td></tr>
<tr><td rowspan="2">Signalisierung der Qualität des Ergebnisses (Earnings Quality)</td><td>REGULIERUNG -</td><td></td><td></td></tr>
<tr><td>PROFITABILITÄT -</td><td></td><td></td></tr>
</table>

Abb. 4-5: Messung „technischer“ Zusammenhänge

<table>
<tr><th rowspan="2">„TECHNICHE“ ZUSAMMENHÄNGE</th><th colspan="3">EMPIRISCHE MESSUNG DER „TECHNISCHEN“ ZUSAMMENHÄNGE</th></tr>
<tr><th>AKTIVIERUNGSENTSCHEIDUNG</th><th>AKTIVIERUNGSQUOTE</th><th>DISCLOSURE COMPLIANCE</th></tr>
<tr><td>Grundlagenforschung wird aus Kapazitätsgründen vermehrt durch große Unternehmen durchgeführt</td><td colspan="2">GRÖSSE -</td><td></td></tr>
<tr><td>Besser ausgestattetes Rechnungswesen und geringere Kosten der Informationsaufbereitung bei großen Unternehmen</td><td></td><td></td><td>GRÖSSE +</td></tr>
<tr><td>Überlastung des Rechnungswesens bei Wachstumsunternehmen</td><td></td><td></td><td>MBV -</td></tr>
</table>

Abb. 4-6: Hypothesenbildung nach empirischen Messgrößen

EMPIRISCHE MESSGRÖSSEN	AKTIVIERUNGSENTSCHEIDUNG	AKTIVIERUNGSQUOTE	DISCLOSURE COMPLIANCE
GRÖSSE	Hypothese 1.1. -	Hypothese 2.1. -	Hypothese 3.1. +
REGULIERUNG	Hypothese 1.2. -	Hypothese 2.2. -	
KREDITVERTRAGSVERLETZUNG	Hypothese 1.3. +	Hypothese 2.3. +	Hypothese 3.3. -
PROFITABILITÄT	Hypothese 1.4. -	Hypothese 2.4. -	
EIGENTÜMERSTRUKTUR	Hypothese 1.5. +	Hypothese 2.5. +	Hypothese 3.5. +
F&E-INTENSITÄT	Hypothese 1.6. -	Hypothese 2.6. -	
MBV	Hypothese 1.7. +	Hypothese 2.7. +	Hypothese 3.7. +
BIG 4	Hypothese 1.8. -		Hypothese 3.8. +
ENFORCEMENT	Hypothese 1.9. +		Hypothese 3.9. +

- GRÖSSE: Die mit einer Entwicklungskostenaktivierung verbundenen Kosten (Informationsaufbereitungsaufwand und negative Konkurrenzeffekte im Zusammenhang mit den zusätzlich erforderlichen Angabepflichten) nimmt ein Manager nur dann in Kauf, wenn der Prinzipal die ergebniserhöhende Abschlusspolitik (etwa auf Grund des Zugangs zu privaten Informationskanälen als dominanter Investor) nicht durchschaut. Daher steigt die Wahrscheinlichkeit einer Entwicklungskostenaktivierung mit zunehmender Streuung des Aktienbesitzes. Dieser Effekt wird durch die Größe eines Unternehmens verstärkt, da die mit einer Entwicklungskostenaktivierung verbundenen Kosten bei großen Unternehmen geringer sind als bei kleinen Unternehmen. So ist der Informationsaufbereitungsaufwand auf Grund eines besser aufgestellten Rechnungswesens geringer. Ferner können sich große Unternehmen besser vor negativen Konkurrenzeffekten schützen als kleine Unternehmen.
- REGULIERUNG: Wie schon im Rahmen der Hypothesenherleitung erläutert, besteht in regulierten Branchen seitens des Prinzipals die Erwartungshaltung einer erfolgswirksamen Erfassung der F&E-Aktivitäten. Durch eine Entwicklungskostenaktivierung würde das kostenintensive Signal eines risikofreudigen Bilanzierungsverhaltens gesendet. Da dominante Investoren eine stärkere Kontrolle über das Management ausüben als Kleinaktionäre,[855] ist die Wahrscheinlichkeit einer Sanktionierung solch eines risikofreudigen Bilanzierungsverhaltens (etwa in künftigen Vertragswerken) bei Unternehmen mit konzentriertem Aktienbesitz größer als bei Unternehmen mit breitgestreutem Aktienbesitz. Entsprechend wird erwartet, dass in einer stark regulierten Branche die Wahrscheinlichkeit einer Entwicklungskostenaktivierung bei Unternehmen mit konzentriertem Aktienbesitz noch geringer ist als bei Unternehmen mit breitgestreutem Aktienbesitz.
- PROFITABILITÄT: Vor dem Hintergrund des „Earnings-Quality-Gedanken" werden sich insbesondere profitable Unternehmen davor scheuen, die Qualität ihres Ergebnisses in den Augen der Analysten durch eine Entwicklungskostenaktivierung zu trüben.[856] Der negative Zusammenhang zwischen der

855 Vgl. Admati/Pfleiderer (2000), S. 484.
856 Vgl. Aboody/Lev (1998), S. 168; Landry/Callimaci (2003), S. 139; Oswald (2008), S. 4. Zur Bevorzugung einer aufwandswirksamen Erfassung der F&E-Ausgaben durch Analysten vgl. ausführlich Goodcare (1991), S. 78 f.

Wahrscheinlichkeit einer Entwicklungskostenaktivierung und der Profitabilität dürfte bei Unternehmen mit breitgestreutem Aktienbesitz stärker ausgeprägt sein als bei Unternehmen mit konzentriertem Aktienbesitz. Dominante Investoren können nämlich die Qualität des berichteten Ergebnisses auch anhand ihrer privat zugänglichen Informationen beurteilen.[857]

- BIG 4: Große Wirtschaftsprüfungsgesellschaften weisen einen höheren Unabhängigkeitsgrad und daher auch eine höhere Prüfungsqualität auf als kleine Wirtschaftsprüfungsgesellschaften.[858] Durch die Wahl eines BIG 4 als Abschlussprüfer wird folglich ein positives Signal an den Kapitalmarkt gesendet. Daher ist die Wahl eines BIG 4 umso wahrscheinlicher, je größer die mit der Eigentümerstruktur verbundenen Agentenprobleme (Informationsasymmetrien bei breitgestreutem Aktienbesitz) sind.[859] Das Risiko einer negativen Reputation ist für den Abschlussprüfer bei Unternehmen mit breitgestreutem Aktienbesitz höher, da eine Vielzahl an Aktionären ihre (Investitions)entscheidungen auf Grundlage der Jahresabschlussdaten trifft. Im Gegensatz dazu ist der Adressatenkreis bei Unternehmen mit breitgestreutem Aktienbesitz geringer und dominante Investoren werden sich bei ihrer Entscheidung auch privater Informationskanäle bedienen. Ein Reputationsverlust entsteht für Abschlussprüfer vor allem bei der Aufdeckung kreativer Bilanzierungsmethoden, die ergebniserhöhend wirken (Entwicklungskostenaktivierung). Daher wird davon ausgegangen, dass die Wahl eines BIG 4 als Abschlussprüfer die Wahrscheinlichkeit einer Entwicklungskostenaktivierung reduziert und dieser Effekt umso stärker ist, je breitgestreuter der Aktienbesitz ist.

Kein moderierender Effekt wird im Gegensatz dazu bei den übrigen unabhängigen Variablen erwartet:

---

857 Zum allgemein moderierenden Effekt der Eigentümertsruktur auf den Unternehmenserfolg und einem Überblick einschlägiger empirischer Studien vgl. Haniffa/Hudaib (2006), S. 1041 f. Die empirischen Ergebnisse sind gemischt. So finden bspw. Joh (2003), Xu and Wang (1999) und Holderness/Sheehan (1988) einen positive Zusammenhang zwischen dem Vorhandensein institutioneller Investoren und dem Unternehmenserfolg, während Demsetz/Lehn (1985) und Demsetz/Villalonga (2001) keinen derartigen Zusammenhang feststellen.

858 Vgl. hierzu ausführlich DeAngelo (1981), S. 183 ff.

859 Zu diesbezüglichen empirischen Ergebnissen vgl. Fan/Wong (2005).

- KREDITVERTRAGSVERLETZUNG: Hier werden alle Aktionäre – unabhängig von der Eigentümerstruktur – daran interessiert sein, die mit einer Kreditvertragsverletzung einhergehenden Kosten zu vermeiden.
- ENFORCEMENT: Das Enforcement-Verfahren ist relevant für all jene Unternehmen, deren Wertpapiere i.S.d. § 2 Abs. 1 WpHG an einer inländischen Börse zum Handel im Regulierten Markt zugelassen sind.[860] Die Wahrscheinlichkeit, Gegenstand einer DPR-Prüfung zu sein, ist von der Eigentümerstruktur unbeeinflusst. Folglich besteht hier kein moderierender Einfluss.
- F&E-INTENSITÄT: Auf Grund der Risikoaversion des Managers wird unabhängig von der Eigentümerstruktur ein negativer Zusammenhang zwischen der F&E-Intensität und der Aktivierungsentscheidung sowie der Aktivierungsquote prognostiziert.
- MBV: Wachstumsunternehmen haben unabhängig von der Eigentümerstruktur einen größeren Finanzierungsbedarf als die restlichen Unternehmen. Daher wird kein moderierender Effekt der Eigentümerstruktur erwartet.

4.5 Forschungsdesign

Die Abhängigkeit der **Aktivierungsentscheidung** (0/1-Variable) von den im vorhergehenden Abschnitt herausgearbeiteten möglichen Einflussfaktoren wird mittels einer logistischen Regression getestet. Die Einbeziehung des Enforcement-Einflusses und des regulatorischen Einflusses als unabhängige Variable schließen eine Berücksichtigung von year-fixed effects bzw. industry fixed effects aus. Diesem Umstand wird in den Regressionen 1.1. und 1.2. Rechnung getragen. Da die Aktivierungsentscheidung jedoch sowohl jahres- als auch branchenabhängig sein könnte, wird die Ausgangsregression – quasi als Robustheitstest – nochmal unter Berücksichtigung von year fixed und industry fixed effects und ohne Einbeziehung des Enforcement-Einflusses und des regulatorischen Einflusses getestet (siehe Regressionen 1.3. und 1.4.). Um den möglichen moderierenden Effekt der Eigentümerstruktur[861] zu testen, wird die Gesamtstichprobe in zwei Unterstichproben

860 Siehe hierzu ausführlich Abschn. 2.6.1.3.

861 Siehe hierzu die Ausführungen im Rahmen der Hypothesenherleitung (Abschn. 4.4.).

unterteilt – eine mit breitgestreutem Aktienbesitz (D = 1) und eine mit konzentriertem Aktienbesitz (D = 0) –[862] und beide Unterstichproben miteinander interagiert. Darstellungstechnisch wird im Anschluss an die tabellarische Übersicht der Regressionsergebnisse der Gesamtstichprobe eine Auflistung des Interaktionsterms vorgenommen.

Regression 1.1.

AKTIVIERUNGSENTSCHEIDUNG = $\alpha_0 + \alpha_1$ GRÖSSE + α_s REGULIERUNG + α_3 VERSCHULDUNGSGRAD + α_4 PROFITABILITÄT + α_5 EIGENTÜMERSTRUKTUR + α_6 F&E-INTENSITÄT + α_7 MBV + α_8 BIG 4 + $\beta_1 \times$ D $\times$ GRÖSSE + $\beta_2 \times$ D $\times$ REGULIERUNG + $\beta_3 \times$ D $\times$ PROFITABILITÄT + $\beta_4 \times$ D $\times$ BIG 4
Branchen-Dummy: NEIN
Jahr-Dummy: JA

Regression 1.2.

AKTIVIERUNGSENTSCHEIDUNG = $\alpha_0 + \alpha_1$ GRÖSSE + α_s REGULIERUNG + α_3 VERSCHULDUNGSGRAD + α_4 PROFITABILITÄT + α_5 EIGENTÜMERSTRUKTUR + α_6 F&E-INTENSITÄT + α_7 MBV + α_8 BIG 4 + α_9 ENFORCEMENT + $\beta_1 \times$ D $\times$ GRÖSSE + $\beta_2 \times$ D $\times$ REGULIERUNG + $\beta_3 \times$ D $\times$ PROFITABILITÄT + $\beta_4 \times$ D $\times$ BIG 4
Branchen-Dummy: NEIN
Jahr-Dummy: NEIN

Regression 1.3.

AKTIVIERUNGSENTSCHEIDUNG = $\alpha_0 + \alpha_1$ GRÖSSE + α_2 VERSCHULDUNGSGRAD + α_3 PROFITABILITÄT + α_4 EIGENTÜMERSTRUKTUR + α_5 F&E-INTENSITÄT + α_6 MBV + α_7 BIG 4 + $\beta_1 \times$ D $\times$ GRÖSSE + $\beta_2 \times$ D $\times$ PROFITABILITÄT + $\beta_3 \times$ D $\times$ BIG 4
Branchen-Dummy: JA
Jahr-Dummy: JA

862 Die Unterteilung erfolgt im für die jeweilige Ausgangsstichprobe einschlägigen Median der nachfolgend näher definierten, unabhängigen Variable EIGENTÜMERSTRUKTUR.

Regression 1.4.

AKTIVIERUNGSENTSCHEIDUNG = α_0 + α_1 GRÖSSE + α_2 VERSCHULDUNGSGRAD + α_3 PROFITABILITÄT + α_4 EIGENTÜMERSTRUKTUR + α_5 F&E-INTENSITÄT + α_6 MBV + α_7 BIG 4 + α_8 ENFORCEMENT + $\beta_1 \times$ D $\times$ GRÖSSE + $\beta_2 \times$ D $\times$ PROFITABILITÄT + $\beta_3 \times$ D $\times$ BIG 4
Branchen-Dummy: JA
Jahr-Dummy: NEIN

Die Abhängigkeit der **Aktivierungsquote** (Variable, die einen Wert zwischen > 0 und 1 annehmen kann) von den im vorhergehenden Abschnitt herausgearbeiteten möglichen Einflussfaktoren wird mittels einer OLS-Regression unter Berücksichtigung von year fixed effects getestet.[863] Die Einbeziehung des regulatorischen Einflusses als unabhängige Variable schließt eine Berücksichtigung von industry fixed effects aus. Diesem Umstand wird in den Regression 2.1. Rechnung getragen. Da die Aktivierungsquote jedoch nicht nur jahres-, sondern auch branchenabhängig sein könnte, wird die Ausgangsregression – quasi als Robustheitstest – nochmal unter Berücksichtigung von industry fixed effects und ohne Einbeziehung des regulatorischen Einflusses getestet (siehe Regressionen 2.2.). Der mögliche moderierende Effekt der Eigentümerstruktur wird entsprechend der Ausführungen zur Aktivierungsentscheidung berücksichtigt.

Regression 2.1.

AKTIVIERUNGSQUOTE = α_0 + α_1 GRÖSSE + α_s REGULIERUNG + α_3 VERSCHULDUNGSGRAD + α_4 PROFITABILITÄT + α_5 EIGENTÜMERSTRUKTUR + α_6 F&E-INTENSITÄT + α_7 MBV + α_8 BIG 4 + $\beta_1 \times$ D $\times$ GRÖSSE + $\beta_2 \times$ D $\times$ REGULIERUNG + $\beta_3 \times$ D $\times$ PROFITABILITÄT + $\beta_4 \times$ D $\times$ BIG 4 + ε
Branchen-Dummy: NEIN
Jahr-Dummy: JA

---

863 Da die bilanzielle Abbildung von F&E-Aktivitäten als dreistufiger Entscheidungsprozesses abläuft, wird im Rahmen der Determinantenanalyse primär die Aktivierungsquote derjenigen Unternehmen, die im ersten Schritt eine positive Aktivierungsentscheidung getroffen haben, untersucht (vgl. Tab. 4-3). Zur Vermittlung eines Überblicks über die aggregierten Einflussfaktoren der ersten beiden Entscheidungsschritte (Aktivierungsquote und Aktivierungsentscheidung) wird des Weiteren die Aktivierungsquote aller Unternehmen als abhängige Variable untersucht, also diejenigen Unternehmen, die im ersten Schritt eine negative Aktivierungsentscheidung getroffen haben, mit einem Wert von Null berücksichtigt (vgl. Tab. 4-4).

Regression 2.2.

AKTIVIERUNGSQUOTE = = $\alpha_0 + \alpha_1$ GRÖSSE + α_2 VERSCHULDUNGSGRAD + α_3 PROFITABILITÄT + α_4 EIGENTÜMERSTRUKTUR + α_5 F&E-INTENSITÄT + α_6 MBV + α_7 BIG 4 + $\beta_1 \times$ D $\times$ GRÖSSE + $\beta_2 \times$ D $\times$ PROFITABILITÄT + $\beta_3 \times$ D $\times$ BIG 4+ ε
Branchen-Dummy: JA
Jahr-Dummy: JA

Im Rahmen der Disclosure Compliance-Prüfung wird die Compliance von Aktivierern und Nicht-Aktivierern getrennt voneinander betrachtet, da sich der Umfang der verpflichtenden Anhangsangaben dieser beiden Unternehmensgruppen erheblich voneinander unterscheidet. Während Nicht-Aktivierer nur den Gesamtbetrag der F&E-Ausgaben offenlegen müssen, sind an eine Aktivierung viele zusätzliche Angabepflichten geknüpft.[864] Daher wird die Disclosure Compliance der Nicht-Aktivierer anhand einer logistischen Regression getestet. Abhängige Variable stellt die Compliance mit der Angabepflicht der F&E-Aufwendungen einer Periode (0/1-Variable) dar. Im Gegensatz dazu wird der Grad der Konformität mit den einzelnen Angabepflichten bei den Aktivierern anhand eines Disclosure-Compliance-Index, der einen Wert zwischen 0 (Verstoß gegen sämtliche Angabepflichten) und 1 (vollumfängliche Erfüllung der Angabepflichten) annehmen kann, gewichtet. Entsprechend findet eine OLS-Regression Anwendung. Die Einbeziehung des Enforcement-Einflusses als unabhängige Variable schließt eine Berücksichtigung von year fixed effects aus. Diesem Umstand wird in den Regressionen 3.1. und 3.3. Rechnung getragen. Da die Aktivierungsquote jedoch nicht nur branchen-, sondern auch jahresabhängig sein könnte, wird die Ausgangsregression – quasi als Robustheitstest – nochmal unter Berücksichtigung von year fixed effects und ohne Einbeziehung des Enforcement-Einflusses getestet (siehe Regressionenen 3.2. und 3.4.).

Regression 3.1.

DISCLOSURECOMPLIANCE_NICHT-AKTIVIERER = $\alpha_0 + \alpha_1$ GRÖSSE + α_2 VERSCHULDUNGSGRAD + α_3 PROFITABILITÄT + α_4 EIGENTÜMERSTRUKTUR + α_5 MBV + α_6 BIG 4 + α_7 ENFORCEMENT + $\beta_1 \times$ D $\times$ GRÖSSE + $\beta_2 \times$ D $\times$ PROFITABILITÄT + $\beta_3 \times$ D $\times$ BIG 4
Branchen-Dummy: JA
Jahr-Dummy: NEIN

864 Zu den F&E-spezifischen Angabepflichten siehe ausführlich Abschn. 2.3.4. Zu den nachprüfbaren Angaben siehe Abschn. 3.8.2.

Regression 3.2.

DISCLOSURECOMPLIANCE_NICHT-AKTIVIERER = $\alpha_0 + \alpha_1$ GRÖSSE + α_2 VERSCHULDUNGSGRAD + α_3 PROFITABILITÄT + α_4 EIGENTÜMERSTRUKTUR + α_5 MBV + α_6 BIG 4 + $\beta_1 \times$ D $\times$ GRÖSSE + $\beta_2 \times$ D $\times$ PROFITABILITÄT + $\beta_3 \times$ D $\times$ BIG 4
Branchen-Dummy: JA
Jahr-Dummy: JA

Regression 3.3.

DISCLOSURECOMPLIANCE_AKTIVIERER = $\alpha_0 + \alpha_1$ GRÖSSE + α_2 VERSCHULDUNGSGRAD + α_3 PROFITABILITÄT + α_4 EIGENTÜMERSTRUKTUR + α_5 MBV + α_6 BIG 4 + α_7 ENFORCEMENT + $\beta_1 \times$ D $\times$ GRÖSSE + $\beta_2 \times$ D $\times$ PROFITABILITÄT + $\beta_4 \times$ D $\times$ BIG 4 + ε
Branchen-Dummy: JA
Jahr-Dummy: NEIN

Regression 3.4.

DISCLOSURECOMPLIANCE_AKTIVIERER = $\alpha_0 + \alpha_1$ GRÖSSE + α_2 VERSCHULDUNGSGRAD + α_3 PROFITABILITÄT + α_4 EIGENTÜMERSTRUKTUR + α_5 MBV + α_6 BIG 4 + $\beta_1 \times$ D $\times$ GRÖSSE + $\beta_2 \times$ D $\times$ PROFITABILITÄT + $\beta_3 \times$ D $\times$ BIG 4 + ε
Branchen-Dummy: JA
Jahr-Dummy: JA

Die abhängigen und unabhängigen Variablen werden wie folgt definiert:

Abhängige Variablen:

AKTIVIERUNGSENTSCHEIDUNG = Indikatorvariable (handerhoben), die den Wert 1 annimmt, wenn das Unternehmen eine Aktivierung von F&E-Ausgaben vornimmt und den Wert 0, wenn sämtliche F&E-Ausgaben aufwandswirksam erfasst werden.

AKTIVIERUNGSQUOTE_AKTIVIERER = Verhältnis der aktivierten Entwicklungskosten einer Periode (handerhoben) zu den gesamten F&E-Aufwendungen einer Periode (handerhoben) von denjenigen Unternehmen, die sich in der betrachteten Periode zur Aktivierung von Entwicklungskosten entschieden haben.

AKTIVIERUNGSQUOTE_GESAMT = Verhältnis der aktivierten Entwicklungskosten einer Periode (handerhoben) zu den gesamten F&E-Aufwendungen einer Periode (handerhoben), von allen Unternehmen. Unternehmen, die sich zu einer aufwandswirksamen Erfassung sämtlicher F&E-Ausgaben entschieden haben, werden mit einem Wert von 0 berücksichtigt.

DISCLOSURECOMPLIANCE_AKTIVIERER = Maß der Disclosure Compliance der Aktivierer durch Gewichtung der einzelnen Angabepflichten (handerhoben). Dabei werden folgende Gruppen von nachprüfbaren Angabeverpflichtungen zu je einem Drittel gewichtet: 1. die Angaben zur Folgebewertung (ob die Nutzungsdauer begrenzt oder unbegrenzt ist, die Abschreibungsmethode, die Abschreibungsdauer und die GuV-Position, in der die planmäßigen Abschreibungen berücksichtigt werden), 2. die geforderte Überleitungsrechnung des Buchwerts der aktivierten Entwicklungskosten vom Beginn zum Ende der Rechnungslegungsperiode mit Angabe der kumulierten Anschaffungskosten und der kumulierten planmäßigen Abschreibungen sowie 3. die Angabe der aufwandswirksam in einer Periode erfassten F&E-Ausgaben. Die Variable nimmt einen Wert zwischen 0 (bei Verstoß gegen sämtliche Angabeverpflichtungen) und 1 (bei vollständiger Disclosure Compliance) an.

DISCLOSURECOMPLIANCE_NICHT-AKTIVIERER = Indikatorvariable (handerhoben), die den Wert 1 annimmt, wenn ein Nicht-Aktivierer der einzigen für ihn bestehenden Angabeverpflichtung – der Offenlegung der aufwandswirksam erfassten F&E-Ausgaben einer Periode – nachkommt, ansonsten nimmt die Variable einen Wert von 0 an.

Unabhängige Variablen:

GRÖSSE = natürlicher Logarithmus der Bilanzsumme (total assets, WS02999) des Unternehmens.

REGULIERUNG = Indikatorvariable, die den Wert 1 annimmt, wenn ein Unternehmen einer stark öffentlich-rechtlich regulierten Branche angehört, ansonsten nimmt sie den Wert 0 an. Als regulierte Unternehmen wurden solche gekennzeichnet, denen die WS-SIC-Codes 3400 (Drugs, Cosmetic & Healthcare), 4600 (Food), 5800 (Oil, Gas, Coal & Related Services), 8200 (Utilities) sowie der WS-Industry-Group-Code 8550 (Medical Services) zugeordnet sind.

KREDITVERTRAGSVERLETZUNG = Gleichgewichteter Durchschnitt aus folgenden fünf Kennzahlen: 1) der Zinsdeckungsquote, 2) dem Verhältnis der

Schulden zum operativen Ergebnis, 3) der Anlagenintensität, 4) der langfristigen Verschuldungsquote und 5) der Gesamtverschuldungsquote. Jede Kennzahl ist in fünf Perzentilen gerankt, wobei Unternehmen mit einer 1 die schlechteste Ausprägungsform der Kennzahl aufweisen und Unternehmen mit einer 5 die beste. Die einzelnen Kennzahlen sind wie folgt definiert:

1) Zinsdeckungsquote = Quotient aus operativem Ergebnis vor Abschreibungen (operating income before depreciation, WS18155) abzüglich Abschreibungen (depreciation, WS01151) und den Zinsaufwendungen (interest expense, WS01251).
2) Verhältnis der Schulden zum operativen Ergebnis = Quotient aus den Gesamtschulden (total debt, WS03255) und dem operativen Ergebnis vor Abschreibungen (operating income before depreciation, WS18155) abzüglich Abschreibungen (depreciation, WS01151)
3) Anlagenintensität = Quotient aus Anlagevermögen (net property, plant and equipment, WS02501) und Bilanzsumme (total assets, WS02999)
4) langfristige Verschuldungsquote = Verhältnis der langfristigen Schulden eines Unternehmens (long-term debt, WS03251) zu dessen Bilanzsumme (total assets, WS02999)
5) Gesamtverschuldungsquote = Verhältnis der Schulden eines Unternehmens (total debt, WS03255) zu dessen Bilanzsumme (total assets, WS02999)

PROFITABILITÄT = Gesamtkapitalrentabilität = Verhältnis des Ergebnisses vor Zinsen und Steuern (earnings before interest and taxes, WS18191) zum arithmetischen Mittel der Bilanzsumme (total assets, WS02999) des Vorjahres und des aktuellen Jahres.

EIGENTÜMERSTRUKTUR = Prozentualer Anteil der Aktien eines Unternehmens, die von gewöhnlichen Investoren[865] gehalten wird (free float number of shares, NOSHFF). Die Werte stammen von der von Thompson Financial betriebenen Datastream-Datenbank.

F&E-INTENSITÄT = Verhältnis der F&E-Ausgaben eines Unternehmens (handerhoben) zu dessen Umsatzerlösen (net sales or revenues, WS01001).

865 In Datastream wird hier der Begriff „ordinary investors“ verwendet. „Ordinary investors“ sind alle Aktionäre, die keine strategischen Investitionen (strategic holdings) in das betreffende Unternehmen getätigt haben.

MBV = Markt-Buchwert-Verhältnis: Verhältnis der Marktkapitalisierung des Unternehmens (market capitalization WS08001) zu dessen buchmäßigem Eigenkapital (Shareholders' Equity, WS03999).

BIG4 = Indikatorvariable (handerhoben), die den Wert 1 annimmt, wenn ein Unternehmen von einer der vier großen Wirtschaftsprüfungsgesellschaften (PwC, KPMG, E&Y, Deloitte) geprüft wird, ansonsten nimmt sie den Wert 0 an.

ENFORCEMENT = Indikatorvariable, die den Wert 1 annimmt, wenn die untersuchten Geschäftsjahre nach 2007, dem Jahr der erstmaligen intensiven Berichterstattung der DPR über die bilanzielle Abbildung von F&E-Aktivitäten, liegen, ansonsten nimmt sie den Wert 0 an.

D = Indikatorvariable, die den Wert 1 annimmt, wenn der prozentuale Anteil der Aktien eines Unternehmens, der von gewöhnlichen Investoren[866] gehalten wird (free float number of shares, NOSHFF),[867] oberhalb des Medians der einschlägigen Stichprobe liegt. Ansonsten nimmt die Variable den Wert 0 an

4.6 Herleitung der Stichproben und deskriptive Statistiken

Zur Herleitung der Stichprobe siehe Abschn. 3.3. Zu den deskriptiven Statistiken sei auf den Anhang (Tab. A-2 bis Tab. A-5) verwiesen. Vor dem Hintergrund der ausführlichen Darstellung der deskriptiv-empirischen Ergebnisse in Abschn. 3 dieser Arbeit, wird an dieser Stelle auf weitere Ausführungen verzichtet.

4.7 Ergebnisse und Schlussfolgerungen

Es besteht ein positiver Zusammenhang zwischen der **Aktivierungsentscheidung** (siehe Tab. 4-1) und der Nähe eines Unternehmens zur Verletzung von

866 In Datastream wird hier der Begriff „ordinary investors" verwendet. „Ordinary investors" sind alle Aktionäre, die keine strategischen Investitionen (strategic holdings) in das betreffende Unternehmen getätigt haben.

867 Die Werte stammen von der von Thompson Financial betriebenen Datastream-Datenbank. Vgl. auch Definition der unabhängigen Variable EIGENTÜMERSTRUKTUR.

Kreditvertragsklauseln sowie der Wahrscheinlichkeit, Gegenstand der Enforcement-Prüfung zu sein. Es besteht ein negativer Zusammenhang zwischen der Aktivierungsentscheidung und der Zugehörigkeit eines Unternehmens zu einer regulierten Branche sowie der Wahl einer BIG 4-Gesellschaft als Abschlussprüfer, wobei der zuletzt genannte Zusammenhang nur bei Unternehmen mit breitgestreutem Aktienbesitz eine statistische Signifikanz aufweist. Keine Auswirkungen auf die Aktivierungsentscheidung haben die Unternehmensgröße, die Profitabilität, die Eigentümerstruktur, die F&E-Intensität und das Markt-Buchwert-Verhältnis.[868] Die **Aktivierungsquote** der Aktivierer (siehe Tab. 4-3) ist umso höher, je geringer die Unternehmensgröße und die F&E-Intensität sind.[869] Von den übrigen unabhängigen Variablen ist die Aktivierungsquote unbeeinflusst.

Die empirischen Ergebnisse deuten auf einen **Zusammenhang** zwischen dem **Aktivierungsverhalten** (aggregierte Betrachtung von Aktivierungsentscheidung und Aktivierungsquote) und folgenden **Anreizen** hin (siehe Tab. 4-4):[870]

1. Dem **vertragsinduzierten Anreiz**, eine Verletzung von Kreditvertragsklauseln zu vermeiden.
2. Dem **Anreiz**, eine **negative Reputation** bzw. negative Auswirkungen auf den Humankapitalwert zu **vermeiden** (negativer Anreiz). Im Fall einer positiven Aktivierungsentscheidung wird bei späterer Erfolglosigkeit eines F&E-Projektes durch die dann zu erfassende Wertminderung ein negatives Signal an den Kapitalmarkt gesendet. Dieses Signal ist umso stärker, je größer die Bedeutung von F&E für ein Unternehmen ist. Die **Risikoaversion des Managers** führt dazu, dass die Entwicklungskostenaktivierung mit zunehmender F&E-Intensität abnimmt. Allerdings ist die Risikoaversion bei den meisten Managern nicht so stark ausgeprägt, dass – um dem Risiko eines Reputationsverlustes vollständig zu entgehen – gänzlich auf eine Entwicklungskostenaktivierung verzichtet wird. Der Großteil der Manager entscheidet sich vielmehr

868 Der regulatorische Einfluss weist ein 1%iges-Signifikanzniveau, die Nähe zur Kreditvertragsverletzung und der Einfluss des Enforcement-Verfahrens ein 5%iges Signifikanzniveau auf. Auf einem 10%igen Signifikanzniveau ist bei Unternehmen mit breitgestreutem Aktienbesitz die Eigentümerstruktur signifikant.

869 Die F&E-Intensität weist ein 1%iges Signifikanzniveau und die Unternehmensgröße ein 5%iges Signifikanzniveau auf.

870 Zu einer graphischen Übersicht der möglichen Anreize und deren empirischer Messung siehe Abb. 4-4.

für eine Entwicklungskostenaktivierung bei gleichzeitiger Wahl einer sehr geringen Aktivierungsquote. Somit sendet er durch die positive Aktivierungsentscheidung ein Signal über das Erfolgsversprechen der F&E-Aktivitäten an den Kapitalmarkt und stellt durch die Wahl einer geringen Aktivierungsquote gleichzeitig sicher, dass im Fall einer späteren Erfolgslosigkeit des F&E-Projektes der zu erfassende Wertminderungsaufwand und gleichsam das Risiko eines Reputationsverlustes von untergeordneter Bedeutung sind.
Der Anreiz zur Vermeidung einer negativen Reputation und die Risikoaversion des Managers könnten auch die erfolgswirksame Erfassung der F&E-Ausgaben in regulierten Branchen erklären. Ein Manager, der sich vor behördlicher Zulassung zur Entwicklungskostenaktivierung entscheidet, geht nämlich ein hohes Risiko ein, im Fall des späteren Versagens der Zulassung ein negatives Signal über den Erfolg seines Handelns zu senden.
3. Dem Anreiz, negative Konsequenzen aus dem als **Sanktionsmechanismus** wirkenden Enforcement-Verfahren bzw. den **institutionellen Rahmenbedingungen** zu vermeiden (negativer Anreiz). Da die DPR anhand ihres Prüfungsvorgehens in erster Linie eine vollständig aufwandswirksame Erfassung der F&E-Aktivitäten beanstanden wird, übt das „Enforcement-Risiko" einen positiven Einfluss auf die Aktivierungsentscheidung aus.

Die Eigentümerstruktur übt einen moderierenden Effekt auf das F&E-spezifische Prüfungsverhalten der BIG 4-Gesellschaften aus. Eine Erklärung hierfür könnte sein, dass das Risiko einer negativen Reputation für den Abschlussprüfer mit zunehmender Streuung des Aktienbesitzes auf Grund des größeren Adressatenkreises des Jahresabschlusses steigt. Da ein Reputationsverlust bei Aufdeckung kreativer Bilanzierungsmethoden, die ergebniserhöhend wirken (Entwicklungskostenaktivierung), größer ist als bei ergebnismindernden Bilanzierungsmethoden und eine BIG 4-Gesellschaft auf Grund ihrer größeren Unabhängigkeit eine stärkere Verhandlungsmacht gegenüber dem Abschlussersteller aufweist als eine kleine Prüfungsgesellschaft, wird die Entwicklungskostenaktivierung gerade bei Unternehmen mit breitgestreutem Aktienbesitz negativ durch die Wahl einer BIG 4-Gesellschaft als Abschlussprüfer negativ beeinflusst. Auf die übrigen Variablen übt die Eigentümerstruktur keinen moderierenden Effekt aus.

Der negative Zusammenhang zwischen der Aktivierungsquote und der Unternehmensgröße könnte Indiz dafür sein, dass **große Unternehmen** tendenziell **mehr** für **Grundlagenforschung** ausgeben als kleine Unternehmen (technischer Zusammenhang).

Tab. 4-1: Determinanten der Entscheidung zur Aktivierung von Entwicklungskosten (N = 1.450)

AKTIVIERUNGSENTSCHEIDUNG			**Regression 1.1.**		**Regression 1.2.**		**Regression 1.3.**		**Regression 1.4.**	
Unabhängige Variable	**Hypothese**	**Erwartetes Vorzeichen**	**Koeffizient**	**p-Wert**	**Koeffizient**	**p-Wert**	**Koeffizient**	**p-Wert**	**Koeffizient**	**p-Wert**
GRÖSSE	1.1.	–	–0,0331	0,6552	–0,0331	0,6540	–0,0542	0,4610	–0,0538	0,4616
REGULIERUNG	**1.2.**	–	**–12,3534**	**<0,0001**	**–12,3473**	**<0,0001**	–	–	–	–
KREDITVERTRAGSVERLETZUNG	**1.3.**	+	**0,2467**	**0,0223**	**0,2456**	**0,0219**	**0,2250**	**0,0353**	**0,2241**	**0,0348**
PROFITABILITÄT	1.4.	–	0,0292	0,8457	0,0371	0,7934	0,0442	0,7656	0,0469	0,7387
EIGENTÜMERSTRUKTUR	1.5.	+	0,4459	0,5296	0,4672	0,5095	0,3214	0,6412	0,3427	0,6187
F&E-INTENSITÄT	1.6.	–	–0,4397	0,1303	–0,4276	0,1413	–0,4334	0,1251	–0,4233	0,1352
MBV	1.7.	+	–0,0128	0,7127	–0,0109	0,7456	–0,0780	0,8175	–0,0062	0,8505
BIG4	1.8.	–	–0,0495	0,8833	–0,0379	0,9098	–0,0940	0,7774	–0,0835	0,8006
ENFORCEMENT	**1.9.**	+	–	–	**0,2288**	**0,0319**	–	–	**0,2344**	**0,0257**
GRÖSSE × D			0,0405	0,3140	0,0418	0,2985	0,0464	0,2378	0,0472	0,2285
REGULIERUNG × D			0,3020	0,5835	0,2729	0,6203	–	–	–	–
PROFITABILITÄT × D			–0,1890	0,4434	–0,1782	0,4614	–0,2136	0,3822	–0,1999	0,4052
BIG4 × D			**–0,8025**	**0,0661**	**–0,8205**	**0,0604**	**–0,6980**	**0,1008**	**–0,7158**	**0,0991**
Jahr-Dummy			JA		NEIN		JA		NEIN	
Branchen-Dummy			NEIN		NEIN		JA		JA	
Likelihood ratio χ^2			295,8349		292,6458		263,7127		260,7129	
Rescaled R^2			0,2527		0,2502		0,2277		0,2254	

Tab. 4-1 stellt die Ergebnisse der logistischen Regressionen 1.1. und 1.2. dar. Mit einer zweiseitigen Irrtumswahrscheinlichkeit von unter 10% signifikant von Null verschiedene Werte sind fett gedruckt. Die Variablendefinition findet sich in Tab. 4-2.

Tab. 4-2: Definition abhängiger und unabhängiger Variablen

AKTIVIERUNGSENTSCHEIDUNG = Indikatorvariable (handerhoben), die den Wert 1 annimmt, wenn das Unternehmen eine Aktivierung von F&E-Ausgaben vornimmt und den Wert 0, wenn sämtliche F&E-Ausgaben aufwandswirksam erfasst werden; AKTIVIERUNGSQUOTE_AKTIVIERER = Verhältnis der aktivierten Entwicklungskosten einer Periode (handerhoben) zu den gesamten F&E-Aufwendungen einer Peri-ode (handerhoben) von denjenigen Unternehmen, die sich in der betrachteten Periode zur Aktivierung von Entwicklungskosten entschieden haben; AKTIVIERUNGSQUOTE_GESAMT = Verhältnis der aktivierten Entwicklungskosten einer Periode (handerhoben) zu den gesamten F&E-Aufwendungen einer Periode (handerhoben), von allen Unternehmen. Unternehmen, die sich zu einer aufwandswirksamen Erfassung sämtlicher F&E-Ausgaben entschieden haben, werden mit einem Wert von 0 berücksichtigt; DISCLOSURECOMPLIANCE_AKTIVIERER = Maß der Disclosure Compliance der Aktivierer durch Gewichtung der einzelnen Angabepflichten (handerhoben). Dabei werden folgende Gruppen von nachprüfbaren Angabeverpflichtungen zu je einem Drittel gewichtet: 1. die Angaben zur Folgebewertung (ob die Nutzungsdauer begrenzt oder unbegrenzt ist, die Abschreibungsmethode, die Abschreibungsdauer und die GuV-Position, in der die planmäßigen Abschreibungen berücksichtigt werden), 2. die geforderte Überleitungsrechnung des Buchwerts der aktivierten Entwicklungskosten vom Beginn zum Ende der Rechnungslegungsperiode mit Angabe der kumulierten Anschaffungskosten und der kumulierten planmäßigen Abschreibungen sowie 3. die Angabe der aufwandswirksam in einer Periode erfassten F&E-Ausgaben. Die Variable nimmt einen Wert zwischen 0 (bei Verstoß gegen sämtliche Angabeverpflichtungen) und 1 (bei vollständiger Disclosure Compliance) an; DISCLOSURECOMPLIANCE_NICHT-AKTIVIERER = Indikatorvariable (handerhoben), die den Wert 1 annimmt, wenn ein Nicht-Aktivierer der einzi-gen für ihn bestehenden Angabeverpflichtung – der Offenlegung der aufwandswirksam erfassten F&E-Ausgaben einer Periode – nachkommt, ansonsten nimmt die Variable einen Wert von 0 an; GRÖSSE = natürlicher Logarithmus der Bilanzsumme (total assets, WS02999) des Unternehmens; REGULIERUNG = Indikatorvariable, die den Wert 1 annimmt, wenn ein Unternehmen einer stark öffentlich-rechtlich regulierten Branche angehört, ansonsten nimmt sie den Wert 0 an. Als regulierte Unternehmen wurden solche gekennzeichnet, denen die WS-SIC-Codes 3400 (Drugs, Cosmetic & Healthcare), 4600 (Food), 5800 (Oil, Gas, Coal & Related Services), 8200 (Utilities) sowie der WS-Industry-Group-Code 8550 (Medical Services) zugeordnet sind KREDITVERTRAGSVERLETZUNG = Gleichgewichteter Durchschnitt aus folgenden fünf Kennzahlen: 1) der Zinsdeckungsquote, 2) dem Verhältnis der Schulden zum operativen Ergebnis, 3) der Anlagenintensität, 4) der langfristigen Verschuldungsquote und 5) der Gesamtverschuldungsquote. Jede Kennzahl ist in fünf Perzentilen gerankt, wobei Unternehmen mit einer 1 die schlechteste Ausprägungsform der Kennzahl aufweisen und Unternehmen mit einer 5 die beste. Die einzelnen Kennzahlen sind wie folgt definiert: 1) Zinsdeckungsquote = Quotient aus operativem Ergebnis vor Abschreibun-gen (operating income before depreciation, WS18155) abzüglich Abschreibungen (depreciation, WS01151) und den Zinsaufwendungen (interest expense, WS01251),. 2) Verhältnis der Schulden zum operativen Ergebnis = Quotient aus den Gesamtschulden (total debt, WS03255) und dem operativen Ergebnis vor Abschreibungen (operating income before depreciation, WS18155) abzüglich Abschreibungen (depreciation, WS01151), 3) Anlagenintensität = Quotient aus Anlagevermögen (net property, plant and equipment, WS02501) und Bilanzsumme (total assets, WS02999), 4) langfristige Verschuldungsquote = Verhältnis der langfristigen Schulden eines Unternehmens (long-term debt, WS03251) zu dessen Bilanzsumme (total assets, WS02999), 5) Gesamtverschuldungsquote = Verhältnis der Schulden eines Unternehmens (total debt, WS03255) zu dessen Bilanzsumme (total assets, WS02999); PROFITABILITÄT = Gesamtkapitalrentabilität = Verhältnis des Ergebnisses vor Zinsen und Steuern (earnings before interest and taxes, WS18191) zum arithmetischen Mittel der Bilanzsumme (total assets, WS02999) des Vorjahres und des aktuellen Jahres. EIGENTÜMERSTRUKTUR = Prozentualer Anteil der Aktien eines Unternehmens, die von gewöhnlichen Investoren (In Datastream wird hier der Begriff „ordinary investors" verwendet. „Ordinary investors" sind alle Aktionäre, die keine strategischen Investitionen (strategic holdings) in das betreffende Unternehmen getätigt haben.) gehalten wird (Free float number of shares, NOSHFF). Die Werte stammen von der von Thompson Financial betriebenen Datastream-Datenbank; F&E-INTENSITÄT = Verhältnis der F&E-Ausgaben eines Unternehmens (handerhoben) zu dessen Umsatzerlösen (net sales or revenues, WS01001); MBV = Markt-Buchwert-Verhältnis: Verhältnis der Marktkapitalisierung des Unternehmens (market capitalization WS08001) zu dessen buchmäßigem Eigenkapital (Shareholders' Equity, WS03999); BIG4 = Indikatorvariable (handerhoben), die den Wert 1 annimmt, wenn ein Unternehmen von einer der vier großen Wirtschaftsprüfungsgesellschaften (PwC, KPMG, E&Y, Deloitte) geprüft wird, ansonsten nimmt sie den Wert 0 an; ENFORCEMENT = Indikatorvariable, die den Wert 1 annimmt, wenn die untersuchten Geschäftsjahre nach 2007, dem Jahr der erstmaligen intensiven Berichterstattung der DPR über die bilanzielle Abbildung von F&E-Aktivitäten, liegen, ansonsten nimmt sie den Wert 0 an.

Tab. 4-3: Determinanten der Aktivierungsquote der Aktivierer (N = 793)

AKTIVIERUNGSQUOTE_AKTIVIERER			**Regression 2.1.**		**Regression 2.2.**	
Unabhängige Variable	**Hypothese**	**Erwartetes Vorzeichen**	**Koeffizient**	**p-Wert**	**Koeffizient**	**p-Wert**
GRÖSSE	**2.1.**	–	**–0,0201**	**0,0225**	**–0,0123**	**0,0569**
REGULIERUNG	2.2.	–	0,0477	0,6510	–	–
KREDITVERTRAGSVERLETZUNG	2.3.	+	0,0223	0,1533	0,0248	0,1127
PROFITABILITÄT	2.4.	–	–0,0335	0,2274	–0,0392	0,1291
EIGENTÜMERSTRUKTUR	2.5.	+	0,0919	0,3706	0,1405	0,1561
F&E-INTENSITÄT	**2.6.**	–	**–0,1441**	**0,0005**	**–0,1247**	**0,0049**
MBV	2.7.	+	–0,0024	0,6225	–0,0041	0,4025
BIG4		+/–	0,0089	0,8393	0,0128	0,7752
GRÖSSE × D			–0,0039	0,3736	–0,0046	0,2595
REGULIERUNG × D			0,0409	0,7157	–	–
PROFITABILITÄT × D			0,0086	0,8191	0,0209	0,5817
BIG4 × D			–0,0705	0,1833	–0,0832	0,1044
Jahr-Dummy			JA		JA	
Branchen-Dummy			NEIN		JA	
F-Value			2,16		2,59	
Adjusted R^2			0,0816		0,1317	

Tab. 4-3 stellt die Ergebnisse der OLS-Regressionen 2.1. und 2.2. für sämtliche Unternehmen mit positiver Aktivierungsentscheidung dar. Mit einer zweiseitigen Irrtumswahrscheinlichkeit von unter 10% signifikant von Null verschiedene Werte sind fett gedruckt. Die Variablendefinition findet sich in Tab. 4-2.

Tab. 4-4: Determinanten der Aktivierungsquote aller Unternehmen (N = 1.450)

AKTIVIERUNGSQUOTE_GESAMT			**Regression 2.1.**		**Regression 2.2.**	
Unabhängige Variable	**Hypothese**	**Erwartetes Vorzeichen**	**Koeffizient**	**p-Wert**	**Koeffizient**	**p-Wert**
GRÖSSE	**1.1./2.1.**	–	**–0,0137**	**0,0575**	**–0,0124**	**0,0760**
REGULIERUNG	1.2.	–	–0,0419	0,3497	–	–
KREDITVERTRAGSVERLETZUNG	**1.3./2.3.**	+	**0,0243**	**0,0280**	**0,0293**	**0,0080**
PROFITABILITÄT	1.4./2.4.	–	0,0016	0,8815	0,0043	0,6848
EIGENTÜMERSTRUKTUR	1.5./2.5.	+	0,0782	0,2792	0,0829	0,2367
F&E-INTENSITÄT	**1.6./2.6.**	+/–	**–0,0348**	**<0,0001**	**–0,0332**	**0,0003**
MBV	1.7./2.7.	+	–0,0033	0,1934	–0,0020	0,4069
BIG4	1.8./2.8.	–	0,0024	0,9423	–0,0119	0,7241
GRÖSSE × D			0,0008	0,8395	0,0007	0,8290
REGULIERUNG × D			0,0222	0,6613	–	–
PROFITABILITÄT × D			–0,0264	0,2060	–0,0214	0,2997
BIG4 × D			**–0,0921**	**0,0282**	**–0,0743**	**0,0700**
Jahr-Dummy			JA		JA	
Branchen-Dummy			NEIN		JA	
F-Value			3,78		4,68	
Adjusted R^2			0,0597		0,1041	

Tab. 4-4 stellt die Ergebnisse der OLS-Regressionen 2.1. und 2.2. für sämtliche Unternehmen – unabhängig von deren Aktivierungsentscheidung – dar. Mit einer zweiseitigen Irrtumswahrscheinlichkeit von unter 10% signifikant von Null verschiedene Werte sind fett gedruckt. Die Variablendefinition findet sich in Tab. 4-2.

Es besteht ein positiver Zusammenhang zwischen der **Disclosure-Compliance der Aktivierer** und dem Enforcement-Verfahren, der Unternehmensgröße, dem Markt-Buchwert-Verhältnis sowie der Profitabilität. Die Disclosure Compliance ist umso schlechter, je breitgestreuter der Aktienbesitz ist. Die Wahl einer BIG 4-Gesellschaft als Abschlussprüfer übt bei Unternehmen mit breitgestreutem Aktienbesitz einen positiven Einfluss, bei Unternehmen mit konzentriertem Aktienbesitz hingegen einen negativen Einfluss auf die Disclosure Compliance aus (siehe Tab. 4-5).[871] Im Gegensatz dazu ist die **Disclosure-Compliance der Nicht-Aktivierer** ausschließlich durch die Unternehmensgröße beeinflusst (positiver Einfluss, siehe Tab. 4-6).

Die empirischen Ergebnisse liefern Anhaltspunkte dafür, dass die Disclosure-Compliance mit folgenden Anreizen verbunden ist:

1. Dem Anreiz, negative Konsequenzen aus dem als **Sanktionsmechanismus** wirkenden Enforcement-Verfahren bzw. den **institutionellen Rahmenbedingungen** zu vermeiden (negativer Anreiz).
2. Dem Anreiz zur **Erzielung** möglichst **geringer Kapitalkosten**, der bei Wachstumsunternehmen (hohes Markt-Buchwert-Verhältnis) auf Grund ihres größeren Finanzierungsbedarfs stärker ausgeprägt ist als bei den restlichen Unternehmen.
3. Dem Anreiz zur **Vermeidung von Kosten**, die **aus Informationsasymmetrien** entstehen: Die Informationsasymmetrien zwischen dem Manager und dem Prinzipal sind nämlich bei Unternehmen mit einem großen Wachstumspotential (einem hohen Markt-Buchwert-Verhältnis) größer, da der Manager eine bessere Einsicht in die Investitionsmöglichkeiten und in deren Erfolgsversprechen hat.
4. Dem **Anreiz**, eine **negative Reputation** bzw. negative Auswirkungen auf den Humankapitalwert zu **vermeiden** (negativer Anreiz). Dieser negative Anreiz ist umso stärker ausgeprägt, je größer – und somit exponierter – ein Unternehmen ist.
5. Dem Anreiz zur **Vermeidung negativer Konkurrenzeffekte**. Da sich große Unternehmen besser gegen eine Kopie ihrer eigenen Technologien schützen können als kleinen Unternehmen, gehen sie bei einer ausführlichen Anhangsberichterstattung ein geringeres Plagiatsrisiko ein als kleine Unternehmen.

---

871 Das Enforcement-Verfahren weist ein 1%iges Signifikanzniveau, die Eigentümerstruktur ein 10%iges Signifikanzniveau auf. Die Unternehmensgröße, die Profitabilität, das Markt-Buchwert-Verhältnis und die Wahl einer BIG 4-Gesellschaft als Abschlussprüfer sind auf einem 5%igen Signifikanzniveau signifikant.

Der positive Zusammenhang zwischen der Disclosure Compliance der Aktivierer und der **Unternehmensgröße** könnte ferner auf ein besser ausgestaltetes Rechnungswesen und **geringere Informationsaufbereitungskosten** zurückzuführen sein (technischer Zusammenhang).

Entgegen den Erwartungen nimmt die Wahrscheinlichkeit einer regelkonformen Anhangsberichterstattung mit zunehmender Streuung des Aktienbesitzes (großen Informationsasymmetrien) ab. Dieses Ergebnis ist insofern verwunderlich, als eine qualitativ hochwertige Anhangsberichterstattung gerade zum Abbau von Informationsasymmetrien genutzt werden könnte. Allerdings weist der Einfluss der Eigentümerstruktur auf die Disclosure Compliance nur ein 10%iges Signifikanzniveau auf.

Der positive Einfluss der Profitabilität auf die Eigentümerstruktur könnte darauf zurückzuführen sein, dass gerade profitable Unternehmen daran interessiert sind, durch hochwertige Anhangsangaben auf sich aufmerksam zu machen und potentielle Investoren für sich zu gewinnen.

Auf Grund der größeren Unabhängigkeit und des besser ausgeprägten Fachwissens einer BIG 4-Gesellschaft wurde ein positiver Einfluss auf die Disclosure Compliance erwartet. Dieser Zusammenhang wird empirisch nur bei Unternehmen mit breitgestreutem Aktienbesitz bestätigt. Im Gegensatz dazu wirkt sich bei Unternehmen mit konzentriertem Aktienbesitz die Wahl einer BIG 4-Gesellschaft als Abschlussprüfer negativ auf die Disclosure Compliance aus. Dies könnte darauf zurückzuführen sein, dass das Risiko einer negativen Reputation für den Abschlussprüfer bei Unternehmen mit breitgestreutem Aktienbesitz höher ist, da eine Vielzahl an Aktionären ihre (Investitions)entscheidungen auf Grundlage der Jahresabschlussdaten trifft. Bei Unternehmen mit konzentriertem Aktienbesitz könnte hingegen der Preisdruck auf dem Prüfungsmarkt[872] bei gleichbleibendem Profitstreben der BIG 4-Gesellschaften zum Tragen kommen. Immer mehr Unternehmen gehen zu einer Ausschreibung der Abschlussprüfung über. Dadurch werden teils erhebliche Reduktionen des Prüfungshonorars erzielt. Unter der Annahme, dass BIG 4-Gesellschaften bei geringem Reputationsrisiko keine Einbußen bei der Profitabilität eines Abschlussprojektes hinnehmen wollen, bedeutet dies eine Reduktion des für eine Prüfung zur Verfügung stehenden Zeitbudgets.[873] Bei Festlegung der Prüfungsstrategie erfolgt daher eine noch stärkere Konzentration

872 Zu dem hohen Preiswettbewerb unter den BIG 4-Gesellschaften vgl. ESCP (2011), S. 168.

873 Zu den negativen Auswirkungen des Preisverfalls auf dem Prüfermarkt auf die Qualität der Abschlussprüfung vgl. ESCP (2011), S. 168.

auf Risiken, die für die Reputation des Abschlussprüfers abträglich und mit Sanktionen verbunden sein könnten. Dieses Risiko ist bei einer grenzwertig vertretbaren Aktivierungsentscheidung höher ist als bei einem Verstoß gegen Angabepflichten. Für die Prüfung der Anhangsangaben verbleibt somit nicht die erforderliche Zeit.

Im Fall einer negativen Aktivierungsentscheidung besteht die einzige Angabepflicht in der Nennung der insgesamt angefallenen F&E-Ausgaben. Die Bereitstellung dieser Information verursacht praktisch keine Kosten. Sie ist weder mit einem nennenswerten Aufbereitungsaufwand verbunden, noch können aus deren Offenlegung negative Konkurrenzeffekte resultieren. Entsprechend ist die **Disclosure-Compliance der Nicht-Aktivierer nicht anreizgetrieben**. Beeinflusst wird sie nur durch den Umstand, dass größere Unternehmen über ein besser ausgestaltetes Rechnungswesen verfügen als kleine Unternehmen, wodurch eine strukturierte Abarbeitung der Vielzahl an Angabepflichten, die in einem IFRS-Abschluss erforderlich sind, gewährleistet ist (technischer Zusammenhang). Der ausbleibende positive Einfluss des Enforcement-Verfahrens könnte darauf zurückzuführen sein, dass sich die DPR vornehmlich auf Jahresabschlüsse der Aktivierer konzentriert, da die mit einer aufwandswirksamen Erfassung einhergehende Angabepflicht (Angabe des Gesamtbetrags an F&E-Aufwendungen) keine Herausforderung für das Rechnungswesen darstellen sollte.

Insgesamt bleibt festzuhalten, dass der bilanzielle Abbildungsprozess von F&E-Aktivitäten stark anreizgetrieben ist, wobei die einzelnen Anreize eine unterschiedliche Wirkung entfalten.

Robustheitstests

Die Robustheit der Ergebnisse wurde durch zwei Arten von Tests sichergestellt. Zum einen durch eine alternative Messung folgender unabhängiger Variablen:

- GRÖSSE: Der in dieser Arbeit verwendete natürliche Logarithmus der Bilanzsumme wurde durch den natürlichen Logarithmus des Marktwertes des Eigenkapitals (market capitalization, WS08002) ausgetauscht.
- KREDITVERTRAGSVERLETZUNG: Die in dieser Studie neu konstruierte Messvariable für die Nähe eines Unternehmens zur Kreditvertragsverletzung wurde durch den in der Forschungsliteratur klassischer Weise anzutreffenden Verschuldungsgrad (Verhältnis der Schulden des Unternehmens (total debt, WS03255) zu dessen Bilanzsumme (total assets, WS02999)) ersetzt.
- PROFITABILITÄT: Als Messvariable für die Profitabilität wurde statt der hier verwendeten Gesamtkapitalrentabilität die Eigenkapitalrentabilität (return on equity, WS08301) verwendet.

Tab. 4-5: Determinanten der gewichteten Disclosure Compliance (Complianceindex) der Aktivierer (N = 850)

DISCLOSURECOMPLIANCE_AKTIVIERER			**Regression 3.3**		**Regression 3.4**	
Unabhängige Variable	**Hypothese**	**Erwartetes Vorzeichen**	**Koeffizient**	**p-Wert**	**Koeffizient**	**p-Wert**
GRÖSSE	**3.1.**	+	**0,0133**	**0,0524**	**0,0137**	**0,0464**
KREDITVERTRAGSVERLETZUNG	3.3.	–	–0,0026	0,8171	–0,0025	0,8175
PROFITABILITÄT		+/–	**0,0527**	**0,0123**	**0,0521**	**0,0129**
EIGENTÜMERSTRUKTUR	**3.5.**	+	**–0,1247**	**0,0629**	**–0,1273**	**0,0607**
MBV	**3.7.**	+	**0,0085**	**0,0225**	**0,0080**	**0,0304**
BIG4	**3.8.**	+	**–0,0702**	**0,0257**	**–0,0717**	**0,0226**
ENFORCEMENT	**3.9.**	+	**0,0785**	**<0,0001**	–	–
GRÖSSE × D			0,0000	0,9995	–0,0001	0,9535
PROFITABILITÄT × D			–0,0236	0,5098	–0,0250	0,4775
BIG4 × D			**0,0915**	**0,0351**	**0,0935**	**0,0322**
Jahr-Dummy			NEIN		JA	
Branchen-Dummy			JA		JA	
F-Value			7,75		6,50	
Adjusted R^2			0,2054		0,2085	

Tab. 4-5 stellt die Ergebnisse der OLS-Regressionen 3.3. und 3.4. dar. Mit einer zweiseitigen Irrtumswahrscheinlichkeit von unter 10% signifikant von Null verschiedene Werte sind fett gedruckt. Die Variablendefinition findet sich in Tab. 4-2.

Tab. 4-6: Determinanten der Compliance mit der Offenlegungsverpflichtung der F&E-Ausgaben seitens der Nicht-Aktivierer (N = 779)

DISCLOSURECOMPLIANCE_NICHT_AKTIVIERER			Regression 3.1.		Regression 3.2.	
Unabhängige Variable	**Hypothese**	**Erwartetes Vorzeichen**	**Koeffizient**	**p-Wert**	**Koeffizient**	**p-Wert**
GRÖSSE	**3.1.**	+	**0,5138**	**<0,0001**	**0,5122**	**<0,0001**
KREDITVERTRAGSVERLETZUNG	3.3.	–	–0,0255	0,8971	–0,0246	0,9019
PROFITABILITÄT		+/–	–0,6411	0,1902	–0,6211	0,2114
EIGENTÜMERSTRUKTUR	3.5.	+	–1,0951	0,8096	–1,0992	0,4273
MBV	3.7.	+	0,0441	0,4429	0,0431	0,4630
BIG4	3.8.	+	–0,4364	0,6018	–0,4366	0,4559
ENFORCEMENT	3.9.	+	0,2783	0,1968	–	–
GRÖSSE × D			–0,0119	0,2164	–0,0118	0,8412
PROFITABILITÄT × D			0,7227	0,3069	0,7078	0,2978
BIG4 × D			1,2476	0,1784	1,2517	0,1052
Jahr-Dummy			NEIN		JA	
Branchen-Dummy			JA		JA	
Likelihood ratio χ^2			562,9803		563,6681	
Rescaled R^2			0,7039		0,7045	

Tab. 4-6 stellt die Ergebnisse der logistischen Regressionen 3.1. und 3.2. dar. Mit einer zweiseitigen Irrtumswahrscheinlichkeit von unter 10% signifikant von Null verschiedene Werte sind fett gedruckt. Die Variablendefinition findet sich in Tab. 4-2.

- BIG 4: Als große Wirtschaftsprüfungsgesellschaft wurde statt der BIG 4 auch die BDO berücksichtigt.

Der zweite Robustheitstest betrifft den moderierenden Effekt der Eigentümerstruktur. Statt des in dieser Studie prognostizierten Einflusses auf einzelne Variablen, wurde ein moderierender Effekt auf sämtliche unabhängige Variablen unterstellt.

Die Robustheitstests bestätigen die Signifikanz der zuvor beschriebenen Ergebnisse.

Limitationen der Arbeit

Das gewählte Forschungsdesign unterliegt einigen Limitationen, die die Aussagekraft der vorgestellten Ergebnisse einschränken. Erstens konnten nicht alle potentiellen Einflussgrößen als unabhängige Variablen berücksichtigt werden. Deshalb erklären die untersuchten Einflussgrößen (unabhängige Variablen) nur teilweise das Aktivierungs- und Offenlegungsverhaltens (abhängige Variablen). Zweitens ist nicht ausgeschlossen, dass einige unberücksichtigte Einflussgrößen sowohl einen Einfluss auf die abhängige als auch auf eine oder mehrere unabhängige Variablen haben könnten (z.B. beim Verschuldungsgrad, der Eigentümerstruktur und dem gewählten Wirtschaftsprüfertyp). Das damit einhergehende Endogenitätsproblem führt unweigerlich zu Limitationen bei der kausalen Interpretation der Ergebnisse. Drittens ist und bleibt die empirische Messung der untersuchten Einflussgrößen eine Approximation. Daher ist nicht auszuschließen, dass die jeweilige Stellvertretervariable gleichzeitig Ausdruck anderer, bei der Hypothesenherleitung unberücksichtigter Einflussfaktoren ist (wie z.B. bei dem Year-Dummy zur Messung des Enforcement-Einflusses).

5. Zusammenfassung der Ergebnisse und Ausblick

Die Kernergebnisse dieser Arbeit sind:

1. **Normendeskriptive Analyse**

- Sowohl nach handelsrechtlichen als auch nach internationalen Rechnungslegungsvorschriften existieren **erhebliche abschlusspolitische Gestaltungsspielräume**. Diese resultieren nach IAS 38 hauptsächlich aus der Verwendung unbestimmter Rechtsbegriffe (faktische Wahlrechte), die durch den singulären Charakter von F&E-Aktivitäten verschärft werden. Nach handelsrechtlichen Vorschriften sind die abschlusspolitischen Gestaltungsspielräume in erster Linie auf explizite Ansatz- und Bewertungswahlrechte zurückzuführen.
- Die Kodifizierung des Aktivierungswahlrechts für selbst erstellte immaterielle Vermögensgegenstände im Zuge der BilMoG-Einführung hat zu einer **Neuinterpretation** der GoB geführt. Auf Grund der impliziten Unterstellung eines Schuldendeckungspotentials von ausschließlich für den internen Gebrauch generierten Gütern, ist der **Vermögensgegenstandsbegriff** nach BilMoG-Einführung nicht mehr an die individuelle Schuldendeckungsfähigkeit im Zerschlagungsfall geknüpft. Nunmehr ist auch für die Beurteilung der abstrakten Aktivierungsfähigkeit die Unternehmensfortführungsprämisse relevant.

2. **Deskriptiv-empirische Studie**

- Die **Bedeutung von F&E ist je nach Betrachtungsebene sehr unterschiedlich**. Während auf gesamtwirtschaftlicher Ebene die größten fünf Automobilkonzerne für knapp zwei Drittel der gesamten F&E-Ausgaben verantwortlich sind, ist auf Einzelunternehmensebene die F&E-Intensität vor allem bei jungen Wachstumsunternehmen der Pharmabranche, die nominell zu den Gesamtforschungsausgaben naturgemäß nicht nennenswert beitragen, um ein Vielfaches höher.
- Die **Aktivierungsentscheidung** ist eine einmalig getroffene, **strategische Entscheidung** des Managements mit der keine kurzfristigen abschlusspolitischen Zielsetzungen verfolgt werden (können).

- Sowohl bei der **Aktivierungsentscheidung** als auch bei der **Aktivierungsquote** existieren deutliche **branchenspezifische Unterschiede**, die allerdings nicht mit der branchenspezifischen Bedeutung von F&E im Zusammenhang stehen.
- **Nahezu ein Viertel aller Unternehmen kommt** den nach IAS 38 geforderten **Angabepflichten nicht vollumfänglich nach**.
- **Eine deutliche Verbesserung der Disclosure Compliance** erfolgte **nach erstmaliger ausführlicher DPR-Berichterstattung** über häufig identifizierte, F&E-spezifische Problemfelder.
- Die derzeitige Ausgestaltung des IAS 38 führt in einigen Fällen zu **unkonkreten Aussagen über die F&E-Tätigkeiten** eines Unternehmens. Die meisten Unternehmen begnügen sich bei ihrer F&E-Berichterstattung auf ein (fast) **wortgetreues Zitieren des IAS 38**. Informationen zu individuellen F&E-Tätigkeiten sind meist nicht vorhanden.

3. **Positiv-theoretisch fundierte multivariate Regressionsanalyse**

Das F&E-spezifische **Aktivierungsverhalten** ist mit folgenden Managementanreizen verbunden:

- Dem vertragsinduzierten Anreiz, eine Verletzung von Kreditvertragsklauseln zu vermeiden.
- Dem Anreiz, negative Konsequenzen aus dem als Sanktionsmechanismus wirkenden Enforcement-Verfahren zu vermeiden.
- Dem Anreiz zur Vermeidung einer negativen Reputation bzw. negativer Auswirkungen auf den Humankapitalwert. Diese könnten bspw. durch das Signal der Erfolglosigkeit eines F&E-Projektes (Erfassung eines Wertminderungsaufwands) oder durch das Signal einer über die Branchenüblichkeiten hinausgehenden Risikofreudigkeit beim Aktivierungsverhalten resultieren.

Das F&E-spezifische **Offenlegungsverhalten** ist mit folgenden Managementanreizen verbunden:

- Dem Anreiz zur Vermeidung einer negativen Reputation bzw. negativer Auswirkungen auf den Humankapitalwert.
- Dem Anreiz, negative Konsequenzen aus dem als Sanktionsmechanismus wirkenden Enforcement-Verfahren zu vermeiden.
- Dem Anreiz zur Erzielung möglichst geringer Kapitalkosten.
- Dem Anreiz zur Vermeidung negativer Konkurrenzeffekte.

Die empirischen Ergebnisse unterliegen folgenden **Limitationen**:

- Bei den in der **Stichprobe** befindlichen Unternehmen handelt es sich ausschließlich um Unternehmen, die an der Frankfurter Wertpapierbörse notiert sind. Zur Übertragbarkeit der Ergebnisse auf andere Unternehmen – insbesondere auf nicht-kapitalmarktorientierte – können daher keine Rückschlüsse gezogen werden.
- Durch das gewählte Forschungsdesign kann nicht ausgeschlossen werden, dass einige vermeintlich exogene erklärende Variablen in Wirklichkeit endogen sind. Ein möglicher Grund hierfür ist das Weglassen von erklärenden Variablen (z.B. auf Grund von deren Nicht-Beobachtbarkeit), die sowohl einen Einfluss auf die zu erklärende Variable als auch auf eine (vermeintlich exogene) erklärende Variable haben. Aus diesem Grund ist eine **Kausalinterpretation** oben angeführter Ergebnisse nicht möglich. Feststellbar sind nur Zusammenhänge zwischen dem F&E-spezifischen Aktivierungs- und Offenlegungsverhalten und einzelnen Managementanreizen.
- Die empirische Prüfung der theoretisch hergeleiteten Hypothesen erfolgt durch **Stellvertretervariablen**, die unweigerlich nur eine Approximation der eigentlich zu beobachtenden Einflussgröße darstellen. Daher ist nicht auszuschließen, dass einige Stellvertretervariablen gleichzeitig Ausdruck anderer, bei der Hypothesenherleitung nicht berücksichtigter Einflussgrößen sind.

Für **künftige Forschungsprojekte** schließen sich folgende Forschungsfragen an:

- Mit welchen Managementanreizen ist das F&E-spezifische Aktivierungs- und Offenlegungsverhalten von nicht-kapitalmarktorientierten Unternehmen verbunden?
- Inwiefern werden in Deutschland die Auswirkungen F&E-spezifischer Abschlusspolitik in Kreditvertragsklauseln tatsächlich berücksichtigt (Analyse reeller Kreditverträge)?
- Inwiefern halten die Ergebnisse dieser Arbeit auch in anderen Ländern Stand?
- Welchen Einfluss haben kulturelle Unterschiede auf das F&E-spezifische Aktivierungs- und Offenlegungsverhalten?
- Welchen Einfluss haben die institutionellen Rahmenbedingungen auf das F&E-spezifische Aktivierungs- und Offenlegungsverhalten in anderen „legal enforcment environments“ als dem in dieser Arbeit untersuchten (Deutschland, zweistufiges Enforcementverfahren)?

Anhang

Tab. A-1: Aktivierungsmuster der Wechsler im Zeitraum 2003–2009 (Gesamtstichprobe)

Unternehmen	2003	2004	2005	2006	2007	2008	2009	Beobachtungen	Wechsel
Allgeier Holding AG	1	1	1	0	0	0	0	7	1
Alno AG			1	0	0	0	0	5	1
Bertrandt AG	1	1	1	0	0	0	0	7	1
Bijou Brigitte Modische Accessoires AG			0	0	0	1	1	5	1
Cancom IT Systeme AG			1	0	1	1	1	5	2
Carl Zeiss Meditec AG				0	1	1	1	4	1
Centrotec Sustainable AG	0	1	1	1	1	1	1	7	1
CFC Industriebeteiligung AG				0	1	1	0	4	2
Computec Media AG	0	0	0	0	1	0	0	7	2
COR AG Financial Technologies	0	1	1	0	1	1		6	3
CPU Softwarehouse AG			0	0	1	1	1	5	1
Cybio AG		0	0	1	1	0	0	6	2
Data Modul AG			0	1	1	1	1	5	1
DCI Database for Commerce & Industry AG		1	0	1	1	1	1	6	2
Edel AG				1	1	0	0	4	1
Ehlebracht AG			0	1	1	1	1	5	1
Elexis AG			0	0	0	1	1	5	1
Emprise AG	0	1	1	1	1			5	1
Envio AG						1	0	2	1

Unternehmen	2003	2004	2005	2006	2007	2008	2009	Beobachtungen	Wechsel
Epigenomics AG		0	0	0	1	1	1	6	1
Euromicron AG Communication & CO			0	1	1	1	1	5	1
FJA AG (und Nachfolger COR&FJA AG)		1	1	0	1	1	1	6	2
GFT Technologies AG	0	0	0	1	1	1	0	7	2
Girindus AG			1	0	0	0	0	5	1
GRAMMER AG			0	1	1	1	1	5	1
Graphit Kropfmuhl AG	1	1	1	0	0	0	0	7	1
Greifenberger AG			1	1	0	0	0	5	1
Group Business Software AG			0	1	1	1	1	5	1
Integralis AG	0	0	1	1	1	1	1	7	1
Interhyp AG			1	1	0	0	0	5	1
Intershop Communications AG			0	1	1	1	1	5	1
Joh. Friedrich Behrens AG	0	0	0	0	1	1	1	7	1
Koenig & Bauer AG	0	1	0	0	0	0	1	7	2
Kontron AG		0	1	1	1	1	1	6	1
Leica Camera AG			0	1	1	1	1	5	1
Linde AG	1	1	1	0	0	0	0	7	1
M.Tech Technologie und Beteiligungs AG				1	1	1	0	4	1
MCS Modulare Computer & Software			1	1	1	1	0	5	1
Medisana AG	0	0	1	1	1	1	1	7	1
MTU Aero Engines Holding AG			0	0	1	1	1	5	1
MWG Biotech AG	1	1	0	0	0	0		6	1
Norcom Information Technologies AG	0	1	1	0	1	1		6	3

Unternehmen	2003	2004	2005	2006	2007	2008	2009	Beobachtungen	Wechsel
Norddeutsche Steingut AG			0	1	1			3	1
Pfleiderer AG			0	0	1	1	1	5	1
Phoenix Solar AG				1	0	0	0	4	1
PSI AG		0	0	0	0	0	1	6	1
Repower Systems AG	0	0	1	1	1	1	1	7	1
SAF-Holland S.A.					0	0	1	3	1
SCA Hygiene Products AG			0	0	0	1	1	5	1
SGL Carbon AG	0	1	1	1	1	0	1	7	3
Solar Millenium AG				0	0	1	1	4	1
Stratec Biomedical Systems AG	0	0	0	1	0	0	0	7	2
Süd-Chemie AG			0	1	1	1	1	5	1
Surteco SE		0	0	0	1	0	0	6	2
Symrise AG				1	1	1	0	4	1
Technotrans AG	1	1	1	1	1	0	0	7	1
Teles AG Informationstechnologie	0	0	0	0	0	1		6	1
Textilgruppe Hof AG			0	0	1	1	1	5	1
Triplan AG	1	0	1	1	1	1	1	7	2
TV-Loonland AG	1	1	1	0	0			5	1
Utimaco Software AG	0	0	1	1	1	0	0	7	2
Viscom AG				0	0	0	1	4	1
Vogt Electronic AG				0	0	1		3	1
W.O.M. World of Medicine AG			0	0	1	1	1	5	1
Wirecard AG		1	0	1	1	1	1	6	2

Tab. A-2: Deskriptive Statistik: Stichprobe Disclosure Compliance

	Variable	N	Mittelwert	Std. Abw.	Minimum	25%-P.	Median	75%-P.	Maximum
(1)	**DISCLOSURECOMPLIANCE_ AKTIVIERER**	850	0,8769	0,2346	0	0,8571	1	1	1
(2)	**DISCLOSURECOMPLIANCE_ NICHT-AKTIVIERER**	779	0,8680	0,3532					
(3)	**GRÖSSE**	1629	12,3215	2,1328	7,7407	10,8519	11,9352	13,5997	18,6564
(4)	**REGULIERUNG**	1629	0,1458	0,3530					
(5)	**KREDITVERTRAGSVERLETZUNG**	1629	3,0117	1,1057	1	2,2000	3,0000	4,0000	5,0000
(6)	**PROFITABILITÄT**	1629	0,0921	0,5748	–7,5048	0,0329	0,1594	0,2805	3,5607
(7)	**EIGENTÜMERSTRUKTUR**	1629	0,5996	0,2910	0	0,3799	0,5799	0,8699	1
(8)	**MBV**	1629	2,3195	2,8183	0	1,0592	1,6520	2,6678	37,7803
(9)	**BIG 4**	1629	0,6487	0,4775					
(10)	**ENFORCEMENT**	1629	0,3583	0,4796					

Tab. A-2 stellt die Verteilung sämtlicher abhängiger und unabhängiger Variablen dar, die im Rahmen der Disclosure Compliance-Prüfung (Gesamtstichprobe) berücksichtigt wurden. Mit Ausnahme der 0/1-Variablen (DISCLOSURECOMPLIANCE_NICHT-AKTIVIERER, REGULIERUNG, BIG 4 und ENFORECEMENT) erfolgte ein Winsorising auf einem 1%- und 99%-Perzentil. Die Variablendefinition findet sich in Tab. A-3.

Tab. A-3: Definition abhängiger und unabhängiger Variablen

AKTIVIERUNGSENTSCHEIDUNG = Indikatorvariable (handerhoben), die den Wert 1 annimmt, wenn das Unternehmen eine Aktivierung von F&E-Ausgaben vornimmt und den Wert 0, wenn sämtliche F&E-Ausgaben aufwandswirksam erfasst werden; AKTIVIERUNGSQUOTE_AKTIVIERER = Verhältnis der aktivierten Entwicklungskosten einer Periode (handerhoben) zu den gesamten F&E-Aufwendungen einer Peri-ode (handerhoben) von denjenigen Unternehmen, die sich in der betrachteten Periode zur Aktivierung von Entwicklungskosten entschieden haben; AKTIVIERUNGSQUOTE_GESAMT = Verhältnis der aktivierten Entwicklungskosten einer Periode (handerhoben) zu den gesamten F&E-Aufwendungen einer Periode (handerhoben), von allen Unternehmen. Unternehmen, die sich zu einer aufwandswirksamen Erfassung sämtlicher F&E-Ausgaben entschieden haben, werden mit einem Wert von 0 berücksichtigt; DISCLOSURECOMPLIANCE_ AKTIVIERER = Maß der Disclosure Compliance der Aktivierer durch Gewichtung der einzelnen Angabepflichten (handerhoben). Dabei werden folgende Gruppen von nachprüfbaren Angabeverpflichtungen zu je einem Drittel gewichtet: 1. die Angaben zur Folgebewertung (ob die Nutzungsdauer begrenzt oder unbegrenzt ist, die Abschreibungsmethode, die Abschreibungsdauer und die GuV-Position, in der die planmäßigen Abschreibungen berücksichtigt werden), 2. die geforderte Überleitungsrechnung des Buchwerts der aktivierten Entwicklungskosten vom Beginn zum Ende der Rechnungslegungsperiode mit Angabe der kumulierten Anschaffungskosten und der kumulierten planmäßigen Abschreibungen sowie 3. die Angabe der aufwandswirksam in einer Periode erfassten F&E-Ausgaben. Die Variable nimmt einen Wert zwischen 0 (bei Verstoß gegen sämtliche Angabeverpflichtungen) und 1 (bei vollständiger Disclosure Compliance) an; DISCLOSURECOMPLIANCE_ NICHT-AKTIVIERER = Indikatorvariable (handerhoben), die den Wert 1 annimmt, wenn ein Nicht-Aktivierer der einzi-gen für ihn bestehenden Angabeverpflichtung – der Offenlegung der aufwandswirksam erfassten F&E-Ausgaben einer Periode – nachkommt, ansonsten nimmt die Variable einen Wert von 0 an; GRÖSSE = natürlicher Logarithmus der Bilanzsumme (total assets, WS02999) des Unternehmens; REGULIERUNG = Indikatorvariable, die den Wert 1 annimmt, wenn ein Unternehmen einer stark öffentlich-rechtlich regulierten Branche angehört, ansonsten nimmt sie den Wert 0 an. Als regulierte Unternehmen wurden solche gekennzeichnet, denen die WS-SIC-Codes 3400 (Drugs, Cosmetic & Healthcare), 4600 (Food), 5800 (Oil, Gas, Coal & Related Services), 8200 (Utilities) sowie der WS-Industry-Group-Code 8550 (Medical Services) zugeordnet sind KREDITVERTRAGSVERLETZUNG = Gleichgewichteter Durchschnitt aus folgenden fünf Kennzahlen: 1) der Zinsdeckungsquote, 2) dem Verhältnis der Schulden zum operativen Ergebnis, 3) der Anlagenintensität, 4) der langfristigen Verschuldungsquote und 5) der Gesamtverschuldungsquote. Jede Kennzahl ist in fünf Perzentilen gerankt, wobei Unternehmen mit einer 1 die schlechteste Ausprägungsform der Kennzahl aufweisen und Unternehmen mit einer 5 die beste. Die einzelnen Kennzahlen sind wie folgt definiert: 1) Zinsdeckungsquote = Quotient aus operativem Ergebnis vor Abschreibun-gen (operating income before depreciation, WS18155) abzüglich Abschreibungen (depreciation, WS01151) und den Zinsaufwendungen (interest ex-pense, WS01251),. 2) Verhältnis der Schulden zum operativen Ergebnis = Quotient aus den Gesamtschulden (total debt, WS03255) und dem operativen Ergebnis vor Abschreibungen (operating income before depreciation, WS18155) abzüglich Abschreibungen (depreciation, WS01151), 3) Anlagenintensität = Quotient aus Anlagevermögen (net property, plant and equipment, WS02501) und Bilanzsumme (total assets, WS02999), 4) langfristige Verschuldungsquote = Verhältnis der langfristigen Schulden eines Unternehmens (long-term debt, WS03251) zu dessen Bilanzsumme (total assets, WS02999), 5) Gesamtverschuldungsquote = Verhältnis der Schulden eines Unternehmens (total debt, WS03255) zu dessen Bilanzsumme (total assets, WS02999); PROFITABILITÄT = Gesamtkapitalrentabilität = Verhältnis des Ergebnisses vor Zinsen und Steuern (earnings before interest and taxes, WS18191) zum arithmetischen Mittel der Bilanzsumme (total assets, WS02999) des Vorjahres und des aktuellen Jahres. EIGENTÜMERSTRUKTUR = Prozentualer Anteil der Aktien eines Unternehmens, die von gewöhnlichen Investoren (In Datastream wird hier der Begriff „ordinary investors“ verwendet. „Ordinary investors“ sind alle Aktionäre, die keine strategischen Investitionen (strategic holdings) in das betreffende Unternehmen getätigt haben.) gehalten wird (Free float number of shares, NOSHFF). Die Werte stammen von der von Thompson Financial betriebenen Datastream-Datenbank; F&E-INTENSITÄT = Verhältnis der F&E-Ausgaben eines Unternehmens (handerhoben) zu dessen Umsatzerlösen (net sales or revenues, WS01001); MBV = Markt-Buchwert-Verhältnis: Verhältnis der Marktkapitalisierung des Unternehmens (market capitalization WS08001) zu dessen buchmäßigem Eigenkapital (Shareholders' Equity, WS03999); BIG4 = Indikatorvariable (handerhoben), die den Wert 1 annimmt, wenn ein Unternehmen von einer der vier großen Wirtschaftsprüfungsgesellschaften (PwC, KPMG, E&Y, Deloitte) geprüft wird, ansonsten nimmt sie den Wert 0 an; ENFORCEMENT = Indikatorvariable, die den Wert 1 annimmt, wenn die untersuchten Geschäftsjahre nach 2007, dem Jahr der erstmaligen intensiven Berichterstattung der DPR über die bilanzielle Abbildung von F&E-Aktivitäten, liegen, ansonsten nimmt sie den Wert 0 an.

Tab. A-4: Korrelationsmatrix: Stichprobe Disclosure Compliance

	Variable	(1)	(2)	(3)	(4)	(5)	(6)	(7)	(8)	(9)	(10)
(1)	DISCLOSURECOMPLIANCE_ AKTIVIERER		–	**0,2128**	**–0,1264**	–0,0261	**0,0869**	–0,0450	0,0325	**0,0615**	**0,1505**
(2)	DISCLOSURECOMPLIANCE_ NICHT-AKTIVIERER	–		**0,0742**	**0,0956**	0,0443	–0,0376	–0,0267	0,0404	**0,1472**	0,0312
(3)	GRÖSSE	**0,2186**	0,0338		**0,0655**	**–0,3270**	**0,1716**	**0,0917**	**–0,0604**	**0,3340**	0,0227
(4)	REGULIERUNG	**–0,1063**	**0,0956**	0,0155		**–0,0470**	–0,0161	0,0084	0,0370	**0,0730**	0,0002
(5)	KREDITVERTRAGSVERLETZUNG	–0,0261	0,0445	**–0,3150**	**–0,0443**		–0,0280	**–0,1131**	**0,0881**	**–0,1276**	0,0061
(6)	PROFITABILITÄT	**0,0962**	–0,0206	**0,3120**	**–0,0592**	**–0,0965**		–0,0160	**–0,0818**	0,0124	**–0,0457**
(7)	EIGENTÜMERSTRUKTUR	–0,0511	–0,0343	**0,0958**	0,0163	**–0,1162**	0,0016		**–0,0515**	–0,0168	0,0191
(8)	MBV	0,0396	**0,0777**	**0,0815**	**0,1060**	**0,1114**	**0,3388**	**–0,0564**		–0,0310	**–0,1226**
(9)	BIG4	**0,0507**	**0,1472**	**0,3242**	**0,0730**	**–0,1289**	0,0288	–0,0200	0,0314		0,0070
(10)	ENFORCEMENT	0,1547	0,0312	0,0233	0,0002	0,0044	**–0,0944**	0,0235	**–0,2498**	0,0070	

N = 1.629, außer: DISCLOSURECOMPLIANCE_AKTIVIERER (N = 850) und DISCLOSURECOMPLIANCE_AKTIVIERER (N=779). Die Korrelationsmatrix zeigt oberhalb der Diagonalen die Pearson und unterhalb der Diagonalen die Spearman-Korrelationskoeffizienten. Koeffizienten, die mit einer zweiseitigen Irrtumswahrscheinlichkeit von unter 10% von Null verschieden sind, sind fett gedruckt. Mit Ausnahme der 0/1-Variablen (DISCLOSURECOMPLIANCE_NICHT-AKTIVIERER, REGULIERUNG, BIG 4 und ENFORECEMENT) erfolgte ein Winsorising auf einem 1%- und 99%-Perzentil. Die Variablendefinition findet sich in Tab. A-3.

Tab. A-5: Deskriptive Statistik: Stichprobe Aktivierungsverhalten

	Variable	N	Mittelwert	Std. Abw.	Minimum	25%-P.	Median	75%-P.	Maximum
(1)	**AKTIVIERUNGSENTSCHEIDUNG**	1450	0,5468	0,4994					
(2)	**AKTIVIERUNGSQUOTE_AKTIVIERER**	793	0,2870	0,2639	0,0005	0,0761	0,2123	0,4386	1
(3)	**AKTIVIERUNGSQUOTE_GESAMT**	1450	0,1572	0,2419	0	0	0,0006	0,2389	1
(4)	**GRÖSSE**	1450	12,4702	2,2104	7,7407	10,9296	12,0164	13,8245	18,6564
(5)	**REGULIERUNG**	1450	0,1619	0,3685					
(6)	**KREDITVERTRAGSVERLETZUNG**	1450	2,9908	1,1080	1	2,0000	3,0000	4,0000	5,0000
(7)	**PROFITABILITÄT**	1450	0,1053	0,5466	–7,5048	0,0362	0,1643	0,2855	3,5607
(8)	**EIGENTÜMERSTRUKTUR**	1450	0,6003	0,2903	0	0,3799	0,5799	0,8699	1
(9)	**F&E-INTENSITÄT**	1450	0,1258	0,5266	0	0,0120	0,0341	0,0894	7,6040
(10)	**MBV**	1450	2,2759	2,7407	0	1,0729	1,6678	2,6678	37,7803
(11)	**BIG4**	1450	0,6711	0,4699					
(12)	**ENFORCEMENT**	1450	0,3750	0,4842					

Tab. A-5 stellt die Verteilung sämtlicher abhängiger und unabhängiger Variablen dar, die im Rahmen der Prüfung.des Aktivierungsverhaltens berücksichtigt wurden. Mit Ausnahme der 0/1-Variablen (AKTIVIERUNGSENTSCHEIDUNG, REGULIERUNG, BIG 4 und ENFORECEMENT) erfolgte ein Winsorising auf einem 1%- und 99%-Perzentil. Die Variablendefinition findet sich in Tab. A-3.

Tab. A-6: Korrelationsmatrix: Stichprobe Aktivierungsverhalten

	Variable	**(1)**	**(2)**	**(3)**	**(4)**	**(5)**	**(6)**	**(7)**	**(8)**	**(9)**	**(10)**	**(11)**	**(12)**
(1)	**AKTIVIERUNGSENTSCHEIDUNG**		**0,3044**	**0,6148**	–0,0073	**–0,1596**	**–0,0762**	–0,0167	**0,0513**	**–0,0903**	**–0,0493**	**–0,0838**	**0,0569**
(2)	**AKTIVIERUNGSQUOTE_AKTIVIERER**	**0,4432**		**1**	**–0,1794**	**0,0832**	–0,0475	–0,0478	–0,0455	**–0,0704**	–0,0136	**–0,0811**	–0,0042
(3)	**AKTIVIERUNGSQUOTE_GESAMT**	**0,8774**	**1**		**–0,1173**	**–0,0691**	**–0,0664**	–0,0296	0,0026	**–0,0709**	–0,0400	**–0,1154**	0,0425
(4)	**GRÖSSE**	–0,0117	**–0,1361**	–0,0358		**0,0760**	**–0,3454**	**0,1746**	**0,1100**	**–0,1564**	–0,0418	**0,3347**	0,0035
(5)	**REGULIERUNG**	**–0,1596**	**0,0670**	**–0,1416**	0,0290		**–0,0512**	–0,0272	0,0050	**0,2040**	0,0423	**0,0615**	–0,0219
(6)	**KREDITVERTRAGSVERLETZUNG**	**–0,0736**	–0,0592	**–0,0823**	**–0,3339**	**–0,0477**		–0,0296	**–0,1129**	**0,1074**	**0,0798**	**–0,1416**	0,0116
(7)	**PROFITABILITÄT**	–0,0210	–0,0568	–0,0177	**0,3139**	**–0,0627**	**–0,1022**		–0,0122	**–0,1546**	–0,0355	0,0152	**–0,0763**
(8)	**EIGENTÜMERSTRUKTUR**	**0,0528**	–0,0512	0,0322	**0,1172**	0,0141	**–0,1166**	0,0114		–0,0052	–0,0665	–0,0033	0,0167
(9)	**F&E-INTENSITÄT**	**0,1999**	–0,0268	**0,1894**	**–0,3100**	**0,0677**	**0,3201**	**–0,2274**	–0,0395		**0,0570**	–0,0019	**0,0525**
(10)	**MBV**	–0,0287	–0,0167	–0,0311	**0,1024**	**0,1145**	**0,0958**	**0,3770**	**–0,0542**	0,0260		**–0,0461**	**–0,1153**
(11)	**BIG4**	**–0,0838**	**–0,0721**	**–0,1048**	**0,3253**	**0,0615**	**–0,1422**	0,0196	–0,0020	–0,0340	0,0280		0,0051
(12)	**ENFORCEMENT**	**0,0569**	–0,0152	**0,0560**	–0,0020	–0,0219	0,0097	**–0,1407**	0,0206	0,0214	**–0,2656**	0,0051	

N = 1.450, außer: AKTIVIERUNGSQUOTE_AKTIVIERER (N = 793). Die Korrelationsmatrix zeigt oberhalb der Diagonalen die Pearson und unterhalb der Diagonalen die Spearman-Korrelationskoeffizienten. Koeffizienten, die mit einer zweiseitigen Irrtumswahrscheinlichkeit von unter 10% von Null verschieden sind, sind fett gedruckt. Mit Ausnahme der 0/1-Variablen (AKTIVIERUNGSENTSCHEIDUNG, REGULIERUNG, BIG 4 und ENFORECEMENT) erfolgte ein Winsorising auf einem 1%- und 99%-Perzentil. Die Variablendefinition findet sich in Tab. A-3.

Literaturverzeichnis

AAP Implantate AG (2007): Geschäftsbericht des Geschäftsjahres 2006, Berlin 2007.

Aboody, David (1996): Recognition versus Disclosure in the Oil and Gas Industry, in: *Journal of Accounting Research*, Supplement 1996, S. 21–32.

Aboody, David/Lev, Baruch (1998): The Value Relevance of Intangibles: The Case of Software Capitalization, in: *Journal of Accounting Research* (36), Supplement, S. 161–191.

Abrahams, Tony/Sidhu, Baljit K. (1998): The Role of R&D Capitalisations in Firm Valuation and Performance Measurement, in: *Australian Journal of Management* (23), S. 169–183.

Admati, Annat R./Pfleiderer, Paul (2000): Forcing Firms to Talk: Financial Disclosure Regulation and Externalities, in: *The Review of Financial Studies* (13), S. 479–519.

ADS International (2006): Adler, Hans/Düring, Walther/Schmaltz, Kurt (2006): Abschnitt 8: Immaterielle Vermögenswerte (Intangible Assets), in: ADS, Rechnungslegung nach Internationalen Standards, Stuttgart 2002, Stand der 5. Teillieferung, Dezember 2006.

ADS (1995): Adler, Hans/Düring, Walther/Schmaltz, Kurt (1995): Rechnungslegung und Prüfung der Unternehmen, Teilband 1, 6. Auflage, Stuttgart 1995.

Agarwal, Rajshree/Audretsch, David B. (2001): Does Entry Size Matter? The Impact of the Life Cycle and Technology on Firm Survival, in: *Journal of Industrial Economics* (49), S. 21–43.

Aghion, Philippe/Bolton, Patrick (1992): An Incomplete Contracts Approach to Financial Contracting, in: *Review of Economic Studies* (59), S. 473–94.

Ahmed, Anwer S./Kilic, Emre/Lobo, Gerald J.(2006): Does Recognition versus Disclosure Matter? Evidence from Value-Relevance of Banks' Recognized and Disclosed Derivative Financial Instruments, in: *The Accounting Review* (81), S. 567–588.

Ahmed, Kamran/Falk, Haim (2006): The Value Relevance of Management's Research and Development Reporting Choice: Evidence from Australia, in: *Journal of Accounting and Public Policy* (25), S. 231–264.

Akerlof, George A. (1970): The Market for „Lemons": Quality Uncertainty and the Market Mechanism, in; *Quarterly Journal of Economics* (84), S. 488–500.

Al Jifri, Khaled/Citron, David (2009): The Value-Relevance of Financial Statement Recognition versus Note Disclosure: Evidence from Goodwill Accounting, in: *European Accounting Review* 18 (1), S. 123–140.

Amir, Eli/Lev, Baruch/Sougiannis, Theodore (2003): Do Financial Analysts Get Intangibles?, in: *European Accounting Review* (12), S. 635–659.

Arbeitskreis „Externe Unternehmensrechnung" der Schmalenbachgesellschaft für Betriebswirtschaft e.V. (2008): Stellungnahme zu dem Referentenentwurf eines Bilanzrechtsmodernisierungsgesetzes, in: *Betriebs-Berater*, S. 995–997.

Arbeitskreis „Immaterielle Werte im Rechnungswesen" der Schmalenbach-Gesellschaft für Betriebswirtschaft e.V. (2008): Leitlinien zur Bilanzierung selbstgeschaffener immaterieller Vermögensgegenstände des Anlagevermögens nach dem Regierungsentwurf des BilMoG, in: *Der Betrieb*, S. 1813–1821.

Arbeitskreis „Immaterielle Werte im Rechnungswesen" der Schmalenbach-Gesellschaft für Betriebswirtschaft e.V. (2001): Kategorisierung und bilanzielle Erfassung immaterieller Werte, in: *Der Betrieb*, S. 989–995.

Arques Industries AG (2005): Geschäftsbericht des Geschäftsjahres 2004, Starnberg 2005.

Arya, Anil/Glover, Jonathan/Mittendorf, B., Zhang, L. (2004): The Disciplining Role of Accounting in the Long-Run, in: *Review of Accounting Studies* (9), S. 399–417.

Arya, Anil/Glover, Jonathan/Sunder, Shyam (1998): Earnings Management and the Revelation Principle, in: *Review of Accounting Studies* (3), S. 7–34.

Ashbaugh, Hollis (2001): Non-US Firms' Accounting Standard Choices, in: *Journal of Accounting and Public Policy* (20), S. 129–153.

Baber, William R./Fairfield, Patricia M./Haggard, James A. (1991): The Effect of Concern about Reported Income on Discretionary Spending Decisions: The Case of Research and Development, in: *The Accounting Review* (66), S. 818–829.

Baetge, Jörg/Fey, Dirk/Weber, Claus-Peter/Sommerhoff, Dominic (2010): § 248 HGB Bilanzierungsverbote und –wahlrechte, in: Küting, Karlheinz/ Pfitzer, Norbert/Weber, Claus-Peter (Hrsg.): Handbuch der Rechnungslegung Einzelabschluss, 5. Auflage, Stuttgart 2002, Stand der 5. Ergänzungslieferung März 2010.

Baetge, Jörg/Kirsch, Hans-Jürgen/Thiele, Stefan (2009): Bilanzen, 10. Auflage, Düsseldorf 2009.

Baetge, Jörg/Maresch, Daniela/Schulz, Roland (2008): Zur (Un-) Möglichkeit des Zeitvergleichs von Kennzahlen, in: *Der Betrieb*, S. 417–422.

Baetge, Jörg/Uhlig, Annegret (1985): Zur Ermittlung der handelsrechtlichen »Herstellungskosten« unter Verwendung der Daten der Kostenrechnung, in: *Wirtschaftswissenschaftliches Studium*, S. 274–280.

Baetge, Jörg/Von Keitz, Isabel (2010): IAS 38 – Immaterielle Vermögenswerte, in: Baetge, Jörg/Wollmert, Peter/Kirsch, Jans-Jürgen/Oser, Peter/Bischof, Stefan (Hrsg.): Rechnungslegung nach IFRS - Kommentar auf der Grundlage des deutschen Bilanzrechts, 2. Auflage, Stuttgart 2002, Teil B, Stand der 12. Ergänzungslieferung, Oktober 2010.

Bagnoli, Mark/Watts, Susan G. (2005): Conservative Accounting Choices, in: *Management Science* (51), S. 786–801.

Baiman, Stanley/Evans III, John H./Nagarajan, Nandu J. (1991): Collusion in Auditing, in: *Journal of Accounting Research* (29), S. 1–18.

Baiman, Stanley/Evans III, John H./Noel, James (1987): Optimal Contracts with a Utility-Maximizing Auditor, in: *Journal of Accounting Research* (25), S. 217–244.

Ball, Ray (2001): Infrastructure Requirements for an Economically Efficient System of Public Financial Reporting and Disclosure, in: *Brookings-Wharton Papers on Financial Services*, S. 127–169.

Ball, Ray (2001): Infrastructure Requirements for an Economically Efficient System of Public Financial Reporting and Disclosure, in: *Brookings-Wharton Papers of Financial Services*, Washington, DC 2001.

Ball, Ray/Brown, Philip (1986): An Empirical Evaluation of Accounting Income Numbers, in: *Journal of Accounting Research* (6), S. 159–178.

Ball, Ray/Shivakumar, Lakshmanan (2008): How Much New Information Is There in Earnings?, in: *Journal of Accounting Research* (46), S. 975–1016.

Banning, Kevin C. (1999): Ownership Concentration and Bank Acquisition Strategy: An Empirical Examination, in: *The International Journal of Organizational Analysis* (7), S. 135–152.

Barth, Mary E. (2006): Research, Standard Setting, and Global Financial Reporting, in: *Foundations and Trends in Accounting*, 1(2), S. 71–165.

Barth, Mary E./Beaver, William H./Landsman, Wayne R. (2001): The Relevance of the Value Relevance Literature for Financial Accounting Standard Setting: Another View, in: *Journal of Accounting and Economics* (31), S. 77–104.

Bayer AG (2006): Geschäftsbericht des Geschäftsjahres 2005, Leverkusen 2006.

Bayer AG (2007): Geschäftsbericht des Geschäftsjahres 2006, Leverkusen 2007.

Beatty, Anne/Ramesh, K./Weber, Joseph (2002): The Importance of Accounting Changes in Debt Contracts: The Cost of Flexibility in Covenant Calculations, in: *Journal of Accounting and Economics* (33), S. 205–227.

Bechtele AG (2006): Geschäftsbericht des Geschäftsjahres 2005, Neckarsulm 2006.

Behrendt-Geißler, Anneke/Weißenberger, Barbara E. (2012): Branchentypische Aktivierung von Entwicklungskosten nach IAS 38 – Eine empirische Analyse von Aktivierungsmodellen, in: *Zeitschrift für internationale und kapitalmarktorientierte Rechnungslegung*, S. 56–66.

Beneish, Messod D./Press, Eric (1993): Cost of Technical Violation of Accounting-Based Debt Covenants, in: *The Accounting Review* (68), S. 233–57.

Bertram, Klaus (2009): § 248 HGB Bilanzierungsverbote und –wahlrechte, in: Bertram, Klaus/Brinkmann, Ralph/Kessler, Harald/Müller, Stefan (Hrsg.), Haufe HGB Kommentar, Freiburg 2009.

Bester, Helmut (1985): Screening vs. Rationing in Credit Markets with Imperfect Information, in: *The American Economic Review* (75), S. 850–855.

Beyer, Anne/Cohen, Daniel A./Lys, Thomas Z./Walther, Beverly R. (2010): The Financial Reporting Environment: Review of the Recent Literature, in: *Journal of Accounting and Economics* (50), S. 296–343.

Beyhs, Oliver/Melcher, Winnfried (2008): Zum Referentenentwurf des Bilanzrechtsmodernisierungsgesetzes (BilMoG): Vom Niederstwert- zum Impairment-Test? Die wesentlichen BilMoG-Änderungen bei außerplanmäßigen Abschreibungen und Wertaufholungen, in: *Der Betrieb,* Beilage 1 zu Heft 7, S. 19–23.

Beyhs, Oliver/Melcher, Winnfried (2009): Zur Umsetzung der HGB-Modernisierung durch das BilMoG: Wesentliche Änderungen bei außerplanmäßigen Abschreibungen und Wertaufholungen, in: *Der Betrieb,* S. 25–29.

Bharath, Sreedhar T./Sunder, Jayanthi/Sunder, Shyam V. (2008): Accounting Quality and Debt Contracting, in: *The Accounting Review* (83), S. 1–28.

Bieg, Hartmut/Hossfeld, Christopher/Kußmaul, Heinz, Waschbusch, Gerd (2009): Handbuch der Rechnungslegung nach IFRS, 2. Auflage, Düsseldorf 2009.

Bischof, Jannis/Brüggemann, Ulf/Daske, Holger (2011): Fair Value Reclassifications of Financial Assets During the Financial Crisis, Working Paper.

Böcking, Hans-Joachim/Lopatta, Kerstin/Rausch, Benjamin (2005): Fair Value Bewertung vs. Anschaffungskostenprinzip - ein Paradigmenwechsel in der Rechnungslegung?, in: Bieg, Hartmut/Heyd, Reinhard (Hrsg.): Fair Value - Bewertung in Rechnungswesen, Controlling und Finanzwirtschaft, München 2005, S. 83–105.

Borchert, Dierk/Budde, Andreas (2010): § 275 HGB Gliederung, in: Küting, Karlheinz/Pfitzer, Norbert/Weber, Claus-Peter (Hrsg.): Handbuch der

Rechnungslegung Einzelabschluss, 5. Auflage, Stuttgart 2002, Stand der 7. Ergänzungslieferung August 2010.

Bramann, Annehild (2009): Die Auswirkungen der Harmonisierung internationaler Rechnungslegung auf das Controlling von Forschung und Entwicklung, Frankfurt am Main 2009.

Brandt, Eva (2010): Bilanzierung pharmazeutischer FuE-Projekte nach IFRS, Lohmar-Köln 2010.

Bräutigam, Benedikt/Heyer, Jan-Peter (2006): Das Prüfverfahren durch die Deutsche Prüfstelle für Rechnungslegung, in: *Die Aktiengesellschaft*, S. 188–195.

Brösel, Gerrit/Mindermann, Torsten (2009): § 253 HGB Zugangs- und Folgebewertung, in: Petersen, Karl/Zwirner, Christian (Hrsg.): BilMoG, Änderungskommentar, München 2009, S. 401–404.

Brösel, Gerrit/Olbrich, Michael (2010): § 253 HGB Zugangs- und Folgebewertung, in: Küting, Karlheinz/Pfitzer, Norbert/Weber, Claus-Peter (Hrsg.): Handbuch der Rechnungslegung Einzelabschluss, 5. Auflage, Stuttgart 2002, Stand der 6. Ergänzungslieferung Juni 2010.

Bungartz, Oliver/Henke, Michael (2011): Quality Control und Peer Review in der Internen Revision - Verbessertes Qualitätsmanagement durch ein integriertes System, Berlin 2011.

Burger, Anton/Ulbrich, Philipp/Knoblauch, Jens (2006): Zur Reform der Bilanzierung von Forschungs- und Entwicklungsaufwendungen nach IAS 38, in: *Zeitschrift für internationale und kapitalmarktorientierte Rechnungslegung*, S. 729–737.

Bushee, Brian J. (1998): The Influence of Institutional Investors on Myopic R&D Investment Behavior, in: *The Accounting Review* (73), S. 305–333.

Busse von Colbe, Walther (1957): Der Zukunftserfolg, Wiesbaden 1957.

Cascino, Stefano/Gassen, Joachim (2010): What Drives the Comparability Effect of Mandatory IFRS Adoption?, Working Paper.

Casey, Christopher (2006): Kapitalmarktorientierte Unternehmensbewertung - Theoretische Fundierung, Vorteilhaftigkeit der Methoden und ökonomische Würdigung, in: *Betriebswirtschaftliche Forschung und Praxis,* S. 180–198.

Cazavan-Jeny, Anne/Jeanjean, Thomas (2006): The Negative Impact of R&D Capitalization: A Value Relevance Approach, in: *The European Accounting Review* (15), S, 37–61.

Cazavan-Jeny, Anne/Joos, Peter/Jeanjean, Thomas (2007): Signaling Future Performance through Accounting Choice: The Case of R&D Accounting in France, Working Paper 2007.

Chambers, Dennis/Jennings, Ross/Thompson, Robert B. (2002): Excess Returns to R&D-Intensive Firms, in: *Review of Accounting Studies* (7), S. 133–158.

Chambers, Raymond J. (1976): The Possibility of a Normative Accounting Standard, in: *The Accounting Review* (51), S. 646–652.

Chan, Louis K. C./Lakonishok, Joseph/Sougiannis, Theodore (2001): The Stock Market Valuation of Research and Development Expenditures, in: *Journal of Finance* (56), S. 2431–2456.

Chava, Sudheer/Roberts, Michael R. (2008): How Does Financing Impact Investment? The Role of Debt Covenants, in: *Journal of Finance* (63), S. 2085–2121.

Chen, Kevin C. W./Wei, John K. C. (1993): Creditors' Decision to Waive Violations of Accounting-Based Covenants, in: *The Accounting Review* (68), S. 218–32.

Chow, Chee W./Wong-Boren, Adrian (1987): Voluntary Financial Disclosure by Mexican Corporations, in: *The Accounting Review* (62), S. 533–541.

Christensen, Hans B./Nikolaev, Valeri V. (2012): Capital Versus Performance Covenants in Debt Contracts, in: *Journal of Accounting Research* (50), S. 75–116.

Christensen, John A./Demski, Joel S. (2003): Accounting Theory: An Information Content Perspective, McGraw-Hill Irwin 2003.

Christensen, Peter O./Feltham, Gerald A./Şabac, Florian (2005): A Contracting Perspective on Earnings Quality, in: *Journal of Accounting and Economics* (39), S. 265–294.

Chung, Kee H./Charoenwong, Charlie (1991): Investment Options, Assets in Place, and the Risk of Stocks, in: *Financial Management* (20), S. 21–33.

Citron, David B. (1992): Accounting Measurement Rules in UK Bank Loan Contracts, in: *Accounting and Business Research* (23), S. 21–30.

Claussen, Carsten Peter (2007): Gedanken zum Enforcement, in: *Der Betrieb*, S. 1421–1425.

Claussen, Carsten Peter/Korth, Hans-Michael (1988): Zum Grundsatz der Bewertungsstetigkeit im Handels-, und Steuerrecht, in: *Der Betrieb*, S. 921–927.

Coase, Ronald H. (1937): The Nature of the Firm, in: *Economica* (4), S. 386–405.

Coenenberg, Adolf G./Haller, Axel/Schultze, Wolfgang (2012): Jahresabschluss und Jahresabschlussanalyse - Betriebswirtschaftliche, handelsrechtliche, steuerrechtliche und internationale Grundsätze - HGB, IAS/IFRS, US-GAAP, DRS, 22. Auflage, Stuttgart 2012.

Collins, Daniel W./Kothari, S.P. (1989): An Analysis of Intertemporal and Cross-Sectional Determinants of Earnings Response Coefficients, in: *Journal of Accounting and Economics* (11), S. 143–181.

Core, John E. (2001): A Review of the Empirical Disclosure Literature: Discussion, in: *Journal of Accounting and Economics* (31), S. 441–456.

Cormier, D., Magnan, M. and van Velthoven, B. (2005): Environmental Disclosure Quality in Large German Companies: Economic Incentives, Public Pressures or Institutional Conditions?, in: *European Accounting Review* (14), S. 3–39.

Craswell A.T./Taylor, S. L. (1992): Discretionary Disclosure of Reserves by Oil ans Gas Companies: An Economic Analysis, in: *Journal of Business Finance & Accounting* (19), S. 295–308.

Crezelius, Georg (2011): Kommentar zu § 5 EStG, in: Kirchhof, Paul (Hrsg.): Einkommensteuergesetz, 10. Auflage, Köln 2011.

Cuijpers, Rick and Buijink, Willem (2005): Voluntary Adoption of Non-Local GAAP in the European Union: A study of Determinants and Consequences, in: *European Accounting Review* (14), S. 487–524.

Daley, Lane A./Vigeland, Robert L. (1983): The Effects of Debt Covenants and Political Costs on the Choice of Accounting Methods: The Case of Accounting for R&D Costs, in: *Journal of Accounting and Economics* (5), S. 195–211.

Daske, Holger/Hail, Luzi/Leuz, Christian/Verdi, Rodrigo (2008): Mandatory IFRS Reporting around the World: Early Evidence on the Economic Consequences, in: *Journal of Accounting Research* (46), S. 1085–1142.

Daves, Phillip R./Ehrhardt, Michael C./Kuhlemeyer, Gregory A./Kunkel, Robert A. (2000): Increases in the Systematic Risk of Large Firms, in: *American Business Review* (18), S. 62–74.

Dawo, Sascha (2003): Immaterielle Güter in der Rechnungslegung nach HGB, IAS/IFRS und US-GAAP – aktuelle Rechtslage und neue Wege der Bilanzierung und Berichterstattung, Herne, Berlin 2003.

DeAngelo, Linda Elizabeth (1981): Auditor Size and Audit Quality, in: *Journal of Accounting and Economics* (3), S. 183–199.

DeFond, Mark L./Jiambalvo, James (1994): Debt Covenant Violation and Manipulation of Accruals, in: *Journal of Accounting and Economics* (17), S. 145–176.

Delticom AG (2007): Geschäftsbericht des Geschäftsjahres 2006, Hannover 2007.

Delticom AG (2010): Geschäftsbericht des Geschäftsjahres 2009, Hannover 2010.

Demiroglu, Cem/James, Christopher M. (2010): The Information Content of Bank Loan Covenants, in: *The Review of Financial Studies* (23), S. 3700–3737.

Demsetz, Harold/Lehn, Kenneth (1985): The Structure of Corporate Ownership: Causes and Consequences, in: *Journal of Political Economy* (93), S. 1155–1177.

Demsetz, Harold/Villalonga, Belén (2001): Ownership Structure and Corporate Performance, in: *Journal of Corporate Finance* (7), S. 209–33.

Demski, Joel S. (1973): The General Impossibility of Normative Accounting Standards, in: *The Accounting Review* (48), S. 718–723.

Demski, Joel S. (1976): An Economic Analysis of the Chambers' Normative Stanard, in: *The Accounting Review* (51), S. 653–656.

Deng, Zhen/Lev, Baruch (2006): In-Process R&D: To Capitalize or Expense?, in: *Journal of Engineering and Technology Management* (23), S. 18–32.

Deutsche Börse Group (2003): Factbook 2003, abrufbar unter: http://deutsche-boerse.com/INTERNET/IP/ip_stats.nsf/%28KIR+Fact book+Kassamarkt%29/BD-587F972E5DF758C1256E850045DAEB/$FILE/Factbook_2003_d.pdf?OpenElement, Stand vom 16.06.2013.

Deutsche Börse Group (2009): Factbook 2009, abrufbar unter: http://deutsche-boerse.com/INTERNET/IP/ip_stats.nsf/%28KIR+Fact book+Kassamarkt%29/407B2EB81C10C693C12577270052CF51/$FILE/Factbook_2009_d.pdf?OpenElement, Stand vom 16.06.2013.

Dhaliwal, Dan S./Salamon, Gerald E./Smith, Dan E. (1982): The Effect of Owner versus Management Control on the Choice of Accounting Methods, in: *Journal of Accounting and Economics* (4), S. 41–53.

Dichev, Ilia D./Skinner, Douglas J. (2002): Large-Sample Evidence on the Debt Covenant Hypothesis, in: *Journal of Accounting Research* (40), S. 1091–1123.

Dobler, Michael/Kurz, Gerhard (2008): Aktivierungspflicht für immaterielle Vermögengegenstände in der Entstehung nach dem RegE eines BilMoG – Kritische Würdigung der F&E-Bilanzierung im HGB-Abschluss de lege ferenda, in: *Zeitschrift für internationale und kapitalmarktorientierte Rechnungslegung*, S. 485–493.

Dörner, Achim/Neubert, Bob (2008): Praktische Bilanzierung von Entwicklungskosten nach dem Regierungsentwurf zum BilMoG -Eine Fallstudie zu Unterschieden zwischen Steuerrecht, BilMoG und IAS 38, in: *Zeitschrift für Internationale Rechnungslegung*, S. 449–457.

Dosi, Giovanni (1988): Sources, Procedures and Microeconomic Effects of Innovation, in: *Journal of Economic Literature* (36), S. 1126–1171.

Doupnik, Timothy S./Richter, Martin (2004): The Impact of Culture on the Interpretation of „In Context" Verbal Probability Expressions, in: *Journal of International Accounting Research,* S. 1–20.

DPR (2006): Pressemitteilung der Deutschen Prüfstelle für Rechnungslegung e.V. vom 20. Dezember 2006.

DPR (2007 a): Tätigkeitsbericht der Deutschen Prüfstelle für Rechnungslegung e. V. für das Jahr 2006, Berlin 2007.

DPR (2007 b): Pressemitteilung der Deutschen Prüfstelle für Rechnungslegung e.V. vom 26. November 2007.

DPR (2008 a): Tätigkeitsbericht der Deutschen Prüfstelle für Rechnungslegung e. V. für das Jahr 2007, Berlin 2008.

DPR (2008 b): Pressemitteilung der Deutschen Prüfstelle für Rechnungslegung e.V. vom 21. Oktober 2008.

DPR (2009 a): Tätigkeitsbericht der Deutschen Prüfstelle für Rechnungslegung e. V. für das Jahr 2008, Berlin 2009.

DPR (2009 b): Pressemitteilung der Deutschen Prüfstelle für Rechnungslegung e.V. vom 19. November 2009.

DPR (2009 c): Pressemitteilung der Deutschen Prüfstelle für Rechnungslegung e.V. vom 22. Oktober 2009.

DPR (2010): Tätigkeitsbericht der Deutschen Prüfstelle für Rechnungslegung e. V. für das Jahr 2009, Berlin 2010.

DPR (2011 a): Tätigkeitsbericht der Deutschen Prüfstelle für Rechnungslegung e. V. für das Jahr 2010, Berlin 2011.

DPR (2011 b): Comments with regard to the IASB Consultation Paper „Agenda Consultation 2011“ vom 28.11.2011 (vom IASB als Comment Letter 80 erfasst), abrufbar unter: http://www.ifrs.org/Current+Projects/IASB+Projects/IASB+agenda+consultation/agenda+consultation+2011/comment+letters/cl.htm.

DPR (2012): Tätigkeitsbericht der Deutschen Prüfstelle für Rechnungslegung e. V. für das Jahr 2011, Berlin 2012.

Duenbostel, Hagen (1998): Die Relevanz eines Paradigmawechsels der Rechnungsbelegung in Deutschland für die Abbildung von Forschung und Entwicklung im Jahresabschluss, Göttingen 1998.

Dumontier, Pascal/Raffournier, Bernard (1998): Why Firms Comply Voluntarily with IAS: An Empirical Analysis with Swiss Data, in: *Journal of International Financial Management and Accounting* (9), S. 216–245.

Dye, Ronald A. (1986): An Optimal Monitoring Policy in Agencies, *The Rand Journal of Economics* (17), S. 339–350.

Eberhart, Allan C./Maxwell, William F./Siddique, Akhtar R. (2004): An Examination of Long-Term Abnormal Stock Returns and Operating Performance Following R&D Increases, in: *Journal of Finance* (59), S. 623–50.

Eberle, Reto (2000): Impairment of Assets/Wertbeeinträchtigung von Vermögensgegenständen - Konzeptionelle Analyse, Vergleich und empirische Untersuchungen von FAS 121 und IAS 36, St. Gallen 2000.

Eiselt, Andreas/Bindick, Friederike (2009): Empirische Analyse von Forschungs- und Entwicklungsaktivitäten am Beispiel der europäischen Automobilindustrie, in: *Praxis der internationalen Rechnungslegung*, S. 72–77.

Elliott, John/Richardson, Gordon/Dyckman, Thomas/Dukes, Roland (1984): The Impact of SFAS No. 2 on Firm Expenditures in Research and Development: Replications and Extensions, in: *Journal of Accounting Research* (22), S. 85–102.

Ellrott, Helmut/Brendt, Peter (2010): § 255 HGB Bewertungsmaßstäbe, in: Ellrott, Helmut/Förschle, Gerhart/Kozikowski, Michael/Winkeljohann, Norbert (Hrsg.), Beck'scher Bilanz-Kommentar, 7. Auflage, München 2010.

Ellrott, Helmut/Krämer, Andreas (2010): § 247 Inhalt der Bilanz, in: Ellrott, Helmut/Förschle, Gerhart/Kozikowski, Michael/Winkeljohann, Norbert (Hrsg.): Beck'scher Bilanz-Kommentar, 7. Auflage, München 2010.

Eng, L. L./Mak, Y. T. (2003): Corporate Governance and Voluntary Disclosure, in: *Journal of Accounting and Public Policy* (22), S. 325–345.

Ernst & Young (2010): International GAAP 2010, Chichester 2010.

Ernst, Edgar/Gassen, Joachim/Pellens, Bernhard (2009): Verhalten und Präferenzen deutscher Aktionäre: Eine Befragung von privaten und institutionellen Anlegern zum Informationsverhalten, zur Dividendenpräferenz und zur Wahrnehmung von Stimmrechten, in: *Studien des Deutschen Aktieninstituts*, Heft 42, Frankfurt am Main 2009.

Ernstberger, Jürgen/Stich, Michael/Vogler, Oliver (2012): Economic Consequences of Accounting Enforcement Reforms: The Case of Germany, in: *European Accounting Review* (Vol. 21, No. 2), S. 217–251.

ESCP (2011): Study on the Effects of the Implementation of the Acquis on Statutory Audits of Annual and Consolidated Accounts Including the Consequences on the Audit Market, Paris 2011.

Esser, Maik/Hackenberger, Jens (2004): Bilanzierung immaterieller Vermögenswerte des Anlagevermögens nach IFRS und US-GAAP, in: *Zeitschrift für internationale und kapitalmarktorientierte Rechnungslegung,* S. 402–414.

Ewelt, Corinna/Knauer, Thorsten (2010): Zum Zielkonflikt der Unternehmenspublizität zu Forschung & Entwicklung - eine empirische Untersuchung der HDAX-Unternehmen, in: *Zeitschrift für Planung & Unternehmenssteuerung*, S. 37–58.

Fama, Eugene F. (1970): Efficient Capital Markets: A Review of Theory and Empirical Work, in: *Journal of Finance* (25), S. 383–417.

Fama, Eugene F. (1976): Reply, in: *Journal of Finance* (31), S. 143–145.

Fama, Eugene F./Jensen, Michael C. (1983 a): Seperation of Ownership and Control, in: *Journal of Law and Economics* (26), S. 301–325.

Fama, Eugene F./Jensen, Michael C. (1983 b): Agency Problems and Residual Claims, in: *Journal of Law and Economics* (26), S. 327–349.

Fan, Joseph P. H./Wong, T. J. (2005): Do External Auditors Perform a Corporate Governance Role in Emerging Markets? Evidence from East Asia, in: *Journal of Accounting Research* (34), S. 35–72.

Federmann, Rudolf (2010): Bilanzierung nach Handels- und Steuerrecht, Gemeinsamkeiten, Unterschiede und Abhängigkeiten von Handels- und Steuerbilanz unter Berücksichtigung internationaler Rechnungslegungsstandards, 11. Aufl., Berlin 2000.

Fields, Thomas D./Lys, Thomas Z./Vincent, Linda (2001): Empirical research on accounting choice, in: *Journal of Accounting and Economics* (31), S. 255–307.

Firth, Michael (1979): The Impact of Size, Stock Market Listing, and Auditors on Voluntary Disclosure in Corporate Annual Reports, in: *Accounting and Business Research* (9), S. 273–280.

Fischer-Winkelmann, Wolf F. (2006): „Weiterentwicklung“ der Grundsätze ordnungsgemäßer Unternehmensbewertung IDW S. 1 = IDW ES 1 n.F.?, in: *Betriebswirtschaftliche Forschung und Praxis,* S. 158–179.

Florou, Annita/Kosi, Urska (2013): Does Mandatory IFRS Adoption Facilitate Debt Financing?, Working Paper.

Florou, Annita/Kosi, Urska/Pope, Peter F. (2012): Does Mandatory IFRS Adoption Improve the Credit Relevance of Accounting Information?, Working Paper.

Förschle, Gerhart (2010): § 275 HGB Gewinn- und Verlustrechnung, in: Ellrott, Helmut/Förschle, Gerhart/Kozikowski, Michael/Winkeljohann, Norbert (Hrsg.), Beck'scher Bilanz-Kommentar, 7. Auflage, München 2010.

Förschle, Gerhart/Kroner, Matthias (2010): § 246 HGB Vollständigkeit, Verrechnungsverbot, in: Ellrott, Helmut/Förschle, Gerhart/Kozikowski, Michael/ Winkeljohann, Norbert (Hrsg.), Beck'scher Bilanz-Kommentar, 7. Auflage, München 2010.

Förschle, Gerhart/Kroner, Matthias/Heddäus, Birgit (1999): Ungewisse Verpflichtungen nach IAS 37 im Vergleich zum HGB, in: *Die Wirtschaftsprüfung*, S. 41–54.

Förschle, Gerhart/Kropp, Manfred (1986): Die Bewertungsstetigkeit im Bilanzrichtlinien-Gesetz, in: *Zeitschrift für Betriebswirtschaft*, S. 873–893.

Förschle, Gerhart/Usinger, Rainer (2010): § 248 HGB Bilanzierungsverbote und -wahlrechte, in: Ellrott, Helmut/Förschle, Gerhart/Kozikowski, Michael/

Winkeljohann, Norbert (Hrsg.), Beck'scher Bilanz-Kommentar, 7. Auflage, München 2010.

Freisleben, Norbert/Brinkmann, Ralph (2007): Aktuelle Entwicklungen in Rechnungslegung, Prüfung, Enforcement und Abschlussprüferaufsicht sowie im US-Steuerrecht - Tagungsbericht über den 2. Gesprächskreis der German CPA Society e.V. zur internationalen Rechnungslegung und Prüfung am 24.11.2006 in Heidelberg, in: *Zeitschrift für internationale und kapitalmarktorientierte Rechnungslegung,* S. 102–109.

Fülbier, Rolf Uwe/Gassen, Joachim (2007): Das Bilanzrechtsmodernisierungsgesetz (BilMoG): Handelsrechtliche GoB vor der Neuinterpretation, in: *Der Betrieb*, S. 2605–2612.

Fülbier, Rolf Uwe/Honold, Dirk/Klar, Alexander (2000): Bilanzierung immaterieller Vermögenswerte - Möglichkeiten und Grenzen der Bilanzierung nach US-GAAP und IAS bei Biotechnologieunternehmen, in: *Recht der internationalen Wirtschaft,* S. 833–844.

Fülbier, Rolf Uwe/Weller, Manuel (2008): Normative Rechnungslegungsforschung im Abseits?, Einige wissenschaftstheoretische Anmerkungen, in: *Journal for General Philosophy of Science* (39), S. 351–382.

García Osma, Beatriz/Young, Steven (2009): R&D Expenditure and Earnings Targets, in: *European Accounting Review* (18), S. 7–32.

Gassen, Joachim (2008): Are Stewardship and Valuation Usefulness Compatible or Alternative Objectives of Financial Accounting?, Working Paper.

Gassen, Joachim/Kavvadias, Nico (2012): Erlösrealisierung im Netzbereich am Beispiel der Netzanbindung von Offshore-Anlagen, in: *Der Betrieb*, S. 125–132.

Gelhausen, Hans Friedrich/Fey, Gerd/Kämpfer, Georg (2009): Rechnungslegung und Prüfung nach dem Bilanzrechtsmodernisierungsgesetz, Düsseldorf 2009.

Gelhausen, Hans Friedrich/Hönsch, Henning (2005): Das neue Enforcement-Verfahren für Jahres- und Konzernabschlüsse - Durchsetzung fehlerfreier Rechnungslegung durch die Deutsche Prüfstelle für Rechnungslegung (DPR) und die Bundesanstalt für Finanzdienstleistungsaufsicht (BaFin), in: *Die Aktiengesellschaft*, S. 511–529.

Gemeinsame Wissenschaftskonferenz (2013): Steigerung des Anteils der FuE-Ausgaben am nationalen Bruttoinlandsprodukt (BIP)als Teilziel der Lissabon-Strategie und der Strategie Europa 2020: Abschlussbericht zum 3%-Ziel der Lissabon-Strategie 2000 bis 2010 und Sachstandsbericht zum 3%-Ziel der Strategie Europa 2020: Bericht an die Regierungschefinnen und Regierungschefs von Bund und Ländern, Bonn 2013.

Glaum, Martin/Schmidt, Peter/Street, Donna L./Vogel, Silvia (2013): Compliance with IFRS 3- and IAS 36-Required Disclosures across 17 European Countries: Company- and Country-Level Determinants, in: *Accounting and Business Research* (43), S. 163–204.

Glaum, Martin/Street, Donna L. (2003): Compliance with the Disclosure Requirements of Germany's New Market: IAS Versus U.S. GAAP, in: *Journal of International Financial Management and Accounting* (14), S. 64–100.

Goldberg, Victor P. (1976): Regulation and administered contracts, in: *Bell Journal of Economics und Management Science* (7), S. 439–441

Goldman, Eitan/Slezak, Steve L. (2006): An Equilibrium Model of Incentive Contracts in the Presence of Information Manipulation, in: *Journal of Financial Economics* (80), S. 603–626.

Goodacre, Alan (1991): R&D Expenditure and the Analysts' View, in: *Accountancy* (107), S. 78–79.

Goodwin, John/Ahmed, Kamran (2006): Longitudinal Value Relevance of Earnings and Intangible Assets: Evidence from Australian Firms, in: *Journal of International Accounting, Auditing and Taxation* (15), S. 72–91.

Graham, John R./Li, Si/Qiu, Jiaping (2008): Corporate Misreporting and Bank Loan Contracting, in: *Journal of Financial Economics* (89), S. 44–61.

Graham, John R./Rogers, Daniel A. (2002): Do Firms Hedge in Response to Tax Incentives?, in: *Journal of Finance* (57), S. 815–839.

Grenadier, Steven R./Weiss, Allen M. (1997): Investment in Technological Innovations: An Option Pricing Approach, in: *Journal of Financial Economics* (44), S. 397–416.

Gros, Stefan E. (2006): Enforcement und Rechnungslegung - Die Deutsche Prüfstelle für Rechnungslegung aus Sicht des Chief Financial Officer, in: *Deutsches Steuerrecht*, S. 246–251.

Gschwendtner, Hubert (1997): Mietereinbauten als Vermögensgegenstand und Wirtschaftsgut im Sinne des Handels- und Steuerbilanzrechts, in: *Handelsbilanzen und Steuerbilanzen*: Festschrift zum 70. Geburtstag von Prof. Dr. h.c. Heinrich Beisse, Düsseldorf 1997, S. 215–234.

Günther, Thomas/Ott, Christian (2008): Price Allocations – Ergebnisse einer explorativen empirischen Studie, in: *Die Wirtschaftsprüfung*, S. 917–926.

Haag, Christoph (2009): Werthaltigkeitsprüfung technologiebasierter immaterieller Vermögenswerte, Aachen 2009.

Haaker, Andreas/Hoffmann, Wolf-Dieter (2009): Grundsätze haptischer Bilanzierung?, in: *Praxis der internationalen Rechnungslegung,* S. 307–308.

Hager, Simon/Hitz, Jörg-Markus (2007): Immaterielle Vermögenswerte in der Bilanzierung und Berichterstattung - eine empirische Bestandsaufnahme für die Geschäftsberichte deutscher IFRS-Bilanzierer 2005, in: *Zeitschrift für internationale und kapitalmarktorientierte Rechnungslegung*, S. 205–218.

Hall, Steven C. (1995): Determinants of Goodwill Amortization Period, in: *Journal of Business Finance & Accounting* (20), S. 613–621.

Haller, Axel/Park, Peter (1995): Darlehensvereinbarungen als Ursache für bilanzpolitisches Verhalten, in: *Zeitschrift für Betriebswirtschaft*, S. 89–111.

Haller, Axel/Ernstberger, Jürgen/Forschhammer, Matthias (2009): Die Auswirkungen der verpflichtenden Umstellung der Rechnungslegung von HGB auf IFRS - Eine empirische Analyse, in: *Zeitschrift für internationale und kapitalmarktorientierte Rechnungslegung*, S. 267–278.

Haller, Axel/Forschhammer, Matthias/Groß, Tobias (2010): Die Bilanzierung von Entwicklungskosten nach IFRS bei deutschen börsennotierten Unternehmen - Eine empirische Analyse, in: *Der Betrieb*, S. 681–689.

Haller, Peter/Bernais, Nina (2005): Enforcement und BilKoG - Grundlagen der Überwachung von Unternehmensberichten und Bilanzkontrollgesetz, Berlin 2005.

Haniffa, Roszaini/Hudaib, Mohammad (2006): Corporate Governance Structure and Performance of Malaysian Listed Companies, in: *Journal of Business Finance & Accounting* (33), S. 1034–1062.

Hares, Christoph (2008): Außerplanmäßige Ab- und Zuschreibung nach HGB und IFRS, Saarbrücken 2008.

Hayn, Sven/Pilhofer, Jochen (1998): Die neuen Rückstellungsregeln des IASC im Vergleich zu den korrespondierenden Regeln der US-GAAP, in: *Deutsches Steuerrecht,* S. 993–997.

Healy, Paul M. (1985): The Effects of Bonus Schemes on Accounting Decisions, in: *Journal of Accounting and Economics* (7), S. 85–107.

Healy, Paul M./Myers, Stewart C./Howe, Christopher D. (2002): R&D Accounting and the Tradeoff between Relevance and Objectivity, in: *Journal of Accounting Research* (40), S. 677–710.

Healy, Paul M./Palepu, Krishna (2001): Information Asymmetry, Corporate Disclosure, and the Capital Markets: A Review of the Empirical Disclosure Literature, in: *Journal of Accounting and Economics* (31), S. 405–440.

Healy, Paul M./Wahlen, James M. (1999): A Review of the Earnings Management Literature and Its Implications for Standard Setting, in: *Accounting Horizons* (13), S. 365–383.

Heintges, Sebastian/Urbanczik, Patrick/Wulbrand, Hanno (2009): Neuregelung des IAS 23 „Fremdkapitalkosten" - Alter Wein in neuen Schläuchen?, in: *Der Betrieb,* S. 633–639.

Henckel, Niels-Frithjof/Ludwig, Thomas/Lüdke, Thomas (2008): Behandlung von Forschungs- und Entwicklungskosten nach HGB und IFRS unter Berücksichtigung der durch das BilMoG geplanten Änderungen, in: *Der Betrieb,* S. 196–199.

Hennrichs, Joachim (1999): Der steuerrechtliche sog. Maßgeblichkeitsgrundsatz gem. § 5 EStG, in: *Steuern und Wirtschaft*, S. 138–153.

Hennrichs, Joachim (2008): Immaterielle Vermögensgegenstände nach dem Entwurf des Bilanzrechtsmodernisierungsgesetzes (BilMoG) - Gemeinsamkeiten und verbleibende Unterschiede zwischen modernisiertem HGB-Bilanzrecht und IFRS (IAS 38, IFRS 3), in: *Der Betrieb*, S. 537–542.

Hennrichs, Joachim (2011): § 246 HGB, in: Münchner Kommentar zum AktG, 3. Aufl, München 2011.

Hering, Thomas (2006): Unternehmensbewertung, 2. Aufl., München/Wien 2006.

Hering, Thomas (2008): Investitionstheorie, 3. Aufl., München 2008.

Hitz Jörg-Markus/Ernstberger, Jürgen/Stich, Michael (2012): Enforcement of Accounting Standards in Europe: Capital-Market-Based Evidence for the Two-Tier Mechanism in Germany, in: *European Accounting Review* (Vol. 21, No. 2), S. 253–281.

Hitz, Jörg-Markus (2007): Capitalize or expense? Recent evidence on the accounting for intangible assets under IAS 38 by STOXX 200 firms, in: *Zeitschrift für Internationale Rechnungslegung*, S. 319–324.

Hoffmann, Wolf-Dieter (2011): Lüdenbach, Norbert/Hoffmann, Wolf-Dieter (Hrsg.): Haufe IFRS-Kommentar, 9. Auflage, Freiburg i. Br. et. al. 2011.

Hoffmann, Wolf-Dieter/Lüdenbach, Norbert (2009): Neues zur voraussichtlich dauernden Wertminderung des abnutzbaren Anlagevermögens, in: *Der Betrieb*, S. 577–580.

Holderness, Clifford G./Sheehan, Dennis P. (1988): The Role of Majority Shareholders in Publicly Held Corporations: An Exploratory Analysis, in: *Journal of Financial Economics* (20), S. 317–46.

Holthausen, Robert W. (1990): Accounting Method Choice: Opportunistic Behavior, Efficient Contracting, and Information Perspectives, in: *Journal of Accounting and Economics* (12), S. 207–218.

Holthausen, Robert W./Watts, Ross L. (2001): The Relevance of the Value-Relevance Literature for Financial Accounting Standard Setting, in: *Journal of Accounting and Economics* (31), S. 3–75.

Hopf, Michael (1983): Informationen für Märkte und Märkte für Informationen, Frankfurt am Main 1983.

Horwitz, Bertrand N./Kolodny, Richard (1980): The Economic Effects of Involuntary Uniformity in the Financial Reporting of Research and Development Expenditures, in: *Journal of Accounting Research* (18), S. 38–74.

Hossain, M./Perera, M. H. B./Rahman, A. R. (1995): Voluntary Disclosure in the Annual Reports of New Zealand Companies, in: *Journal of International Financial Management and Accounting* (6), S. 69–85.

Hughes, Patricia J. (1986): Signaling by Direct Disclosure under Asymmetric Information, in: *Journal of Accounting and Economics* (8), S. 119–142.

Hughes, Patricia J./Schwartz, Eduardo S. (1988): The LIFO/FIFO Choice: An Asymmetric Information Approach, in: *Journal of Accounting Research* (26), S. 41–58.

Hung Tran, Duc (2011): Die Bilanzierung immaterieller Vermögensgegenstände nach BilMoG - Normative Erkenntnisse empirischer Befunde, in: *Zeitschrift für internationale und kapitalmarktorientierte Rechnungslegung*, S. 538–542.

Hüttche, Tobias (2005): Typologische Bilanzanalyse: Qualitative Auswertung von IFRS-Abschlüssen, in: *Zeitschrift für internationale und kapitalmarktorientierte Rechnungslegung*, S. 313–323.

Hüttche, Tobias (2008): Bilanzierung selbst erstellter immaterieller Vermögensgegenstände des Anlagevermögens im Lichte des BilMoG, in: *Steuern und Bilanzen*, S. 163–170.

Hüttche, Tobias/Dicke-Wentrup, Thorsten/Int-Veen, Thomas (2007): Typologische Bilanzanalyse - Branchenspezifische Anwendung der IFRSs, in: *Zeitschrift für Internationale Rechnungslegung*, S. 233–242.

Hütten, Christoph/Lorson, Peter C. (2010): § 265 HGB Allgemeine Grundsätze für die Gliederung, in: Küting, Karlheinz/Pfitzer, Norbert/Weber, Claus-Peter (Hrsg.): Handbuch der Rechnungslegung Einzelabschluss, 5. Auflage, Stuttgart 2002, Stand der 7. Ergänzungslieferung August 2010.

IDW (1997): IDW Stellungnahme zur Rechnungslegung: Zum Grundsatz der Bewertungsstetigkeit, in: *Die Wirtschaftsprüfung*, S. 540–544.

IDW (2012): Stellungnahme zur Rechnungslegung: Bilanzierung von Software beim Anwender (IDW RS HFA 11), S. 1–9.

IDW (2006): WP Handbuch 2006, Band I, 13. Auflage, Düsseldorf 2006.

IDW (2009): 216. Sitzung des HFA: Bilanzierung von Entwicklungskosten in der Automobilzulieferindustrie, in: *IDW-Fachnachrichten*, S. 693–694.

Imhoff, Eugene A./Lipe, Robert C./Wright, David W. (1995): Is Footnote Disclosure an Adequate Alternative to Financial Statement Recognition, in: *The Journal of Financial Statement Analysis*, Fall 1995, S. 70–81.

Inchausti, Begoña Giner (1997): The Influence of Company Characteristics and Accounting Regulation on Information Disclosed by Spanish Firms, in: *European Accounting Review* (6), S. 45–68.

Inoue, Tatsuo/Thomas, Wayne B. (1996): The Choice of Accounting Policy in Japan, in: *Journal of International Financial Management and Accounting* (7), S. 1–23.

Interhyp AG (2007): Geschäftsbericht des Geschäftsjahres 2006, München 2007.

Ittner, Christopher D./Larcker, David F./Rajan, Madhav V. (1997): The choice of performance measures in annual bonus contracts, in: *The Accounting Review*, (72), S. 231–255.

Jackstein, Michael (2009): Entwicklungslinien der Rechnungslegung nach HGB und IFRS, Hamburg 2009.

Jensen, Michael C. (1976): Reflections on the State of Accounting Research and the Regulation of Accounting, in: Stanford Lectures in Accounting, Graduate School of Business, Stanford University, S. 11–19.

Jensen, Michael C. (1986): Agency Costs of Free Cash Flow, Corporate Finance, and Takeovers, in: *American Economic Review* (76), S. 323–329.

Jensen, Michael C./Meckling, William H. (1976): Theory of the Firm: Managerial Behavior, Agency Costs and Ownership Structure, in: *Journal of Financial Economics* (3), S. 305–360.

Jödicke, Dirk (2009): Einfluss kultureller Unterschiede auf die Anwendung internationaler Rechnungslegungsregeln - Eine theoretische und empirische Untersuchung zur Anwendung der IFRS in Deutschland, Frankreich und UK, Hamburg 2009.

Joh, Sung W. (2003): Corporate Governance and Firm Profitability: Evidence from Korea before the Economic Crisis, in: *Journal of Financial Economics* (68), S. 287–322.

Klassen, Kenneth J. (1997): The Impact of Inside Ownership Concentration on the Trade-Off between Financial and Tax Reporting, in: *The Accounting Review* (72), S. 455–474.

Klein, Georg A. (1999): Unternehmensseteuerung auf Basis der International Accounting Standards, München 1999.

Klingels, Bernd (2005): Die cash generating unit nach IAS 36 im IFRS–Jahresabschluss - Bildung, Gestaltungsmöglichkeiten und Auswirkungen, Berlin 2005.

Knop, Wolfgang/Küting, Karlheinz (2010): § 255 HGB Bewertungsmaßstäbe, in: Küting, Karlheinz/Pfitzer, Norbert/Weber, Claus-Peter (Hrsg.): Handbuch der Rechnungslegung Einzelabschluss, 5. Auflage, Stuttgart 2002, Stand der 7. Ergänzungslieferung August 2010.

Kozikowski, Michael/Roscher, Klaus/Andrejewski, Kai C. (2012): Teilkommentierung des § 253 HGB, in: Ellrott, Helmut/Förschle, Gerhart/Kozikowski, Michael/Winkeljohann, Norbert (Hrsg.): Beck'scher Bilanz-Kommentar, 8. Auflage, München 2010, Tz. 201–683.

KPMG (2010/11): Insights into IFRS: KPMG's Practical Guide to International Financial Reporting Standards, 7. Aufl., London 2010.

Kuhner, Christoph (2001): Spannungsverhältnis zwischen Einzelfallgerechtigkeit und Willkürfreiheit im Recht und in der Rechnungslegung, in: *Betriebswirtschaftliche Forschung und Praxis*, S. 523–342.

Kupsch, Peter (1987 a): Einheitlichkeit der Bewertung gem. § 252 Abs. 1 Nr. 6 HGB (Teil 1), in: *Der Betrieb*, S. 1101–1105.

Kupsch, Peter (1987 b): Einheitlichkeit der Bewertung gem. § 252 Abs. 1 Nr. 6 HGB (Teil 2), in: *Der Betrieb*, S. 1157–1161.

Kupsch, Peter (2011): Kommentierung des § 248 HGB, in: Hofbauer, Max A./ Kupsch, Peter (Hrsg.): Bonner Handbuch Rechnungslegung, 2. Auflage, Bonn 1999, Stand der 55. Ergänzungslieferung (Juni 2011).

Kußmaul, Heinz (2009): § 246 Vollständigkeit. Verrechnungsverbot, in: Küting, Karlheinz/Pfitzer, Norbert/Weber, Claus-Peter (Hrsg.): Handbuch der Rechnungslegung Einzelabschluss, 5. Auflage, Stuttgart 2002, Stand der 4. Ergänzungslieferung November 2009.

Küting, Karlheinz (2001): Bilanzierung und Bilanzierungspraxis am Neuen Markt, Stuttgart 2001.

Küting, Karlheinz (2008): Die Bedeutung immaterieller Vermögenswerte in der deutschen IFRS-Bilanzierungspraxis, in: *Praxis der internationalen Rechnungslegung*, S. 315–323.

Küting, Karlheinz/Dawo, Sascha (2003): Die Bilanzierung immaterieller Vermögenswerte nach IAS 38 - gegenwärtige Regelungen und geplante Änderungen, in: *Betriebswirtschaftliche Forschung und Praxis,* S. 397–416.

Küting, Karlheinz/Ellmann, David (2009): Immaterielles Vermögen, in: Küting, Karlheinz/Pfitzer, Norbert/Weber, Claus-Peter (Hrsg.), Das neue deutsche Bilanzrecht, 2. Auflage, Stuttgart 2009, S. 263–292.

Küting, Karlheinz/Ellmann, David (2010): § 255 HGB Bewertungsmaßstäbe, in: Küting, Karlheinz/Pfitzer, Norbert/Weber, Claus-Peter (Hrsg.): Handbuch der Rechnungslegung Einzelabschluss, 5. Auflage, Stuttgart 2002, Stand der 7. Ergänzungslieferung August 2010.

Küting, Karlheinz/Lauer, Peter (2009): Der Fair Value in der Krise, in: *Betriebswirtschaftliche Forschung und Praxis,* S. 547–567.

Küting, Karlheinz/Pfirmann, Armin/Ellmann, David (2008): Die Bilanzierung von selbsterstellten immateriellen Vermögensgegenständen nach dem RegE des BilMoG, in: *Zeitschrift für internationale und kapitalmarktorientierte Rechnungslegung*, S. 689–697.

Küting, Karlheinz/Tesche, Thomas (2009 a): Stetigkeitsgrundsatz, in: Küting, Karlheinz/Pfitzer, Norbert/Weber, Claus-Peter (Hrsg.): Das neue deutsche Bilanzrecht (BilMoG), 2. Aufl., Stuttgart 2009.

Küting, Karlheinz/Tesche, Thomas (2009 b): Der Stetigkeitsgrundsatz im verabschiedeten neuen deutschen Bilanzrecht, in: *Deutsches Steuerrecht*, S. 1491–1497.

Küting, Karlheinz/Trappmann, Helmut/Ranker, Daniel (2007 a): Gegenüberstellung der Bewertungskonzeption von beizulegendem Wert und Fair Value im Sachanlagevermögen, in: *Der Betrieb,* S. 1709–1716.

Küting, Karlheinz/Weber, Claus-Peter/Keßler, Marco/Metz, Christian (2007 b): Der Fehlerbegriff in IAS 8 als Maßstab zur Beurteilung einer regelkonformen Normanwendung - Auswirkungen der Wesentlichkeit auf die Fehlerbeurteilung, in: *Der Betrieb*, Beilage 7, S. 1–20.

Küting, Ulrich (2011): Rückstellungsbilanzierung nach HGB und IFRS – Normendeskription und empirische Analysen zur deutschen und internationalen Bilanzierungspraxis, Frankfurt am Main 2011.

Lambert, Richard A. (1985): Variance Analysis in Agency Settings, in *Journal of Accounting Research* (23), S. 633–647.

Lambert, Richard A. (2001): Contracting Theory and Accounting, in: *Journal of Accounting and Economics* (32), S. 3–87.

Lamers, Alfons (1981): Aktivierungsfähigkeit und Aktivierungspflicht immaterieller Werte, München 1981.

Landry, Suzanne/Callimaci, Antonello (2003): The Effect of Management Incentives and Cross-Listing Status on the Accounting Treatment of R&D Spending, in: *Journal of International Accounting, Auditing and Taxation* (12), S. 131–152.

Laubach, Wolfgang/Kraus, Silvia (2008): Zum Referentenentwurf des Bilanzrechtsmodernisierungsgesetzes (BilMoG): Die Bilanzierung selbst geschaffener immaterieller Vermögensgegenstände und der Aufwendungen für die Ingangsetzung und Erweiterung des Geschäftsbetriebs, in: *Der Betrieb*, Beilage 1, S. 16–19

Laubach, Wolfgang/Kraus, Silvia/Bornhofen, Martin (2009): Zur Durchführung der HGB-Modernisierung durch das BilMoG: Die Bilanzierung selbst geschaffener immaterieller Vermögensgegenstände, in: *Der Betrieb*, S. 19–24.

Leibfried, Peter/Pfanzelt, Stefan (2004): Praxis der Bilanzierung von Forschungs- und Entwicklungskosten gemäß IAS/IFRS - Eine empirische Untersuchung deutscher Unternehmen, in: *Zeitschrift für internationale und kapitalmarktorientierte Rechnungslegung*, S. 491–497.

Leland, Hayne E./Pyle, David H. (1977): Information Asymmetries, Financial Structure, and Financial Intermediation, in: *Journal of Finance* (32), S. 371–387.

Lennox, Clive (2000): Do Companies Successfully Engage in Opinion-Shopping? Evidence from the UK, in: *Journal of Accounting and Economics* (29), S. 321–337. Lev, Baruch (2001): Intangibles – Management, Measurement, and Reporting, Washington, D.C. Mai 2001.

Lev, Baruch (1999): R&D and Capital Markets, in: *Journal of Applied Corporate Finance* (11), S. 21–35.

Lev, Baruch (2001): Intangibles - Management, Measurement, and Reporting, Washington, D.C, May 2001.

Lev, Baruch/Sarath, Bharat/Sougiannis, Theodore (2005): R&D Reporting Biases and Their Consequences, in: *Contemporary Accounting Research* (22), S. 977–1026.

Lev, Baruch/Sougiannis, Theodore (1996): The Capitalization, Amortization, and Value-Relevance of R&D, in: *Journal of Accounting and Economics* (21), S. 107–138.

Lev, Baruch/Sougiannis, Theodore (1999): Penetrating the Book-to-Market Black Box: The R&D Effect, in: *Journal of Business Finance and Accounting* (26), S. 419–449.

Lev, Baruch/Zarowin, Paul (1999): The Boundaries of Financial Reporting and How to Extend Them, in: *Journal of Accounting Research* (37), S. 353–385.

Lewellen, Wilbur/Loderer, Claudio/Martin, Kenneth (1987): Executive Compensation and Executive Incentive Problems: An Empirical Analysis, in: Journal *of Accounting and Economics* (9), S. 287–310.

Lorchheim, Ulrich (1997): Die Zuverlässigkeit als grundlegende qualitative Eigenschaft von Jahresabschlüssen nach den International Accounting Standards: Eine Analyse auf der Basis des Frameworks für the Preparation and Presentation of Financial Statements des IASC, in: *Recht der Internationalen Wirtschaft,* S. 124–133.

Lüdenbach, Norbert (2010): Der Ratgeber zur erfolgreichen Umstellung von HGB auf IFRS, 6. Aufl. Freiburg 2010.

Lüdenbach, Norbert/Hoffmann, Wolf-Dieter (2003): Imparitätische Wahrscheinlichkeit – Zukunftswerte im IAS-Regelwerk, in: *Zeitschrift für internationale und kapitalmarktorientierte Rechnungslegung*, S. 5–14.

Lüdenbach, Norbert/Hoffmann, Wolf-Dieter (2009): Die wichtigsten Änderungen der HGB Rechnungslegung durch das BilMoG, in: *Zeitschrift für Unternehmensteuern und Bilanzen*, S. 287–316.

Lutz, Günter/Schlag, Angelika (2010): Der Gegenstand der Aktivierung und Passivierung und seine Zurechnung im Handelsrecht, Steuerrecht und nach

IFRS, in: von Wysocki, Klaus/Schulze-Osterloh, Joachim/Hennrichs, Joachim/ Kuhner, Christoph (Hrsg.), Handbuch des Jahresabschlusses, Abt. I/4, Stand der 48. Ergänzungslieferung, Köln 2010.

Lutz-Ingold, Martin (2005): Immaterielle Güter in der externen Rechnungslegung, Wiesbaden 2005.

Mande, Vivek/File, Richard G./Kwak, Wikil (2000): Income Smoothing and Discretionary R&D Expenditures of Japanese Firms, in: *Contemporary Accounting Research* (17), S. 263–302.

Markarian, Garen/Pozza, Lorenzo/Prencipe, Annalisa (2008): Capitalization of R&D costs and earnings management: Evidence from Italian Listed Companies, in: *The International Journal of Accounting* (43), S. 246–267.

Matolcsy, Zoltan/Wyatt, Anne (2006): Capitalized Intangibles and Financial Analysts, in: *Accounting and Finance* (46), S. 457–479.

Matschke, Manfred Jürgen/Brösel, Gerrit (2007): Unternehmensbewertung, 3. Aufl., Wiesbaden 2007.

Mayer-Wegelin, Eberhard (2006): Kriterien der Wesentlichkeit bei den Entscheidungen im Enforcement, in: *Betriebs-Berater*, BB-Special 4, S. 8–14.

Medigene AG (2006): Geschäftsbericht des Geschäftsjahres 2005, München 2006.

Meek, Gary K./Roberts, Clare B./Gray, Sidney J. (1995): Factors Influencing Voluntary Annual Report Disclosures by U.S., U.K. and Continental European Multinational Corporations, in: *Journal of International Business Studies* (26), S. 555–572.

Merck KgaA (2006): Geschäftsbericht des Geschäftsjahres 2005, Darmstadt 2006.

Michels, Jeremy (2012): Disclosure versus Recognition: Inferences from Subsequent Events, Working Paper.

Mindermann, Torsten/Brösel, Gerrit (2009): § 248 HGB. Bilanzierungsverbote und Wahlrechte, in: Petersen, Karl/Zwirner, Christian (Hrsg.): Bilanzrechtsmodernisierungsgesetz, München 2009, S. 390–395.

Mohd, Emad (2005): Accounting for Software Development Costs and Information Asymmetry, in: *The Accounting Review* (80), S. 1211–1231.

Möller, Klaus/Piwinger, Manfred (2009): in: Möller, Klaus/Piwinger, Manfred/ Zerfaß, Ansgar (Hrsg.): Immaterielle Vermögenswerte - Bewertung, Berichterstattung und Kommunikation, Stuttgart 2009, S. 73–94.

Moses O (1987): Income Smoothing and Incentives: Empirical Tests Using Accounting Changes, in: *The Accounting Review* (62), S. 358–377.

Moxter, Adolf (1979): Immaterielle Anlagewerte im neuen Bilanzrecht, in: *Betriebs-Berater*, S. 1102–1109.

Moxter, Adolf (1986): Bilanzlehre, Band II: Einführung in das neue Bilanzrecht, 3. Aufl., Wiesbaden 1986.

Moxter, Adolf (2007): Bilanzrechtsprechung, 6. Aufl., Tübingen 2007.

Moxter, Adolf (2008): Aktivierungspflicht für selbsterstellte immaterielle Anlagewerte?, in: *Der Betrieb*, S. 1514–1517.

Moxter, Adolf (2009): IFRS als Auslegungshilfe für handelsrechtliche GoB?, in: *Die Wirtschaftsprüfung*, S. 7–12.

Mujkanovic, Robin (2002): Fair Value im Financial Statement nach IAS, Stuttgart 2002.

Müller, Jürgen (1987): Das Stetigkeitsprinzip im neuen Bilanzrecht, in: *Betriebs-Berater*, S. 1629–1637.

Müller, Maximilian A./Riedl, Edward J./Sellhorn, Thorsten (2012): Recognition versus Disclosure of Fair Values, Working Paper.

Müller, Stefan/Kreipl, Markus (2011): Passive latente Steuern und kleine Kapitalgesellschaften: Wie weit reicht die Erleichterungsvorschrift des § 274 a Nr. 5 HGB?, in: *Der Betrieb,* S. 1701–1706.

Murphy, Kevin J. (1985): Corporate Performance and Managerial Remuneration: An Empirical Analysis, in: *Journal of Accounting and Economics* (7), S. 11–42.

Narin, Francis (1995): Patents as Indicators for the Evaluation of Industrial Research Output, in: *Scientometrics* (34), S. 489–496.

Nini, Greg/Smith, David C./Sufi, Amir (2009): Creditor Rights and Firm Investment Policy, in: *Journal of Financial Economics* (92), S. 400–420.

Oberbrinkmann, Frank (1990): Statische und Dynamische Interpretation der Handelsbilanz: eine Untersuchung der historischen Entwicklung, insbesondere der Bilanzrechtsaufgabe und der Bilanzrechtskonzeption, Düsseldorf 1990.

Olbrich, Michael (2005): Unternehmensnachfolge durch Unternehmensverkauf, Wiesbaden 2005.

Olbrich, Michael (2008): Manfred Jürgen Matschke und die Zeitwertbilanzierung nach IFRS, in: Hering, Thomas/Klingelhöfer, Heinz Eckart/Koch, Wolfgang (Hrsg.), Unternehmungswert im Rechnungswesen, Festschrift für Manfred Jürgen Matschke, Wiesbaden 2008, S. 211–228.

Oswald, Dennis R. (2008): The Determinants and Value Relevance of the Choice of Accounting for Research and Development Expenditures in the United Kingdom, in: *Journal of Business Finance and Accounting* (35), S. 1–24.

Oswald, Dennis R./Zarowin, Paul (2007): Capitalization of R&D and the Informativeness of Stock Prices, in: *European Accounting Review* (16), S. 703–726.

Otto, Sandra (2011): Ex ante conservatism versus ex post conservatism und der Informationsgehalt von Forschungs- und Entwicklungsausgaben. Inaugural-Dissertation, Universität Augsburg 2011.

Pellens, Bernhard/Gassen, Joachim/Richard, Marc (2003): Ausschüttungspolitik börsennotierter Unternehmen in Deutschland, in: *Die Betriebswirtschaft*, S. 309–332.

Pellens, Bernhard/Fülbier, Rolf Uwe/Gassen, Joachim/Sellhorn, Thorsten (2011): Internationale Rechnungslegung: IFRS 1 bis 9, IAS 1 bis 41, IFRIC-Interpretationen, Standardentwürfe: Mit Beispielen, Aufgaben und Fallstudien, 8. Aufl., Stuttgart 2011.

Pellens, Bernhard/Sürken,Silke (1998): Rechnungslegungspolitische Spielräume im Rahmen der IAS, in: Freidank, Carl-Christian (Hrsg.), Rechnungslegungspolitik - eine Bestandsaufnahme aus handels- und steuerrechtlicher Sicht, Berlin u.a. 1998, S. 195–228.

Penman, Stephen H./Zhang, Xiao-Jun (2002): Accounting Conservatism, the Quality of Earnings, and Stock Returns, in: *The Accounting Review* (77), S. 237–64.

Percy, Majella (2000): Financial Reporting Discretion and Voluntary Disclosure: Corporate Research and Development Expenditure in Australia, in: *Asia-Pacific Journal of Accounting & Economics* (7), S. 1–31.

Perry, Susan/Grinaker, Robert (1994): Earnings Expectations and Discretionary Research and Development Spending, in: *Accounting Horizons* (8), S. 43–51.

Petersen, Karl/Zwirner, Christian/Busch, Julia (2010): Forschung und Entwicklung in der Rechnungslegungspraxis, in: *Praxis der internationalen Rechnungslegung*, S. 7–13.

Picot, Arnold/Dietl, Helmut/Franck, Egon/Fiedler, Marina/Royer, Susanne (2012): Organisation: Theorie und Praxis aus ökonomischer Sicht, 6. Aufl., Stuttgart 2012.

Powell, Stephen (2003): Accounting for Intangible Assets: Current Requirements, Key Players and Future Directions, in: *European Accounting Review* (37), S. 797–811.

PwC (2013): Manual of Accounting – IFRS 2013 – Volume 2, Hillingdon 2013.

PwC (2002): Understanding IAS: Analysis and Interpretations of International Accounting Standards, 3. Aufl., København 2002.

Raffournier, Bernard (1995): The Determinants of Voluntary Financial Disclosure by Swiss Listed Companies, in: *European Accounting Review* (4), S. 261–280.

Ranker, Daniel (2006): Immobilienbewertung nach HGB und IFRS, Berlin 2006.

Richter, Rudolf/Furubotn, Eirik (2003): Neue Institutionenökonomik: Eine Einführung und kritische Würdigung, 3. Aufl., Tübingen 2003.

Rochet, Jean-Charles/Choné, Philippe (1998): Ironing, Sweeping, and Multidimensional Screening, in: *Econometrica* (66), S. 783–826.

Roland, Helmut (1980): Der Begriff des Vermögensgegenstandes im Sinne der handels- und aktienrechtlichen Rechnungslegungsvorschriften, Göttingen 1980.

Ruhnke, Klaus (2008): Rechnungslegung nach IFRS und HGB – Lehrbuch zur Theorie und Praxis der Unternehmenspublizität mit Beispielen und Übungen, 2. Aufl., Stuttgart 2008.

Ruhnke, Klaus/Nerlich, Christoph (2004): Behandlung von Regelungslücken innerhalb der IFRS, in: *Der Betrieb*, S. 389–395.

Ruhnke, Klaus/Schmiele, Catharina/Sanyang, Madany (2009): Bedeutung selbst erstellter immaterieller Vermögensgegenstände des Anlagevermögens für Kreditvergabeentscheidungen: Eine empirische Untersuchung vor dem Hintergrund der Relevanz und der Verlässlichkeit der nach den Änderungen durch das BilMoG gegebenen Abschlussinformationen, in: *Der Betrieb*, S. 2725–2729.

Ruland, William/Tung, Samuel/George, Nashwa E. (1990): Factors Associated With the Disclosure of Managers Forecasts, in: *The Accounting Review* (65), S. 710–721.

Scheffler, Eberhard (2006): Auslegung- und Ermessensfragen beim Enforcement, in: *Betriebs-Berater*, BB-Special 4, S. 2–8.

Scheffler, Eberhard (2007): Die Möglichkeiten und Grenzen der DPR bei Enforcement und Interpretation der Rechnungslegungsstandards, in: Heyd, Reinhard/Von Keitz, Isabel (Hrsg.): IFRS-Management, München 2007, S. 77–91.

Scheinpflug, Patrick (2009): Kommentierung Immaterielle Vermögenswerte (§ 4), in: Bohl, Werner/Riese, Joachim/Schlüter, Jörg (Hrsg.): Beck'sches IFRS-Handbuch, 3. Aufl., München 2009.

Schmidt-Versteyl, Michael (2008): Durchsetzung ordnungsgemäßer Rechnungslegung in Deutschland - Enforcement nach dem Bilanzkontrollgesetz, Berlin 2008.

Schruff, Lothar/Haaker, Andreas (2008): Immaterielle Vermögenswerte, in: Ballwieser, Wolfgang/Beine, Frank/Hayn, Sven/Peemöller, Volker H./ Schruff, Lothar/Weber, Claus-Peter (Hrsg.): Wiley Kommentar zur internationalen Rechnungslegung nach IFRS, 4. Auflage, Weinheim 2008, Abschnitt 9, S. 385–423.

Schulze-Osterloh, Joachim (2010): § 42 Bilanz, in: Baumbach, Adolf/Hueck, Alfred (Hrsg.): GmbHG, 19. Auflage, München 2010.

Seidel, Björn/Grieger, Stephanie/Muske, Roland (2009): Bilanzierung von Entwicklungskosten nach dem BilMoG, in: *Betriebs-Berater*, S. 1286–1291.

Sellhorn, Thorsten (2004): Goodwill Impairment – An Empirical Investigation of Write-Offs under SFAS 142, Frankfurt am Main 2004.

SGL Carbon AG (2007): Geschäftsbericht des Geschäftsjahres 2006, Wiesbaden 2007.
Shleifer, Andrei (2000): Inefficient Markets – An Introduction to Behavioral Finance, Oxford 2000.
Sigle, Hermann/Lüdenbach, Norbert (2008): Aktivierung von Entwicklungskosten?, in: *Praxis der internationalen Rechnungslegung*, S. 131–132.
Singhvi, Surendra S./Desai, Harsha B. (1971): An Empirical Analysis of the Quality of Corporate Financial Disclosure, in: *The Accounting Review* (46), S. 129–138.
Smith Jr., Clifford W./Watts, Ross L. (1992): The Investment Opportunity Set and Corporate Financing, Dividend and Compensation Policies, in: *Journal of Financial Economics* (40), S. 263–292.
Smith, Clifford W./Stulz, Renè M. (1985): The Determinants of the Firms' Hedging Policies, in: *Journal of Financial and Quantitative Analysis* (20), S. 391–405.
Smith, Daniel E. (1976): The Effect of the Separation of Ownership from Control on Accounting Policy Decisions, in: *The Accounting Review* (51), S. 707–723.
Söffing, Günter (1987): Der Stetigkeitsgrundsatz in steuerrechtlicher Sicht, in: *Der Betrieb*, S. 2598–2603.
Spanheimer, Jürgen/Simlacher, Alfred (2010): § 274 HGB Latente Steuern, in: Küting, Karlheinz/Pfitzer, Norbert/Weber, Claus-Peter (Hrsg.), Handbuch der Rechnungslegung Einzelabschluss, 5. Auflage, Stuttgart 2002, Stand der 8. Ergänzungslieferung Oktober 2010.
Spence, Michael (1973): Job Market Signaling, in: *The Quarterly Journal of Economics* (87), S. 355–374.
Spence, Michael (2002): Signaling in Retrospect and the Informational Structure of Markets, in: *The American Economic Review* (92), S. 434–459.
Stibi, Bernd/Fuchs, Markus (2009): Zur Umsetzung der HGB-Modernisierung durch das BilMoG: Konzeption des HGB - Auslegung und Interpretation der Grundsätze ordnungsmäßiger Buchführung unter dem Einfluss der IFRS?, in: *Der Betrieb*, Beilage 5, S. 9–15.
Street, Donna L./Gray, Sidney J. (2001): Observance of International Accounting Standards: Factors Explaining Non-Compliance, ACCA Research Report No. 74.
Street, Donna L./Grey, Sidney J. (2001): Observance of International Accounting Standards: Factors Explaining Non-Compliance, in: *ACCA Research Report* (74), London 2001.
Streim, Hannes (1985): Rückstellungen für Großreparaturen, Begriffsexplikation und Zweckmäßigkeitsanalyse, in: *Betriebsberater*, S. 1575–1583.

Sweeney, Amy Patricia (1994): Debt Covenant Violations and Managers' Accounting Responses, in: *Journal of Accounting and Economics* (17), S. 281–308.
Theile, Carsten (2008): Immaterielle Vermögensgegenstände nach RegE BilMoG - Akzentverschiebung beim Begriff des Vermögensgegenstandes?, in: *Die Wirtschaftsprüfung*, S. 1064–1069.
Thiele, Stefan/Kühle, Ulf (2008): Kommentierung zu IAS 38, in: Thiele, Stefan/ Von Keitz, Isabel/Brücks, Michael (Hrsg.), Internationales Bilanzrecht, Bonn et al. 2008.
Tielmann, Sandra (2001): Durchsetzung ordnungsgemäßer Rechnungslegung - ein Beitrag zur aktuellen Enforcement-Diskussion, Düsseldorf 2001.
Tsoligkas, Fanis N./Tsalavoutas, Ioannis (2011): Value Relevance of R&D in the UK after IFRS Mandatory Implementation, in: *Applied Financial Economics* (21), S. 957–967.
Tsoligkas, Fanis N./Tsalavoutas, Ioannis (2011): Value Relevance of R&D in the UK after IFRS Mandatory Implementation, in: *Applied Financial Economics* (21), S. 957–967.
Volkswagen AG (2007): Geschäftsbericht des Geschäftsjahres 2006, Wolfsburg 2007.
Von Eitzen, Bernd/Moog, Tim/Pyschny, Hermann (2010): Forschungs- und Entwicklungslosten nach dem Bilanzrechtsmodernisierungsgesetz (BilMoG) unter Berücksichtigung des IAS 38, in: *Zeitschrift für internationale und kapitalmarktorientierte Rechnungslegung*, S. 357–361.
Von Keitz, Isabel (1997): Immaterielle Güter in der internationalen Rechnungslegung, Düsseldorf 1997.
Von Keitz, Isabel (2005): Praxis der IASB-Rechnungslegung - best practice von 100 IFRS Anwendern, Stuttgart.
Von Keitz, Isabel/Stolle, Ingeborg (2008): Fehlerfeststellung, -veröffentlichung und -korrektur im Rahmen des deutschen Enforcement - Anforderungen, Herausforderungen und Analyse der praktischen Umsetzung, in: *Zeitschrift für internationale und kapitalmarktorientierte Rechnungslegung*, S. 213–226.
Von Keitz, Isabel/Wenk, Marc Oliver (2010): Eine quantitative und qualitative Analyse der von der DPR festgestellten Fehler bei der IFRS-Anwendung, in: *Der Betrieb,* S. 513–521.
Von Torklus, Alexander (2007): Rückstellungen nach internationalen Normen, Düsseldorf 2007.
Wagenhofer, Alfred (2009): Internationale Rechnungslegungsstandards – IAS/ IFRS, 6. Aufl., München 2009.
Wagenhofer, Alfred/Ewert, Ralf (2007): Externe Unternehmensrechnung, 2. Aufl., Berlin et al. 2007.

Wallace, R. S. Olusegun/Naser, Kamal (1995): Firm-Specific Determinants of the Comprehensiveness of Mandatory Disclosure in the Corporate Annual Reports of Firms Listed on the Stock Exchange of Hong Kong, in: *Journal of Accounting and Public Policy* (14), S. 311–368.

Watts, Ross L. (1977): Corporate Financial Statements: A Product of the Market and Political Processes, in: *Australian Journal of Management* (2), S. 53–75.

Watts, Ross L./Zimmermann, Jerald L. (1986): Positive Accounting Theory, London 1986.

Watts, Ross L./Zimmermann, Jerald L. (1990): Positive Accounting Theory: A Ten Year Perspective, in: *The Accounting Review* (54), S. 273–305.

Weber-Grellet, Heinrich (2012): Kommentierung zu § 5 EStG in: Schmidt, Ludwig (Hrsg.), Einkommensteuergesetz (EStG), 31. Aufl. München 2011.

Wehrheim, Michael/Fross, Ingo (2010): Erosion handelsrechtlicher GoB durch das Bilanzrechtsmodernisierungsgesetz, in: *Zeitschrift für Betriebswirtschaft*, S. 71–109.

Williamson, Oliver E. (1975): Market and Hierarchies, New York et al. 1975.

Williamson, Oliver E. (1985): The Economic Institutions of Capitalism, New York et al. 1985.

Wilson, Robert (1968): The Theory of Syndicates, in: *Econometrica* (36), S. 119–132.

Winkeljohann, Norbert/Büssow, Thomas (2010): § 252 HGB Allgemeine Bewertungsgrundsätze, in: Ellrott, Helmut/Förschle, Gerhart/Kozikowski, Michael/Winkeljohann, Norbert (Hrsg.): Beck'scher Bilanz-Kommentar, 7. Auflage, München 2010.

Wirth, Johannes (2005): Firmenwertbilanzierung nach IFRS – Unternehmenszusammenschlüsse, Werthaltigkeitstest, Endkonsolidierung, Stuttgart 2005.

Wobbe, Christian (2009): § 275 Gliederung, in: Bertram, Klaus/Brinkmann, Ralph/Kessler, Harald/Müller, Stefan (Hrsg.): Haufe HGB Kommentar, Freiburg et al. 2009.

Wollmert, Peter/Achleitner, Ann-Kristin (1997): Konzeptionelle Grundlagen der IAS-Rechnungslegung (Teil II), in: *Die Wirtschaftsprüfung*, S. 245–256.

Wolz, Matthias (2003): Wesentlichkeit im Rahmen der Jahresabschlussprüfung, Düsseldorf 2003.

Wulf, Inge (2008): Immaterielle Vermögenswerte nach IFRS - Ansatz, Bewertung und Goodwillbilanzierung, Berlin 2008.

Wulf, Inge (2009): Bilanzierung immaterieller Vermögenswerte nach IFRS - Finanz- und erfolgswirtschaftliche Auswirkungen von IAS 38 und IFRS 3 am

Beispiel von DAX30-Unternehmen, in: *Zeitschrift für Internationale Rechnungslegung*, S. 109–120.

Wyatt, Anne (2005): Accounting Recognition of Intangible Assets: Theory and Evidence on Economic Determinants, in: *The Accounting Review* (80), S. 967–1003.

Wyatt, Anne (2008): What Financial and Non-Financial Information on Intangibles is Value Relevant? A Review of the Evidence, in: *Accounting and Business Research* (80), S. 217–256.

Xu, Xiaonian/Wang, Yan (1999): Ownership Structure and Corporate Governance in Chinese Stock Companies, in: *China Economics Review* (10), S. 75–94.

Young, Richard A. (1986): A Note on Economically Optimal Performance Evaluation and Control Systems: The Optimality of Two-Tailed Investigations, in: *Journal of Accounting Research* (24), S. 231–240.

Zarzeski, Marilyn Taylor (1996): Spontaneous Harmonization Effects of Culture and Market Accounting Disclosure Practices, in: *Accounting Horizons* (10), S. 18–37.

Ziesemer, Stefan (2002): Rechnungslegungspolitik in IAS-Abschlüssen und Möglichkeiten ihrer Neutralisierung, Düsseldorf 2002.

Zülch, Henning (2005): Das deutsche Enforcement-Modell des Bilanzkontrollgesetzes - Ausgestaltung und Implikationen für Rechnungslegung und Abschlussprüfung, in: *Zeitschrift für Unternehmensteuern und Bilanzen*, S. 1–9.

Zülch, Henning/Hoffmann, Sebastian (2008): Die Stellungnahme des Bundesrats zum BilMoG-RegE - Anmerkungen zu den vorgeschlagenen Änderungen, in: *Der Betrieb*, S. 1643–1644.

Zwirner, Christian/Froschhammer, Matthias (2011): Aktivierung von Fremdkapitalkosten - Eine Fallstudie zur Anwendung des IAS 23, in: *Zeitschrift für Internationale Rechnungslegung*, S. 264–269.

Zwirner, Christian (2007): IFRS-Bilanzierungspraxis – Umsetzungs- und Bewertungsunterschiede in der Rechnungslegung, Berlin 2007.

Gesetze, Entwürfe, Richtlinien, Verordnungen und Verträge

4. EG-Richtlinie	4. EG-Richtlinie Vierte Richtlinie des Rates vom 25.07.1978 aufgrund von Artikel 54 Absatz 3 Buchstabe g) des Vertrages über den Jahresabschluß von Gesellschaften bestimmter Rechtsformen
AregV	Verordnung über die Anreizregulierung der Energieversorgungsnetze (Anreizregulierungsverordnung - ARegV) vom 29. Oktober 2007 (BGBl. I S. 2529), die zuletzt durch Artikel 2 des Gesetzes vom 22. Dezember 2011 (BGBl. I S. 3034) geändert worden ist.
BilKoG	Gesetz zur Kontrolle von Unternehmensabschlüssen (Bilanzkontrollgesetz – BilKoG) vom 15. Dezember 2004 (BGBl. I Nr. 69 von 20.12.2004 S. 3408)
BilMoG	Gesetz zur Modernisierung des Bilanzrechts (Bilanzrechtsmodernisierungsgesetz – BilMoG) vom 25.05.2009 (BGBl. I, S. 1102)
BilMoG-BR	Stellungnahme des Bundesrates Entwurf eines Gesetzes zur Modernisierung des Bilanzrechts (Bilanzrechtsmodernisierungsgesetz – BilMoG) vom 04.07.2008.
BilMoG-RA	Beschlussempfehlung und Bericht des Rechtsausschusses (6. Ausschuss) zu dem Gesetzentwurf der Bundesregierung - Drucksache 16/10067 - Entwurf eines Gesetzes zur Modernisierung des Bilanzrechts (Bilanzrechtsmodernisierungsgesetz – BilMoG) vom 18.03.2009.
BilMoG-RefE	Referentenentwurf eines Gesetzes zur Modernisierung des Bilanzrechts (Bilanzrechtsmodernisierungsgesetz – BilMoG) vom 08.11.2007
BilMoG-RegE	Gesetzentwurf der Bundesregierung Entwurf eines Gesetzes zur Modernisierung des Bilanzrechts (Bilanzrechtsmodernisierungsgesetz – BilMoG) vom 30.07.2008.

BO FWP	Börsenordnung für die Frankfurter Wertpapierbörse i.d.F. vom 28.11.2011.
EGHGB	Einführungsgesetz zum Handelsgesetzbuch in der im Bundesgesetzblatt Teil III, Gliederungsnummer 4101–1, veröffentlichten bereinigten Fassung, das zuletzt durch Artikel 4 des Gesetzes vom 31.07.2009 (BGBl. I S. 2509) geändert worden ist
HGB a.F.	Handelsgesetzbuch in der im Bundesgesetzblatt Teil III, Gliederungsnummer 4100–1, veröffentlichten bereinigten Fassung, zuletzt geändert durch Artikel 17 des Gesetzes vom 21.12.2007 (BGBl. I, S. 3089)
HGB = HGB n.F.	Handelsgesetzbuch in der im Bundesgesetzblatt Teil III, Gliederungsnummer 4100–1, veröffentlichten bereinigten Fassung, das zuletzt durch Artikel 6a des Gesetzes vom 31.07.2009 (BGBl. I, S. 2512) geändert worden ist.
PatG	Patentgesetz in der Fassung der Bekanntmachung vom 16. Dezember 1980 (BGBl. 1981 I S. 1), das zuletzt durch Artikel 13 des Gesetzes vom 24. November 2011 (BGBl. I S. 2302) geändert worden ist.
Verordnung 1606/2002	Verordnung (EG) Nr. 1606/2002 des Europäischen Parlaments und des Rates vom 19.07.2002 betreffend die Anwendung internationaler Rechnungslegungsstandards
WpHG	Wertpapierhandelsgesetz in der Fassung der Bekanntmachung vom 09.09.1998 (BGBl. I, S. 2708), das zuletzt durch Artikel 4 des Gesetzes vom 31.07.2009 (BGBl. I, S. 2512) geändert worden ist
WPO	Gesetz über eine Berufsordnung der Wirtschaftsprüfer (Wirtschaftsprüferordnung) vom 24.07.1961 (BGBl. I S. 1049), das zuletzt durch das Gesetz zur Verbesserung der Feststellung und Anerkennung im Ausland erworbener Berufsqualifikationen vom 06.12.2011 (BGBl. I S. 2515) geändert worden ist.

Rechnungslegungsstandards und ähnliche Verlautbarungen

IASB-Framework	Framework for the Preparation and Presentation of Financial Statements (Rahmenkonzept für die Aufstellung und Darstellung von Abschlüssen)
IAS 1	Presentation of Financial Statements (Darstellung des Abschlusses)
IAS 8	Accounting Policies, Changes in Accounting Estimates and Errors (Rechnungslegungsmethoden, Änderungen von rechnungslegungsbezogenen Schätzungen und Fehler)
IAS 38	Intangible Assets (Immaterielle Vermögenswerte)
IAS 36	Impairment of Assets (Wertminderung von Vermögenswerten)
FASB ASC 350-40	Intangibles – Goodwill and Other: Internal-Use Software
FASB ASC 730-10	Research and Development: Overall
FASB ASC 985-20	Software: Costs of Software to Be Sold, Leased, or Marketed
SIC 32	Intangible Assets – Web Site Costs (Immaterielle Vermögenswerte – Kosten von Internetseiten)
SFAS 2	Accounting for Research and Development Costs
SFAS 86	Accounting for the Costs of Computer Software to be Sold, Leased or Otherwise Marketed

Betriebswirtschaftliche Forschung im Rechnungswesen

Herausgegeben von Nils Crasselt, Rolf Uwe Fülbier,
Joachim Gassen, Bernhard Pellens und Thorsten Sellhorn

Band 1 Verena Hill: Rechnungslegungspolitik im Rahmen der Kaufpreisallokation. Eine theoretische und empirische Analyse deutscher kapitalmarktorientierter Unternehmen. 2011.

Band 2 Ulrich Küting: Rückstellungsbilanzierung nach HGB und IFRS. Normendeskription und empirische Analysen zur deutschen und internationalen Bilanzierungspraxis. 2011.

Band 3 Felix Fischer: Der Zusammenhang zwischen Rechnungslegung und Ausschüttungsbemessung. Eine empirische Analyse deutscher börsennotierter Aktiengesellschaften. 2011.

Band 4 Torben Auste: Einfluss von Lobbying auf den IFRS-Standardsetzungsprozess. 2012.

Band 5 Michael Fischkin: Determinanten der Prüferwahl und des Prüferwechsels auf dem deutschen Prüfungsmarkt für börsennotierte Unternehmen. Eine theoretische und empirische Untersuchung. 2012.

Band 6 Maximilian Lauerbach: Investitionssteuerung mit Risk Adjusted Performance Measures im Nicht-Finanzbereich. 2012.

Band 7 Marco Kreutzer: Wertorientierte Planung und Steuerung anhand des Residualgewinnkonzepts. Eine Analyse in Abhängigkeit vom zu Grunde liegenden Rechnungslegungssystem. 2012.

Band 8 Tim-Frederik Oehr: Sozio-ökonomische Aspekte der Regulierung der Rechnungslegung. 2012.

Band 9 Adam Strzyz: Determinanten der Dividendenpräferenz deutscher Privatanleger. 2013.

Band 10 Jane Fehr: Die künftige Leasingbilanzierung nach IFRS. Auswirkungen auf das Entscheidungsverhalten der Akteure. 2013.

Band 11 Thomas Kemper-Scharpegge: Einfluss der IFRS auf die Rechnungslegungspraxis. Eine theoretische und empirische Analyse in ausgewählten Ländern der EU. 2013.

Band 12 Nico Kavvadias: Forschungs- und Entwicklungskosten. Abschlusspolitische Gestaltungsspielräume und Determinanten für deren Ausübung. 2014.

www.peterlang.com

www.ingramcontent.com/pod-product-compliance
Ingram Content Group UK Ltd.
Pitfield, Milton Keynes, MK11 3LW, UK
UKHW021125041026
8980IPUK00026B/426

9 783631 6529